LA FORCE DE L'AMOUR

« Espaces libres »

SŒUR CHÂN KHÔNG
Cao Ngoc Phuong

LA FORCE DE L'AMOUR

Une bouddhiste dans le Viêt-nam en guerre

Traduit de l'anglais
par Philippe Kerforne et Marianne Coulin

Albin Michel

Albin Michel
▪ *Spiritualités* ▪

Collection « Espaces libres »
dirigée par Jean Mouttapa et Marc de Smedt

Préface

Mes étudiants sont aussi mes professeurs. J'apprends tant de choses grâce à eux. Sœur Chân Không (Vraie Vacuité) fait partie de ceux qui m'en apprennent le plus. Permettez-moi de vous raconter une des plus importantes leçons qu'elle m'ait enseignée. Cela se passait en 1966, au moment où la guerre du Viêt-nam était devenue insupportable ; j'étais si occupé à travailler pour faire cesser ce conflit que j'avais à peine le temps de manger. Un jour, alors que Chân Không préparait un panier d'herbes fraîches et odorantes destinées à être servies avec des pâtes de riz, elle me demanda : « Thây, pourriez-vous me donner le nom de ces fines herbes[1] *? » En la regardant étaler ces herbes avec soin et grâce sur un large plateau, je reçus une illumination. Malgré ce qui se passait au Viêt-nam, elle avait la capacité de rester concentrée sur ces herbes. Je réalisai que je devais cesser de me focaliser uniquement sur la guerre pour arriver aussi à m'intéresser à de simples herbes. Nous passâmes dix bonnes minutes à discuter sur celles qui venaient du Sud-Viêt-nam, puis sur celles qui*

1. En français dans le texte. *(N.d.T.)*

poussaient dans le centre du pays, et cet intermède m'aida à oublier un instant mon obsession et à retrouver un équilibre qui me faisait cruellement défaut alors. En 1968, quand je me rendis dans le sud de la France, je m'appliquai à reconnaître les différentes herbes de Provence avec attention et intérêt.

Des années plus tard, un ami américain me demanda : « Thây, pourquoi passez-vous tant de temps à planter des laitues ? Ne serait-il pas mieux utilisé à écrire des poèmes ? Tout le monde est capable de faire pousser de la salade, mais peu de gens peuvent écrire de si beaux poèmes. » Je souris et lui répondis : « Mon cher ami, si je ne plantais pas des laitues, je ne serais pas capable de faire de la poésie. » Je ne lui révélai pas que ma réponse m'avait été inspirée par ma rencontre avec Sœur Chân Không, douze ans auparavant. Et en lisant son livre, je continue à apprendre par son intermédiaire. Un enseignant doit être, à la fois, un étudiant, et un étudiant doit toujours être, simultanément, un enseignant. Si nous gardons cela à l'esprit, nous pouvons nous apporter beaucoup mutuellement.

Sœur Chân Không a de grandes réserves de joie et de bonheur. C'est ce que j'aime le plus chez elle. Sa foi inébranlable dans le Dharma est renforcée chaque jour par le fait qu'elle récolte les fruits de la transformation et de la guérison issus de la pratique. Sa force, sa gaieté et son aptitude au bonheur sont de merveilleux réconforts pour beaucoup d'entre nous au Village des Pruniers et dans le cercle plus large de la Sangha. Le travail social et l'aide aux nécessiteux sont des sources de joie pour elle. L'amour et l'intérêt qui sous-tendent son action sont profonds et sincères. Chân Không est aussi Vrai Amour. Son histoire est bien plus que de simples mots. Sa vie entière est un véritable enseignement du Dharma.

Ce livre est trop court à mon goût et les mots sont impuissants à transmettre toute la profondeur et la sincérité de son cheminement. Sœur Vraie Vacuité aurait pu écrire un ouvrage dix fois plus long tant elle a à dire. Mais elle est plus une personne de terrain qu'une femme de plume et, pour l'instant, nous nous contenterons de ce livre. Si vous avez l'occasion de la rencontrer, s'il vous plaît, demandez-lui de vous raconter ses expériences. Vous apprendrez beaucoup d'elle. Elle est un véritable bodhisattva.

THICH NHAT HANH
Village des Pruniers, Duras, France

Mon adolescence au pays du Têt

1938-1961

CHAPITRE 1

Quand l'herbe reverdit

Legs de mérites aux descendants

Je suis née en 1938, l'année du Tigre. J'étais la huitième d'une famille de neuf enfants. Les ancêtres de mon père étaient fermiers à An Dinh, un village situé dans le delta du Mékong, réputé pour ses immenses et fertiles rizières ainsi que pour ses superbes bananeraies et cocoteraies. Traditionnellement au Viêt-nam, un village est dirigé par un conseil de douze anciens, et mon grand-père paternel était le trésorier du conseil d'An Dinh. Mes grands-parents paternels étaient très respectés dans leur communauté en raison de leur intégrité, de leur générosité et de leurs actions en faveur des pauvres. Au Viêt-nam, on dit que si vous exploitez les gens, vos enfants auront à payer vos dettes à la société, mais si vous œuvrez avec bienveillance, vos enfants en percevront les bénéfices. Je me rappelle que mon grand-père nous disait : « Nous n'avons pas d'argent à vous laisser mais nous vous léguons les mérites que nous avons récoltés en aidant les personnes dans le besoin. » La famille de ma mère possédait un grand magasin dans la ville de Ben Tre et prodiguait aussi beaucoup d'attention et de soins aux nécessiteux. Mon grand-père maternel distribuait des couvertures aux sans-abri et le frère de ma mère apportait de la nourriture aux prisonniers, deux fois par an.

Plus tard, quand mon père put s'acheter une exploitation agricole près des terres de son père, il la loua à plusieurs personnes pour la cultiver. En cas de sécheresse ou d'inondation, il permettait aux cultivateurs de lui verser seulement ce qu'ils pouvaient ou annulait la collecte du fermage. Parfois, il leur donnait même de l'argent pour nourrir leurs enfants. Cette attitude était exceptionnelle pendant la colonisation française. À cette époque, quand les fermiers ne pouvaient pas payer un propriétaire, ils devaient lui envoyer un de leurs enfants pour lui servir de domestique. Mon père incitait toujours les paysans à mettre de l'argent de côté et leur servait en quelque sorte de banquier. Quand l'un d'entre eux avait suffisamment économisé pour acheter son propre lopin, mon père l'aidait à remplir les papiers nécessaires et le lui vendait à un prix raisonnable. Grâce à celui-ci, une douzaine d'entre eux purent ainsi acquérir leur terre. Quand le gouvernement révolutionnaire dirigé par Hô Chi Minh prit le pouvoir en août 1945, de nombreux propriétaires terriens furent tués ; mon père, lui, fut protégé par ses fermiers qui l'aimaient beaucoup.

Mon père étudia la peinture et les arts décoratifs à l'Institut professionnel des beaux-arts de Gia Dinh à Saigon et puis s'installa dans la ville de Ben Tre, où il rencontra ma mère. Ben Tre est la capitale de la province de Ben Tre, au milieu du delta du Mékong.

Mon père nous apprit à ne jamais exploiter un pauvre fermier quand nous allions faire nos courses au marché en plein air. « Si vous pouvez lui acheter ses produits, faites-le, mais si vous n'en avez pas les moyens, laissez-les. Ne marchandez jamais avec lui, car si, pour vous, quelques dôngs ne sont pas grand-chose, pour lui, ils lui permettent de nourrir sa famille. » Ma mère prêtait de l'argent à de misérables vendeurs des rues pour qu'ils puissent monter leur propre affaire. Elle leur demandait de la rembourser uniquement s'ils réussissaient.

Mes parents étaient semblables à un solide chêne qui abriterait une couvée de vingt-deux « oiseaux » – leurs neuf enfants, douze neveux et nièces qui vivaient chez nous car ils allaient à l'école à Ben Tre, et une fille pauvre, originaire de Hué. Nos parents s'occupaient de nous tous, sans faire de distinction. Pendant les repas, aucun de nous ne se serait permis de dire : « Je suis votre enfant, j'ai droit à plus de nourriture que mes cousins. » Nourrir vingt-deux petites bouches était une tâche difficile mais on nous avait appris à nous satisfaire de peu et à partager ce que nous possédions. Par exemple lorsqu'il y avait du poisson ou du porc pour le repas, notre sœur aînée, Suong, coupait ceux-ci en vingt-deux parts égales et disposait chacune d'entre elles dans un cercle sur un plateau rond. Puis elle recouvrait les portions d'un grand couvercle et plaçait un grain de riz sur le couvercle devant chaque morceau de poisson ou de porc. Chaque enfant devait ensuite choisir un grain de riz et accepter sans se plaindre la part qu'il avait ainsi choisie.

Une fillette rebelle contre les autorités

Quand j'avais trois ans, les adultes de ma famille aimaient impressionner leurs invités en me demandant de « lire » un livre d'enfant. J'ouvrais le livre à n'importe quelle page et je récitais le poème s'y trouvant de mémoire (aidée en cela par le dessin correspondant sur la page en question), car je l'avais, en fait, entendu réciter par mes grandes sœurs quand elles faisaient leurs devoirs ! À l'âge de trois ans et demi, je demandai à mes parents : « Maintenant que je suis aussi grande que le plumeau et aussi longue que le plus long des oreillers, est-ce que je peux aller à l'école ? » À cette époque, il n'y avait pas de maternelle pour les tout-petits et les écoles publiques accueillaient les enfants à partir de six ans. Aussi, quand j'eus quatre ans, mes parents m'envoyèrent dans une école privée élémentaire à un kilomètre de la maison. Un jour, pour ressembler aux autres élèves qui étaient plus âgés, je renversai de l'encre sur mes vêtements tout en sachant que Suong me punirait quand je rentrerais.

La fillette originaire de Hué qui vivait avec nous s'appelait Bê. Sa famille ne pouvait plus l'assumer et mes parents la prirent sous leur protection et la traitèrent comme leurs propres enfants. Bê recevait des vêtements neufs au Nouvel An et de l'argent de poche, comme nous tous. Une de ses tâches consistait à m'accompagner à l'école. Elle suivait le même cours que moi. Elle m'était d'une grande aide bien que j'apprenne plus vite qu'elle et, parfois, je l'aidais même à apprendre à lire et à écrire. En fait, aider mes camarades d'école devint ma spécialité. À l'école élémentaire, je leur donnais des leçons particulières en mathématiques et en grammaire et, en retour, ils me rétribuaient en bonbons que je mangeais durant les récréations.

Savourez un « œuf dur à la Phuong »

Tous les matins, chaque enfant de notre famille recevait un dông pour acheter aux marchands près de l'école une patate douce pour le petit déjeuner. Ils vendaient aussi de délicieuses friandises salées mais nous n'avions jamais assez d'argent pour nous les offrir. Pour le déjeuner, nous avions du riz, de la sauce de soja et un œuf dur. Je réservais le mien pour la pause de l'après-midi, et je le dégustais alors très lentement, le blanc d'abord puis le jaune, en plongeant chaque petit morceau dans le sel et le poivre. Que c'était bon ! J'arrivais à faire durer un œuf les dix minutes de la récréation. Quand le jaune apparaissait enfin, tel un lever de soleil, il était encore plus délicieux que le blanc ! Plus tard, quand j'arrivai en Occident et que je vis les gens manger des œufs sans y prêter la moindre attention, j'enseignai à quelques amis cette façon de les déguster et ils l'appelèrent « œufs à la Phuong ».

Quand Bê eut dix-huit ans, elle tomba amoureuse d'un jeune voisin ; mes parents organisèrent son mariage et lui donnèrent des bijoux comme si elle était leur fille. Quand mes sœurs Suong et Yen étaient jeunes, leurs petites camarades étaient aussi de pauvres villageoises qui retournèrent dans leurs familles à dix-huit ans.

En tant qu'avant-dernier enfant, j'avais souvent l'impression d'être seule et délaissée. En général, au Viêt-nam, l'aîné est respecté, et le benjamin, gâté, mais ceux qui se trouvent entre les deux sont négligés. Ma plus jeune sœur, Thanh, était très mignonne, et je l'appelais *cung*, « petite chérie ». Elle était toujours bien habillée tandis que je portais des pantalons déchirés et roulés plusieurs fois à la taille (je perdais toujours les cordons). Être coquette ou devenir « une bonne fille de famille » fut toujours le cadet de mes soucis, mais quand on donnait des bonbons à Thanh, j'essayais toujours d'être gentille pour qu'elle les partageât avec moi.

Aussi loin que je m'en souvienne, j'ai toujours lutté contre l'autorité. La culture vietnamienne est très empreinte de confucianisme, et les enfants plus jeunes sont censés obéir à leurs aînés. Je me rebellais souvent contre mes grandes sœurs. Je me rappelle avoir souvent répété à ma sœur Tam : « Je me fiche de ton âge ou de ton autorité ! J'ai raison ! » Tam criait après moi puis finissait par me battre mais je ne démordais pas de mes positions jusqu'à ce que je fonde en larmes. Pour survivre dans une société qui mettait le droit d'aînesse au-dessus de la vérité, je dus développer une certaine forme de dureté, comme une coquille d'autoprotection. La conséquence fut qu'il m'a toujours été facile de comprendre les personnes qui semblent, à première vue, difficilement abordables, voire inamicales. Je sais que c'est leur façon de se protéger qui, à la longue, s'est transformée en dureté, et la meilleure chose à faire est de leur offrir notre amour et de leur ouvrir notre cœur afin de les amener à raconter leur histoire ou leur souffrance. À cause de cette dureté, je regrette d'être, parfois encore, trop entêtée avec des amis et, par conséquent, de les faire souffrir.

Dans la tradition vietnamienne, les hommes gagnent l'argent de la famille et les femmes s'occupent des tâches domestiques. Dans notre famille de deux garçons et de sept filles, les ressources familiales étant limitées, seuls les premiers eurent le droit de faire de longues études. À l'école, ma plus grande sœur, Suong, était en tête de sa classe, et, malgré cela, on ne lui permit pas de continuer sa scolarité. C'était bien dommage. Si on lui avait donné les mêmes chances qu'à un garçon, elle aurait pu aller très loin.

Le Têt, premier Jour de l'An lunaire au Viêt-nam

Je revois encore, comme si c'était hier, les matins des Jours de l'An de mon enfance. J'entends encore les joyeuses cloches matinales du temple de mon village, le chant vibrant des coqs et le beuglement traînant des vaches. Notre calendrier lunaire commençait en février, et, tout en respirant l'air froid et agréable de ces matins de Nouvel An, les vingt-deux enfants, réunis, se brossaient les dents et se lavaient le visage en plongeant une moitié de noix de coco évidée dans une bassine d'eau, juste en face de la maison de notre grand-père. Les odeurs qui montaient de la terre étaient encore fortes et fraîches, et les arbres *mai* chatoyaient de leurs mille fleurs jaunes éclatantes. Deux semaines avant le Têt, nous aidions grand-mère à enlever les feuilles des arbres *mai* afin que les branches soient toutes fleuries le jour du Nouvel An.

Nous, les enfants, nous portions nos habits traditionnels – les filles, de superbes *ao dai*, les garçons, de belles robes bleues – puis nous nous mettions en ligne derrière notre père et notre mère devant l'autel des ancêtres. Père commençait la cérémonie en allumant un gros bâton d'encens, mère se tenait à ses côtés tandis que nous étions tous fascinés par les flammes des énormes bougies rouges qui se reflétaient dans les brûloirs à encens en cuivre. Sur l'autel, les photographies de nos ancêtres nous souriaient à travers les fumées d'encens ; elles étaient entourées d'offrandes constituées de grosses pastèques fraîches, ainsi que de petits losanges de papier rouge où étaient calligraphiés en ancien sino-vietnamien les mots « vertu » et « mérite ». D'un côté de l'autel, il y avait des branches fleuries d'arbre *mai* et, de l'autre, un grand plateau de fruits. Devant, sur une petite table, étaient disposés des aliments pour les ancêtres.

Avant le Têt, chaque famille se rendait sur la place du marché pour faire inscrire par un calligraphe deux phrases de son choix en caractères anciens, appelés *liên*, sur deux longues bandes de papier rouge. Celles-ci étaient ensuite accrochées verticalement de chaque côté de la porte principale de la maison. Un marché pendant le Têt était inconcevable sans ses calligraphes pour tracer les caractères *liên* ou sans ses montagnes de pastèques ou de fleurs *mai*. Même les gens les plus démunis avaient au moins une pastèque et une branche de fleurs *mai* sur l'autel de leurs ancêtres.

Parmi les nombreuses célébrations de la semaine du Nouvel An, il y avait une cérémonie d'accueil des ancêtres, qui étaient censés revenir à la maison la veille de la nouvelle année. Les dieux du foyer, qui avaient observé les bonnes et les mauvaises actions de notre famille durant l'année passée, remontaient au ciel le vingt-troisième jour du dernier mois de l'année lunaire pour faire leur rapport à l'Empereur de Jade, puis ils revenaient l'ultime jour de l'année, et étaient accueillis par une offrande de *chè* (crème sucrée à base de haricots et de noix de coco) et de plusieurs sortes de bonbons.

Deux semaines avant, nous préparions le retour des ancêtres en nous rendant en famille sur leurs tombes. Père rassemblait le pinceau, les pelles, les binettes et les balais ; et Mère confectionnait un pique-nique composé de riz doux, de sel de sésame, de poivre et de poulet rôti. Une fois sur place, Père allumait de l'encens et nous, les enfants, nous commencions à nettoyer les alentours des tombes. Pendant que nous arrachions les mauvaises herbes, Père repeignait les tombes, Mère arrangeait les massifs d'arbustes fleuris. Nous savions alors que la fête du Têt approchait.

Le dernier jour de l'année, nous partagions le repas traditionnel fait de porc et d'œufs cuits caramélisés ; de pâtés de crevette, de grosses saucisses de porc, de boulettes de crevettes, de melons amers farcis, d'oignons à la vinaigrette, de poisson salé, de légumes marinés, de germes de haricots, de feuilles de moutarde à la vinaigrette, de salades variées, et de gâteaux de riz, puis nous remplissions nos réserves de riz et nous faisions le plein d'eau de toutes les grandes jarres de la maison, signes d'abondance destinés à accueillir la nouvelle année. Mère et mes grandes sœurs préparaient des gâteaux spéciaux – des *banh ich* (gâteaux en forme de cône), des *banh chung* (gâteaux de la Terre ayant la forme carrée, selon la croyance des Vietnamiens du XXe siècle avant J.-C.) et des *banh têt* (gâteaux du Nouvel An). Mes sœurs mettaient le riz à tremper toute la nuit puis en faisaient une pâte – bien tamisée grâce à un moulin fait de deux blocs de pierre – qu'elles laissaient sécher au soleil pendant trois jours. Cela donnait une remarquable pâte de riz, douce et parfumée. Elles préparaient les *banh ich* en étalant cette pâte, en y mettant de la pâte de haricot sucré, et en la refermant en forme de pyramide dans des feuilles de bananier. Les *banh chung* étaient faits en laissant tremper du riz et des haricots dans du lait de noix de coco pendant une journée entière, puis en enveloppant cette préparation dans des feuilles de bananier vertes et, enfin, en cuisant le tout pendant dix-huit heures. Quand nous ouvrions les feuilles, il restait une fine et transparente empreinte de la feuille sur le gâteau, parfumée de tous ces précieux dons de la terre.

À quinze ans, nous avions la permission de rester avec les adultes jusqu'à minuit pour célébrer *giao thua*, l'instant du passage de l'ancienne à la nouvelle année. Assister à la cuisson des gâteaux de la Terre faisait partie du rituel. Nous nous installions autour des bûches incandescentes qui rougeoyaient sous les grands récipients remplis de gâteaux, et nous écoutions avec beaucoup de joie les nombreuses histoires concernant la fête du Têt, comme celle qui explique la signification de la bannière jaune qui flottait devant chaque maison au bout d'une perche de bambou :

Il y a longtemps de cela, le royaume des Viets était régulièrement troublé par les agissements malveillants de Mara, déesse de la malédiction. Il y avait de nombreux conflits que rien ne semblait jamais pouvoir arrêter. Mais un jour, les souffrances du peuple émurent le Bouddha compatissant, et il décida de parler directement à Mara afin de trouver une issue pacifique. « Vous pouvez occuper notre terre, lui dit-il, pour y faire ce que vous voulez. Mais ne pourriez-vous pas nous laisser un petit espace où nous pourrions vivre en toute tranquillité ? Cet endroit aura des frontières bien définies et, aussi longtemps que nous y séjournerons, vous prendrez l'engagement de nous y laisser en paix. En retour, nous ne violerons aucun de vos territoires. – De quelle superficie voulez-vous disposer ? demanda Mara. – Une bande de terrain assez large pour y étendre ma robe jaune », répondit le Bouddha.

À l'écoute de cette requête aisée à satisfaire, Mara accepta et fit la promesse solennelle de ne pas toucher à l'étendue de terre recouverte par la robe du Bouddha. Mais quand celui-ci étendit sa robe, miraculeusement, elle se déploya largement et couvrit toutes les terres habitables et arables. Les maisons, les terres labourables et le bétail des fermiers étaient tous sous la protection de la robe jaune. Effrayée par les pouvoirs surnaturels du Bouddha, Mara s'enfuit dans la forêt. Le Bouddha conseilla alors au peuple viet de planter un mât de bambou devant chaque maison et d'y faire flotter chaque année une bannière en tissu jaune pour rappeler à Mara que cela est une terre du Bouddha et qu'elle ne peut pas y entrer.

Durant mon adolescence, cette tradition était rigoureusement respectée. Les gens faisaient toujours flotter ces bannières jaunes au bout de perches devant leurs habitations. De plus, pour être sûrs de vraiment effrayer Mara et les autres esprits maléfiques, ils faisaient exploser de nombreux pétards !

À minuit, chacun revêtait ses plus beaux vêtements et restait debout dans le salon, silencieux et détendu. Le bruit du vent, les aboiements des chiens, le craquement du feu, les rires des gens se rendant à la pagode – tous ces sons étaient écoutés avec la plus grande attention, car les premiers sons que vous perceviez au début du Nouvel An étaient censés prédire la tournure que prendrait cette nouvelle année pour vous. Peu de gens y croyaient encore mais tout le monde était, néanmoins, attentif aux premiers bruits de l'année. Père était toujours le premier à rompre le silence. Il allait jusqu'à l'autel du Bouddha, prononçait quelques mots, puis nous le rejoignions pour réciter quelques prières de paix. Ensuite, nous allions à la pagode pour offrir de l'encens et ramener des fleurs, des bourgeons et des branches pour décorer notre maison. Une fois rentrés, nous guettions l'arrivée de la première personne qui frapperait à notre porte. Si, par chance, elle s'appelait *Phuc* (Mérite), *Duc* (Vertu), *Lôc* (Prospérité), *Tho* (Longévité), ou *May* (Bonne Fortune), cela était un bon présage pour l'année à venir.

Le matin du Nouvel An, notre père et notre mère, nos oncles et tantes et nous tous, les enfants, nous présentions nos vœux à Grand-Père et à Grand-Mère. Puis, les adultes (les grands-parents, les parents, les grands frères et sœurs) donnaient des enveloppes rouges garnies de petites sommes d'argent aux plus jeunes pour fêter la nouvelle année. La couleur rouge était symbole de chance et de joie.

De la même façon que je ne peux pas oublier les années de guerre, de répression, de violation des droits de l'homme, de pauvreté et de désespoir qui frappèrent ce pays, je me rappelle parfaitement le Têt, tel qu'il se fêtait quand j'étais une petite fille. J'entends encore le son paisible des cloches de la pagode du village et je sens toujours l'air frais de ces matins et les odeurs fortes de la terre. Venez avec moi dans la cour de mon grand-père. Regardez avec moi les fleurs jaunes éclatantes des arbres *mai* dans le soleil du matin. Et, par terre, ne remarquez-vous pas les frêles brins d'herbe qui reverdissent ? Ainsi, vous aurez une idée de ce qu'était la terre du Têt en paix.

CHAPITRE 2

Travailler pour le changement social

Juste à la fin de la Seconde Guerre mondiale, en août 1945, l'armée vietnamienne dirigée par Hô Chi Minh prit le contrôle du Viêt-nam. Ils proclamèrent l'indépendance et formèrent un gouvernement. Leur plus grande erreur fut de persécuter, et même de tuer, des milliers de personnalités – aussi bien celles qui avaient coopéré avec le régime colonialiste français que celles qui l'avaient combattu mais qui n'avaient pas adhéré au Parti communiste. En réaction, de nombreuses personnes fortes et motivées créèrent un mouvement de résistance au communisme. On les appelait « les nationalistes » et ils furent plus tard soutenus par les Français puis par les Américains. Parce que mon père avait travaillé comme dessinateur des écoles et des édifices publics au service des Travaux publics du gouvernement français, le régime communiste le fit arrêter en septembre 1945, avec d'autres anciens employés des Français. À cette époque mon frère aîné, Hung, rejoignit l'Armée populaire du Viêt-minh (communiste) et ma mère dut s'occuper seule de la famille. Ce même mois, les Britanniques, commandés par le général

Douglas Gracey, débarquaient au Viêt-nam afin de désarmer les Japonais pour le compte des Alliés. Gracey favorisa le débarquement de plusieurs unités de l'armée française, cachées parmi ses soldats. Il donna l'ordre de libérer tous les prisonniers français de Saigon et les arma. En octobre, le général français Leclerc arriva à Saigon avec une armée de trente-cinq mille hommes pour reprendre le Viêt-nam par la force.

Ma famille reçut l'ordre, émanant du comité du peuple du Parti communiste, de quitter Ben Tre car les Français essayaient de reconquérir cette ville. Ma sœur aînée, Suong, trouva des pêcheurs qui avaient des bateaux à louer et nous voyageâmes, de village en village, avec tous nos biens, afin de nous rendre à la maison de nos grands-parents à An Dinh. Après avoir été emprisonné pendant trois semaines, mon père fut libéré, avec dix-sept autres détenus, par le régime révolutionnaire. Par contre, une centaine d'autres prisonniers, y compris le mari de ma maîtresse de l'école primaire, furent emmenés et exécutés. Mon père put nous rejoindre à An Dinh.

Quand les troupes françaises revinrent, les autorités révolutionnaires se retirèrent dans la jungle. En 1947, l'armée française vint à An Dinh qu'elle contrôlait le jour tandis que le Viêt-minh (Vietnamiens conduits par Hô Chi Minh) régnait la nuit. Les Français arrêtaient et abattaient en public ceux qu'ils soupçonnaient d'appartenir au Viêt-minh pendant que celui-ci enlevait et tuait ceux qui étaient suspectés de travailler pour les Français. Mon père devait se cacher nuit et jour dans ses rizières ou dans la maison d'un de ses anciens fermiers, de façon à ne favoriser aucun des deux côtés. Il avait vu tant de ses amis innocents se faire tuer par le Viêt-minh qu'il n'avait aucune envie de le rejoindre, mais il ne voulait pas non plus coopérer avec les Français qui étaient trop cruels et violents avec ceux qu'ils pensaient être communistes.

En mai 1948, un gouvernement profrançais, appelé « nationaliste », s'installa à Saigon, et notre famille retourna à Ben Tre pour être plus en sécurité. Nos économies étaient épuisées ; les travaux de couture et les pâtisseries ne suffisaient plus à notre mère et à nos sœurs pour nous nourrir. Peu après notre retour, Suong mourut d'une crise d'appendicite. Je l'aimais et je l'admirais tellement que j'ai toujours regretté qu'elle soit morte si jeune.

Mon frère Hung quitta le Viêt-minh en 1948, reprit ses études à Saigon, et, finalement, vint en France pour passer son diplôme d'ingénieur dans une université parisienne. Nghiep, mon deuxième frère, vint aussi à Saigon puis alla à Paris pour devenir ingénieur mais, en seconde année, il arrêta ses études pour devenir chanteur dans les boîtes de nuit. Pour beaucoup de Vietnamiens, exercer une telle profession était scandaleux, et mon père décida de lui couper les vivres. Malgré cela mon frère continua, et, en fin de compte, notre famille se résolut à accepter son choix. Il est devenu un chanteur très célèbre, et, comme mon père, « un grand chêne » pour la famille, autrement dit un véritable soutien pour tous ses membres.

C'était la coutume qu'une fille de bonne famille, honnête et bien élevée, fît un bon mariage, et à cette époque, au Viêt-nam, une fille cultivée devait savoir parler français. Au fur et à mesure que je grandissais, la tradition qui voulait que les filles ne fassent pas d'études poussées s'affaiblit et mon père envoya ses cinq plus jeunes filles faire des études à Saigon dans des écoles privées françaises. Je fus acceptée au célèbre lycée français Marie-Curie de Saigon et, durant les huit années que j'y passai, je fus toujours parmi les premières de la classe.

Une adolescente activiste humanitaire

Ma seconde sœur aînée, Yen, s'était mariée et était déjà installée à Saigon. Suivant l'exemple généreux de mes parents, ma sœur m'invita à demeurer chez elle. Mes parents lui donnaient du riz pour moi. Dès ces premières années loin de la maison paternelle, j'utilisais mon argent de poche pour emmener, de temps en temps, des enfants des rues se nourrir dans les petits restaurants des quartiers populaires de Saigon. Mon père était fier de moi et j'essayais d'être digne de cet honneur. À quinze ans, je donnais des cours particuliers de mathématiques à des enfants de familles riches et j'utilisais l'argent que je gagnais pour fournir, en quelque sorte, des « bourses » à des lycéens nécessiteux. Je ne songeais jamais à utiliser ces sommes pour moi-même ; donner à ceux qui en avaient besoin était pour moi un geste naturel grâce aux bonnes graines semées en moi par mes parents et mes grands-parents.

Le marxisme pourrait-il éradiquer les souffrances ?

Durant ma dernière année de lycée, j'avais une grande admiration pour mon professeur de philosophie, Mme Simon, qui était une marxiste convaincue. À cause de cela, j'en vins à me demander si le marxisme ne pouvait pas être la solution idéale pour mettre fin aux souffrances et aux injustices qui sévissaient partout. Mais je voyais tellement de Nord-Vietnamiens fuir vers le Sud, abandonnant leurs maisons et leurs biens pour échapper au communisme, que je soupçonnais qu'il y avait quelque chose qui leur faisait peur ou qu'ils haïssaient dans cette doctrine. Je me souvenais aussi de l'arrestation de mon père quand j'avais sept ans et de tous les massacres. Les Français avaient arrêté et tué ceux qui leur résistaient et les communistes ne faisaient pas mieux. Comment ceux-ci avaient-ils pu liquider les cent personnes qui avaient été emprisonnées avec mon père, y compris le mari de mon institutrice, notre voisin, un simple employé de la mairie ? Toute politique qui ne respectait pas la vie humaine ne semblait plus que douteuse. Je revois mes parents nous disant : « N'achetez pas de crevettes aujourd'hui. Hier, des cadavres flottaient dans la rivière. » Mes parents savaient que ces crustacés se nourrissaient des corps des noyés. Les morts semblaient toujours être de pauvres paysans qui avaient été incorporés dans l'armée nationaliste ou de simples fonctionnaires de l'administration locale. Dans ma tête, il était évident que ce n'étaient pas les armes qui aideraient à libérer les pauvres ou le pays de l'oppression. Il me paraissait clair que ni la mort ni la destruction ne pouvaient résoudre quoi que ce fût. Ceux qui tuaient les soldats nationalistes, et ces derniers eux-mêmes, étaient de pauvres fermiers, tous victimes de l'ignorance et de l'iniquité de la société. Je commençais à m'interroger sérieusement sur la notion de justice et sur la société vietnamienne. Je désirais trouver un meilleur moyen que la violence pour venir en aide aux opprimés[1].

Comme la plupart des Vietnamiens, j'avais été élevée comme une bouddhiste. Mais durant mon adolescence, je n'avais jamais rencontré un bon maître bouddhiste. Pendant la résistance contre les Français, plusieurs moines et nonnes bouddhistes remarquables du Sud-Viêt-nam furent emprisonnés ou tués pour avoir soutenu les résistants. Les religieux des temples de ma province natale, Ben Tre, n'étaient pas de fervents pratiquants. Ils se contentaient d'entonner des chants religieux pendant les enterrements et de recevoir des dons – il me semblait d'ailleurs qu'ils s'intéressaient plus aux morts qu'aux vivants.

---

1. Quelques années plus tard, je lus *Khu Rung Lau (La Forêt de joncs)*, un livre écrit par un des plus grands écrivains vietnamiens, Doan Quoc Sy, et je me rendis compte du grand amour de mes aînés et de leur profond engagement pour le Viêt-nam. Beaucoup de jeunes hommes et de jeunes femmes avaient sacrifié leur vie pour l'indépendance du Viêt-nam, avec pour seul résultat d'être pourchassés ou même tués s'ils refusaient de rejoindre le Parti communiste. La lecture des mésaventures de Doan Quoc Sy ne fit qu'augmenter ma tristesse.

Premier contact avec le bouddhisme

En 1957, alors que j'avais dix-neuf ans, deux moines bouddhistes renommés vinrent à Ben Tre. Ils avaient tous les deux étudié à la pagode An Quang de Saigon, et tous deux donnaient de beaux enseignements sur le bouddhisme. J'étais à Saigon quand ils arrivèrent et mon père m'écrivit alors : « Ta mère et moi avons reçu les Cinq Préceptes de deux moines merveilleux et j'aimerais que toi et le reste de la famille receviez aussi ces préceptes par leur intermédiaire. » Comme je n'avais rencontré que des « moines chanteurs », je commençai par résister et par ignorer le souhait de mon père. Je consentis néanmoins à rencontrer ces moines quand je reviendrais à Ben Tre pour l'été.

Quand je vis pour la première fois le plus renommé des deux religieux, je lui posai un certain nombre de questions et ses réponses me parurent vagues et insatisfaisantes. Il me dit : « Ma fille, je suis vraiment très occupé. Ne pourrais-tu pas aller discuter de ces sujets avec Thây Thanh Tu ? » Tout le monde m'avait vanté les mérites du moine le plus connu mais, quand je m'entretins avec Thây Thanh Tu, il me parut plus convaincant. Il éclaircit mes doutes d'une façon modeste et attentionnée.

Après l'avoir vu plusieurs fois, je lui demandai si je pouvais recevoir les Cinq Préceptes comme mon père l'avait souhaité. À mon grand étonnement, il me répondit : « Je ne crois pas… Il vaudrait mieux attendre encore un peu. Vous êtes une jeune fille de caractère et, quand vous faites quelque chose, c'est à fond ou pas du tout. Je vous suggère de prendre le temps d'étudier et de comprendre les préceptes plus en profondeur avant de les recevoir. »

Ainsi, l'année suivante, je me plongeai aussi intensément que possible dans l'étude du bouddhisme et de ses préceptes. Il m'arrivait de faire deux heures de route en vélomoteur pour écouter une seule conférence. En décembre 1958, je reçus officiellement les Cinq Préceptes de Thây Thanh Tu. Depuis l'époque du Bouddha, ces vœux constituent la base de la morale bouddhique – ne pas tuer, ne pas voler, ne pas commettre d'adultère, ne pas mentir et ne pas prendre de drogues. Thây Thanh Tu me donna le nom spirituel de *Diêu Không*, « Merveilleuse Vacuité ». Les Vietnamiens honorent le bodhisattva Avalokiteshvara comme le merveilleux nuage qui protège le peuple de la chaleur du soleil, et Thây Thanh Tu voulut d'abord me donner le nom de *Diêu Vân*, « Merveilleux Nuage », à cause de mon amour pour les nécessiteux. Mais je lui avais posé tellement de questions à propos de la signification de la vacuité qu'il décida de m'appeler « Merveilleuse Vacuité ».

Une fois, je lui déclarai : « Même si les catholiques sont minoritaires dans notre pays, ils prennent soin des orphelins, des personnes âgées et des pauvres. Le Bouddha lui-même quitta son palais pour trouver la meilleure manière de soulager les souffrances du peuple. Pourquoi les bouddhistes ne font-ils rien pour les miséreux et les affamés ? » Thây Thanh Tu me répondit : « Le bouddhisme change le cœur des gens afin qu'ils puissent mieux s'entraider même sans avoir recours à des institutions charitables. » Cela semblait une bonne réponse mais je n'en étais pas satisfaite. « Thây, continuai-je, je veux aller dans les bidonvilles pour nourrir ceux qui ont faim et envoyer les jeunes délinquants à l'école. » Il m'écouta mais resta silencieux…

Puis je lui annonçai que je voulais devenir nonne bouddhiste. Il me répondit : « Je ne pense pas qu'être une religieuse te conviendrait, parce que les nonnes ont une discipline à respecter contre laquelle tu te rebelleras. » Il me fit comprendre que l'ambiance dans certains couvents n'était pas très stimulante. Je lui demandai s'il accepterait d'être le maître spirituel du couvent que j'espérais fonder un jour et dans lequel il serait possible d'étudier à la fois le bouddhisme et le travail social. Il sourit et acquiesça d'un signe de tête.

Habituellement, quand je parlais avec lui de travail social, il reflétait la croyance populaire, qui en faisait une activité bénéfique, certes, mais qui ne pouvait pas mener au Grand Éveil. Il disait que ce genre d'action pouvait, tout au plus, permettre une renaissance dans une famille aisée. Cette façon de voir m'était tout à fait étrangère. Je ne me préoccupais pas du tout de la notion de réincarnation, encore moins dans un milieu favorisé. Il y avait tellement à faire ici et maintenant. Le regard de Thây Thanh Tu était plein de commisération quand il me disait : « Tu as besoin d'étudier encore les écritures et de travailler pour parvenir à l'éveil. Quand tu seras éveillée, tu pourras sauver alors un nombre incalculable d'êtres. » Plus il me parlait de cette façon, plus je me sentais mal à l'aise.

Quand je présentai une de mes amies à Thây Thanh Tu, elle fut d'accord pour dire que mon travail pour les pauvres était comme « tenir un couteau par la lame. Mener une action sociale si tu n'es pas illuminée peut te détruire. Tu dois attendre d'avoir atteint l'illumination avant de pouvoir aider vraiment les miséreux ». Ses arguments étaient sincères et logiques, mais je sentais profondément en moi qu'ils avaient tort tous les deux, au moins en ce qui me concernait. Depuis l'âge de quatorze ans, le fait de donner à manger aux enfants des rues et de partager mes revenus avec des lycéens dans le besoin m'avait procuré plus de paix et de joie que n'importe quel effort pour atteindre l'« illumination ». Les paroles de mon amie me rappelaient ce que beaucoup de jeunes écoliers du lycée Marie-Curie me disaient : « Je viendrai t'aider quand j'aurai obtenu mon diplôme. »

Mais, quand ils l'obtenaient, ils passaient encore et encore d'autres examens, si bien qu'ils ne venaient jamais se joindre à moi. Le type d'illumination que mon amie me décrivait était une sorte de doctorat que l'on cherchait éternellement à obtenir tout en refusant de tendre la main à ceux qui se trouvaient près de nous.

Je continuais cependant à étudier le bouddhisme mais sans atteindre le moindre éveil. Je lisais certes de beaux textes mais j'avais l'impression de me trouver au pied d'une montagne abrupte sans aucun moyen de la gravir. Les moines et les nonnes nous disaient, par exemple, d'abandonner toute colère, toute haine, toute peur, parce que « la vie est une illusion », mais ils ne nous indiquaient jamais comment surmonter ces émotions. Pour ma part, je ne trouvais pas que la vie fût une illusion – les injustices et la souffrance dans les taudis me paraissaient très réelles et je voulais apprendre comment faire face à ces réalités et non pas les nier. Des années plus tard, quand j'eus vraiment l'occasion de connaître le bouddhisme plus en profondeur, j'appris que le Bouddha n'avait jamais déclaré que la vie était une illusion telle que la présentaient ces moines et ces nonnes. Le Bouddha enseignait que nos perceptions de la réalité sont souvent erronées parce qu'elles sont conditionnées par une connaissance incomplète ou superficielle générée par nos expériences passées. La pratique de la méditation nous apprend à être humbles par rapport à nos propres perceptions et à observer plus profondément la nature des choses afin d'être plus proches de leur vraie réalité. Si nous nous fions trop à nos perceptions, quand les choses révèlent leur vraie nature, tellement différentes de nos perceptions, nous sommes choqués, nous souffrons, et un tel traumatisme peut nous faire dire que la vie est une illusion.

Beaucoup de moines et de nonnes me confièrent que si je pratiquais sérieusement je pourrais renaître en tant qu'homme dans ma prochaine vie. « Ainsi, dans une douzaine de vies, si vous continuez à pratiquer assidûment, vous deviendrez un bodhisattva et, plus tard, un Bouddha. » Ils m'expliquèrent qu'un Bouddha n'était pas un dieu et que tout le monde pouvait atteindre le Grand Éveil. Mais leur description de l'éveil comme un état où l'on possède de merveilleux pouvoirs ne me convenait pas et me paraissait discriminatoire vis-à-vis des femmes. Je ne désirais pas devenir un homme, ni même un Bouddha. Je demandais simplement à aider les enfants dont la souffrance était réelle.

Je posai la question à Thây Thanh Tu, de savoir s'il était impossible à une femme d'arriver à l'éveil. Il sourit et je sentis qu'il essayait de ne pas me blesser. Plus tard, il me confia qu'il y avait plus de problèmes dans les couvents que dans les monastères car le karma des femmes était plus chargé que celui des hommes. Pendant des années, j'ai réfléchi à la question avant de réaliser qu'il voulait dire que la psychologie des deux sexes est différente. Les femmes extériorisent davantage leurs problèmes tandis que les hommes les gardent pour eux. Mais le fait est que nous avons tous, hommes ou femmes, des problèmes, et que nous devons tous travailler dur pour transformer nos souffrances. Si cette transformation était ce que les bouddhistes entendaient par l'illumination, alors j'étais totalement prête à adhérer à cette conception pratique.

CHAPITRE 3

Études scientifiques et travail social

L'amour pour les autres l'emporte sur les sentiments personnels

Mon père voulait que je devienne pharmacienne car c'était un métier honorable qui permettait de gagner sa vie confortablement et honnêtement dans notre pays en plein développement. Je n'avais nullement l'intention de faire des études de pharmacie mais, pour lui être agréable, je proposai un compromis. Je ne deviendrais pas pharmacienne mais j'étudierais les sciences afin d'obtenir un diplôme universitaire. Je fis cela uniquement par amour pour mon père.

Mon petit ami, Nguyen Kha, s'offrit pour étudier la pharmacologie et devenir pharmacien à ma place, mais j'estimais que cela aurait eu plus de sens s'il avait partagé mon intérêt pour le bouddhisme et le travail social. S'il respectait mes idées, il ne m'aida aucunement dans mon action auprès des pauvres et n'assista pas non plus à une seule conférence sur le bouddhisme. J'étais tellement absorbée par mes activités dans les bidonvilles que je manquai deux rendez-vous consécutifs importants avec Kha et, la semaine suivante, c'est lui qui ne vint pas à notre rendez-vous. Lentement notre amour s'éteignit, et je savais qu'il ne pourrait pas être rallumé. Très profondément, au fond de moi, je sentais que je devais suivre les traces du Bouddha et laisser mon cher ami derrière moi.

En septembre 1958, j'entrai à la faculté des sciences de l'université de Saigon. En chimie, nous passions des heures à mélanger des produits et à observer les réactions dans des éprouvettes en verre – ce qui ne me passionnait pas du tout. En mathématiques, nous étudiions pendant des semaines des équations différentielles et d'autres données qui me paraissaient sans intérêt. Mais en biologie, nous allions en forêt observer les arbres et les plantes, et nous voguions vers de superbes îles pour apprendre à mieux connaître les coraux, les pierres, les poissons, et bien d'autres êtres vivants. Aussi, je pris la décision de passer ma licence dans cette matière.

Sur les neuf cent soixante candidats au certificat de SPCN (sciences physiques, chimiques et naturelles), cinq seulement réussirent les examens. Je sortis en deuxième position et je fus invitée à devenir l'assistante-laborantine du professeur Pham Hoang Hô, spécialiste des algues marines. Le professeur Hô était un maître de recherche excellent et très gentil, aussi, pour lui manifester ma reconnaissance, j'acceptai de travailler sur les algues d'eau douce. Régulièrement, il m'interrogeait : « Comment se passe votre travail ? Avez-vous trouvé une nouvelle espèce d'algue ? » Et je répondais : « Oui, je vous la montrerai demain. » Ainsi, tous les soirs, j'allais au laboratoire et je me servais du microscope, jusqu'à une heure avancée, pour trouver de nouveaux spécimens et faire un commentaire approprié. Je n'osais pas lui dire que ce genre de recherche ne me passionnait pas.

Ce qui me motivait le plus était de travailler dans les bas quartiers. Un jour, je découvris un bidonville qui se trouvait à cinq rues seulement de l'université, dans un cimetière français abandonné, derrière le théâtre Quoc Thanh. Je m'y rendais quatre à cinq fois par semaine. Chaque famille avait édifié au-dessus d'une tombe un toit fait de matériaux de rebut, construisant ainsi un abri sans mur d'à peu près deux mètres carrés. Entre ces tombes-huttes de fortune, couraient des passages boueux grouillant de microbes vecteurs de tuberculose. À chaque arrêt de la mi-journée, dès que j'avais fini mon travail au laboratoire, je retournais à mes bidonvilles pour passer quelques heures avec mes nouveaux amis, puis je revenais à la faculté. Parfois, Thanh, ma jeune sœur, m'accompagnait et, occasionnellement, des camarades d'université. Mais la plupart du temps, j'y allais seule. Je n'ai jamais ressenti de fatigue en faisant ce travail ; c'était pour moi une grande joie de pouvoir aider. Je continuais mes études uniquement pour faire plaisir à mes parents et à mon professeur.

Ma préoccupation principale était de trouver des solutions pour apporter du bonheur à tous ces enfants déshérités. Je savais que si je me rendais dans ces quartiers défavorisés habillée comme une jeune fille de la bourgeoisie, ces gens sauraient que je n'appartenais pas à leur monde et ils ne me feraient pas confiance. Ils essaieraient même, peut-être, de m'escroquer. Aussi, j'y allais toujours vêtue d'une robe usée, en prétendant que j'avais un parent qui vivait là : « Connaissez-vous mon oncle Ba, le conducteur de cyclo-pousse ? » Ainsi je pouvais m'asseoir pour écouter les gens parler de leurs problèmes et essayer de trouver des moyens de les aider.

Beaucoup d'adultes de ce taudis étaient au chômage et malades. Quelques femmes étaient enceintes d'hommes qui les avaient abandonnées. Un de mes projets consista à fournir une « allocation riz » à des orphelins ou à des enfants vivant avec un seul de leurs parents. Une autre fois, je créai un centre de soins pour enfants – je poussais cinq jeunes mères à alterner leurs tours de garde afin que quatre d'entre elles puissent ainsi aller travailler. Je découvris plus tard que ce que je faisais était du « travail social » mais, en ce temps-là, il ne me serait même pas venu à l'idée que je faisais office d'assistante sociale, ni d'ailleurs à personne dans ce quartier défavorisé. Pour eux, j'étais seulement une lycéenne serviable – je faisais plus jeune que mon âge – et la nièce d'un conducteur de vélo-pousse, et c'était tout ce que je demandais.

Les adultes jouaient aux cartes et je les soupçonnais de pratiquer le vol à la tire pour s'acheter à manger. Quand je leur demandais : « Quel genre de travail faites-vous ? », ils me répondaient invariablement : « J'ai des maux de tête en permanence. Je ne peux pas travailler. » Quand j'insistais : « Où trouvez-vous l'argent pour nourrir votre famille ? », ils me disaient : « Nous l'empruntons avec un fort taux d'intérêt. » Quand je leur posais la question : « Pourquoi vos enfants ne vont-ils pas à l'école ? », ils répliquaient : « Ils n'ont pas de certificat de naissance. »

Au Viêt-nam à cette époque, les écoles publiques étaient gratuites mais, pour pouvoir y inscrire un enfant, il fallait fournir son certificat de naissance. Je me renseignai pour savoir comment obtenir ce genre de papier administratif et j'appris que si vous n'en sollicitiez pas un au moment de la naissance, vous deviez remplir une demande et payer une amende au commissariat de police. L'officier de permanence posait un certain nombre de questions, complétait le formulaire et l'envoyait au service du district qui, à son tour, le faisait parvenir au Tribunal central. Six mois après, vous étiez convoqué devant la cour et vous deviez présenter deux témoins qui pouvaient confirmer le jour de naissance déclaré. Pour les pauvres, ce processus était bien trop compliqué et embarrassant, et peu d'habitants des bidonvilles s'en préoccupaient. Je décidai de faire quelque chose. Un de mes amis demanda à un jeune juge de venir dans le bidonville tenir des audiences. Celui-ci délivrait sur-le-champ un certificat de naissance gratuit à toute personne qui se présentait accompagnée de deux témoins attestant de la date de la naissance de l'enfant. Mes amis et moi-même avions rempli préalablement un grand nombre de formulaires et, finalement, des centaines d'enfants purent être scolarisés[1].

---

1. L'homme qui fit cela faisait partie de ces quelques jeunes juges qui, sous le gouvernement socialiste, voulurent apporter des réformes radicales au système légal. Plus tard, en 1966, un autre de mes amis, Huynh Trung Chanh, diplômé de l'université bouddhique Van Hanh et de l'école de la magistrature, devint juge dans la province de Kien Giang et servit d'exemple à toute ma génération. Selon les lois en vigueur à l'époque, la police ne pouvait pas garder une personne en détention préventive plus de vingt-quatre heures sans l'autorisation du juge local. Mais le chef de la police de Kien Giang ignorait systématiquement le juge Chanh. Il arrêtait souvent des gens parce qu'ils refusaient de lui verser des pots-de-vin, décidait qu'ils étaient communistes et les

Cependant tous les jeunes de Quoc Thanh n'avaient pas pu avoir le précieux papier, aussi je leur fis moi-

---

torturait jusqu'à ce qu'ils acceptent de lui donner de l'argent. Chanh était indigné par cette conduite et ne supportait plus de voir ce fonctionnaire véreux arrêter les plus pauvres pour avoir volé quelques dôngs pendant que lui-même s'octroyait des milliers de dôngs par la force. Le juge Chanh demanda à tous ceux qu'il avait escroqués de témoigner contre lui mais ils refusèrent, arguant qu'il était trop puissant. Un jour, le juge Chanh fit venir le chef de la police pour parler, lui mit la main sur l'épaule, et déclara : « Je suis désolé mais j'ai reçu l'ordre des plus hautes autorités de vous arrêter et je dois obéir. » II commanda à deux gardes armés de mettre le chef en prison. Puis le juge passa un accord avec le Service d'information gouvernemental de Kien Giang pour obtenir une voiture équipée d'un mégaphone et d'un amplificateur et il annonça publiquement l'arrestation du chef et invita toutes ses victimes à venir apporter leur témoignage. En apprenant que leur oppresseur était derrière les barreaux, beaucoup de gens se présentèrent. Chanh mobilisa son équipe qui travailla jour et nuit à enregistrer les plaintes. Pendant ce temps, le garde du corps du chef de la police se rendit à Saigon pour raconter son arrestation à Nguyen Ngoc Loan, directeur de la police nationale. Après trois jours d'enquête, Loan se rendit compte que l'ordre ne venait ni du Président ni du Premier ministre, et il rédigea une plainte officielle contre cet « acte injuste » et lança un mandat d'arrêt contre le juge Chanh. Mais celui-ci avait déjà rassemblé soixante-six plaintes officielles détaillées établissant la corruption du chef. Quand le ministre de la Justice lui demanda qui lui avait donné l'ordre d'arrêter le chef de la police de Kien Giang, il répliqua : « C'est l'esprit de la justice qui m'a été enseigné à l'École de la magistrature et que je porte en mon cœur. » En fin de compte, le fonctionnaire fut reconnu coupable et Chanh arrêta d'autres personnes corrompues occupant des postes élevés, inspirant ainsi plusieurs jeunes magistrats. De même, il se rendait également dans des villages éloignés pour délivrer des certificats de naissance à des enfants de paysans.

même l'école à l'ombre d'un arbre. Je n'étais pas sans savoir que leurs parents comptaient sur eux pour gagner un peu d'argent en vendant des journaux ou des bonbons, et il fallait que je trouve un moyen d'avoir des « bourses » pour aider leurs parents. J'envisageai des projets impliquant des personnes habitant hors des taudis. Les gens aisés pensaient rarement à ceux qui étaient dans le besoin. Je commençai par planter les graines de la générosité en eux en leur demandant de donner une poignée de riz par jour pour les enfants pauvres. Je sollicitai d'abord les personnes de ma famille puis mes collègues et amis à l'université. Je leur fournis une boîte et je leur dis : « Pensez à moi comme à un petit oiseau. Chaque jour, quand vous cuisez du riz, mettez-en un peu de côté pour moi dans cette boîte, ainsi je pourrai le donner à ceux qui ont faim. » De cette façon, mes amis et ma famille contribuèrent à nourrir un grand nombre d'adultes et d'enfants.

Un jour, une amie me fit cette réflexion : « Tu es bonne en maths et en sciences. Pourquoi n'utilises-tu pas tes moments libres pour donner des cours et, ainsi, acheter du riz avec l'argent gagné ? » Elle ne se rendait pas compte que, pour moi, semer ces bonnes graines dans le cœur de personnes qui ne pensaient que rarement aux plus déshérités était une tâche plus importante. Progressivement, grâce à l'aide de plusieurs donateurs, de mes amis et de moi-même, il fut possible de collecter de deux à trois cents kilos de riz chaque mois et de les donner aux parents des enfants des bidonvilles en échange de l'autorisation de les scolariser.

Mon cœur se remplissait de joie quand, en arrivant sur place, j'entendais les enfants s'interpeller : « Grande sœur Tu (mon surnom) est arrivée. Allons en classe ! » Je leur chantais des chansons populaires et je leur racontais la vie des grands hommes du Viêt-nam et des histoires sur le Bouddha, insistant bien sur le fait qu'il était un être humain, non un dieu, et que chacun, comme lui, pouvait atteindre le Grand Éveil. Peu à peu, les enfants commencèrent à m'aimer comme une grande sœur et à croire en eux-mêmes. Les cours étaient toujours joyeux et intéressants, les enfants apprenaient à lire, à écrire et à chanter des airs traditionnels.

Crédit pour les sans-emploi

Un jour, je décidai d'aider les adultes sans emploi à créer leur propre petit commerce, comme j'avais vu ma mère le faire des années auparavant. Je savais qu'il me faudrait de l'argent pour commencer, mais je n'étais pas sans ignorer non plus que, si j'en demandais à ma famille ou à mes amis, ils refuseraient ou en donneraient éventuellement une fois. Aussi je décidai de solliciter plusieurs personnes pour qu'elles donnent une toute petite somme – un dông (un franc environ) – chaque mois. Elles répondaient en général : « Mais c'est si peu ! » et je leur disais : « Donnez un dông chaque mois, ce sera déjà un grand cadeau. » J'allai voir une riche amie de ma famille, qui n'était pas réputée pour sa générosité, mais elle se déclara heureuse de donner une aussi petite somme mensuellement. Puis je fis la même démarche auprès des membres de sa famille et même de son chauffeur et de ses domestiques, trop heureux de se montrer généreux à si bon compte. Je leur racontais la vie dans les taudis et ils m'écoutaient d'un « cœur » attentif. Je me rendais compte que je semais, dans leur esprit et dans leur cœur, des graines de générosité qui, un jour, porteraient leurs fruits. Je recueillis dans cette maison un gros sac de dôngs, contribution de la vingtaine de personnes qui vivaient sous ce toit. D'autres personnes, même des enfants, se joignirent à moi pour collecter des fonds afin d'aider les pauvres à démarrer une petite affaire.

Je savais que si je donnais l'argent aux habitants des bas quartiers, ils le dilapideraient en alcool de riz et au jeu, aussi je mis sur pied un système de prêts. J'allais au marché avec chaque « nouvel entrepreneur » pour trouver le matériel de base, et je prêtais à cet homme (ou à cette femme) la somme nécessaire à son achat. Par exemple, je demandais à une personne : « Est-ce que cela vous plairait de vendre des glaces ? » L'homme qui passait habituellement ses journées à jouer me disait : « Pourquoi pas ? Il me faudra 500 dôngs (50 dollars) pour acheter un container en métal pour stocker les glaces. » Je lui répondais alors : « Personnellement, je n'ai pas assez d'argent, mais je peux en emprunter pour vous si vous me promettez de me rendre un dông par jour sur vos ventes. » Nous allions ensuite tous les deux au marché de gros pour acheter un grand bac en étain. Chaque soir, quand il revenait de vendre des glaces, il mettait un dông de côté pour me rembourser. Une femme fit ainsi l'acquisition de l'équipement nécessaire pour vendre dans la rue des *banh cuon*, de fines crêpes roulées, et d'autres aliments. Quand quelqu'un était particulièrement entreprenant, je lui proposais un second prêt pour étendre son activité. De cette façon, j'aidais à la création de plusieurs emplois. Mais je ne donnais jamais d'argent sans en conserver un contrôle partiel. C'était la meilleure façon de faire. Quand une personne s'acquittait de sa dette, cette somme servait à quelqu'un d'autre pour monter une autre affaire. Au début, les gens que j'aidais me prenaient pour quelqu'un de naïf mais, peu à peu, ils en vinrent à m'aimer et à me respecter. Je traitais chaque homme ou chaque femme avec un mélange de gentillesse et de fermeté et je parvins, au bout du compte, à en transformer un certain nombre.

Je m'occupais aussi de soins aux malades. Quand quelqu'un contractait la tuberculose, par exemple, je l'amenais à l'hôpital sur mon vélomoteur. En tant qu'assistante dans un laboratoire de biologie, je connaissais plusieurs étudiants en première année de médecine, et, quand j'arrivais à l'hôpital, je trouvais toujours parmi les internes de garde un ami qui acceptait de soigner les démunis gratuitement.

Mais quand ces pauvres malheureux retournaient à leur taudis, ils rechutaient souvent. Je commençais à comprendre que vivre dans un bidonville était le résultat d'un échec personnel, et je cherchais des moyens d'aider ces habitants à partir pour des lieux plus sains. En ce temps-là, au Viêt-nam, les gens avaient le droit de défricher une parcelle de terre dans la forêt et d'y construire une ferme. Je me dis que je pouvais obtenir des terres pour les familles vivant dans les taudis urbains et les aider à commencer une nouvelle vie. Je ne pouvais forcer personne à venir mais je décidai d'inviter vingt familles à tenter l'expérience. J'envisageai de collecter assez d'argent pour fournir à chaque famille des outils agricoles et six mois de vivres pour bâtir une petite communauté modèle, ce qui inciterait d'autres à faire de même. Mais les dures réalités de la guerre m'appelèrent ailleurs et, pendant plusieurs années, le projet ne put se réaliser.

CHAPITRE 4

Ma rencontre avec Thây Nhat Hanh

En octobre 1959, je fis la connaissance de Thây Man Giac, un moine bouddhiste remarquable. Quand je lui posais une question sur le bouddhisme, il me sortait un livre de Thây Nhat Hanh et me disait : « La réponse à ta question est dans ce livre. » Je l'interrogeais à nouveau, et il me montrait un autre livre du même moine et ajoutait : « C'est un grand ami à moi. » J'étais beaucoup moins intéressée par la lecture des livres d'un auteur inconnu que d'avoir une réelle communication avec ce moine en face de moi ; aussi, je persistais à le questionner, mais il se contentait de me donner d'autres ouvrages. En désespoir de cause, je lui dis que je les lirais quand j'aurais un peu de temps. Un mois plus tard, Thây Man Giac m'écrivit pour me suggérer de rencontrer une autre étudiante originaire de Ben Tre qui résidait à Saigon, du nom de Thu Ha. Quand je la vis, elle m'annonça que Thây Nhat Hanh animait une session d'enseignement de trois mois au temple Xa Loi à Saigon, à partir de début décembre.

Le premier cours auquel j'assistai m'impressionna profondément. Je n'avais jamais entendu quelqu'un parler d'une manière aussi touchante et profonde. J'avais l'habitude de transcrire les discours de Thây Thanh Tu, puis de les lui donner, afin qu'il les publiât dans un magazine bouddhique. Après l'enseignement de Thây Nhat Hanh, je rentrai chez moi et recopiai mes notes, en pensant que je pouvais lui proposer le même service. J'avais oublié alors qu'il était écrivain, je supposais que les ouvrages que m'avait donnés Thây Man Giac étaient des transcriptions de ses conférences. Beaucoup de moines publiaient des livres et des articles de cette façon. La semaine suivante, j'allai le voir et je lui dis : « Thây, j'ai transcrit votre dernier enseignement sur le Dharma. C'était si beau. Si vous voulez, je peux vous le donner pour que vous puissiez l'éditer ou en user suivant votre bon vouloir. » Il me regarda, fit un signe de tête et se tourna pour parler à une autre personne. Il ne me manifestait aucun intérêt et j'étais très déçue. J'arrêtai de recopier les notes de ses cours.

Après son troisième exposé sur le Dharma, à ma grande surprise, il s'approcha de moi et me demanda : « Où sont les transcriptions que vous m'aviez promises ? » Je répondis : « Vous êtes vraiment intéressé ? Je vous les apporterai la semaine prochaine. » Six jours après, je les lui amenai, oubliant encore qu'il était un homme de plume confirmé. J'assistai à toutes les sessions, ne perdant pas une miette de ses causeries sur le Dharma.

En février 1960, à la fin de ses enseignements, je sollicitai Thây pour qu'il rencontrât avec moi cinq amis catholiques qui considéraient le bouddhisme comme une espèce de superstition. Je voulais leur offrir un vrai goût de bouddhisme, et je fus très contente que Thây acceptât de les voir après mes examens de mars. Mais quand j'amenai mes amis au temple Xa Loi, il n'était pas là. Un autre moine qui était présent à ce moment-là nous reçut, mais j'étais vexée que Thây Nhat Hanh nous eût fait faux bond. En juin, je le rencontrai à la pagode An Quang et je lui dis : « Vénérable monsieur, vous aviez pris rendez-vous avec moi en avril mais vous n'êtes pas venu. » Il exprima une grande surprise. Il avait apparemment oublié celui-ci. Puis il dit : « Pourriez-vous m'écrire ? Je vis au monastère de Phuong Boi, loin dans la forêt. C'est très beau mais très loin d'ici. » Il me donna son adresse mais mes études et mon action dans les bidonvilles me prenaient tout mon temps et, en fait, je n'écrivis pas.

J'ai trouvé mon guide spirituel

En septembre, je reçus un petit mot de lui : « L'automne arrive et il fait très froid. Dans notre monastère en pleine montagne, nous avons commencé à couper du bois. Faire la cuisine avec du bois mouillé produit beaucoup de fumée, mais c'est si bon de cuisiner à la chaleur du feu tandis qu'un vent glacial mugit à l'extérieur. » Son écriture manuscrite était extrêmement élégante, et je fus émue par ses mots si simples. Je fus prise de remords de ne pas lui avoir écrit et je lui répondis en parlant de mon travail et de mon rêve d'un changement social au Viêt-nam. J'exprimai aussi ma consternation de voir que la plupart des bouddhistes semblaient insensibles à la misère des gens. Je lui dis que je ne pensais pas qu'aider les déshérités n'était qu'une simple œuvre méritante. Je ne me souciais pas d'engranger des bons points pour une vie future. Je voulais aider les êtres humains à se libérer de leurs peines et à être heureux dans le moment présent. Thây Nhat Hanh m'envoya une belle réponse, déclarant qu'il appréciait mon travail et qu'il essayerait de me rendre visite. Il me dit qu'il était persuadé que chacun pouvait atteindre le Grand Éveil par le travail qu'il (ou elle) aime le plus, quel que soit celui-ci. « Nous devons éviter de pratiquer la dualité, m'écrivait-il, nous devons être nous-mêmes et vivre notre vie de la manière la plus profonde et la plus consciente possible. » Plus tard, il me raconta l'histoire d'un moine qui passait la plus grande partie de son temps à coudre. Un jour, il atteignit l'éveil en réparant une vieille robe. Il savait travailler en pleine conscience, en y mettant tout son cœur. Si ma vocation était d'aider les pauvres, je pouvais parvenir à l'éveil par ce moyen. Je n'avais pas à diviser mon temps en une période pour le travail méritant et une autre pour la recherche de l'illumination. Il me déclara que je n'étais pas seule, et qu'il avait vu d'autres bouddhistes aider les malades et les nécessiteux dans d'autres régions du Viêt-nam.

Thây Nhat Hanh était convaincu que le bouddhisme pouvait apporter beaucoup au travail social. Il voulait trouver des façons de m'aider dans mon action pleine de compassion dans une perspective bouddhique. Il parlait de rassembler les bonnes volontés qui désiraient œuvrer ensemble. Il accepta d'écrire des articles à ce propos dans des magazines de diffusion nationale et d'entamer plusieurs projets de développement de villages pour montrer que le changement pouvait s'appuyer sur l'amour, l'engagement et le sens des responsabilités. Nous étions convenus de créer un centre de formation pour animateurs dans le domaine de l'éducation, de l'agriculture et de la santé, qui pourraient ensuite travailler dans tout le pays. Mais d'abord, il devait finir des recherches importantes, et puis, me promettait-il, il viendrait nous aider mes amis et moi dans nos projets sociaux. Dès ce moment, j'ai su que c'était le maître que j'avais tant cherché.

En février 1961, Thây et les moines du monastère de Phuong Boi confectionnèrent des gâteaux de la Terre *(banh chung)*, pâtisseries traditionnelles faites de riz doux, et il les envoya à vingt amis. Le gâteau que je reçus était superbement enveloppé avec des feuilles *vông* très vertes et me fut livré en mains propres par un jeune novice. Celui-ci m'apprit de nombreux détails sur la vie de Thây et sur sa lutte solitaire contre une hiérarchie conservatrice. Chaque fois que je lisais une lettre de Thây ou que je le voyais, j'étais vivifiée. Je sus par d'autres de ses étudiants combien il avait lutté pour un renouveau du bouddhisme au Viêt-nam. Dès que je le pus, je lus tous ses livres.

L'esprit, les actions et l'apparence extérieure expriment la même beauté

Un jour, j'assistai à une conférence publique de Thây Nhat Hanh, à la pagode An Quang, vêtue d'une affreuse robe grise trop grande pour moi. Après cet enseignement, il m'invita dans le salon et me demanda si je n'avais pas une plus belle robe. Stupéfaite par cette réflexion, je me mis à pleurer. Je pensais qu'il avait compris que je voulais m'habiller comme les pauvres pour être plus près d'eux, mais il semblait avoir un autre point de vue. Surpris et un peu embarrassé par mes pleurs, il me dit gentiment : « La beauté d'une personne ne doit pas se remarquer uniquement de l'intérieur mais aussi de l'extérieur. Vous n'êtes pas obligée de porter des robes extravagantes ou coûteuses. Certaines sont simples et néanmoins belles mais elles doivent être décentes et jolies. Si vous vous rasiez la tête, vous pourriez porter une belle robe monastique. Mais comme vous avez les cheveux longs, vous devriez mettre une jolie robe comme les autres filles de votre âge. Cela fera une meilleure impression aux personnes qui seraient tentées de se joindre à vous. L'esprit, les actions et la robe de quelqu'un doivent tous refléter sa qualité d'être. C'est l'attitude correcte pour un bodhisattva. »

Nourrie des enseignements et des encouragements de Thây Nhat Hanh, je pus ainsi intéresser à notre travail soixante-dix amis qui se répartirent dans cinq bidonvilles autour de Saigon. Chaque équipe fournissait du riz à de nombreuses familles, des aides à la scolarisation des enfants, et, quand il le fallait, le transport à l'hôpital. En certaines occasions, comme l'anniversaire du Bouddha ou Noël, nous essayions de gâter les enfants. Nous les amenions acheter des habits, se promener au zoo tout l'après-midi, et au restaurant pour le dîner. Les enfants se croyaient vraiment au paradis. Je m'occupais en particulier du bidonville de Quoc Thanh. Ma jeune sœur, Thanh, et trois autres personnes avaient la responsabilité de celui de Câu

Bong, non loin de leur domicile. Parfois j'allais les aider, comme par exemple lors d'épidémies de dysenterie. Tra Mi et quatre autres bénévoles avaient la charge du bidonville de Hoa Hung, où la situation était meilleure. Celui-ci se trouvait près du marché de Ong Ta, et Tra Mi et son groupe purent procurer des emplois de vendeurs des rues à de nombreuses familles. Phung Thang et ses compagnons s'occupaient du bidonville de Ban Co où ils créèrent une école élémentaire du soir pour scolariser des enfants qui travaillaient comme cireurs de chaussures le jour. Je donnais souvent des cours d'histoire en racontant aux garçons et aux filles présents les nobles actions des figures marquantes de notre pays et en les encourageant à suivre leur exemple. Dans le bidonville près du marché de Gia Dinh, les gens vivaient dans des huttes bâties sur pilotis au-dessus de marécages malsains. Nous devions laisser nos vélomoteurs et emprunter un pont de bois pour aller les voir. Les « sanitaires » de leurs habitations étaient de petits trous carrés dans le plancher. À marée haute, les ordures étaient emportées par le courant. Thanh et moi nous relayâmes pour rendre visite aux tuberculeux afin de leur fournir des médicaments, du riz, des œufs et des légumes.

Nous donnions aussi des cours du soir aux adultes pour leur apprendre à lire, à écrire et à compter. Un étudiant âgé, du nom de Dang, agent de la police secrète, en vint progressivement à me respecter et à m'aimer. Il me confiait souvent des informations confidentielles qui n'avaient aucune importance pour moi, mais qui étaient apparemment risquées à dévoiler pour lui. Deux fois, il m'annonça qu'il y aurait un coup d'État dans les jours suivants, et m'avertit alors de ne pas sortir. D'abord, je ne le crus pas, mais quelque temps plus tard, une rumeur prétendit qu'il y avait eu une tentative de renversement avorté, et je sus qu'il avait eu raison.

En février 1961, Thây Nhat Hanh invita Thây Quang Lien et Thây Thien Chau à donner, alternativement avec lui, une session de cours de trois mois sur les enseignements de base du bouddhisme. Chaque dimanche matin, plusieurs centaines de personnes se réunissaient à la pagode An Quang pour la conférence donnée par un des moines et, l'après-midi, un petit groupe de treize étudiants choisis par Thây Nhat Hanh étudiait les sutras avec lui. Son but était de former un nombre limité mais constant d'étudiants ayant une connaissance approfondie du bouddhisme et capables d'aider les centaines de personnes rassemblées chaque matin à la pagode An Quanh pour écouter Thây Nhat Hanh, Thây Quang Lien ou Thây Thien Chau. Le premier sutra étudié fut *Les Huit Réalisations des Grands Êtres*. À la fin de chaque cours, nous avions d'âpres discussions, souvent avec des points de vue différents. Quand Thây n'était pas là et qu'un autre moine supervisait, nous étions toujours frustrés car quand nos opinions divergeaient, ce religieux nous amenait encore dans une autre direction. Mais quand Thây était là pour faire la synthèse de nos débats, tout le monde était content car son point de vue transcendait tous les nôtres, tout en tenant compte de celui de chacun. Une atmosphère de communauté religieuse et de fraternité commençait à régner entre Thây et nous, ses étudiants, pendant ces cours. Un samedi de mars,

Thây était absent et un étudiant nous annonça que Thây lui avait demandé de nous lire une petite histoire écrite par lui, *Cua Tùng Dôi Canh Gài*. Il déclara que Thây s'était rendu au monastère de Phuong Boi dans les montagnes pour se reposer. Quand Thây revint trois semaines plus tard au temple An Quang, il semblait très frais et régénéré et nous dit qu'il allait s'installer au temple Xa Loi.

En avril, Thây débuta une autre session hebdomadaire sur le bouddhisme pour vingt étudiants. Mais au bout de deux semaines, les autorités du temple Xa Loi – des laïcs conservateurs qui ne pouvaient pas comprendre ce jeune moine qui attirait tant d'étudiants, et surtout de jeunes et jolies étudiantes – s'arrangèrent pour annuler l'enseignement et Thây dut partir pour le temple Truc Lam, à une heure de vélomoteur de Saigon, et il nous donna ses enseignements là-bas.

Deux années plus tard, j'appris que pendant que Thây était à Dalat pour une tournée de conférences au mois de mars, un membre de la pagode An Quang, jaloux de lui, avait effacé le nom de Thây des registres du *livret de famille* du temple. Cela équivalait à le bannir de la « famille » du temple. Thây avait contribué à la fondation de cette pagode au début des années 50. Il y enseignait depuis 1954 et en était le professeur le plus réputé et le plus aimé. Quand celui-ci devint l'Institut bouddhique, il en fut un des premiers enseignants. Tous les jeunes moines lui étaient très attachés et soutenaient à fond ses efforts pour renouveler les enseignements et la pratique, mais quelques membres âgés conservateurs étaient opposés à ses innovations et Thây se retira au monastère de Phuong Boi jusqu'à ce que cette « blessure » se refermât. Quand les autorités de Xa Loi adoptèrent la même attitude, cela ne l'affecta pas aussi profondément car les responsables laïcs de Xa Loi n'étaient pas aussi proches de lui et il n'avait pas aidé à l'édification de celui-ci.

Les « cèdres » du bouddhisme rénové

De mai à septembre 1961, je me rendis tous les samedis, avec une douzaine d'amis, au temple Truc Lam à Gia Dinh dans la banlieue de Saigon pour étudier avec Thây, et nous restions toujours tard le soir. Puis nous rentrions à Saigon en chantant tous ensemble sous la lune. C'étaient des jours merveilleux. Nous nous aimions et nous respections mutuellement très sincèrement, comme treize frères et sœurs. Instruits par Thây, nous devînmes les « treize cèdres » du Mouvement bouddhique du Sud-Viêt-nam[1]. Nous, les treize cèdres, décidâmes d'appliquer notre compréhension du bouddhisme en mettant sur pied une école du soir destinée aux travailleurs modestes, aux soldats et

1. Quand Thây était un jeune novice au début des années 40, il y avait eu des tentatives de rénovation du bouddhisme dans le centre du Viêt-nam. Thây voulait poursuivre cette œuvre en formant des jeunes gens à devenir « semblables à de solides cèdres, à des piliers capables de soutenir la maison du bouddhisme et les enseignements du Bouddha ». Les treize cèdres se nommaient : Huynh Ba Hue Duong, Nguyen Thu Ha, Do Tuan Khanh, Le Kim Chi, Truong Thi Nhien, Cao Ngoc Phuong, Cao Ngoc Thanh, Ton That Chieu, Nguyen Ngoc Diep, Huynh Ba Duong, Nguyen Ngoc Bich, Dang Ngoc Cuong et Pham Ngoc Lien.

aux adolescents qui travaillaient le jour. Tous préparaient leur baccalauréat. Des cours de physique, de chimie, de biologie, d'anglais et de français étaient ainsi donnés chaque soir de 18 heures à 23 heures au temple Giac Ngô. C'était quelque chose d'extraordinaire pour nous treize de nous apercevoir que nous devenions une sangha joyeuse, une communauté de pratique, en nous entraidant et en aidant les autres.

En septembre, Thây nous annonça qu'il avait accepté une offre universitaire pour faire des recherches en études de religions comparées à l'université de Princeton. Il avait entendu dire qu'il y avait aux États-Unis plus d'une centaine de bibliothèques recelant de précieuses collections de livres religieux, y compris des textes bouddhiques en chinois, sanscrit et pâli. Nous l'aidâmes à préparer les formalités et différentes choses, et il partit pour les États-Unis pour deux ans. Pour ma part, je poursuivis mon action sociale et mes études universitaires.

Travailler pour le changement social

1962-1965

CHAPITRE 5

La résistance non violente

En avril 1963, un adjoint de Mme Ngo Dinh Nhu, la belle-sœur du président sud-vietnamien Ngo Dinh Diêm, me contacta pour que je prenne la direction d'une des branches de son Parti républicain pour les femmes, *Phu Nu Cong Hoa*. Elle voulait que chaque Vietnamienne adhérât à son mouvement mais je refusai car je ne voulais pas faire de politique. Mon acte fut interprété comme une réaction de communiste, « car seul un communiste pouvait dédaigner une offre aussi généreuse », et son adjoint me rappela que Mme Nhu pouvait me faire arrêter. Travailler dans les bas quartiers avec les pauvres était aussi considéré comme une activité communiste.

Première Union des étudiants bouddhistes au Viêt-nam

À cette époque, j'étais à la tête du Mouvement social de l'Union des étudiants bouddhistes initié par Thây Nhat Hanh en février 1961 au temple An Quang et dont l'importance fut renforcée par sa légalisation en tant que branche de la Congrégation bouddhique par l'intermédiaire de Thây Thiên Minh et de Thây Quang Liên en octobre 1961. Nous nous réunissions chaque semaine pour étudier le bouddhisme, discuter du Dharma, organiser des projets en faveur des déshérités et pour publier notre magazine, *Tin Tuong*, destiné à faire connaître notre travail. Les treize « cèdres piliers » devinrent quatre-vingts, puis plus de trois cents, au sein de l'Union des étudiants bouddhistes. M'obliger à arrêter mon action dans les bidonvilles signifiait, par là même, la fin du travail de près de trois cents personnes. Des amis étudiants bouddhistes travaillant dans tout le pays me rapportèrent avoir subi ou avoir été témoins des mêmes menaces dans leurs provinces – Phan Thiet, Quang Nam, Quang Tri, Quang Ngai, Kontum, Nha Trang, Qui Nhon, Dalat... Beaucoup avaient été fortement incités à rejoindre le parti de Mme Nhu ou à se convertir au catholicisme. En conséquence, beaucoup d'excellents amis bouddhistes rejoignirent, contraints et forcés par le régime nationaliste, le Front de libération du Parti communiste.

Il y eut d'autres exemples de répression contre les bouddhistes de la part du régime catholique. Au début du siècle, dans le village de La Vang de la province de Quang Tri, les bouddhistes adoraient une femme mystérieuse qui avait sauvé un petit garçon. Celui-ci était tombé dans un puits et flottait à la surface de l'eau quand il fut sauvé in extremis. Il raconta qu'il avait vu une femme qui ressemblait trait pour trait à une peinture d'Avalokiteshvara et qui l'avait sorti du puits. Une autre fois, dans la même province, un groupe de maisons fut épargné par une grosse tempête qui avait dévasté les arbres et les champs l'entourant. Beaucoup de gens assurèrent qu'ils avaient aperçu une femme mystérieuse devant les habitations pendant la tornade. Au début du siècle, les gens avaient élevé un petit temple pour honorer Avalokiteshvara, le bodhisattva, cette mystérieuse femme d'après eux. Mais quand Ngo Dinh Diêm prit le pouvoir, son frère, l'archevêque Ngo Dinh Thuc, ordonna la construction d'une cathédrale et déclara que la femme en question n'était autre que la Vierge Marie, la Mère du Christ, et non pas Avalokiteshvara. Les employés du gouvernement furent mis à contribution pour financer l'édification de la cathédrale de La Vang.

Un gouvernement « catholique » pas du tout chrétien !

Mais ce fut en avril 1963 que la déclaration la plus antibouddhiste fut édictée par le régime de Diêm. Il déclara que Wesak, jour anniversaire du Bouddha, n'était plus une fête nationale et que ce serait dorénavant un délit que de hisser le drapeau bouddhiste[1].

Dans douze provinces septentrionales du Sud-Viêt-nam, Wesak était la plus importante célébration religieuse. Les marchés de viande et de poisson et les restaurants non végétariens étaient fermés, et chacun

---

1. Le drapeau multicolore bouddhiste fut dessiné par un Américain, Henry Steel Olcott, au Congrès bouddhique international de Sri Lanka en 1885.

pouvait aller dans un temple bouddhiste chercher un repas végétarien. Des drapeaux bouddhistes flottaient à tous les coins de rue et des processions de chars couverts de fleurs et transportant la statue de Bouddha nouveau-né parcouraient les villes et les villages. À Hué, le fief du bouddhisme du Centre-Viêtnam, chaque famille élevait traditionnellement un autel dans la cour, la veille de Wesak, pour accueillir bébé Bouddha. Imaginez le choc pour tous ces gens en apprenant que ces pratiques étaient brutalement interdites.

Je fus informée plus tard que l'archevêque Ngo Dinh Thuc avait l'intention d'engager rapidement le Viêt-nam sur la voie du catholicisme, comme cela s'était passé dans un village où tout le monde avait été baptisé le même jour. L'archevêque voulait devenir cardinal et il pensait que si trop de drapeaux bouddhistes étaient hissés pendant Wesak, cela diminuerait ses chances. Pour nous, cette mesure répressive fut la goutte d'eau qui fit déborder le vase de l'oppression déjà bien rempli.

Aussi, la veille de Wesak, le 8 mai 1963, comme d'habitude, les bouddhistes de Hué firent flotter leurs bannières et accomplirent la cérémonie de Wesak à la pagode Tu Dam. Tout le monde en ville était près de sa radio dans l'attente de la diffusion de l'enseignement sur le Dharma de Thây Tri Quang. Mais ce discours, qui avait été enregistré le matin même, ne fut pas diffusé parce que ce moine exprimait le vœu de tous les bouddhistes, à savoir que leur drapeau ne fût pas interdit. Des milliers de jeunes se retrouvèrent devant la station de radio, ignorant l'ordre de dispersion lancé par le pouvoir. Alors les autorités ordonnèrent aux tanks d'avancer. Huit personnes périrent écrasées. Le 10 mai, plus de dix mille personnes manifestèrent pour demander la liberté d'expression religieuse, mais le président Diêm les ignora et fit arrêter et torturer une centaine de moines et étudiants considérés comme des meneurs.

Après de longs débats, notre Union des étudiants bouddhistes à Saigon rejoignit le mouvement de la Congrégation bouddhique nationale dans sa lutte pour la liberté de culte, soutenant leur lettre ouverte et leur pétition au gouvernement :

1. *Le décret présidentiel interdisant le drapeau bouddhiste doit être abrogé.*
2. *Tout le monde doit bénéficier des mêmes libertés que celles accordées aux catholiques sous la domination française, y compris la liberté de rassemblement. La Congrégation bouddhique nationale doit bénéficier du même statut que l'Église catholique et ne pas être considérée comme une simple association.*
3. *Les arrestations de bouddhistes doivent cesser.*
4. *Les bouddhistes doivent avoir le droit de pratiquer les enseignements du Bouddha.*
5. *Les familles des victimes tuées par les chars doivent être dédommagées, et ceux qui ont perpétré ces crimes devront être arrêtés et jugés.*

Le grand patriarche de la Congrégation bouddhique nationale, Sû Ong Thich Tinh Khiet, signa la pétition et ajouta ces cinq principes :

1. *Les bouddhistes n'ont jamais eu pour but de renverser quelque régime que ce soit. Nous voulons simplement faire cesser les mesures discriminatoires à notre encontre.*

2. *Les bouddhistes n'ont pas d'ennemis. Notre lutte est dirigée non pas contre l'Église catholique mais contre la discrimination. Les bouddhistes n'ont jamais été opposés aux autres religions.*

3. *La lutte des bouddhistes pour une politique religieuse équitable fait partie de la lutte pour une véritable justice sociale au Viêt-nam.*

4. *Les bouddhistes ont fait le vœu de suivre une voie non violente, en pratiquant les enseignements de l'Éveillé quel que soit le combat à mener. À cause de cet engagement non violent, nous, les bouddhistes, nous sommes prêts à nous sacrifier pour qu'il y ait plus de compréhension et d'amour. Nous désirons plus qu'un simple changement de politique. Nous voulons qu'un souffle fait d'amour et de compréhension inspire et transforme les cœurs et les esprits de tous les êtres, y compris ceux des membres du gouvernement.*

5. *Les bouddhistes n'autoriseront aucun mouvement politique à s'approprier leur lutte.*

Le 15 mai 1963, une délégation bouddhiste remit un rapport de quarante-cinq pages sur les violations des droits de l'homme au président Diêm sans obtenir de réponse. Le 21 mai, mille nonnes et moines se réunirent à la pagode An Quang pour prier pour les jeunes gens tués à Hué. Émus par la présence de ces religieux pacifiques, des milliers de laïcs les rejoignirent. La police employa des gaz lacrymogènes pour disperser la foule autour du temple, entoura celui-ci de fil de fer barbelé pour empêcher les nouvelles entrées, et utilisa la force pour briser cette manifestation et rien d'autres, et ils déportèrent un certain nombre de nonnes et de moines. Le 25 mai, un Comité uni de protection du bouddhisme[1], créé au temple Xa Loi, sollicita une audience auprès du président Diêm et lui demanda de se préoccuper du rapport ci-dessus, encore une fois sans résultat, et la lutte continua, faite de manifestations, de jeûnes collectifs, de boycottages des marchés et de pétitions. Il faut comprendre que dans cette atmosphère de répression, il était très difficile d'organiser des manifestations. Et pourtant, les bouddhistes arrivaient toujours à organiser quelque chose pour attirer l'attention de l'opinion internationale. Ainsi, un jour, ils organisèrent une marche silencieuse au carrefour des rues Phan Dinh Phung et Le Van Duyet. Un autre jour, le rassemblement se déroula au rond-point de la place du Grand-Marché. Les nonnes et les moines vêtus de leur robe grise ou marron habituelle se rendirent au carrefour, individuellement et, à un moment prédéterminé, sortirent leur robe jaune, tenue officielle des nonnes et des moines, puis se rassemblèrent et entamèrent une marche silencieuse. La presse étrangère fut invitée à venir à cet endroit à l'heure du rassemblement. Elle était tenue au courant

1. *Uy Ban Lien Phai Bao Ve Phat Giao.*

† Thây Tri Quang et Thây Thien Minh étaient originaires du Centre-Viêt-nam ; Thây Tâm Châu, Thây Quang Do, Thây Tam Giac, et Thây Duc Nhuan venaient du Nord ; et Thây Thîen Hoa, Thây Thîen Hôa, et Thây Hanh Tru, du Sud. Thât Tâm Chau était le président du Comité.

de ces actions et photographiait ces marches silencieuses et massives pour les droits de l'homme. Il y avait une grande coordination et beaucoup de solidarité entre les responsables de ce comité, composé de moines venant de tous les coins du Viêt-nam. Thây Thien Minh était très doué pour diriger les rassemblements et pour négocier avec le gouvernement.

Nous, les étudiants, nous utilisions notre presse clandestine pour expliquer à nos compatriotes et au monde pourquoi nous protestions. La censure était si stricte au Sud-Viêt-nam à cette époque que les habitants de Saigon ne furent pas informés de la mort des huit jeunes gens de Hué. Nous fîmes imprimer un reportage sur les manifestations de Hué, avec la transcription des reportages de la BBC et de la Voix de l'Amérique confirmant les multiples violations des droits de l'homme par le régime de Diêm[1].

En peu de temps, plusieurs centaines d'étudiants de l'Union bouddhiste de Saigon, ainsi que de nombreux amis, s'unirent pour former une force de presque mille personnes qui défia les autorités. Huynh Ba Hue Duong était la « tête pensante » du réseau de diffusion de notre publication. Un groupe se mit en contact avec les lycées et les écoles publiques secondaires de Saigon, de Cholon,

---

1. Nous savions que notre soutien le plus important pour une lutte non violente viendrait de l'opinion publique internationale aussi nous fîmes de notre mieux pour faire parvenir ces publications à la presse étrangère. Thây Quang Do parlait français, anglais, chinois, japonais, laotien, cambodgien et thaï, ainsi, quand il s'adressait aux différentes ambassades et aux reporters, il le faisait dans leur propre langue.

de Gia Dinh et de plusieurs provinces limitrophes. Un autre groupe s'occupa de diffuser nos bulletins d'information auprès des écoles privées et un autre fit la même chose auprès des commerçants bouddhistes des innombrables marchés de Saigon, de Cholon et de Gia Dinh. Dès qu'un nouveau bulletin d'information ou qu'un pamphlet paraissait, chaque équipe de notre réseau allait le distribuer pour contrebalancer les fausses nouvelles répandues par le gouvernement via la radio et toute la presse nationale. Le régime nous traitait de « communistes », ce qui nous faisait risquer arrestation et torture[1].

Notre travail dans les bidonvilles nous aidait. Dès que nous étions suivis par un agent secret du gouvernement, nous nous enfoncions dans un ghetto pauvre et il était impossible pour lui de nous retrouver. Nous savions qu'en prison les policiers torturaient les suspects jusqu'à ce qu'ils « avouent » être des agitateurs communistes essayant de fomenter des troubles parmi les bouddhistes. Hue Duong fut arrêté, battu et contraint de « déclarer » qu'il était communiste. Puis il fut contraint de regarder sa partenaire et plus proche collègue dans la lutte clandestine se faire torturer et recevoir des décharges électriques dans le vagin avant de s'évanouir. Elle fut torturée ainsi à de nombreuses reprises pour « confesser » qu'ils étaient communistes. Elle s'évanouit encore plusieurs fois, mais continua à clamer son innocence. Quelques compagnons de lutte furent torturés à mort, mais le nombre de ceux qui soutenaient notre œuvre ne cessait d'augmenter.

---

1. L'édition clandestine des ouvrages était assurée au temple Xa Loi par Thây Quang Do et Thây Chau Toan.

La Grande Torche de compassion

Le 11 juin 1963, Thây Quang Duc s'immola par le feu pour réclamer la liberté religieuse. Personne ne m'avait dit qu'il s'apprêtait à faire cela, mais juste au moment où il mit le feu à ses vêtements, je me trouvais, à vélomoteur, à l'intersection des rues Phan Dinh Phung et Le Van Duyet, et je le vis, assis calmement et courageusement, au milieu des flammes. Il était rayonnant de paix alors que ceux d'entre nous qui étaient présents autour de lui pleuraient et paraissaient accablés. À ce moment, je fis silencieusement un vœu solennel : je m'efforcerai d'agir d'une façon aussi belle et aussi digne que Thây Quang Duc au service du respect des droits de l'homme aussi bien qu'au service de la justice sociale.

Le sacrifice de Thây Quang Duc eut un tel impact dans le pays que d'innombrables manifestations et actes de résistance se déroulèrent dans chaque ville et dans chaque province. La presse internationale ne pouvait parler que de ce qui se passait à Saigon et à Hué. À 2 heures du matin, le 16 juin, le jour de l'enterrement de Thây Quang Duc, le gouvernement et les bouddhistes passèrent un accord de paix en cinq points. La nouvelle fut annoncée à la radio dès 5 heures du matin, mais le climat dans le pays était si tendu et le manque de confiance envers le gouvernement si grand que beaucoup de gens n'y accordèrent aucun crédit, et des milliers de personnes vinrent quand même manifester durant les funérailles de Thây Quang Duc. À 8 heures, Thây Tam Giac, un professeur d'arts martiaux, qui avait de nombreux disciples à Saigon, s'installa sur le toit d'une voiture et, utilisant un mégaphone, il assura la foule qu'un accord avait été vraiment signé. Il dut parcourir au moins le tiers de la ville avant que la tension ne retombât. Le gouvernement repoussa la célébration de l'enterrement quatre jours de suite, dans l'espoir que les gens se calmeraient. Le 20 juin, après une crémation d'une durée de six heures, le corps de Thây Quang Duc était réduit en cendres, à l'exception de son cœur, qui était encore couleur rouge brun foncé et intact. Après une seconde crémation à 40 000 °C, celui-ci avait conservé sa forme, bien que d'une teinte un peu plus brune.

Les services de M. Ngo Dinh Nhu, ignorant la signature d'un accord de paix, firent passer un communiqué secret demandant à ses employés de rester en alerte dans l'attente de nouveaux ordres d'attaque. Les dirigeants bouddhistes eurent entre les mains une copie du document et l'envoyèrent au gouvernement en demandant l'application du traité de paix qui avait été signé. Le même jour, le régime en place tenta d'imposer sa propre Congrégation bouddhique en réunissant un certain nombre de « religieux chantants ». Ces prêtres envoyèrent un message à la Fédération mondiale des bouddhistes (FMB) au Sri Lanka, les avertissant que les bouddhistes vietnamiens faisant partie de cette fédération se conduisaient mal et pouvaient nuire au prestige de la FMB. Or, en retour, celle-ci leur envoya un télégramme apportant son soutien total à la lutte menée par les bouddhistes du Viêt-nam. Ngo Dinh Nhu ordonna alors à un groupe de vétérans de guerre de manifester contre les bouddhistes, mais, au lieu de cela, ils défilèrent contre le régime ! Même les officiers de l'armée de la République du Viêt-nam firent pression sur leurs supérieurs, en disant qu'ils ne combattraient pas les communistes si le gouvernement continuait à interdire la religion de leurs ancêtres. Plusieurs hauts gradés tentèrent de convaincre Diêm de changer de politique, mais en vain. Aussi, quelques généraux de l'armée sud-vietnamienne annoncèrent à Washington qu'ils allaient renverser Diêm et sollicitèrent le feu vert des Américains pour ce coup d'État, de la même façon que les communistes bénéficiaient du soutien de l'Union soviétique et de la Chine. Mais le président Kennedy n'était pas encore prêt.

Le nombre de bouddhistes qui faisaient le sacrifice de leur vie par le feu augmentait. Le 4 août 1963, Thây Nguyen Huong s'immola par le feu à Phan Thiet et la nonne Dieu Quang en fit de même à Nha Trang. Le 13 août 1963, ce fut au tour de Thây Thanh Tue à Hué. Je sais qu'il est difficile aux Occidentaux de comprendre le sens d'un tel geste. Cela leur semble d'une barbarie extrême. Essayez de vous mettre un instant à la place d'une personne accomplissant un tel acte d'amour et de don de soi. Pour toucher les cœurs les plus desséchés, il faut accomplir une action d'un grand courage – même si cela doit être au prix de sa propre vie. Un tel être ne meurt pas, même si son corps n'est plus que cendres. Quand je m'interrogeais sur le sens profond du sacrifice de Thây Quang Duc, je pouvais sentir que son amour et son grand intérêt pour les droits de l'homme s'étaient rallumés en moi et dans l'âme de milliers de Vietnamiens et d'individus dans le monde. Nous étions inspirés par le feu de son amour et de son grand engagement grâce au souvenir de ce sacrifice suprême.

Dans les premières heures de la matinée du 20 août 1963, les forces spéciales de l'armée investirent les principales places fortes du mouvement bouddhiste à travers tout le pays et arrêtèrent plus de deux mille moines et nonnes dans leurs temples ainsi que des laïcs bouddhistes à leur domicile, y compris presque tous les étudiants bouddhistes de l'Union des étudiants bouddhistes, des amis à moi. À Saigon, la police fouilla le temple Xa Loi, la pagode An Quang et plusieurs autres temples. Un moine de Xa Loi, qu'ils soupçonnaient d'être Thây Giac Duc, un des plus brillants porte-parole durant les manifestations bouddhiques, fut battu à mort.

La nuit suivante, douze policiers encerclèrent la maison de ma sœur aînée Cao Ngoc Nga, où je vivais depuis 1962. Deux d'entre eux montèrent sur le toit, deux autres bloquèrent les portes de derrière et deux pénétrèrent à l'intérieur, demandant à voir le livret de famille. L'un d'eux déclara : « Nous sommes ici pour arrêter un dangereux agitateur communiste, M. Cao Ngoc Phuong. » Mon beau-frère leur dit : « Ici, il n'y a ni meneur communiste ni de M. Cao Ngoc Phuong. Il y a bien une demoiselle appelée Cao Ngoc Phuong, ma douce belle-sœur, qui enseigne à la faculté des sciences de Saigon. Notre famille jouit d'une grande respectabilité. Je suis Nguyen Trung Ngon, l'ingénieur en chef qui supervise le département d'aéronautique civile national et mon frère Nguyen Trung Truong travaille au ministère de l'Intérieur comme chef des inspecteurs de police du quartier de Cholon et de

Saigon. » Les deux policiers se regardèrent et s'écrièrent : « Mais c'est notre chef ! » et s'excusèrent. Comme mon beau-frère les raccompagnait à la porte, il vit deux hommes sauter du toit et huit autres sortir de différentes pièces de la maison.

Plus tard, dans la même journée, des agents gouvernementaux racontèrent à mes amis en prison que c'était moi qui les avais dénoncés comme communistes, ce qui avait entraîné leur arrestation. Imaginez leur désespoir et leur colère d'avoir été trahis par quelqu'un en qui ils avaient confiance. Bien sûr, c'était une technique courante que de profiter du fait que j'étais restée en liberté pour nous diviser et nous faire souffrir. Plus tard, quelques-unes de ces personnes furent relâchées, grâce à un pot-de-vin, et je m'aperçus qu'ils essayaient de m'éviter. Ce fut seulement après la chute de Diêm que je fus mise au courant de la ruse infâme de ce gouvernement. Une de mes plus proches amies confia à Thây Nhat Hanh qu'elle me croyait innocente mais que, peut-être, ma sœur ou mon beau-frère avaient pu trahir mes amis. Cela me choqua et me blessa profondément. J'étais très consciente de mes actes et avais observé avec attention le comportement de mes proches ; si l'un d'entre eux avait eu peur de s'opposer au gouvernement, je l'aurais su. Tous les membres de ma famille me soutenaient à fond dans ma lutte.

En apprenant l'emprisonnement de tant de moines, de nonnes et d'amis bouddhistes, j'eus envie de crier ma colère, d'aller en prison, voire même de m'immoler par désespoir. Thây Nhat Hanh était loin et tous mes respectés maîtres et amis étaient en prison. Je n'arrêtais pas de pleurer tout en errant dans les rues sur ma mobylette. Bien plus tard dans l'après-midi, je me rendis au laboratoire, y rencontrai le professeur Pham Hoang Hô et lui annonçai ma décision de renoncer à l'enseignement de la biologie et à mon travail de recherche, et de m'immoler par le feu. J'étais en larmes quand je lui demandai : « Pourquoi emprisonnent-ils tant de moines, de nonnes et de bouddhistes qui ne font que réclamer la liberté d'expression religieuse ? » Le professeur Hô m'écouta attentivement, ignorant apparemment que tant de violations des droits de l'homme étaient perpétrées a travers tout le pays. En tant que scientifique, il s'intéressait aux arbres, aux plantes et aux algues, mais il aimait aussi la justice, aussi il rédigea une pétition demandant au gouvernement de respecter les droits de l'homme. Nous recueillîmes les signatures de soixante-dix-neuf professeurs d'université, tous savaient qu'ils risquaient par ce geste d'être arrêtés. Le 21 août, nous présentâmes cette pétition au président Diêm et à la presse. Le même jour, Vu Van Mau, le ministre des Affaires étrangères, quitta, hors de lui, une réunion du Conseil des ministres, car Ngo Dinh Nhu venait d'annoncer l'arrestation de « tous les bouddhistes communistes ». Trois jours plus tard, il se rasait la tête en signe de protestation.

Comme beaucoup de moines et de nonnes croupissaient en prison, des étudiants des lycées et des universités prirent la tête du mouvement de résistance, fondant le Comité de travail pour le respect des droits de l'homme au Viêt-nam. Le 25 août, des centaines de lycéens se réunirent sur la place du marché de Dien Hong pour manifester, la police tira sur eux et tua une jeune fille de seize ans, Quach Thi Trang. La peur et le désespoir s'installèrent et la répression continua.

Le 9 septembre 1963, des milliers d'étudiants descendirent dans les rues, protestant avec courage contre le régime de Diêm, après avoir appris que Mai Tuyet An, une jeune fille de dix-huit ans, avait essayé de se couper la main gauche sur les marches du temple Xa Loi pour l'offrir au président Diêm. C'était une personne menue et très douce qui faisait partie du Mouvement de la jeunesse bouddhiste. Sa main droite n'eut pas assez de force pour manier la grande hache qu'elle utilisa pour trancher son autre main, aussi elle saigna abondamment et s'évanouit. Sa lettre au président, dans laquelle elle disait que sa main était un cadeau pour qu'il daigne se pencher sur les requêtes du peuple, émut beaucoup de monde. L'acte de Mai Tuyet An fut le détonateur qui permit une prise de conscience générale de la situation[1].

Après le sacrifice de Mai Tuyet An, le professeur Hô me regarda attentivement et me dit : « Aimeriez-vous quitter le pays ? Vous pourriez aller à l'université à Paris pour finir votre thèse et la présenter à la faculté des sciences, là-bas. Je peux vous faire une lettre d'introduction auprès du professeur Bourrelly, un spécialiste des algues d'eau douce, et auprès du professeur Feldmann, mon propre professeur, et ils pourraient vous aider à finir votre travail. » Je le remerciai de sa gentillesse et promis de lui donner une réponse dès que possible.

---

1. En juin 1993, Mai Tuyet An accomplit un autre acte courageux. Elle écrivit une lettre adressée aux autorités communistes pour qu'ils respectent les droits de l'homme et la liberté d'expression religieuse.

Quelques heures plus tard, une idée me vint. Je décidai d'aller à Paris et d'y tenir une conférence de presse. Suivant l'exemple de Vu Van Mau, je me raserais la tête et enverrais ma longue chevelure noire au président Diêm pour attirer son attention sur notre lutte. Je pourrais alerter la presse internationale de la brutalité du régime de Diêm. Je savais que les autorités avaient l'intention d'arrêter tous les membres du mouvement bouddhique et, si je quittais le pays, je pouvais informer le monde des violations des droits de l'homme au Viêt-nam. Quand ma mère sut que je voulais me raser la tête, elle me proposa de me tricoter un bonnet de laine pour me protéger de la froidure hivernale parisienne. En tant qu'employée du gouvernement comme assistante de laboratoire à l'université de Saigon, j'obtins très facilement un visa par la voie diplomatique et je partis pour la France le 23 octobre 1963.

Thây Nhat Hanh dans la lutte contre la dictature

Pendant ce temps, Thây Nhat Hanh était à New York, et enseignait à l'université Columbia. Il traduisait en anglais les rapports sur les violations des droits de l'homme qu'il recevait du Viêt-nam et rédigea un texte qu'il présenta aux Nations unies. Le jour du débat de l'Assemblée générale sur les droits de l'homme au Viêt-nam, il jeûna et pria dans un temple de New York afin d'être compris. L'ONU décida d'envoyer une commission d'enquête au Viêt-nam pour vérifier ses allégations.

Qui a renversé le gouvernement Ngo Din Diêm ?

Le 1er novembre, quelques jours avant ma conférence de presse prévue le 4 novembre, le régime Diêm tomba. Ngo Dinh Diêm et son frère avaient été abattus par un officier de l'armée. J'allai dans une église catholique à Paris pour assister à une messe en leur mémoire organisée par leurs partisans. Je n'éprouvais aucune haine pour ces hommes malgré les souffrances dont ils avaient été responsables. Je savais qu'ils étaient victimes de leurs propres perceptions erronées de la situation au Viêtnam, et j'émis le vœu qu'à partir de maintenant les sacrifices des bouddhistes non violents restent en mémoire de ceux qui allaient gouverner le pays. L'épopée des frères Diêm appartient au passé, mais la leçon à en tirer est toujours actuelle, particulièrement pour tous ceux qui ont la responsabilité de millions de vies. Nous devons toujours remettre en question nos idées et nos concepts sur la situation d'un pays et sur la mentalité d'une nation, et les changer en s'adaptant régulièrement pour rester en prise avec une réalité mouvante. Il ne faut jamais être trop sûr de soi et de son savoir. Il faut rester humble et ouvert pour être capable d'apprendre quelque chose chaque jour de notre vie.

Plus tard, les *Papiers du Pentagone* révélèrent que Washington avait donné l'ordre de renverser le régime de Diêm. En réalité, les officiers nationalistes qui aimaient leur pays, craignant que les communistes ne prennent le pouvoir si le gouvernement devenait trop impopulaire, avaient eu besoin du soutien des Américains pour contrebalancer l'aide chinoise et soviétique au régime de Hanoi. Cependant, déclarer que les États-Unis avaient fait chuter Diêm serait trop simpliste. En fait, Ngo Dinh Diêm et sa famille s'étaient renversés eux-mêmes à cause de leur esprit étroit, de leur manque de compréhension et de leur incapacité à prêter l'oreille aux plaintes de la nation.

Décision difficile pour Thây Nhat Hanh

En apprenant que le régime de Diêm s'était écroulé, j'abandonnai l'idée de me raser la tête et de tenir une conférence de presse. Je décidai de me consacrer entièrement à ma thèse. Puis, une nuit, je reçus un appel de Thây Nhat Hanh, en provenance de New York. Je lui avais envoyé une lettre le jour de mon arrivée à Paris, le 24 octobre, en lui racontant tout ce qui se passait au Viêt-nam – ce que je n'avais pas pu faire quand j'étais au pays, car le courrier était censuré et risquait de compromettre la sécurité de nos amis et de notre famille. Je lui avais parlé de la conférence de presse et de ma décision de me raser la tête. La première chose qu'il me demanda fut : « Avez-vous encore vos longs cheveux ? » Ma réponse positive parut le rassurer. Il me persuada de venir à New York, même si ce n'était que pour une semaine, car il avait besoin de mon avis sur son retour éventuel au Viêt-nam. Le doyen de l'université Columbia l'avait averti qu'il était risqué pour des intellectuels comme lui de regagner son pays et il avait proposé à Thây de rester et d'ouvrir un département d'études vietnamiennes. Thây ne me dit jamais la suite, mais je pus « l'entendre » penser : « Si je reste aux États-Unis, je n'aurai pas à m'élever contre ces moines conservateurs qui m'ont causé tant d'ennuis dans ma tentative de renouvellement du bouddhisme ! » J'étais, en quelque sorte, représentative de la nouvelle génération qui croyait en lui et lui apportait un soutien total, aussi je lui promis de venir à New York pour deux semaines et de discuter de projets visant à revivifier le bouddhisme et à apporter un changement social dans notre pays. J'étais aussi très heureuse à l'idée de revoir mon maître spirituel tant admiré.

En arrivant à New York, je m'attendais à manger la même purée de pommes de terre que l'on trouvait dans tous les restaurants universitaires français, et quelle ne fut pas ma surprise de trouver un excellent plat de tofu et de champignons préparé par Thây. Pendant mon séjour américain, Thây m'apprit à préparer plusieurs recettes végétariennes ; nos séances de discussion sur le bouddhisme au Viêt-nam ne se poursuivaient pas après 18 heures. Thây, son colocataire Steve, un étudiant de troisième cycle de Columbia, et moi-même, restions veiller tard chaque soir, la plupart du temps assis en silence, dans la paix et la joie. Parfois nous chantions ensemble des chansons anglaises ou françaises. Pendant ces deux semaines, Thây écrivit un poème intitulé *Papillons au-dessus des champs de moutardiers en fleurs* qu'il m'offrit :

Pendant dix ans
nous eûmes un merveilleux jardin vert.
Pendant vingt ans
le soleil brilla sur nos toits de chaume.
Petit garçon, ma mère sortait et m'appelait.
J'arrivais dans la cour devant la maison

près de la cuisine
pour me laver les pieds
et me sécher les mains sur le foyer rougeoyant,
attendant le repas du soir
alors que le rideau de la nuit
s'abaissait lentement sur notre village.

Je ne grandirai jamais
quelle que soit la durée de ma vie.
Hier encore, je vis un nuage
de papillons dorés flottant au-dessus du jardin.
Les fleurs de moutardier jaillissaient en un jaune éclatant.

Mère et Sœur, vous êtes là, toujours avec moi.
La douce brise d'après-midi est votre respiration.
Je ne rêvasse pas à un futur lointain,
Je me contente d'écouter le vent chanter doucement
Il me semble qu'hier encore vous me disiez :
« Si un jour, à ton retour, tu vois un monde en ruine,
alors viens me retrouver tout au fond de ton cœur. »

Je suis là. J'entends quelqu'un chanter.
Ma main frôle la vieille porte,
et je me demande : « Que puis-je faire pour aider ? »
Le vent me murmure :
« Chante, la vie est un miracle.
« Sois une fleur, sois un sourire.
« Le bonheur n'est pas fait de briques et de pierres. »

Je comprends. Nous ne devons pas nous causer de mutuelles souffrances.
Nous avons besoin les uns des autres, jour et nuit.

Les arbres se cherchent comme des aveugles dans la tempête nocturne.
L'éclair les rassure
Ils sont proches les uns des autres. Ils ont besoin de leur mutuelle présence.

Frère, sois une fleur silencieuse le long de la haie.
Sois un sourire, une partie de cette existence merveilleuse.
Je suis bien ici. Nous sommes déjà arrivés.
Nous n'avons pas besoin de partir.
Notre demeure est très belle comme le pays de notre enfance.
Ne la touchez pas, ne la tachez pas.
Nous pouvons encore chanter ensemble.

Ce matin, en me réveillant, j'ai découvert que ma tête était posée sur une Bible.
J'ai entendu dans le vent matinal
le bourdonnement joyeux des abeilles affairées
à reconstruire l'univers.
Frères et Sœurs, une telle tâche
peut prendre des milliers de vies
et pourtant elle fut déjà accomplie
au temps jadis.
La roue merveilleuse tourne,
et nous porte vers l'avant.
Prenez ma main, Frères et Sœurs et vous verrez clairement
que nous avons déjà été ensemble
pendant de nombreuses existences.

Les cheveux de ma mère sont longs et noirs.
Ils lui arrivent aux chevilles.

La robe que ma sœur s'apprête à faire sécher
frémit encore au vent
soufflant au-dessus de notre cour verte.

C'était un matin d'automne ensoleillé agité d'une légère brise.
Je me vois encore dans notre cour,
les goyaviers, lourds de fruits mûrs et parfumés,
les feuilles rouges des érables tourbillonnant autour de nous comme de petits enfants turbulents.
Une chanson traverse la rivière.
Des balles de foin soyeuses et dorées traversent le pont de bambou.
Quelle fragrance !
Au moment où la lune apparaît
au-dessus de la haie de bambous,
nous jouons ensemble
près de la porte d'entrée.
Je ne rêve pas.
C'est vraiment une belle journée.
Voulons-nous retourner en arrière
et jouer à cache-cache ?
Nous sommes ici aujourd'hui,
et nous y serons encore demain.

C'est la vérité.
Viens, tu as soif.
Marchons ensemble
vers la source d'eau fraîche.

Quelqu'un a dit un jour que Dieu avait permis
aux hommes de se lever et de L'aider.

Nous avons marché la main dans la main
depuis le début des temps.

Si vous avez souffert, c'est uniquement
parce que vous avez oublié
que vous êtes une feuille, une fleur.

Chante, le chrysanthème te sourit.
Ne plonge pas tes mains dans le ciment ni dans le sable.
Les étoiles ne se bâtissent jamais de prison.

Chantons avec la fleur et les oiseaux du matin.
Soyons pleinement présents.
Je sais que vous êtes ici parce que je peux vous regarder dans les yeux.
Vos mains sont aussi splendides que des chrysanthèmes.
Ne les laissez pas devenir
des harnais, des crochets ou des liens.
Pourquoi parler de la nécessité de s'aimer les uns les autres ?
Soyez simplement vous-même.
Vous n'avez pas besoin de devenir quelqu'un d'autre.
Soyez une fleur, soyez un matin qui chante,
sans calcul ni discrimination.

Laissez-moi ajouter un dernier mot
Écoutez-moi comme on écoute
le chant du ruisseau.
Soyez avec moi comme on est avec la pleine lune.

Et amenez Mère ici, avec vous.
Je chanterai pour toi, Sœur,
et tes cheveux deviendront aussi longs que ceux de Mère.

Le lendemain de mon arrivée, Thây Nhat Hanh reçut un câble de Thây Tri Quang, le moine à l'origine de la lutte contre le régime catholique à Hué, lui demandant de revenir au Viêt-nam pour l'aider au renouveau du bouddhisme. Jusqu'ici, Thây Nhat Hanh n'avait jamais eu le soutien de la hiérarchie bouddhiste, et surtout pas celui de Thây Tri Quang. Quelques jours après, une autre lettre de celui-ci arriva, disant : « Je suis trop âgé et trop vieux jeu pour assumer une telle responsabilité. S'il vous plaît, revenez pour nous aider. » Je me rappelle encore de la réaction de Thây. Il resta pensif un long moment, la lettre à la main, visiblement ému. Quelque temps plus tard, il me confia combien l'impermanence était une notion extraordinaire car, dans le passé, Thây Tri Quang avait été un des piliers de la tendance conservatrice contre laquelle il avait lutté. À présent, avec le soutien et la compréhension de Thây Tri Quang, il pouvait enfin réaliser l'œuvre qu'il avait entreprise. J'étais aussi enthousiasmée d'y participer. Nous décidâmes que, dès que Thây retournerait au Viêt-nam, je le rejoindrais aussi vite que possible, mais que je devais d'abord retourner à Paris finir ma thèse sur les algues d'eau douce.

Thây Nhat Hanh répondit à Thây Tri Quang qu'il était d'accord pour revenir. Sur le chemin du retour, il s'arrêta à Paris pour me rendre visite ainsi qu'à quelques amis bouddhistes. Il arriva avec une de ses étudiantes, qui plus tard devait être ordonnée nonne sous le nom de Thich Nu Tri Hai, et il donna une conférence publique à Paris. Le 16 décembre 1963, il s'envolait vers le Viêt-nam.

CHAPITRE 6

Pleine lune d'automne

Plan national pour un bouddhisme engagé

En janvier 1964, Thây Nhat Hanh soumit une proposition en trois points devant le Conseil exécutif de l'Église bouddhique unifiée (EBU) du Viêt-nam :

1. *L'Église doit publiquement appeler à la cessation des hostilités au Viêt-nam.*

Thây pensait que si l'Église bouddhique lançait un appel à la paix, les deux parties belligérantes l'écouteraient, car le prestige de la toute nouvelle EBU était grand à la suite de la chute du régime de Diêm.

2. L'Église doit aider à construire un institut pour l'étude et la pratique du bouddhisme pour former les responsables du pays à la pratique de la voie tolérante et ouverte enseignée par le Bouddha qui serait une grande aide pour la nation.

Thây espérait mettre sur pied une sorte d'université destinée à apprendre la pratique d'un « bouddhisme engagé ». Son projet s'appuyait sur des faits remontant à l'une des périodes les plus pacifiques et éclairées de l'histoire du pays – du XIe au XIVe siècle, une époque de paix, de stabilité, de tolérance, et d'un haut degré de civilisation – pendant laquelle la famille royale et les dignitaires du royaume étudièrent le bouddhisme, le confucianisme, le taoïsme à l'école Quoc Tu Giam et servirent les intérêts du peuple avec honnêteté. Quand il y eut des invasions venant de Chine ou des différends avec des pays voisins, les dirigeants étaient forts et fermes quand cela était nécessaire et de généreux conciliateurs une fois la victoire acquise. Thây dit à l'EBU que nous avions besoin d'une université modérément influencée par les principes d'éducation français ou américains, et qui ne produirait pas uniquement des érudits, mais qui formerait des gouvernants capables d'écouter le peuple et de satisfaire ses besoins sans être corrompus par la richesse ou la célébrité.

3. *L'Église doit développer un centre de formation de travailleurs sociaux capables d'apporter un changement social non violent inspiré des enseignements du Bouddha.*

Les conceptions de Thây allaient bien au-delà de la traditionnelle notion de charité consistant à fournir de la nourriture, des médicaments et de l'argent aux pauvres. Elles visaient à aider les paysans à améliorer eux-mêmes leurs conditions de vie sans avoir recours à une aide extérieure. Il voulait faire passer l'idée que le travail social et le développement rural étaient des moyens de transformation personnelle et sociale. Les travailleurs sociaux ne devaient pas se considérer comme des « assistants » et les paysans comme des « assistés ». Les premiers devaient comprendre qu'ils étaient les partenaires des seconds dans la réalisation d'une œuvre commune.

Les anciens de l'Église n'offrirent leur aide que pour l'Institut bouddhique. Traitant Thây de « poète utopiste », ils ne voyaient pas comment ce travail pour la paix et pour le changement social pourrait réussir à une si grande échelle sans le soutien d'une troisième puissance et sans les fonds nécessaires. Ils déclarèrent que sans aide financière extérieure, ses programmes de développement social ne pourraient pas voir le jour. Ils ajoutèrent que les bouddhistes du Sri Lanka, de Thaïlande et de Birmanie étaient trop pauvres pour soutenir cette initiative indépendante des deux blocs belligérants actuellement opposés.

La paix et la réconciliation au Viet-Nâm à notre portée

Thây répondit : « Le Bouddha nous a appris à être notre propre torche brillant par nous-mêmes. Nous pouvons nous passer de l'argent des Sri-Lankais, des Thaïlandais ou des Birmans ou du soutien des communistes ou des non-communistes. Nous avons simplement à être des torches et à briller par nous-mêmes. » Mais les anciens ne pouvaient pas comprendre ce langage. Je pense que si les propositions de Thây avaient reçu l'appui de l'EBU à cette époque, nous, les Vietnamiens, aurions été capables de résoudre un grand nombre de nos problèmes sans une telle escalade de la guerre, et notre pays aurait moins souffert. En 1964, le prestige des dirigeants bouddhistes était grand parmi le peuple, et le nombre de personnes, voulant être volontaires ou désirant apporter leur aide financière à de tels projets, élevé. Des centaines de travailleurs appartenant à la branche sociale de l'EBU étaient prêts à rejoindre une telle campagne pour le changement social. Les nationalistes étaient encore très forts et n'avaient pas encore demandé d'aide militaire de l'étranger. Si des négociations de paix avaient commencé à cette époque, les traités auraient été plus équilibrés et le Nord n'aurait pas avalé le Sud, comme il l'a fait onze ans plus tard. À travers l'histoire, à chaque fois qu'il y a eu des conflits entre deux factions de notre pays, celle qui a sollicité le secours d'armées étrangères a perdu. Nous avons des expressions comme *Cong ran can ga nha* (« Introduire des serpents pour avaler nos propres poulets ») ou *Ruoc voi day ma to* (« Faire appel à des éléphants pour écraser les tombes de nos ancêtres »).

La situation de mon beau-frère, Bui Thanh Thuy, démontre de manière frappante la confusion et la division qui existaient au sein de notre société en ce temps-là. En 1964, il était capitaine dans l'armée, chef du district administratif de Gia Rai, et très estimé par la population locale. Chaque fois que les maquisards sortaient de la jungle, leurs caches lui étaient dévoilées par les paysans, et il arrivait à maintenir l'ordre. Mais après l'arrivée des troupes américaines, il reçut de moins en moins d'informations jusqu'à ce qu'il soit tué dans une attaque en 1966. Apparemment, les paysans avaient perdu confiance en lui quand ils le virent travailler avec les soldats américains.

L'idéalisme de Thây séduisit les étudiants et beaucoup se portèrent volontaires pour l'aider à réaliser ses trois projets. Thây créa un Institut des hautes études bouddhiques et il invita plusieurs lettrés vietnamiens réputés à y enseigner. Il demanda au Vénérable Thây Tri Thu d'en être le président, à Trinh Sam de devenir le secrétaire général et à son disciple, Thây Thanh Van, de diriger le bureau. Ce furent par dizaines que les étudiants voulurent s'y inscrire comme employés bénévoles de l'Institut à cause de la présence merveilleuse de Thây Nhat Hanh, de Trinh Sam et de Thây Thanh Van. Avec l'aide de Thây, Trinh Sam et Thây Thanh Van mirent au point un cursus varié de programmes menant à des licences en étude et pratique du bouddhisme et à des maîtrises et à des doctorats en études et pratique bouddhiques.

L'Institut ouvrit ses portes en février 1964, et en mai, Thây Nhat Hanh pria Thây Minh Chau, qui revenait d'Inde, d'en devenir le vice-président. Six mois plus tard, il proposa à Thây Thien An, en provenance du Japon, d'en être le doyen en sciences humaines et en art, et à Thây Man Giac de devenir celui des études bouddhiques. À ce moment-là, l'Institut des hautes études bouddhiques fonctionnait déjà bien. De jeunes volontaires formaient le personnel du bureau, et le programme d'études trouva sa vitesse de croisière en quatorze mois à peine. L'Institut prit alors le nom d'université Van Hanh.

En septembre 1965, l'École de la jeunesse pour le service social (EJSS) fut fondée en tant que département de l'université Van Hanh, bien que le travail de fond pour l'EJSS ait commencé la semaine où Thây revint à Saigon. Ainsi en février 1964, sans le soutien de l'Église bouddhique, il avait mis sur pied un village de développement pilote à Cau Kinh, dans les environs de Saigon. J'étais encore en France, et il m'écrivit : « Reviens le plus tôt possible. Si tu veux travailler au changement social de la façon dont nous en avions parlé, c'est le moment. Beaucoup de gens veulent nous aider mais tu es la seule à pouvoir superviser ce programme et à le faire fonctionner. »

Je soutins ma thèse sur « Les algues d'eau douce du Viêt-nam » devant un jury de l'université de Paris et je fus reçue avec mention « très bien », le 16 juin 1964. On m'offrit une place au muséum d'Histoire naturelle de Paris et un poste de chercheur pour continuer mes recherches, mais je ne pouvais penser à rien d'autre qu'à mon retour au pays pour aider Thây à faire fonctionner une école de formation de travailleurs sociaux bouddhistes.

Mon travail avec les paysans

Je revins au Viêt-nam le 18 juin. Quand j'arrivai, le premier « village pionnier » était en place depuis quatre mois. L'équipe n'était pas encore au complet mais le travail consistant à obtenir la confiance des villageois était déjà bien entamé. Pour me stimuler, Thây avait forcé le trait en disant que j'étais la seule à pouvoir organiser ce projet social mais Thây Dông Bôn et d'autres amis avaient déjà accompli de belles choses.

Avec l'aide des villageois, ils avaient bâti une école de trois classes dont une servait de centre médical. Je demandai à des amis de nous fournir des tables et des bancs et je mis en place un groupe d'enseignants. Il y avait déjà plusieurs jeunes médecins volontaires qui soignaient les villageois malades.

En plus de mon travail pour le village de Cau Kinh, Thây me demanda de créer une seconde implantation pilote et, avec l'aide d'un ami, le jeune moine Thich Nhât Tri, je choisis le village de Thao Diên. Pour l'atteindre, il nous fallait marcher et rouler pendant huit kilomètres le long de digues boueuses et de chemins traversant des rizières. Quand nous y parvenions, la boue était toujours collée à nos pieds et aux roues de nos vélos. En tout, nous étions trente personnes travaillant dans ces deux villages, y compris Thây Dông Bôn et de nombreux amis qui avaient déjà œuvré dans les bidonvilles de Saigon. Bien que les villages ne soient qu'à quelques kilomètres de Saigon, ils semblaient vivre à une autre époque. Chaque semaine, des gens mouraient de maladies facilement guérissables ailleurs. Il n'y avait pas de sanitaires, aucune notion de santé ou d'hygiène, et les microbes produits par les excréments des malades contaminaient rapidement les bien-portants. Notre but était de former des jeunes gens afin qu'ils aident les paysans à bâtir des écoles et des centres de soins, à améliorer le système sanitaire public et à développer l'agriculture, l'horticulture et l'élevage. Alors que j'avais déjà repris mes conférences à l'université, plusieurs professionnels – médecins, ingénieurs agronomes et bien d'autres – nous rejoignirent. Bien qu'étant des intellectuels, à la campagne nous étions habillés et nous agissions comme les paysans. Ceux-ci ne connaissaient d'ailleurs pas notre origine.

En juillet, un mois après mon retour, nous organisâmes une réunion avec les paysans de Thao Diên pour les encourager à construire une école. Nous avions déjà rencontré le fonctionnaire responsable de ce district, et il nous avait dit qu'il n'était pas possible de créer une école pour soixante-dix-sept enfants ; le nombre minimum requis pour obtenir une aide gouvernementale était de deux cents. Aussi nous rencontrâmes les paysans pour leur dire : « Vous ne savez ni lire ni écrire. Vos enfants sont eux aussi illettrés et vos petits-enfants n'ont pas d'école. Il faut faire quelque chose. Le gouvernement ne fera rien, construisons-la ensemble. » Ils acceptèrent, pour notre plus grande joie. Un vieil homme fit un don de deux mille feuilles de palmier pour le toit de l'école, un autre offrit des cloisons de bambou à l'école, et d'autres encore, des journées de travail. En quelques semaines, nous avions édifié la première école du village de Thao Diên ! Dans d'autres villages, le gouvernement devait engager des vigiles pour protéger les écoles du vandalisme, mais à Cau Kinh et à Thao Diên, là où les villageois avaient eux-mêmes construit leur école, ils se firent un honneur d'en prendre grand soin et de la protéger. Ce travail était beaucoup plus facile à réaliser que dans les bas quartiers de Quoc Thanh. Les gens ici étaient très coopératifs, c'était vraiment stimulant. Mon cœur se remplissait de joie. Mon rêve d'un authentique changement social semblait se mettre en place !

Nous fîmes de notre mieux pour améliorer l'état de santé général. Beaucoup de villageois croyaient encore que, quand un enfant avait une forte fièvre, c'était parce que des mauvais esprits voulaient l'enlever. Nous respectâmes cette croyance ; nous nous joignions même à leurs prières pour demander aux esprits de ne pas emporter l'enfant. Mais nous tentions aussi de persuader les parents de donner des médicaments à leurs enfants. Il se trouva que bon nombre d'entre eux se sentirent mieux après en avoir pris, ce qui incita les gens à accepter nos suggestions. Les membres de notre équipe étaient efficaces et discrets, agissant toujours comme s'ils étaient des membres du village, aussi quand nous aidâmes les villageois à vaincre des maladies graves, cela renforça leur confiance en nous. Lentement, avec l'aide de toute la communauté du village, nous fûmes capables de créer un centre médical.

Nous les aidions aussi à améliorer les techniques de culture et d'élevage. Les villageois pensaient que les esprits maléfiques tuaient leur bétail, aussi nous introduisîmes la vaccination des animaux. Nous leur apprîmes aussi à cultiver des champignons sur du fumier humide. Avec seulement deux bottes de paille, nous produisions trente livres de champignons en trente jours. L'ambiance me rappelait l'époque des « treize cèdres » quand nous étudiions au temple Truc Lâm avec Thây Nhat Hanh, à Gia Dinh. Il y avait une joie et un esprit de camaraderie parmi les jeunes travailleurs sociaux qui nous soutenaient en face de l'adversité.

Le jeune moine Nhât Tri et les enfants

J'étais particulièrement impressionnée par le travail de Nhât Tri, un jeune moine de Quang Nam. Le frère Tri avait été ordonné novice en 1956 par Thây Nhat Hanh au temple Bao Loc dans la région des Hauts-Plateaux, et il était le plus jeune disciple ordonné par Thây. En tant qu'étudiant de l'EJSS et remarquable travailleur social, il était très apprécié par les paysans des deux villages pilotes, Cau Kinh et Thao Diên. Même aujourd'hui, je le revois clairement dans sa robe marron se penchant sur le petit Co dont il s'occupait comme de son propre fils. Le visage de Tri était serein et doux. Je me rappelle aussi qu'il dirigeait les rencontres avec les villageois avec une telle facilité ! Il arrivait à persuader les plus riches de partager leurs revenus avec les plus démunis. Je me souviens aussi de la façon dont il avait aidé à convaincre les habitants de construire une école puis de creuser un puits.

Les enfants de Thao Diên devaient aller à la pêche et ramasser des crabes pour aider à nourrir leurs familles ou surveiller leurs petits frères et sœurs pour que leurs parents puissent aller travailler. La plupart d'entre eux n'avaient jamais vu une classe avant que Frère Tri n'arrivât. Ses cours à Thao Diên me rappelaient ceux que j'avais donnés dans le bidonville de Quoc Thanh quand les enfants attendaient avec impatience l'heure d'aller à l'école. Beaucoup d'entre eux devaient amener leurs cadets avec eux, et avant que les villageois n'organisent des tours de garde pour les tout-petits, le spectacle des cours valait le déplacement !

Je revois le jour où je suis venue dans la classe de première année d'alphabétisation de Tri. Les écoliers avaient douze ou treize ans et beaucoup étaient flanqués de leurs petits frères et sœurs. Tri frappa bruyamment dans ses mains et dit : « Calmez-vous, maintenant, mes enfants. Regardez les mots que j'ai écrits au tableau. Je vais les lire puis vous répéterez après moi. » La classe retrouvait son calme à l'exception du babillage étouffé d'un tout-petit. Cu faisait tout son possible pour garder son jeune frère sur ses genoux et éviter qu'il ne se mît à ramper sur le sol mouillé et sale. Cu se concentrait sur le tableau en tenant son frère fermement mais le nourrisson éclata en sanglots. Cu essaya de lui couvrir la bouche mais en vain, et il fut obligé de le sortir.

La tranquillité ne dura pas. À peine quelques minutes plus tard, on entendit Xiu crier : « Ba, ta sœur vient de faire ses besoins par terre ! Oh, que ça sent mauvais ! » Ba était si absorbée par le cours qu'elle n'avait pas remarqué que sa petite sœur, qui marchait à peine, s'était accroupie. La leçon s'arrêta le temps que Ba nettoie le sol. Tri me lança un regard désespéré et me dit : « Nous devons trouver une solution pour la garde des petits pendant les cours ! Peut-être que les grands-parents pourraient s'en charger. »

Festival de la Pleine Lune d'automne

Cette année-là, en 1964, Tri organisa, pour les enfants de Thao Diên, une fête pour célébrer la Pleine Lune d'automne. « Vous ne le croirez pas, me déclarat-il, il y a plus de trois cents familles ici et aucun des enfants n'a jamais célébré le Festival de la Pleine Lune d'automne. »

Un mois avant l'événement, il montra la pleine lune aux enfants et leur raconta les histoires de Cuoi, l'Homme sur la Lune, et du roi Duong Minh Hoang, qui rêva qu'il était accueilli par des divinités lunaires. Il décrivait aux enfants l'importance de l'automne parmi les quatre saisons, les charmait avec son art de conteur et leur faisait partager la joie des enfants qui vivent en paix. Puis, il leur dit : « Notre pays est en guerre, mais votre district est relativement sûr, aussi je vais organiser pour vous un Festival de la Pleine Lune d'automne. »

Tri me demanda de collecter de l'argent auprès des villageois pour acheter du papier coloré pour les lanternes. Puis il distribua des tâches à ses plus vieux élèves, comme d'aller au village de Binh Phu en traversant la rivière pour ramener des bambous. Les tiges de palmier pouvaient être utilisées pour faire des lanternes en forme de pyramide, mais on avait besoin de bambou pour confectionner des cadres pour les lanternes en forme d'étoile. Je me rappelle comment Tam Thai, habitant près de Cau Kinh, montra aux enfants la façon de confectionner des lanternes. Il projetait aussi d'organiser un Festival de la Pleine Lune pour les enfants de son village.

Les enfants des deux villages attendaient avec impatience le jour du festival. Nous leur demandâmes d'observer la lune chaque nuit car dès qu'elle serait pleine, la fête pourrait commencer. Quelques jours avant la pleine lune du huitième mois, nous ne savions même pas si nous aurions le temps de terminer les lanternes. Il nous en restait vingt à faire et nous n'avions plus ni papier ni argent. Nhiu suggéra de remanier les cadres des lanternes en étoile pour récupérer du papier et Truong proposa de fabriquer les dernières lanternes en forme de pyramide, ce qui demandait moins de papier. En fin de compte, chaque enfant eut sa lanterne.

Tam Thai demanda aux musiciens de Cau Kinh de venir à trois heures de l'après-midi pour ouvrir les festivités et à un groupe d'étudiants de Saigon d'apporter des cadeaux pour les enfants. Mais à 1 heure de l'après-midi, Frère Tri se montra déjà assez nerveux. Il me dit : « J'ai peur que les étudiants de Saigon ne tiennent pas leurs promesses et que nous n'ayons pas assez de cadeaux pour tous les enfants. » Vers 2 heures, de nombreux groupes d'étudiants arrivèrent avec deux présents chacun, précédant les musiciens de très peu. Aussi, nous commençâmes la fête sur le plus grand terrain du village qui afficha complet une fois tous les villageois et les étudiants présents. Tout le monde fut ravi d'assister à la danse du canotage réalisée par les enfants accompagnés par les musiciens de Cau Kinh. Un fermier du nom de Bay Ro, qui était en général très timide, joua même des airs traditionnels sur sa flûte.

Notre pharmacienne, Thao, fut désignée comme animatrice de la fête. Thuy Uyen et Thanh numérotèrent les cadeaux et aidèrent chaque enfant à choisir un paquet dans le panier. La nuit était déjà tombée quand le dernier présent fut attribué, et les étudiants se préparaient à rentrer chez eux. Des amis rattrapèrent les musiciens sur la route pour les ramener à Cau Kinh, où Tam Thai allait aider les enfants de son village à allumer leurs lanternes pour la procession.

Tri et moi, ainsi que quelques amis, restâmes à Thao Diên. Les ombres de la nuit commençaient à envahir le jardin, et mon cœur s'attendrit en pensant à ces villageois si préoccupés par la recherche de nourriture pour leurs familles qu'ils n'avaient jamais le temps de regarder la lune d'automne et de remarquer qu'elle est bien plus brillante et douce que celle des autres saisons.

Tout à coup, il y eut une explosion de joie près de la porte, et une douzaine d'enfants brandissant des lanternes bleues, rouges et jaunes apparut en chantant : « À la Fête de la Pleine Lune, nous portons nos lanternes, tous ensemble, en chantant et en dansant. » À peu de distance de là, un autre groupe de petits avançait avec ses lanternes, en chantant bruyamment le même refrain. Tri avait pris la tête d'une autre procession à un bout du village, il semblait avoir le même âge qu'eux ! Les chants d'enfants emplissaient l'atmosphère et la lune se montra soudain au-dessus des cocotiers – pleine, ronde et brillante. Mon cœur s'embrasa. Un plaisir aussi simple que celui d'assister au Festival de la Pleine Lune d'automne était enfin accessible à ces enfants. Mais sans Frère Tri, cela n'aurait pas été possible. Comme le dit oncle Hai, l'humble fermier, en caressant sa barbe blanche : « Quelle joie pour ces enfants ! De toute ma vie, je n'en ai jamais vu prendre autant de plaisir. »

Trois ans plus tard, en 1967, Tri et sept autres étudiants furent enlevés par des inconnus dans le village de Binh Phuoc et, à ce jour, nous ne savons toujours pas ce qu'ils sont devenus. Il était retourné à l'École de la jeunesse pour le service social pour deux années d'études supplémentaires et il travaillait à Binh Phuoc quand ils furent kidnappés. Si, cette nuit-là, je n'avais pas regagné Saigon pour voir ma mère, j'aurais subi le même sort. S'il était mort alors, j'aurais aussi été tuée. Mourir au service du changement social est une chose qui arrive. Ainsi, mes deux plus grandes douleurs furent la disparition de Sœur Nhat Chi Mai et celle de Frère Tri. Mai avait décidé de s'immoler par le feu pour réclamer la paix, mais Frère Tri voulait simplement vivre et aider à la construction d'une nouvelle société basée sur l'amour et la compréhension. Il essayait de montrer à tous comment vivre mieux. Il avait à peine commencé son œuvre quand il disparut.

Mon cher frère n'est plus, mais son énergie et ses aspirations sont toujours vivantes dans mon cœur et dans celui de beaucoup de ses amis qui poursuivent son œuvre. De temps en temps, je m'aperçois que j'agis comme il l'aurait fait. C'est comme si une parcelle de son être revivait à travers moi. Je souris quand je me comporte ainsi et je m'amuse à dire : « Bonjour, Frère Tri, tu es bien là en moi ! »

CHAPITRE 7

Expériences

Je suis déjà « mariée » à mon idéal de service

Quand j'étais en France, j'écrivais chaque semaine des lettres chaleureuses à ma mère lui disant combien je l'aimais. Mais depuis mon retour, je passais tout mon temps avec les pauvres dans les villages pionniers ou dans les bas quartiers. Il arrivait à ma mère de se plaindre : « Tu dis que tu m'aimes, mais tu consacres la majeure partie de tes journées aux pauvres et tu ne viens me voir que tard dans la soirée. » Je la consolais avec douceur : « Pense à moi comme à une femme mariée – non pas à un mari mais à la grande famille des gens qui souffrent. Si j'avais épousé un homme, je serais avec lui, jour et nuit, n'apportant de la joie qu'à lui seul. Comme j'ai choisi de me dévouer à mon idéal de vie, je peux rendre heureuses beaucoup de personnes, et je suis ainsi disponible pour toi la nuit. » Ma mère comprit mon aspiration et, depuis ce jour, elle m'apporta toujours son soutien.

Parmi les jeunes travailleurs qui vinrent nous aider

dans notre action sociale, un jeune médecin humble et talentueux, Tran Tân Trâm, tomba amoureux de moi. J'aimais travailler à ses côtés pour les paysans de Thao Diên et Cau Kinh, mais je consacrais toute mon énergie à ces projets et, deux fois, je dus décliner ses offres de mariage. Il patienta deux ans et, en fin de compte, sous la pression familiale, il épousa une autre femme. Pour une Vietnamienne, le jour de ses noces est considéré comme le plus beau jour de sa vie et, le jour du mariage de Trâm, je ressentis une profonde tristesse. En repensant à ma peine, je me rends compte qu'elle n'était pas causée par le fait que je perdais un homme à cause d'une autre femme, mais parce que je réalisais que je ne me marierais jamais. Se marier signifie accorder une attention spéciale à un mari, à sa famille et à des enfants, et je compris que, dans ce cas, je n'aurais pas pu me consacrer à tous ces enfants « perdus » des bidonvilles et de ces villages éloignés qui manquent cruellement d'affection, ni me lancer dans l'édification de villages pionniers servant de référence en matière de développement social pour tout le pays. J'avais vu tant de mes amis, une fois mariés, prisonniers d'obligations familiales sans fin, que je savais que je n'étais pas destinée à rendre heureuse une seule personne mais des milliers. J'étais tellement active à cette époque que, en peu de temps, ma tristesse se transforma en joie de servir les autres. Je sentis un grand regain d'énergie m'animer et, surtout, j'étais plus que jamais consciente d'avoir toute liberté de suivre mon idéal jusqu'au bout. C'était mon plus grand bonheur.

À la fin de l'année 1964, de graves inondations dévastèrent le pays. Plus de quatre mille personnes furent portées disparues et des milliers de maisons furent détruites. Tout le Viêt-nam se mobilisa pour venir en aide aux sinistrés mais, d'après notre équipe, envoyée par le Comité étudiant d'aide aux victimes, de l'université Van Hanh, c'étaient les victimes habitant près de la piste Hô Chi Minh, où il y avait une recrudescence des combats, qui avaient le plus souffert. La plupart des efforts officiels se concentraient autour des grandes villes comme Da Nang ou Hôi An, aussi nous décidâmes de nous rendre dans ces zones à risques où personne d'autre ne voulait aller.

Le fond des vallées y était couvert de rochers et, après plusieurs jours de fortes pluies, ces gorges rocheuses furent submergées à une telle vitesse que les habitants n'eurent pas le temps de se mettre à l'abri. En une heure, le niveau des eaux monta, à certains endroits, de plus de vingt-cinq mètres (la même catastrophe se reproduisit en 1992). Thây Nhat Hanh vint nous aider dans notre mission. Nous chargeâmes sept bateaux d'approvisionnement à ras bord et nous remontâmes la rivière Thu Bôn, traversant la province de Quang Nam pour aller très loin dans les montagnes, à travers des zones de combats intenses. Souvent, nous voyions des soldats se tirer dessus d'une berge à l'autre.

Nous restâmes dans ces régions montagneuses pendant cinq jours et cinq nuits. Nous n'avions ni moustiquaires ni eau potable. Nous devions filtrer et faire bouillir l'eau de la rivière avant de faire la cuisine ou de boire, ce qui n'était pas très facile dans cette situation.

Mais la présence de Thây rendait tout plus facile. Partout où nous allions, ses anciens étudiants, y compris quelques moines de haut rang qu'il avait formés à la pagode An Quang dans les années 50, nous aidaient, et, en quelques occasions, leur présence assura notre sécurité et le respect des deux parties belligérantes. Une fois, nous fûmes arrêtés et fouillés par des soldats nationalistes qui, en fin de compte, nous relâchèrent. Thây leur demanda : « Que devons-nous faire si nous rencontrons des combattants de l'autre bord et qu'ils nous donnent leurs tracts de propagande ? Nous ne pourrons pas les refuser. — Prenez-les et jetez-les dans la rivière », nous fut-il répondu. Thây insista : « Que faire si nous tombons à nouveau sur d'autres soldats comme vous sans avoir eu le temps de nous en débarrasser ? » Ceux-ci ne répondirent pas.

Quand ils nous virent, les gens âgés et les femmes, victimes des inondations, tombèrent à genoux en prières devant nous comme s'ils étaient en présence d'Avalokiteshvara. Ils ne croyaient plus que l'humanité existât encore après ce qu'ils avaient vécu. Beaucoup avaient perdu des fils, des filles, des grands-parents, leur maison, leurs troupeaux et tout ce qu'ils possédaient. Un vieil homme n'avait plus ni famille ni biens à l'exception d'un buffle d'eau auquel il s'était agrippé alors que le flot montait. Où qu'il allât, son buffle l'accompagnait comme son ombre.

Nous nous arrêtions dans les villages dévastés pour y faire des dons et nous restions la journée avec les habitants. La nuit, nous dormions sur nos bateaux après un simple repas de riz blanc. L'odeur des cadavres était partout, remplissant l'air d'une odeur pestilentielle.

Plus nous nous enfoncions dans des zones montagneuses reculées, plus les combats entre nationalistes et communistes s'accentuaient. Quand nous rencontrions des combattants ou des civils blessés, nous les secourions tous, sans discrimination, quelle que soit la cause qu'ils défendaient.

Devant tant de malheurs, Thây Nhat Hanh s'incisa le bout d'un doigt et laissa le sang couler dans la rivière. « C'est ma façon de prier pour tous ceux qui ont péri dans les combats et dans les inondations. » Thây écrivit ce poème, *Expérience*, pour témoigner des souffrances rencontrées pendant notre voyage :

Je suis venu pour être avec vous,
pour pleurer avec vous
votre terre ravagée
et vos vies brisées.
Prenez mes mains
et serrez-les fort, très fort.
Je voudrais tout simplement vous dire :
Soyons courageux. Nous devons l'être,
au moins pour nos enfants,
au moins pour demain.

Pendant le mois et demi qui suivit l'inondation,
notre jeune frère n'a reçu que deux fois une aide
de deux cents grammes de riz.
Alors, ce soir, il se contente de fanes d'arec et de maïs pourri.
Et il n'est qu'un de ces nombreux enfants, souffrant de jaunisse et aux visages boursouflés.
Il est atteint de dysenterie depuis une semaine,

sans avoir eu ni médicament
ni espoir.

Le flot emporte
son père,
sa mère
et son frère.
Le front de cet enfant innocent
n'est pas ceint du bandeau de deuil.
Mais au-dessus des champs desséchés et dévastés,
un pâle rayon de soleil
forme un bandeau de deuil
pour envelopper mon âme
de sa lumière morne.

Je vous en conjure, venez
pour témoigner
du fardeau de ces êtres chers
qui ont survécu à l'inondation
de l'année du Dragon.
Prenez cette enfant malade dans vos bras.
Elle est la seule de sa maisonnée
à avoir eu l'infortune de survivre.

Un jeune père,
dont la femme et les quatre enfants ont péri,
reste à fixer le vide, nuit et jour.
Il rit parfois aux éclats,
mais d'un rire à vous glacer le sang.

Je vous en conjure, venez voir.
Un aîné à la chevelure blanche,
resté seul pendant des jours sur une langue de terre
stérile et envahie de mauvaises herbes,

s'est senti totalement abandonné
par la famille des humains
Il s'agenouille enfin devant un garçon
qui lui tend une poignée de riz.
Il s'est incliné devant l'Amour
pendant que l'enfant pleure,
« Ô Vieil Homme, ne mettez pas genou à terre devant moi.
J'ai l'âge d'être votre petit-fils. »

Le message d'amour est passé.
À nouveau je crois à l'avenir.

Son mari est mort,
Ses enfants aussi,
Sa propriété est perdue,
Son feu éteint.
Il n'y a plus d'étincelle pour rallumer la flamme,
car la mort rôde par ici
sur cette parcelle de terre asséchée.

Dieu nous les a donnés, Dieu nous les a repris.
Je crains que cette pauvre sœur, ce soir,
n'arrive plus à retenir sa résignation.
Elle maudit son existence à grands cris.
J'ai pleuré quand je l'ai entendue
s'exclamer :
« Quelle chance ont eue ces êtres de mourir en famille.
Mais je suis encore là, nous ne sommes pas seuls.
Il y en a d'autres,
et nous nous nous soutenons réciproquement dans la détresse
sur cette route sans fin.

Avançons en toute humilité
pour le bien de la prochaine génération. »
Le villageois lève les yeux.
Angoissé et cependant plein de courage,
il me rétorque :
« Je hais les deux camps en présence.
Je n'en soutiens aucun.
Je veux simplement me rendre
où je pourrais vivre en paix. »
Ô toi, la vie ! Quel fardeau !

Sur ce tertre élevé près de la rivière Thu Bôn,
je me suis coupé le doigt
et j'ai regardé le sang ruisseler
et se mélanger avec le flot.
Repose-toi,
toi qui es perdu.
Va en paix !

Je m'adresse à vous qui vous êtes noyés.
Vous qui avez survécu,
savez-vous que,
écoutant l'appel de la rivière,
attentif, à travers la résonance dans l'espace,
aux cris des bébés,
je suis venu ici, cette nuit,
au cœur de ces hautes montagnes
pour regarder celles-ci se pencher au-dessus du courant
et écouter
leurs histoires éternelles.

Je suis bien ici, dans ce monde impermanent.
Œuvrons ensemble pour les futures générations.

Chaque petit bodhisattva,
la tête baissée, les larmes rentrées,
de l'encre encore sur ses mains,
tient une pelle ou une pioche
et projette de la terre pour construire un pont
ou pour enterrer des cadavres gonflés.
Sous leur chapeau en feuilles de palmier,
vêtus de marron et pieds nus,
ne sont-ils pas pareils à Kouan Yin dans toute sa gloire,
sa compassion et son courage ?

Les petits pieds marchent sur des rochers
aux arêtes aiguës faits de douleur et de chagrin.
Les pieds nus entrent dans des abris
bâtis sommairement sur des cendres,
bravant le risque d'être tués
essayant d'apporter des vivres aux êtres vivants,
qui ont attendu désespérément d'être secourus.

Quand je regarde leurs mains,
aussi douces que de la soie céleste,
tendues vers ces enfants,
les larmes cessent ;
et les yeux des mères
brillent comme des pierres précieuses,
fixant des boîtes de lait
venant des milliers de rivières et de montagnes.

Et je reste encore ici
devant les Portes du Paradis,
hermétiquement closes,
la tête baissée, dans l'attente.
Dans le vieux jardin, je me demande :

« Quelqu'un perçoit-il la senteur
des fleurs d'aréquier ? »

Ô ici !
pourquoi tout est-il si silencieux ?
D'un silence tel
que même les oiseaux de notre terre désolée ont disparu.
Ô parle à haute voix maintenant,
parle clairement à nouveau,
afin que, vous entendant aux confins de la terre,
les oiseaux reviennent ;
que nos rivières soient à nouveau des joyaux ; et notre terre, un brocart d'or.

Chante,
chante encore plus fort
afin que l'Être vrai jaillisse du Verbe.

Ce poème incita beaucoup de jeunes bouddhistes à se joindre à nous pour aider les victimes de la guerre.

Pendant la guerre contre les Français, Thây avait contracté la malaria et la dysenterie et, durant ce voyage dans ces montagnes éloignées, il rechuta. Malgré cela, sa présence fut importante pour toute l'équipe. Thây nous rappela d'être attentifs à chaque chose – à la façon dont Thây Nhu Van, un moine de haut rang très populaire auprès des belligérants, parlait aux officiers des deux bords ; à celle dont Thây Nhu Hue organisait les bouddhistes locaux ; et à la manière dont les rameurs de nos bateaux mangeaient. Nous contemplâmes le canyon à pic de la rivière Thu Bôn et nous demeurâmes dans la pleine conscience du vent glacé des montagnes ainsi que du sort des victimes sans abri de l'inondation qui côtoyaient sans arrêt la mort. La mort fut la compagne fidèle de notre voyage – non seulement celle des noyés, mais aussi la nôtre qui pouvait advenir à tout moment au milieu de ces combats continuels.

Au moment où nous quittions cet endroit, beaucoup de jeunes mères nous supplièrent d'emmener leurs bébés, car elles avaient peur qu'ils ne survivent pas jusqu'à notre prochaine mission de secours. Nous pleurâmes car nous ne pouvions pas les prendre avec nous. Cette vision m'obsède encore jusqu'à ce jour.

Après ces événements, je retournai à Hué tous les deux mois pour donner une semaine de cours de biologie à la faculté des sciences, mais je n'oubliais jamais d'organiser des groupes d'étudiants, de moines et de nonnes pour retourner aider ces malheureux dans ces montagnes lointaines. Pour ce faire, nous voyagions toute une journée pour aller de Hué à Da Nang, où nous dormions dans un temple, puis nous reprenions la route vers Quang Nam et Hôi An. Dans cette ville, nous louions cinq embarcations de taille moyenne pour convoyer à peu près dix tonnes de riz, de haricots secs, d'ustensiles de cuisine, de vêtements de seconde main et de fournitures médicales.

Les balles et les bombes doivent nous éviter

Une nuit, nous fîmes une halte à Son Khuong, un village isolé où les combats étaient particulièrement violents. Alors que nous nous apprêtions à nous coucher dans nos embarcations, nous entendîmes soudain des tirs, puis des cris et, à nouveau, des coups de feu. Les jeunes gens qui faisaient partie de notre équipe furent saisis de panique et plusieurs d'entre eux se jetèrent dans la rivière pour éviter d'être touchés. Je m'assis tranquillement dans le bateau avec deux nonnes, attentive à ma seule respiration afin de retrouver mon calme. Nous voyant si paisibles, tout le monde cessa de s'affoler, et nous commençâmes à chanter ensemble le *Sutra du Cœur*, pleinement concentrées sur ce chant puissant. Pendant un moment, nous n'entendîmes plus un seul tir. J'ignore encore s'ils avaient effectivement cessé le feu ou non. Le lendemain, je confiai ma foi inébranlable à mes compagnons : « Quand nous travaillons pour aider les gens, les balles doivent nous éviter, car nous ne sommes jamais capables, nous, de les éviter. Quand nous possédons la volonté et l'amour, quand notre seul but est d'aider ceux qui sont dans la détresse, je crois qu'il existe une sorte de magnétisme, d'énergie de la bonté, qui nous protège des balles. Nous devons simplement être sereins. Mais, même si une balle nous atteignait, acceptons-la calmement, en nous rappelant que nous devons tous mourir un jour. Si nous disparaissons pour une bonne cause, partons avec un sourire, sans peur. »

La réalité de la souffrance est tellement différente des images vues à l'écran

Deux mois plus tard, pendant un autre voyage humanitaire, des bombes tombèrent juste avant notre arrivée dans un hameau isolé, à quinze kilomètres de Son Khuong. Il y avait des morts et des blessés partout. Nous utilisâmes tous les pansements et les médicaments à notre disposition. Je me revois encore, portant dans mes bras une fillette couverte de sang vers mon bateau afin de soigner ses blessures et d'essayer de faire tout ce que je pouvais pour la sauver. Il est difficile de faire comprendre la douleur et le désespoir ressentis quand on tient dans ses bras une enfant ensanglantée, sa mère en pleurs marchant à côté de vous, sans savoir s'il sera possible de la sauver.

Deux ans plus tard, quand je vins aux États-Unis pour expliquer la souffrance du peuple vietnamien et pour réclamer la paix au Viêt-nam, je vis à la télévision une femme portant un bébé en sang, et je compris alors pourquoi les Américains continuaient à soutenir la guerre et les bombardements. Voir une telle scène sur un écran n'avait rien de commun avec ce que l'on pouvait ressentir dans la réalité. Mon désespoir était intense avec le bébé dans les bras, alors que cette image télévisée ressemblait surtout à un spectacle. Il y avait une grande différence entre le fait de vivre cette expérience et celui de la regarder, assis tranquillement dans son salon. Les gens sont capables d'être les témoins d'événements horribles à la télévision et néanmoins d'aller ensuite vaquer à leurs occupations quotidiennes – manger, danser, jouer avec leurs enfants, se parler. Ma confrontation avec de si grandes souffrances avait imprégné chacune de mes cellules de désespoir. Ces personnes étaient des êtres humains comme moi ; pourquoi souffraient-elles tant ? Ces interrogations me tourmentaient mais, en même temps, me poussaient à poursuivre ma mission avec une détermination implacable. Prendre conscience de la chance que j'avais, comparée à la situation de ceux qui vivaient sous les bombes, m'aidait à faire disparaître colère et souffrance en moi, et j'étais déterminée à faire de mon mieux pour les secourir sans peur.

CHAPITRE 8

L'Interêtre

Premiers villages pionniers et débuts de l'École de la jeunesse pour le service social

En 1964, quand Thây commença à mettre en œuvre les projets de développement de villages pionniers, beaucoup de jeunes éléments brillants quittèrent leurs postes au département de la jeunesse bouddhiste de l'Église bouddhique unifiée pour le rejoindre. Cela provoqua la colère des éléments conservateurs de l'EBU contre Thây et contre ceux qui travaillaient avec lui. Ils nous soupçonnaient même d'être à la solde des communistes ou, en tout cas, que ceux-ci m'avaient envoyée pour manipuler Thây.

En 1965, notre réputation dans le domaine du travail social était si grande parmi les intellectuels saigonnais que beaucoup d'entre nous pensions qu'il était temps de demander aux Anciens de l'Église bouddhique de nous accorder enfin leur soutien. Thây fut d'accord, et nous nous rendîmes au siège de l'EBU, nous nous inclinâmes devant ceux qui nous avaient critiqués, et déclarâmes : « Par nous-mêmes, nous ne pouvons venir en aide qu'à quelques villages, mais avec vous, nous pourrions étendre le mouvement de développement social à tout le pays. » Les principaux responsables de l'EBU – Thây Thîen Hoa, Thây Tam Chau, Thây Huyen Quang et Thây Thiên Minh – nous autorisèrent à utiliser la notoriété de l'Église pour lancer un appel national de soutien au développement rural et au changement social[1].

À cette époque, Thây Nhat Hanh écrivit une série d'articles pour le magazine bouddhique hebdomadaire, *Thîen My*, annonçant la création de l'École de la jeunesse pour le service social (EJSS), où de jeunes gens devaient être formés pour devenir des travailleurs sociaux et, après l'obtention de leurs diplômes, envoyés un peu partout dans le pays au service des pauvres (ce qui incluait à l'époque près de 80 % de la population).

---

1. Je pense que la réaction des gens plus âgés envers les jeunes générations est partout la même. Quand celles-ci veulent entreprendre quelque chose de neuf et de créatif, les aînés ne les encouragent pas. Mais si ces jeunes font néanmoins le premier pas, alors les seconds les aident. C'est ce qui s'est passé avec mon frère, Nghiep. Quand mes parents ont refusé qu'il devienne chanteur, il persista dans cette direction sans leur accord et, une fois qu'il eut fait ses preuves, mon père fut très fier et lui apporta son soutien. Je conseille toujours aux jeunes de ne pas se laisser abattre si leurs parents ou leurs aînés ne sont pas enthousiastes devant leurs idées. Il n'y a aucune raison de leur en vouloir. Nous devons écouter les arguments et le récit des expériences des plus âgés, d'une façon ouverte et, s'ils ne nous ont pas convaincus, commencer notre projet avec précaution et de tout notre cœur. Plus tard, quand nous aurons atteint une partie de nos objectifs, nous pourrons revenir les voir pour demander leur aide.

La réaction ne se fit pas attendre – mille personnes firent acte de candidature !

Le siège de l'EJSS et les salles de classe furent installés à la pagode Tu Nghiêm, le dortoir des nonnes et des étudiantes laïques au temple Hué Lam, celui des moines au temple Truc Lam, et celui des laïcs sur le campus de la future université Van Hanh. Nous choisîmes trois cents candidats parmi les mille postulants, puis nous achetâmes une vieille camionnette Renault pour transporter, chaque jour, les étudiants de leurs dortoirs à leurs salles de cours. Il fallait deux heures pour passer prendre tout le monde puis deux autres pour les ramener mais, malgré cet inconvénient, nous étions tous pleins d'enthousiasme.

Les enseignants étaient bénévoles. Mon travail consistait à coordonner un comité de trente-cinq étudiants afin qu'ils visitent autant de foyers que possible pour décrire notre programme et solliciter de l'aide. C'était de cette façon que j'avais trouvé des fonds pour le bidonville de Quoc Thanh mais cette fois, grâce au soutien de l'Église bouddhique, en moins d'un an, plus de trois mille familles s'engagèrent à soutenir notre œuvre, y compris de modestes vendeurs des rues. Nous parlions de nos succès et de nos difficultés à chacun de nos bienfaiteurs et, touchés par notre dévouement, ils devinrent nos meilleurs porte-parole, des sortes d'attachés de presse.

L'École de la jeunesse pour le service social fut officiellement créée en septembre 1965 en tant qu'unité de l'université Van Hanh, sous les auspices de l'Église bouddhique unifiée. Thây Nhat Hanh fut nommé président du conseil d'administration, et Thây Thanh Van, directeur général. D'après les statuts de l'EBU, seul un moine (ou une nonne) pouvait diriger un programme de l'Église. Thây Thanh Van n'avait que vingt-quatre ans mais il était entré dans la vie monastique et méditait depuis l'âge de sept ans. Il était calme et avait un jugement sûr. Quatorze d'entre nous travaillaient à plein temps et partageaient les plus importantes responsabilités. Quelques douzaines d'autres personnes étaient là à temps partiel. Quand quelqu'un se trouvait dans l'incapacité d'accomplir sa tâche, je le remplaçais. J'aimais voir le travail avancer harmonieusement, aussi je m'investissais avec facilité dans chaque secteur d'activité. Tout le monde me considérait comme le « commandant en chef ». Une fois, pendant une réunion, je me mis à fredonner une chanson d'amour traditionnelle, les gens parurent surpris et s'exclamèrent : « Phuong, tu sais aussi chanter[1] ! »

À la fin de 1965, Thây Thanh Van, Trinh Sam et Thây Luu Phuong trouvèrent un terrain à dix kilomètres de Saigon et nous décidâmes d'y installer les locaux de l'EJSS. Au lieu de diviser l'espace d'une façon habituelle en quartiers pour nonnes, moines, hommes et femmes, nous choisîmes de bâtir un seul et même campus. Thây Nhat Hanh conçut un petit temple fait de bambou, de boue et de ciment avec un toit en feuilles de palmier. Ce bâtiment nous servait de centre spirituel où nous pratiquions la méditation

1. Mes amis n'auraient jamais imaginé que, treize ans plus tard, j'enregistrerais plusieurs cassettes de chansons vietnamiennes pour trouver des fonds pour nourrir et scolariser des enfants.

assise, récitions les préceptes et accomplissions la méditation du thé. Thây rédigea une lettre pour lever des fonds afin de construire quarante dortoirs, une salle à manger, une bibliothèque et un amphithéâtre. Nous allions de maison en maison pour expliquer nos buts et nos projets et solliciter des contributions pour cette édification. En juillet 1966, nous emménagions. Thây avait une chambre dans un coin du temple.

En 1964, deux étudiants de Thây Nhat Hanh – Thây Thanh Tue et Thây Tu Man – fondèrent les Éditions La Boi, grâce à un don important de Mme Ngo Van Hieu. « Deux cèdres », Thu Ha et ma sœur Thanh en étaient les trésoriers et, en moins de deux ans, La Boi édita douze livres de Thây traitant du bouddhisme engagé et vingt ouvrages d'autres auteurs.

Les Éditions La Boi et la littérature clandestine

Un jour, Thây Nhat Hanh proposa que l'on organise un banquet pour les artistes qui avaient collaboré à la fondation des Éditions La Boi. Je me portai volontaire pour faire la cuisine. Mes sœurs dans le Dharma furent surprises de découvrir que je savais aussi cuisiner. Je choisis des plats que j'avais vu préparer par ma mère, en remplaçant le poisson et le porc par du tofu et du gluten. La soirée fut une réussite. Tous apprécièrent la nourriture, y compris un plat appelé « Oiseaux blancs retournant à leurs nids » – une grosse courge remplie d'une délicieuse soupe et de deux blancs d'œufs battus (les deux oiseaux).

Les livres des Éditions La Boi étaient diffusés largement à travers tout le pays et cette entreprise était alors tout à fait légale. En revanche, quand nous publiions des livres sur la paix par l'intermédiaire de l'Union des étudiants de l'université Van Hanh, nous risquions la prison. En 1966, le mot « paix » était considéré comme communiste, aussi nous devions travailler sous le manteau. En 1966-1967, nous sortîmes quatre livres de Thich Nhat Hanh : *Un lotus dans une mer de feu (Hoa Sen Trong Bien Lua), N'oubliez pas ceux qui souffrent (Dung Quen Xin Dung Voi Quen), Le Dialogue : Clé de la paix au Viêt-nam (Doi Thoai Canh Cua Hoa Binh),* et *Prions pour que la colombe arrive (Chap Tay Nguyen Cau Cho Bo Cau Trang Hien).*

Un lotus dans une mer de feu était une appréciation exacte des dommages de guerre mais, en 1966, pour les dirigeants du Sud-Viêt-nam, ce n'était que de la propagande communiste. *N'oubliez pas ceux qui souffrent* était écrit sous la forme d'une lettre adressée par Thây Nhat Hanh aux habitants des villes, leur demandant de ne pas oublier le sort des paysans, principales victimes de la guerre. C'était aussi le récit, superbement écrit, du travail que nous avions effectué à Quang Nam pour les victimes des inondations et des combats, et qui était destiné à « réveiller » les gens de leur torpeur.

Peu d'imprimeurs voulurent imprimer ces livres. *Un lotus dans une mer de feu* fut fabriqué par un bouddhiste de la rue Gia Long et diffusé largement par le canal d'un réseau informel. *N'oubliez par ceux qui souffrent* fut imprimé par l'imprimerie de Thây Thông Buu au temple Quan Am. Celui-ci avait été édifié par

Thây Quang Duc, le premier moine à s'immoler par le feu pour le respect des droits de l'homme en 1963, Thây Thông Buu fut exilé ultérieurement par le gouvernement communiste dans une ville éloignée, mais il s'échappa et vécut dans la jungle au Viêt-nam jusqu'en 1992, époque à laquelle il rentra à Saigon.

Un jour, au début de septembre 1966, je rentrais chez moi sur ma mobylette, venant du temple de Thây Thông Buu. J'y étais allée pour prendre trois cents exemplaires de *N'oubliez pas ceux qui souffrent.* Si j'avais conduit une auto, personne n'aurait fait attention à moi. Les gens aisés avaient des voitures et, comme ils étaient rarement communistes, la police ne les arrêtait jamais dans sa traque anticommuniste. Mais comme les membres du Front national de libération (du côté des communistes) transportaient souvent des grenades en vélomoteur, les autorités avaient pris l'habitude de contrôler les deux-roues. Alors que je traversais le pont Truong Minh Giang, un policier m'arrêta et me fouilla.

En voyant les livres, il se dit que cela pouvait être des tracts communistes. Quand il me demanda ce que c'était, je répondis simplement : « Ce sont juste quelques livres. » Mais quand il commença à feuilleter un des livres, je sentis la peur me gagner. J'invoquai le nom d'Avalokiteshvara, bodhisattva de la compassion et de la non-peur, et je retrouvai mon calme. Je me souvins que mon seul but était d'ouvrir les yeux des gens pour les inciter à se rendre compte des souffrances de ceux qui habitaient dans les zones de combat. Même si l'on me mettait en prison, je savais que ma cause était juste et j'étais prête à en assumer la pleine responsabilité. À cette pensée, je me mis à sourire. Le policier sourit à son tour et lut la première ligne : « Chère *Em*, savez-vous que… ». « Em » est un terme familier qu'un frère aîné emploie quand il s'adresse à une sœur plus jeune, ou un amoureux à sa bien-aimée, et qui véhicule une notion d'intimité et de gentillesse. Thây commençait toujours des démonstrations complexes par des formules simples. Le policier lut ainsi toute la première phrase à voix haute et dit : « C'est une histoire d'amour, n'est-ce pas ? » Je souris à nouveau. Il me rendit le livre et déclara : « D'accord, vous pouvez partir. » Je l'avais échappé belle. J'ignore pourquoi mais j'ai rarement des ennuis quand mes intentions sont pures.

Avec le bodhisattva de la non-peur, Avalokiteshvara, je suis allée en prison

En octobre, je retournai à Hué pour enseigner mais, cette fois, j'essayai d'obtenir des signatures d'étudiants et de professeurs pour une pétition demandant aux deux parties en guerre de trouver une solution pacifique au conflit. Contrairement à la plupart de mes séjours à Hué, je n'avais pas amené d'exemplaires d'*Un lotus dans une mer de feu*. J'avais seulement une copie de la pétition, quelques documents scolaires, un sac de jouets d'occasion à distribuer aux orphelins de guerre, et un cadeau joliment emballé qu'un ami m'avait demandé d'amener à sa mère. Quand j'arrivai à l'aéroport de Hué, je fus surprise de constater la présence de six policiers qui venaient manifestement pour moi. Ils s'approchèrent et déclarèrent : « Nous avons reçu l'ordre de fouiller vos bagages. » Deux officiers inspectèrent le sac de jouets. La pétition se trouvait parmi mes papiers et, pendant que le plus jeune officier épluchait consciencieusement mes dossiers, je pris une profonde inspiration, je me concentrai sur Avalokiteshvara et je me dis à moi-même : « Bodhisattva de la Compassion, nous allons être emprisonnés. Cette fois-ci, il n'y a pas d'échappatoire. Soyons sans peur. » Un mois auparavant, quand j'avais été prise avec un carton de *N'oubliez pas ceux qui souffrent*, j'avais pu éviter la prison mais, cette fois-ci, le policier de l'aéroport paraissait sévère, et même cruel. Cependant, en invoquant le nom d'Avalokiteshvara, j'arrivai encore à sourire calmement face à leurs visages fermés. Tout à coup, le jeune découvrit la pétition. Je vis sa main trembler pendant qu'il me regardait nerveusement. Je lui renvoyai son regard avec un sourire triste et profond et, immédiatement, il remit la pétition du côté des papiers déjà fouillés et continua ses recherches comme si de rien n'était. Ils avaient fini la fouille et remis tous les documents en place quand ils ouvrirent le cadeau de mon ami à sa mère. C'était un exemplaire d'*Un lotus dans une mer de feu*. Bien que le père de mon ami fût l'ancien chef de la police de Hué, ils m'arrêtèrent sur-le-champ.

Pour aller au commissariat, le vieux policier s'assit près du chauffeur et je fus placée à l'arrière. Je n'étais pas sans ignorer que s'ils découvraient la pétition pour la paix, je serais condamnée à de nombreuses années de prison, aussi je parvins à la faire glisser de mon sac, à la plier en cinq, à la mettre dans ma bouche et à l'avaler, petit bout par petit bout. C'était la seule chose à faire ! Si j'avais essayé de la déchirer, ils m'auraient vue. Je fus à nouveau fouillée au poste de police et inculpée de possession de livre interdit puis détenue sans possibilité de libération sous caution.

Tous les jours, à Hué, mes étudiants allaient au temple Linh Quang pour demander au moine supérieur de solliciter ma libération. Quand celui-ci se décida à le faire, la police de la ville réagit en me transférant dans une prison de Saigon, où je fus enfermée dans une petite cellule d'environ quatre mètres carrés avec huit autres prisonniers. Nous n'avions pas assez de place pour nous allonger, aussi je pratiquais la méditation assise jour et nuit, en suivant consciemment chaque respiration, ou en écoutant les récits des autres détenus, dont deux fillettes de douze ans répétant qu'elles n'avaient rien fait de mal.

Les semaines que je passai en prison à Hué et à Saigon furent des expériences très riches pour toute ma vie. Je réalisai combien de choses me manquaient alors que je les avais tenues pour acquises à l'extérieur. Par exemple, je me rendis compte que pouvoir monter en toute liberté sur mon vélomoteur était une grande joie, que pouvoir voler comme un oiseau sur mon engin, mes longs cheveux flottant au vent, les deux gros sacs de riz sur mes porte-bagages était un grand bonheur. Je pris conscience qu'avoir une mobylette et pouvoir aller où l'on veut, c'était comme vivre au paradis.

Pour les repas, on donnait aux prisonniers du vieux riz et du poisson salé pourri. Je rêvais de riz blanc tendre, chaud et délicieux, et de légumes frais passés rapidement à la vapeur, trempés dans de la sauce de soja, accompagnés de quelques gouttes de citron et de quelques tranches de piment rouge. Jusque-là, pour moi, manger était un simple moyen de rester en vie pour aider les autres. À partir de ce jour, je fis le vœu que, si je rentrais chez moi, je mangerais alors en pleine conscience, en appréciant chaque bouchée de riz et chaque morceau de légume. Un jour, un prisonnier me fit parvenir une orange de la prison des hommes car, d'après le messager, il avait eu beaucoup d'admiration pour moi quand j'étais étudiante à la faculté des sciences. Ce fut une heureuse surprise. Je me fis alors la promesse de me rappeler des besoins matériels et psychologiques des détenus. Une journée en prison paraît plus longue que mille ans en liberté. En 1978, je mis au point un projet clandestin d'aide financière aux prisonniers politiques du Viêt-nam et à leurs familles. Plus tard, en 1982, j'aidai à convaincre Amnesty International d'envoyer de la nourriture aux détenus.

Alors que j'étais incarcérée à Saigon depuis une semaine, le chef de la police nationale, le colonel Nguyen Ngoc Loan, m'appela dans son bureau et m'informa que j'allais être relâchée, grâce à l'intervention du Dr Tien, un parent d'un de mes amis qui connaissait le colonel. Je demandai au colonel Loan de reconsidérer le cas des deux jeunes filles qui m'avaient confié qu'elles n'avaient rien à se reprocher mais qui avaient eu la malchance de se trouver là au moment de l'arrestation de deux hommes supposés être des rebelles. La prison n'était pas un endroit sain pour des enfants. Au lieu de les libérer, le colonel demanda aux gardes d'être plus vigilants car « apparemment les détenus se parlaient entre eux », ce qui était strictement interdit par le règlement. Les autres prisonniers pensèrent que je les avais dénoncés afin de sortir. Je compris alors qu'être Ksitigarbha (Trésor de la Terre), le bodhisattva qui a fait le vœu de vider l'enfer jusqu'à ce qu'il n'y reste plus un seul être, devait être une tâche très difficile. Je désirais simplement aider ces deux fillettes mais, à cause de moi, leur situation ne fit qu'empirer.

Plus tard, de 1984 à 1988, quand ma chère sœur dans le Dharma, Thich Nu Tri Hai, fut incarcérée par le régime communiste, elle fit encore mieux que moi. Elle me raconta qu'elle avait reçu le livre de Thây, *Guide pour la méditation marchée*, une semaine avant son arrestation, et qu'en prison, chaque jour, elle faisait presque cinq kilomètres de marche en pleine conscience dans une cellule de quatre mètres carrés. Quand elle fut placée dans une cellule plus grande, elle donna des enseignements sur le Dharma aux autres prisonnières. Elle transmit même d'une manière informelle à certaines d'entre elles les Cinq Préceptes. Je la considère comme un vrai bodhisattva, Trésor de la Terre. Il y a encore aujourd'hui de nombreux moines et nonnes Ksitigarbha dans les geôles vietnamiennes.

Comment garder la sérénité dans le tumulte d'une multitude de responsabilités ?

La période qui va de 1964 à 1968 fut la plus remplie de ma vie. J'avais la responsabilité de nombreuses séances de travaux pratiques au laboratoire à l'université de Saigon. J'étais aussi étudiante à plein temps pour l'obtention des licences en études bouddhiques à l'université bouddhique Van Hanh. Je fus élue présidente de l'Union des étudiants de cette université. À ce poste, en plus du travail de coordination, je m'occupais de la publication du *Bulletin d'informations pour les étudiants* et de la presse clandestine en faveur de la paix. J'avais aussi la charge d'un groupe d'étudiants qui collectait de la nourriture, des vêtements et des ustensiles de cuisine destinés aux pauvres de Quang Nam et de ses environs. J'étais, de même, à la tête du département des relations publiques de l'École de la jeunesse pour le service social, chargée d'organiser des volontaires pour recueillir des fonds auprès des familles de Saigon et pour écrire chaque mois aux nombreux donateurs de l'EJSS. Je travaillais aussi dans les bidonvilles de Saigon et dans les deux villages pionniers. Étant conférencière en botanique à l'université de Hué, à mille kilomètres de la capitale, je devais m'y rendre, tous les deux mois, pour six journées d'enseignement puis, pendant sept jours, je partais distribuer nourriture et approvisionnement aux victimes de guerre dans des zones isolées de Quang Nam, comme Son Khuong et Duc Duc. Malgré cela, je n'étais jamais fatiguée. Les besoins au Viêt-nam étaient grands et beaucoup d'amis me soutenaient et m'aidaient dans ma mission.

Je n'étais pas la seule. Des Vietnamiens et d'autres personnes tout autour du monde assumaient aussi de grandes responsabilités pour remplir leurs devoirs familiaux et sociaux et parvenir à alléger le fardeau de souffrance du peuple vietnamien, mais beaucoup d'entre eux arrivèrent à un grand stade d'épuisement –

ce que nous appelons aujourd'hui « se consumer de l'intérieur » (le *burn-out*, en anglais). Je n'ai jamais ressenti cet état. Je continuais à chanter et à disposer de beaux arrangements floraux dans ma chambre ou sur l'autel du Bouddha en essayant de rester fraîche et joyeuse. Un jour, une amie cèdre, qui avait été très active pendant deux ans, avant de se marier et d'avoir des enfants, vint me voir et se montra surprise devant mon air dynamique et heureux. « Quelle sorte de "carburant" utilises-tu pour rester si constante, si confiante et si gaie sur ce chemin si difficile ? » me demanda-t-elle. En entendant cette question, je réfléchis à mon travail et je fus étonnée de constater que j'avais pris autant de responsabilités avec aisance. C'est seulement plus tard que je réalisai que mon carburant était constitué d'une vie simple et de la pratique d'une journée de Pleine Conscience par semaine.

J'ai toujours vécu comme une nonne – en mangeant frugalement, en ne possédant que peu d'habits, ne me maquillant pas, et sans argent personnel à la banque. J'ai même donné le collier et les bracelets sertis de diamants que m'avaient donnés mes parents, pour financer un projet pour les pauvres. Depuis l'âge de vingt ans, je savais qu'un jour je sacrifierais mes longs cheveux et que je rentrerais dans une communauté de nonnes bouddhiques. En 1960, Thây Thanh Tu, Thây Tri Quang et Thây Nhat Hanh m'avaient conseillé d'attendre avant de devenir nonne mais, en 1963, Thây Tri Quang m'encouragea à recevoir l'ordination. J'en parlai à Thây Nhat Hanh qui me confia que les préceptes destinés aux religieux et aux religieuses dataient de deux mille cinq cents ans et avaient besoin d'un renouvellement. Il me montra quatorze nouveaux préceptes qu'il avait rédigés et qui, d'après lui, étaient fidèles aux enseignements les plus profonds du Bouddha et adaptés à notre époque. Il me dit qu'il m'avertirait quand le temps serait venu pour moi de raser ma longue chevelure et de devenir nonne. Mais pour l'instant, il invitait six d'entre nous, les dirigeants de l'EJSS, à recevoir les Quatorze Préceptes lors d'une cérémonie officielle.

L'ordre de l'Interêtre

Le 5 février 1966, un jour de pleine lune, Thây Nhat Hanh ordonna les six premiers membres de l'ordre *Tiep Hien*, l'ordre de l'Interêtre. Celui-ci fut créé par Thây pour appliquer concrètement les principes bouddhiques au champ du travail social à une époque où la guerre s'intensifiait et où les enseignements du Bouddha étaient plus que jamais nécessaires. Thây proposa que l'ordre soit composé de moines, de nonnes, de laïcs (femmes et hommes) et il déclara que, nous, les six premiers membres, avions le choix de vivre comme des religieux célibataires ou comme des civils pouvant se marier. Les trois femmes de cette première ordination décidèrent de mener une vie célibataire comme nonnes, sans, cependant, se raser la tête, alors que les trois hommes choisirent de se marier et de pratiquer en tant que bouddhistes laïcs. Parmi les trois nonnes, il y avait Nhat Chi Mai qui s'immola pour la paix, une année plus tard.

Ce fut une cérémonie inoubliable ! Chacun de nous reçut une lampe avec un abat-jour fait main sur lequel Thây avait calligraphié en vieux chinois : « Lampe du Monde », « Lampe de la Pleine Lune », « Lampe de Sagesse », etc. Pendant la cérémonie d'initiation, les six personnes ordonnées firent le vœu d'étudier, de pratiquer et d'observer les Quatorze Préceptes de l'ordre de l'Interêtre. Depuis ce jour, ces principes ont été mes plus sûrs guides – particulièrement quand je vivais seule, loin de Thây Nhat Hanh, mon maître spirituel – dans les circonstances difficiles, et quand je ne sais pas ce que je dois faire.

Voici les Quatorze Entraînements de l'ordre de l'Interêtre :

Premier Entraînement : Ouverture d'esprit :

Conscients de la souffrance provoquée par le fanatisme et l'intolérance, nous sommes déterminés à ne pas faire preuve d'idolâtrie ni à nous attacher à une doctrine, une théorie ou une idéologie, même bouddhiste.

Les enseignements bouddhiques sont des moyens qui nous guident et nous aident à pratiquer le regard profond et à développer ainsi notre compréhension et notre compassion. Ce ne sont pas des doctrines pour lesquelles nous nous battrons, nous nous tuerons et nous nous sacrifierons.

(silence)

Ceci est le premier Entraînement de l'Ordre de l'Interêtre. Êtes-vous déterminés à le recevoir, à l'étudier et à le pratiquer ?

(cloche)

Deuxième Entraînement : Non-attachement aux opinions :

Conscients de la souffrance provoquée par l'attachement aux opinions et aux perceptions erronées, nous sommes déterminés à ne pas être bornés ni à nous attacher à nos idées actuelles. Nous apprendrons et pratiquerons le non-attachement aux opinions afin d'avoir l'esprit ouvert aux expériences et aux visions profondes d'autrui. Nous sommes conscients du fait que notre connaissance actuelle n'est pas la vérité absolue et n'est pas immuable. La vérité est à trouver dans la vie et nous observerons la vie en nous et autour de nous à chaque instant, tout en étant prêts à apprendre tout au long de notre vie.

(silence)

Ceci est le deuxième Entraînement de l'Ordre de l'Interêtre. Êtes-vous déterminés à le recevoir, à l'étudier et à le pratiquer ?

(cloche)

Troisième Entraînement : Liberté de pensée :

Conscients de la souffrance provoquée quand nous imposons nos opinions à autrui, nous sommes déterminés à ne forcer personne, y compris nos enfants, à penser comme nous, que ce soit en ayant recours à l'autorité, à la menace, à l'argent, à la propagande ou à l'endoctrinement.

Nous respecterons le droit d'autrui d'être différent, d'avoir ses propres croyances et de prendre des décisions. Nous aiderons néanmoins les autres à renoncer au fanatisme et à l'esprit borné par un dialogue compatissant.

(silence)

Ceci est le troisième Entraînement de l'Ordre de l'Interêtre. Êtes-vous déterminés à le recevoir, à l'étudier et à le pratiquer ?

(cloche)

Quatrième Entraînement : Conscience de la souffrance :

Conscients du fait que le regard profond sur la nature de la souffrance peut nous aider à développer notre compassion et à développer le chemin menant à la cessation de la souffrance, nous sommes déterminés à ne pas éviter la souffrance ni à fermer les yeux dessus.

Nous nous engageons à trouver tous les moyens, notamment le contact personnel, les images, les sons, pour être avec ceux qui souffrent, cela afin de pouvoir vraiment comprendre leur situation et de les aider à transformer leur souffrance en compassion, en paix et en joie.

(silence)

Ceci est le quatrième Entraînement de l'Ordre de l'Interêtre. Êtes-vous déterminés à le recevoir, à l'étudier et à le pratiquer ?

(cloche)

Cinquième Entraînement : Vie simple et saine :

Conscients du fait que le vrai bonheur est enraciné dans la paix, la solidité, la liberté et la compassion et non dans la richesse ou la célébrité, nous sommes déterminés à ne pas vivre dans le but d'acquérir la célébrité, des profits, des richesses ou des plaisirs sensuels, ni à nous enrichir pendant que des millions de gens meurent de faim.

Nous nous engageons à mener une vie simple et à partager notre temps, notre énergie et nos ressources matérielles avec ceux qui sont dans le besoin. Nous pratiquerons la consommation attentive sans prendre d'alcool, de drogues ou d'autres produits toxiques pour notre corps et notre conscience ou pour le corps et la conscience collectifs.

(silence)

Ceci est le cinquième Entraînement de l'Ordre de l'Interêtre. Êtes-vous déterminés à le recevoir, à l'étudier et à le pratiquer ?

(cloche)

Sixième Entraînement : Face à la colère :

Conscients du fait que la colère bloque la communication et crée de la souffrance, nous sommes déterminés à prendre soin de l'énergie de colère quand elle surgit et à reconnaître et à transformer les semences de colère qui sont profondément enfouies dans notre conscience.

Quand la colère survient, nous sommes déterminés à ne rien dire et à ne rien faire, sinon pratiquer la respiration consciente ou la marche méditative, à reconnaître, à embrasser et à regarder profondément notre colère. Nous sommes aussi déterminés à apprendre à regarder avec compassion les personnes que nous pensons être à l'origine de notre colère.

(silence)

Ceci est le sixième Entraînement de l'Ordre de l'Interêtre. Êtes-vous déterminés à le recevoir, à l'étudier et à le pratiquer ?

(cloche)

Septième Entraînement : S'établir dans le moment présent :

Conscients du fait que la vie n'est accessible que dans le moment présent et qu'il est possible de vivre heureux dans l'ici et le maintenant, nous nous engageons à vivre pleinement chaque moment de notre vie quotidienne.

Nous ne nous laisserons pas entraîner par les regrets du passé, les soucis du futur ou la colère, l'avidité et la jalousie du présent. Nous sommes déterminés à apprendre l'art de vivre en Pleine Conscience en touchant les éléments merveilleux, rafraîchissants et porteurs de guérison qui sont en nous et autour de nous, et en cultivant les semences de joie, de paix, d'amour et de compréhension en nous-mêmes afin de faciliter le travail de transformation et de guérison dans notre conscience profonde.

(silence)

Ceci est le septième Entraînement de l'Ordre de l'Inter-être. Êtes-vous déterminés à le recevoir, à l'étudier et à le pratiquer ?

(cloche)

Huitième Entraînement : Communication dans la communauté :

Conscients du fait que le manque de communication mène toujours à la division et à la souffrance, nous nous engageons à nous entraîner à la pratique de l'écoute compatissante et de la parole aimante.

Nous apprendrons à écouter attentivement sans juger ni réagir, et à nous abstenir de dire tout ce qui pourrait créer un désaccord ou une rupture dans la communauté. Nous ferons de notre mieux pour garder la communication ouverte, pour nous réconcilier et résoudre tous les conflits, aussi petits soient-ils.

(silence)

Ceci est le huitième Entraînement de l'Ordre de l'Interêtre. Êtes-vous déterminés à le recevoir, à l'étudier et à le pratiquer ?

(cloche)

Neuvième Entraînement : Parole juste et aimante :

Conscients du fait que les paroles peuvent créer de la souffrance comme du bonheur, nous nous engageons à apprendre à dire la vérité et à n'utiliser que des mots constructifs inspirant l'espoir et la confiance.

Nous sommes déterminés à ne pas dire de mensonges dans notre intérêt personnel ou pour impressionner les gens, ni à dire quelque chose susceptible de causer une division ou de la haine. Nous ne répandrons aucun bruit sans en être sûrs, et nous nous abstiendrons de critiquer ou de condamner ce dont nous ne sommes pas certains. Nous ferons tout notre possible pour parler ouvertement des situations injustes, même si cela menace notre sécurité.

(silence)

Ceci est le neuvième Entraînement de l'Ordre de l'Interêtre. Êtes-vous déterminés à le recevoir, à l'étudier et à le pratiquer ?

(cloche)

Dixième Entraînement : Protection de la Sangha :

Conscients du fait que l'essence et le but d'une communauté, c'est la pratique de la compréhension et de la compassion, nous sommes déterminés à ne pas utiliser la communauté bouddhiste pour notre gain ou notre profit personnel, et à ne pas transformer notre communauté en un instrument politique.

Une communauté spirituelle doit cependant prendre clairement position contre l'oppression et l'injustice, et devrait faire son possible pour changer cette situation sans s'engager dans des luttes partisanes.

(silence)

Ceci est le dixième Entraînement de l'Ordre de l'Interêtre. Êtes-vous déterminés à le recevoir, à l'étudier et à le pratiquer ?

(cloche)

Onzième Entraînement : Moyens d'existence justes :

Conscients du fait que notre environnement et notre société ont subi une grande violence et une grande injustice, nous nous engageons à ne pas avoir de moyens d'existence qui nuisent aux êtres vivants ou à la nature.

Nous ferons tout notre possible pour choisir des moyens d'existence qui servent à réaliser notre idéal de compréhension et de compassion. Conscients de la réalité mondiale de l'économie, de la politique et de la société, nous nous comporterons avec responsabilité en tant que consommateurs et citoyens. Nous n'investirons pas dans des sociétés privant les autres de leur chance de vie.

(silence)

Ceci est le onzième Entraînement de l'Ordre de l'Interêtre. Êtes-vous déterminés à le recevoir, à l'étudier et à le pratiquer ?

(cloche)

Douzième Entraînement : Respect de la vie :

Conscients du fait que la guerre et les conflits mènent à beaucoup de souffrances, nous sommes déterminés à cultiver la non-violence, la compréhension et la compassion dans notre vie quotidienne, à promouvoir l'éducation à la paix, la médiation en Pleine Conscience et la réconciliation dans les familles, les communautés, les pays et le monde.

Nous sommes déterminés à ne pas tuer et à ne pas laisser les autres tuer. Nous pratiquerons le regard profond sans relâche avec notre Sangha pour voir quels sont les meilleurs moyens de protéger la vie et d'empêcher la guerre.

(silence)

Ceci est le douzième Entraînement de l'Ordre de l'Interêtre. Êtes-vous déterminés à le recevoir, à l'étudier et à le pratiquer ?

(cloche)

Treizième Entraînement : Générosité :

Conscients du fait que l'exploitation, l'injustice sociale, le vol et l'oppression causent de la souffrance, nous nous engageons à cultiver l'amour bienveillant et à apprendre comment œuvrer pour le bien-être d'autrui, des animaux, des plantes et des minéraux.

Nous pratiquerons la générosité en partageant notre temps, nos énergies et nos ressources matérielles avec ceux qui en ont réellement besoin. Nous sommes déterminés à ne pas voler et à ne pas prendre possession de ce qui ne nous appartient pas. Nous respecterons les biens d'autrui et essaierons d'empêcher les autres de tirer avantage de la souffrance des êtres humains et des autres êtres vivants.

(silence)

Ceci est le treizième Entraînement de l'Ordre de l'Inter-être. Êtes-vous déterminés à le recevoir, à l'étudier et à le pratiquer ?

(cloche)

Quatorzième Entraînement : Comportement juste :

Pour les membres laïcs :

Conscients du fait que les relations sexuelles motivées par le désir ne peuvent pas dissiper nos sentiments de solitude mais qu'elles engendrent des souffrances futures, de la frustration et peuvent causer la séparation, nous sommes déterminés à avoir des rapports sexuels accompagnés de compréhension mutuelle, d'amour et d'un engagement à long terme.

Nous savons que le respect des droits et des devoirs d'autrui est la source de notre bonheur et de celui de l'autre. Nous ferons tout ce qui est possible pour protéger les enfants des abus sexuels et pour empêcher les couples et les familles de se briser à cause de comportements sexuels inappropriés. Soyons conscients de nos responsabilités et de l'état du monde lorsque nous contribuons à l'apparition de nouvelles vies. Nous sommes déterminés à ne pas maltraiter notre corps, à apprendre à le traiter avec respect et à ne pas le considérer seulement comme un instrument. Nous sommes déterminés à préserver les énergies vitales (sexe, respiration et esprit) pour atteindre notre idéal de bodhisattva.

Pour les membres monastiques :

Conscients du fait que l'idéal d'un moine ou d'une nonne ne peut être réalisé que lorsqu'il ou elle abandonne complètement les liens charnels, nous sommes déterminés à pratiquer la chasteté et à aider les autres à se protéger.

Nous savons que l'union de deux corps ne peut pas dissiper les sentiments de solitude ou de souffrance mais que seule la pratique de la compréhension juste et de la compassion peuvent nous aider (dans ce cas). Nous sommes conscients qu'avoir des rapports sexuels détruira notre vie monastique et nous empêchera d'atteindre notre idéal de service des êtres vivants et fera du mal aux autres. Nous sommes déterminés à ne pas maltraiter notre corps, à apprendre à le traiter avec respect et à ne pas le considérer seulement comme un instrument. Nous sommes déterminés à préserver les énergies vitales (sexe, respiration, esprit) pour atteindre notre idéal de bodhisattva.

(silence)

Ceci est le quatorzième Entraînement de l'Ordre de l'Interêtre. Êtes-vous déterminés à le recevoir, à l'étudier et à le pratiquer ?

(cloche)

À ceux qui avaient été ordonnés par lui, Thây Nhat Hanh demandait de pratiquer au moins soixante jours de Pleine Conscience par an et de le faire avec une communauté d'amis. Bien qu'extrêmement affairée, je me régénérais chaque semaine avec un jour de Pleine Conscience, dans notre temple de l'EJSS, du samedi midi au dimanche midi. J'arrivais toujours très préoccupée par les problèmes urgents à résoudre mais, après un moment, je parvenais à me calmer et, même, à arrêter mes pensées les plus angoissantes. Dès mon arrivée, j'essayais d'accomplir chaque acte en Pleine Conscience, d'abord en déposant mon sac de voyage dans ma chambre, puis en faisant bouillir de l'eau pour me laver et en mettant mes habits de méditation. Ensuite, je pratiquais la méditation marchée dans les bois, en ramassant des fleurs sauvages et des branches de bambou pour faire des compositions florales dans la salle de méditation. Après avoir accompli chaque acte en Pleine Conscience pendant trois heures et avoir appris à lâcher prise par rapport à mes soucis, je commençais à me sentir régénérée, alors nous, les six membres de l'Ordre, nous retrouvions pour réciter ensemble les préceptes et chanter le *Sutra du Cœur*. Puis, nous prenions le thé et partagions les expériences de la semaine passée. Le soir, nous dînions en silence puis nous pratiquions la méditation assise avant d'aller au lit. Très tôt, le matin suivant, nous méditions de nouveau ensemble. Pendant le temps réservé aux activités personnelles, avant et après la méditation du soir et le jour suivant, je devais parfois travailler sur les dossiers urgents, seule dans ma chambre, mais je le faisais toujours en Pleine Conscience.

Un jour, Nhat Chi Mai me dit : « Notre ordre est tellement nouveau que l'Église bouddhique ne nous reconnaît pas comme nonnes. » Je la réconfortai en lui répondant : « Ne t'en fais pas. Nous n'avons pas besoin de leur assentiment. Thây nous a ordonnées car nous étions désireuses de suivre les Quatorze Préceptes. Les autres peuvent bien nous considérer comme des nonnes, des laïques ou autrement. Le plus important est de les pratiquer comme des principes qui nous aident à transformer nos tendances négatives comme le fanatisme, l'étroitesse d'esprit, la colère et la haine et qui illuminent notre travail au service des autres. » En fait, devant la sincérité de nos pratiques, des moines de haut rang en vinrent à nous apprécier et même à nous admirer. Même s'ils ne nous donnaient pas le nom de nonnes, ils nous traitaient avec le même respect.

À l'heure actuelle, des milliers d'amis en Europe, en Amérique du Nord, en Australie et en Asie ont adopté les Quatorze Préceptes, bien qu'ils n'aient pas eu tous l'occasion de les recevoir officiellement de Thây. Je conseille toujours à ceux qui veulent les pratiquer d'organiser une sangha, un groupe d'amis, autour d'eux, afin de réciter les préceptes chaque mois et de partager leurs expériences pour les mettre en pratique. S'ils agissent ainsi, ils sont déjà des membres de la vaste communauté de l'ordre de l'Interêtre[1].

---

1. À ce propos, lire *Interbeing : Fourteen Guidelines for Engaged Bouddhism*, Thich Nhat Hanh (Berkeley : Parallax Press, 1993).

L'escalade de la guerre

1966-1968

CHAPITRE 9

L'homme n'est pas notre ennemi

Élection démocratique et trahison

En 1966, des milliers de bouddhistes manifestèrent pour l'élection libre d'une Assemblée nationale et la désignation démocratique d'un gouvernement. Je me souviens d'une photo dans le journal de Saigon où l'on voyait des milliers de soldats, les mains jointes, devant Thây Tâm Chaû et Thây Tri Quang ; la légende disait : « Des soldats à Danang écoutant deux moines demandant l'élection démocratique d'un gouvernement élu. » Dans l'armée de la République du Viêt-nam (nationaliste), un grand nombre de soldats de religion bouddhique avaient rejoint le mouvement de demande d'élections libres. Ce fait avait dû être rapporté au Premier ministre Nguyen Cao Ky. Devant la pression croissante des Américains et de l'état-major de sa propre armée, Nguyen Cao Ky accepta d'organiser des élections. Les bouddhistes se déclarèrent satisfaits. La plupart de ceux qui avaient manifesté pensaient que les bouddhistes pourraient présenter leurs propres candidats mais, au lieu de cela, Cao Ky envoya des troupes au Centre-Viêt-nam et fit arrêter tous les candidats bouddhistes. Des milliers de dirigeants bouddhistes – parmi eux, des officiers supérieurs de l'armée nationale – furent mis en prison. Ce fut un retournement de situation décourageant.

Une grave cassure se produisit dans l'Église bouddhique. Thây Tâm Châu était un moine originaire du Nord-Viêt-nam et il avait très peur des communistes. Nguyen Cao Ky venait aussi du Nord, et les candidats bouddhistes nés au Nord ou disciples de Thây Tâm Châu ne furent pas emprisonnés. Les candidats bouddhistes du Centre-Viêt-nam – Hué, Danang, Quang Nam et de neuf autres provinces – étaient tous en détention. Thây Tri Quang envoya un câble à Thây Tâm Châu, qui assistait à une conférence en Inde, pour lui demander de revenir et de faire respecter par le gouvernement sa promesse de tenir des élections et pour qu'il n'arrêtât plus ceux qui voulaient participer à un vrai régime démocratique. Thây Tâm Châu ne répondit pas. Il resta en Inde encore quelques semaines avant de se rendre à Bangkok. Thây Tri Quang s'obstina à essayer de le joindre en le pressant de rentrer pour résoudre ces problèmes car le gouvernement avait arrêté les plus brillants bouddhistes du Centre-Viêt-nam. Mais Thây Tâm Châu ne revint pas et Thây Tri Quang fut si choqué par la répression gouvernementale qu'il décida de jeûner jusqu'à ce que tous les détenus soient relâchés. Après soixante-dix-sept jours, il s'évanouit et fut hospitalisé, mais il persista à refuser toute nourriture pendant plus de cent jours.

J'avais peur que Thây Tri Quang ne décédât. Le quatre-vingt-dixième jour de son jeûne, une sœur de

Tiep Hien, Chan Doan, et moi-même, nous rendîmes à l'hôpital Duy Tân tout en sachant que la police arrêtait ceux qui tentaient de l'approcher. Chan Doan demanda à voir le médecin de service pour un prétendu problème gynécologique et en profita pour se glisser, à l'insu des gardes, dans la chambre de Thây Tri Quang pour lui remettre une lettre de Thây Nhat Hanh le suppliant de mettre fin à son jeûne. Mais Thây Tri Quang continua son action. Une semaine plus tard, je mis un blue-jean et un tee-shirt, tenue assez différente de ma robe traditionnelle vietnamienne habituelle et, doucement, avec naturel, je suivis une infirmière et passai devant les policiers pour m'introduire dans sa chambre. J'implorai Thây Tri Quang de ne pas mourir, en lui disant : « Toute la jeune génération bouddhiste attend que vous mangiez à nouveau et que vous les conduisiez vers la paix. Je vous en prie, recommencez à vous alimenter. » Une infirmière me chassa, mais peu de jours plus tard, à la demande de Thich Tinh Khiet, le Grand Patriarche de l'EBU, il arrêta son jeûne de cent jours. Celui-ci l'avait beaucoup affaibli. Il fut assigné à résidence pendant le régime de Nguyen Cao Ky-Nguyen Van Thieu.

Quand Thây Tâm Châu revint au Viêt-nam, quelques jeunes extrémistes en colère le conspuèrent et brandirent des bannières déclarant : « Vous devez payer votre dette car beaucoup de bons bouddhistes vous ont écouté et ont été tués ou mis en prison. » À cause de leur façon d'agir très violente – une bannière était même décorée avec du sang et des os – et de leur attitude agressive, Thây Tâm Châu prit le parti du gouvernement. J'étais si occupée par mon travail auprès des paysans que je ne participai pas aux manifestations de 1966. Ce ne fut que plus tard que je fus mise au courant de l'attitude de ces jeunes gens envers Thây Tâm Châu, et je fus désolée de ne pas avoir été là pour proposer des alternatives non violentes. Nous aurions dû aller le trouver, par exemple, et lui remettre des comptes rendus sur les milliers d'officiers renvoyés par Nguyen Cao Ky à cause de leurs sympathies pro-bouddhiques, ou sur tous ceux qui moururent ou furent emprisonnés, ainsi que d'autres informations, puis lui demander alors d'agir officiellement. Étant moine depuis plus de quarante ans et donc pétri de bonté et de compassion, s'il avait été confronté à tant d'injustice et de trahison, il en aurait certainement été bouleversé. Contrairement à Thây Tri Quang, Thây Tâm Châu était très diplomate et il aurait été capable grâce à son agilité d'esprit de faire évoluer la situation positivement. Mais je n'étais pas là et les manifestations hostiles de mes jeunes amis ne firent que radicaliser sa position. Le gouvernement durcit son attitude et la grande majorité des bouddhistes commença à s'opposer ouvertement.

Quand A.J. Muste, le secrétaire général du Mouvement international de réconciliation, vint au Viêt-nam en 1965 pour manifester contre la guerre, il rencontra Thây Nhat Hanh et commença à lui vouer une grande admiration. En mars 1966, le professeur Robert Browne, du Comité interuniversitaire pour le débat sur la politique étrangère et le professeur George McKahin, de l'université Cornell à Ithaca, New York, invitèrent Thây à diriger un séminaire sur le Viêt-nam dans cette université. Puis Alfred Hassler proposa à ce

« jeune et frêle moine vietnamien » d'assurer une tournée de conférences aux États-Unis à la suite de celle de Cornell pour expliquer au peuple américain la souffrance du peuple vietnamien qui n'était intéressé ni par le communisme ni par l'anticommunisme mais simplement par l'arrêt des bombardements.

Au printemps 1966, la guerre s'intensifia rapidement, beaucoup de nos villages pionniers furent bombardés, et Thây accepta les invitations à se rendre aux États-Unis. Il sentait que les conceptions erronées des Occidentaux sur la situation du pays et la psychologie du peuple vietnamien étaient pour beaucoup dans cette guerre. À cette époque, il savait que la plupart des raisons officielles de faire la guerre étaient nées en Occident. Le 2 mai 1966, je le conduisis à l'aéroport de Saigon et, en lui disant au revoir, je pensais qu'il ne serait absent que pendant quelques semaines.

Les propositions de Thây Nhat Hanh pour arrêter la guerre

Le 1er juin, Thây tint une conférence à Washington DC et y proposa un plan de paix en cinq points :

1. *Les États-Unis doivent déclarer officiellement leur volonté d'aider le peuple vietnamien à disposer d'un gouvernement véritablement soucieux de ses aspirations.*
2. *Les États-Unis doivent cesser immédiatement tout bombardement.*
3. *L'armée des États-Unis doit limiter son action à un rôle purement défensif.*

4. *Les États-Unis doivent démontrer de façon convaincante leur intention de retirer leurs troupes après une période de temps à déterminer.*

5. *Les États-Unis doivent offrir une aide à la reconstruction, dénuée d'arrière-pensées idéologiques ou politiques.*

Le même jour, il fut dénoncé comme traître à la radio saigonnaise, dans les journaux et par le gouvernement Thieu-Ky. Dès lors, il ne pouvait plus revenir au Viêt-nam sans risquer sa vie. Il décida néanmoins de rentrer après sa tournée de conférences, à ses risques et périls, mais nous, les membres de l'EJSS, le suppliâmes de n'en rien faire.

Pendant son absence, les problèmes se multiplièrent. Par exemple, Tra Loc, un village de la province de Quang Tri, dont nous nous occupions depuis peu, fut bombardé, et les travailleurs de l'EJSS présents là-bas nous racontèrent que l'intensité de la colère, de la suspicion et de la haine était très élevée parmi les paysans. Ils ne voulurent pas quitter ces malheureux fermiers dans cet état. Ils décidèrent de rester sur place pour aider les paysans à reconstruire leurs maisons et partager leurs difficultés et leurs préoccupations. De cette manière, ils regagnèrent la confiance des habitants. De même, après plusieurs mois d'efforts communs, les travailleurs de l'EJSS et les paysans bâtirent un nouveau dispensaire, une école, un centre médical et une coopérative agricole.

Mais les bombes tombèrent à nouveau, détruisant tous leurs efforts. La terreur, la haine et le désespoir étaient partout. Après plusieurs semaines, nos amis rassemblèrent leur courage, et, une nouvelle fois, ils aidèrent à la reconstruction des maisons, des écoles et du centre de soins. Puis d'autres bombardements réduisirent leurs créations en cendres. Après un quatrième bombardement, il leur devint difficile de garder leur sérénité. Ils voulaient tous attraper un fusil et se battre. Mais grâce à la pratique de la méditation et de la compréhension profonde, ils se rendirent compte que prendre les armes ne ferait qu'empirer les choses, alors ils se remirent au travail pour manifester leur soutien, leur amour et leur attention envers ceux qui souffraient tant.

L'École de la jeunesse pour le service social n'a plus de statut légal

Deux mois avant que Thây Nhat Hanh ne partît pour son forum à Cornell, une assemblée générale de l'Union des étudiants de l'université Van Hanh se tint dans l'auditorium pour lancer un « Appel pour la paix » qui disait : « Il est temps pour le Nord et le Sud de trouver un moyen d'arrêter la guerre et de faire en sorte que le peuple vietnamien puisse vivre en paix et dans un mutuel respect. » Thây emporta cette déclaration avec lui à Cornell. Mais une semaine après son départ, Thây Minh Châu, le doyen de l'université, publia un document dissolvant l'Union des étudiants et rompant les liens entre l'université et l'École de la jeunesse pour le service social. Il envoya même une copie de celui-ci à la police. Puis il déclara à plusieurs partisans de l'EJSS : « Je ne sais pas si Thây Nhat

Hanh est communiste, mais je suis sûr que Cao Ngoc Phuong l'est. » À cette époque, dans le contexte vietnamien, dire que quelqu'un était communiste équivalait à signer son arrêt de mort.

Thây Minh Chau répéta à plusieurs reprises qu'il ne fallait pas mélanger éducation et politique. Mais comment voulez-vous enseigner à des jeunes gens à respecter la vie si on leur cache le meurtre d'êtres humains ? Comment voulez-vous expliquer la notion de non-peur chez Avalokiteshvara dans le *Sutra du Lotus* si vous avez peur, vous-même, d'employer le mot « paix » ? Je disais toujours à mes camarades étudiants qu'il y avait deux sortes de politiques : une politique partisane destinée à posséder le pouvoir et la célébrité pour soi-même, et une politique de réconciliation visant à apporter plus de compréhension mutuelle, plus de partage, plus de justice sociale, plus de paix et de bonheur au pays, tout en essayant de s'effacer soi-même le plus possible. Nous devions bannir la première sans ignorer le sort des malheureux soldats incorporés pour tuer ou être tués. Même si nous risquions l'arrestation ou la torture, nous devions œuvrer pour cette deuxième sorte de politique.

Parmi les trois départements de l'université Van Hanh, l'EJSS possédait le groupe d'étudiants le mieux organisé. Permettre à l'EJSS de rester liée à l'université Van Hanh, avec moi à la tête de l'association des étudiants, voulait dire continuer à travailler pour la paix dans la direction voulue par Thây Nhat Hanh, ce qui était risqué pour Thây Minh Chau et pour cette institution. En méditant, je compris que son attitude était motivée par sa peur de perdre l'université, et je pouvais l'admettre. Plus tard, quand le régime communiste prit le pouvoir à Saigon, je ne fus pas surprise d'apprendre qu'il fut un des premiers à collaborer avec celui-ci en ignorant tous les comptes rendus des violations des droits de l'homme, encore une fois pour ne pas « mélanger la politique et la religion ». Sous le gouvernement communiste, Thây Minh Chau et beaucoup d'autres moines, qui coopéraient étroitement avec lui, ont continué à traduire des sutras du pâli au vietnamien. Je comprends leur attitude et je ne les blâme pas mais il est plus facile pour moi maintenant de comprendre le Bouddha quand il déclarait : « Pendant quarante-cinq ans d'enseignement, je n'ai pas dit un mot. »

La décision de Thây Minh Chau laissa l'EJSS sans statut légal. Je dis alors à Thây Thanh Van, notre directeur : « La notion de légalité est subjective. Le gouvernement du Viêt-nam n'a pas été vraiment élu par le peuple, aussi il ne peut pas être considéré comme légal. Et l'acte de Thây Minh Chau prouve que ses valeurs morales ne valent pas que nous restions associés avec lui. Aussi, nous devons continuer notre travail de service, avec ou sans statut légal. La seule vraie loi consiste à servir les pauvres avec amour et dignité. » Mais Thây Thanh Van n'était pas convaincu. Il pensait qu'il fallait fermer l'école si nous n'avions pas d'existence officielle. Essayant de le rassurer, j'argumentai : « Êtes-vous d'accord sur le fait que nous n'avons pas besoin de Thây Minh Chau comme directeur spirituel ? Si c'est le cas, nous pouvons nous passer de son autorisation formelle. S'il faut aller en prison, nous irons ensemble. Mais jusqu'à ce que la police nous arrête, nous n'avons pas le choix. Il faut continuer notre œuvre. » Voyant ma détermination, Thây Thanh Van reprit confiance et il accepta. De 1966 à 1973, nous fîmes fonctionner l'EJSS sans autorisation officielle, ni du gouvernement sud-vietnamien, ni de l'EBU, ni de l'université Van Hanh. En 1973, Thây Nhat Hanh rencontra Thây Huyen Quang et Thây Thien Minh à Bangkok, l'EBU créa alors le Comité bouddhique pour la reconstruction et le développement social dont l'EJSS devint la cheville ouvrière pour l'ensemble des dix mille travailleurs sociaux, moines et nonnes de l'Église.

Thây Thanh Van et moi n'avions pas toujours les mêmes idées à propos de l'EJSS mais, en dépit de cela, nous essayâmes toujours de travailler ensemble. Par exemple, je ne voulais pas dépenser d'argent pour de nouvelles constructions ou agir simplement pour sauvegarder les apparences. Je préférais utiliser nos ressources à la formation de travailleurs même si cela voulait dire les envoyer dans des endroits déshérités ou dans des zones de guerre pour apprendre sur le terrain. Je n'avais pas l'intention de faire quelque chose simplement pour le prestige. Un membre de l'équipe dirigeante, formé au développement rural en Occident, voulut poser des bannières et des affiches partout où les travailleurs de l'EJSS s'étaient installés. Une telle attitude publicitaire me surprenait. Quand je travaillais dans les bidonvilles, je ne savais même pas que j'étais une « assistante sociale ». Mais les autres dirigeants de l'EJSS voulaient vraiment avoir ces « publicités », aussi nous les utilisâmes dans le village de Binh Phuoc. J'étais assez gênée mais je ne voulais blesser personne, et ils avaient tous l'air si contents de leurs étendards. Plus tard, je me demandai si ces bannières et ces affiches n'avaient pas choqué ceux qui n'étaient pas bouddhistes. Je me suis même posé la question de savoir si de telles actions n'avaient pas contribué à provoquer l'assassinat de plusieurs de nos amis.

Sous la pression de l'extérieur et de membres de l'équipe, Thây Thanh Van voulut avoir des locaux plus grands, un bureau plus présentable et une meilleure voiture pour l'EJSS. Il était persuadé que travailler notre image était primordial pour obtenir le soutien des gens et leur respect. Je dus souvent me raisonner pour me rappeler que le fonctionnement de l'EJSS était le résultat des efforts collectifs de plusieurs personnes et que je devais tenir compte des aspirations du plus grand nombre, même si parfois elles ne m'agréaient pas. Ainsi était le karma collectif de la communauté dans laquelle je vivais et je travaillais, et je fis de mon mieux pour laisser de côté mon ego et pour me joindre aux autres.

De juin 1964 à mai 1966, alors que je travaillais sous la direction de Thây Nhat Hanh, notre œuvre avança rapidement et en profondeur. Parfois, Thây se joignait à nous, à Cau Kinh ou Thao Diên pour la journée et il jouait avec les enfants des paysans. Le soir, nous rentrions, Thây Nhat Hanh montait sur le porte-bagages de l'un d'entre nous à la façon dont les Vietnamiens transportent les enfants. Thây ne ressemblait vraiment pas alors à un respectable moine de haut rang, ainsi juché sur un vélo !

Unique moment seule avec Thây

Un jour, alors que j'allais à l'université Van Hanh pour un rendez-vous, Thây me demanda de l'amener à Cholon pour acheter un bracelet de montre, ayant cassé le sien. Je lui répondis qu'il pouvait demander à un de mes amis de s'en charger mais il insista pour y aller lui-même. Je reportai mon rendez-vous et je l'y amenai. Après m'avoir regardée garer ma voiture dans une petite rue de Cholon bordée de deux rangées de grands et beaux arbres, il suggéra que nous pratiquions une méditation marchée à l'ombre de ces arbres. Nous appréciâmes tant l'air frais et cette paisible après-midi que nous retournâmes en fait à l'université Van Hanh sans avoir rien acheté. À notre arrivée, un prêtre catholique attendait Thây. En voyant Thây Nhat Hanh, un moine, assis seul à côté d'une jeune fille dans une voiture, il nous regarda avec envie, ou peut-être une touche de dédain, et dit : « J'aimerais bien que les catholiques se comportent aussi de cette façon ! » Ce fut une des rares occasions où je pus passer un peu de temps seule avec Thây Nhat Hanh durant ces deux années avec lui. Mais de tels instants sont si intenses que le simple fait d'y penser me régénère.

L'homme n'est pas notre ennemi devant les assassinats

Au début de 1966, nous déménageâmes les classes et les dortoirs de l'EJSS vers le nouveau campus de Phu

Tho Hoa, un peu à l'extérieur de Saigon. Une nuit de mai, un groupe d'hommes inconnus jeta des grenades dans un temple en paille de l'EJSS et deux étudiants, Nguyen Ton et Le Van Vinh, furent grièvement blessés. Vinh est resté paralysé depuis. Une grenade fut aussi lancée dans la chambre de Thây Nhat Hanh mais un rideau la dévia. Heureusement, Thây avait quitté le pays, quelques semaines auparavant. En février 1967, des grenades furent à nouveau jetées dans les dortoirs de l'EJSS en pleine nuit. Une étudiante, Le Thi Vui, et une enseignante, Nguyen Thi Phuong Lien, sympathisante de l'EJSS et originaire de Quang Ngai, qui passait quelques jours avec nous, furent tuées sur le coup. Une autre fille, Bui Thi Huong, fut frappée de plus de six cents éclats de grenade. Une quatrième, Hô Thi Dieu, eut le foie sévèrement touché. En tout, dix-huit personnes furent tuées ou grièvement blessées. Il était difficile de rester calme devant tant de haine et de colère dirigées contre nous. Nous nous demandions comment des personnes pouvaient être aussi cruelles. Nous n'avions pas d'armes, seulement notre amour et notre intérêt pour nos frères humains. Nous prenions en charge non seulement des paysans pauvres mais aussi beaucoup d'autres amis. Comment pouvaient-ils jeter des grenades sur des jeunes gens désarmés ?

Il fallut soigner les blessés et organiser l'enterrement de nos deux amies décédées. Thây Thanh Van me demanda d'écrire une oraison qu'il lirait aux funérailles. Après un jour de Pleine Conscience solitaire, j'écrivis ce sermon, qui fut prononcé par Thây Thanh Van : « Nous n'avons aucune haine pour vous, vous qui avez jeté ces grenades et tué nos amies, parce que nous savons que les hommes ne sont pas nos ennemis. Nos seuls ennemis sont le manque de compréhension, la haine, la jalousie, le malentendu et l'ignorance qui conduisent à de tels actes de violence. Permettez-nous de faire disparaître ce malentendu pour que nous puissions travailler ensemble pour le bien du peuple vietnamien. Notre seul objectif est de faire disparaître l'ignorance et l'analphabétisme des campagnes vietnamiennes. Le changement social doit commencer dans nos cœurs avec la volonté de transformer notre propre égoïsme, notre avidité et notre convoitise en compréhension, en amour et en engagement, et de partager la responsabilité de la pauvreté et de l'injustice dans notre pays. » Beaucoup d'invités importants – catholiques, protestants et bouddhistes, conservateurs et progressistes – furent émus par son discours, après lequel Thây Tri Quang et Thây Thîen Hoa, les deux plus anciens moines de l'EBU, nous offrirent leur soutien dans notre travail.

Complot du gouvernement américain tentant de discréditer les appels pour la paix de Thây Nhat Hanh

Aux États-Unis, les partisans et les amis américains de Thây le présentèrent comme « le fondateur de l'université Van Hanh, un centre de formation d'intellectuels bouddhistes important », et l'EJSS « comme un mouvement de base destiné à aider la grande masse des pauvres du Viêt-nam ». Parce que Thây parlait avec conviction au nom des paysans pauvres soumis à des pluies de bombes incessantes, des Américains favorables à la poursuite de la guerre tentèrent de le discréditer en coupant ses liens avec ces deux organisations importantes au Viêt-nam. En juillet 1966, une institution américaine privée prit contact avec Thây Thanh Van, alors que l'EJSS était au plus bas financièrement, et lui proposa une donation de 100 000 dollars. Nous étions au début de la deuxième et dernière année de formation de trois cents étudiants, qui étaient loin de se douter que nous n'avions que 100 dôngs (1 dollar) sur notre compte bancaire. La plus grande partie de l'argent envoyé par nos donateurs pour acheter de la nourriture avait servi à la construction d'un dortoir de quarante chambres sur le nouveau campus de Phu Tho Hoa, et les travaux n'en étaient qu'au quart de leur avancement. Persuadés de pouvoir recueillir assez d'argent pour finir le chantier, nous avions engagé une équipe de construction et utilisé toutes nos ressources pour les payer. Mais quand Thây Nhat Hanh avait annoncé son plan de paix en cinq points et que l'université Van Hanh avait coupé les ponts avec l'EJSS en juin, beaucoup de riches bienfaiteurs nous avaient retiré leur soutien.

Quand le semestre débuta, nous n'avions plus que du riz à manger. Bien que végétariens, nous n'avions pas les moyens d'acheter du tofu, des champignons, des germes de haricots ou du gluten. Nous, les six membres de Tiep Hien, n'avions plus d'endroit pour respecter nos si précieuses journées de Pleine Conscience car le temple de l'EJSS et notre salle de réunion servaient de dortoirs. Les deux cent quarante et un jeunes hommes dormaient dans la salle de méditation et sous les vérandas alentour, et les cinquante-neuf jeunes femmes s'entassaient dans les chambres des membres Tiep Hien. Lors d'une réunion du bureau de l'EJSS, je suggérai de mettre les étudiants au courant de notre situation financière, mais Thây Thanh Van avait peur que cela ne les affolât et que beaucoup d'entre eux s'en aillent. Aussi, je proposai de demander à nos donateurs les plus riches et les plus généreux de nous donner du riz, nous en recueillîmes trente-sept sacs de cent kilos chaque mois ! De plus, nos amis du marché en gros de Cau Ong Lanh nous firent parvenir deux camions de vieux choux, de navets et de feuilles de moutarde pour faire des conserves au vinaigre, ce qui régla partiellement la question de la nourriture. Mais nous ne savions toujours pas où trouver l'argent pour finir les travaux de construction.

Ce fut alors qu'apparut une organisation qui nous offrait 100 000 dollars pour achever les dortoirs. Par principe, nous avions toujours refusé l'aide des deux parties belligérantes, mais étant donné que cela provenait d'une association culturelle privée et non pas d'un service gouvernemental, nous fûmes ravis d'apprendre cette nouvelle de la bouche de Thây Thanh Van. Mais les mois passèrent, une année, dix-huit mois et toujours aucun dollar versé. À chaque fois que j'en parlais à Thây Thanh Van, il répondait en souriant : « Non, encore rien. »

Un jour de juin 1967, je tombai sur une note en anglais écrite dans un vieux bulletin de l'université Van Hanh qui déclarait : « Le recteur de l'université Van Hanh affirme que Thich Nhat Hanh n'exerce aucune responsabilité au sein de cet établissement. » Elle était signée de Thây Minh Chau. J'étais scandalisée par cette ingratitude – Thây Minh Chau avait été invité par Thây à s'occuper de l'université Van Hanh alors que celle-ci fonctionnait déjà bien. Je montrai cette publication à Thây Thanh Van. Il fut aussi choqué et outré, et ce fut seulement à ce moment-là qu'il me confia que la même organisation américaine lui avait demandé de signer une déclaration similaire pour recevoir cette somme de 100 000 dollars. Il leur avait répliqué poliment : « Attendez quelques jours et je vous fournirai mon accord signé. » Bien entendu, il n'en fit jamais rien. Il me dit qu'il avait su tout de suite qu'il ne pourrait jamais faire cela, mais il ne voulait pas ajouter aux ennuis de l'EJSS en refusant ouvertement cette somme.

Dans le même bulletin, Thây Minh Chau remerciait cette association privée de sa généreuse donation de 100 000 dollars pour construire une bibliothèque à l'université Van Hanh. Thây Thanh Van et moi réalisâmes pourquoi cette organisation culturelle américaine nous avait proposé ce don – pour discréditer l'appel pour la paix de Thây Nhat Hanh. Thây Thanh Van s'en doutait depuis le début mais il avait peur qu'en l'apprenant je réagisse violemment et que cela crée des problèmes à l'école. Il avait sans doute raison.

Thây Thanh Van avait des qualités précieuses mais j'ai toujours eu le sentiment que si Thây Nhat Hanh avait été là, l'école se serait développée dans une direction différente, plus en profondeur et plus radicalement. Je fis de mon mieux, vu le contexte, pour que l'école gardât son niveau mais je me sentais mal à l'aise. J'essayais toujours de prouver la justesse de mon point de vue, non pas en obligeant les gens à y adhérer mais en donnant l'exemple moi-même. Je ne peux toutefois nier que la présence et la sagesse de Thây Nhat Hanh nous firent cruellement défaut.

CHAPITRE 10

Sœur Mai

Mai, la cadette au bon cœur

Il me semble encore revoir, comme si c'était hier, Nhat Chi Mai, ma chère amie. Mai était ma sœur dans le Dharma, ma compagne de route la plus proche sur le chemin de compréhension et d'amour du Bouddha. À chaque fois qu'elle parlait, sa voix était tellement pleine de tendresse et d'un mélange unique d'innocence et de sagesse que mes amis et moi l'appelions « l'accent spécial de Mai ».

« Phuong ! Où as-tu été ? Tu es couverte de sueur, me disait-elle, les sourcils froncés et les lèvres pincées, comme une mère qui se ferait du souci à propos de son unique enfant.

– Est-ce que je ressemble à quelqu'un qui aurait travaillé dans les rizières ? Je reviens juste du marché Tan Dinh où j'ai été collecter de l'argent promis par des bienfaiteurs de notre école. » Mai rit et me servit un grand verre d'eau fraîche – exactement ce dont j'avais besoin par cette chaude journée de juillet.

Sa tenue avait la simplicité d'une robe de nonne et la rendait particulièrement belle. Après un moment, je pris un air grave et je lui demandai ce qu'elle pensait de l'appel de Thây pour la paix. Elle s'assit silencieusement puis, en me caressant les cheveux, elle déclara : « Phuong, tu sais que j'aime et que je respecte Thây, j'apprécie sa vision du travail social mais ses activités politiques me gênent. »

Je la comprenais. La déclaration de Thây en faveur d'un cessez-le-feu et du retrait des troupes américaines était « prématurée ». Un nationaliste n'aurait jamais osé faire une telle demande, et notre gouvernement et les journaux condamnaient Thây. Étant la benjamine de sa famille et protégée par ses parents, Mai n'avait jamais vu un village bombardé, alors comment n'aurait-elle pas été ennuyée d'entendre la radio, les journaux et le président lui-même accuser Thây d'être communiste ?

Avec sollicitude mais au bord des larmes, je lui répondis : « S'il te plaît, écoute-moi, chère sœur. Le Bouddha nous a enseigné de ne pas tuer, aussi comment pourrait-on rester sans rien faire pendant que notre peuple s'entre-tue ? Pendant quatre mille ans, notre pays a vaincu tous ses envahisseurs. Pourquoi aurions-nous besoin aujourd'hui de l'aide de troupes étrangères ? Mai, sais-tu que quand la "Prière pour la Paix" de Thây a été publiée dans l'hebdomadaire *Hai Trieu Am*, le magazine officiel de l'EBU, j'ai demandé au conseil exécutif de l'Église bouddhique de soutenir l'initiative du jeûne de huit d'entre nous jusqu'à la mort en signe de prière pour la paix ? Mais le conseil a refusé, et sans leur appui nous savions que notre action serait inutile.

– C'est normal qu'ils n'aient pas accepté ! m'interrompit-elle. Qui se serait occupé de ta vieille mère ?

– Je savais que je commettrais un péché filial grave envers ma mère en me tuant mais si ma mort permettait d'abréger la guerre et de sauver des vies, je serais prête à payer pour ce péché dans une autre vie. »

Mai resta silencieuse un long moment puis elle me prit les mains, me regarda intensément au fond des yeux et me confia d'une voix résolue : « Ma chère sœur, tu as raison. S'il se présentait une autre opportunité de jeûner pour la paix, tu pourrais compter sur moi. » Sa sincérité me bouleversa tellement que je fondis en larmes.

Depuis ce jour, Mai se joignit à notre travail pour la paix à l'université Van Hanh. En tant que fille de bonne famille, ce genre d'activité « clandestine » ne lui était pas familier ; cependant, en transportant des exemplaires du livre de Thây, *Un lotus dans une mer de feu*, cachés dans sa Volkswagen blanche, elle en livra dix par-ci, vingt par-là, si bien que, grâce à ses efforts, cet ouvrage fut connu de presque chaque enseignant et chaque association étudiante de Saigon.

Un samedi, durant notre journée hebdomadaire de Pleine Conscience, Mai m'invita dans sa chambre, me prit la main et me dit : « Jeune sœur, j'ai une idée. Tu te rappelles quand tous les huit, vous vouliez jeûner ? Que penses-tu si moi et une autre personne nous unissions à vous et qu'à dix nous rédigions une déclaration de paix avant de nous ouvrir le ventre ? Notre acte pourrait sensibiliser beaucoup de personnes et les pousser à arrêter cette terrible guerre ! Le jeûne et l'immolation par le feu n'impressionnent plus grand monde. Il faut faire preuve d'imagination ! » J'étais choquée par sa proposition mais je promis à Mai d'y réfléchir.

Je restai dans ma chambre quatre jours à peser le pour et le contre et, en fin de compte, je lui déclarai que ce n'était pas la bonne solution. Quand nous avions proposé ce jeûne pour la paix, nous étions huit célibataires. Maintenant, à part moi, tous étaient mariés, et quelques-uns vivaient loin d'ici. Il n'y aurait eu que Mai et moi pour agir. « Le mouvement pour la paix est encore très faible, lui répondis-je, si nous faisons le sacrifice de nos vies, la seule chose certaine c'est que nos frères et nos sœurs seront privés de nos services. Et nous avons promis à Thây Nhat Hanh d'aider Thây Thanh Van à diriger l'École de la jeunesse pour le service social jusqu'à ce que la première promotion soit formée. » Mai n'était pas sans savoir que la situation financière de l'EJSS était critique depuis le départ de Thây Nhat Hanh. Si nous deux, les principales collectrices de fonds de l'école, nous disparaissions, qui s'occuperait des étudiants ? Je lui parlai avec sincérité et elle fut d'accord pour abandonner cette idée bien que désireuse de connaître l'avis de Thây Nhat Hanh. Elle lui avait envoyé un courrier mais n'avait pas encore obtenu de réponse. Une semaine plus tard, elle me déclara gaiement que Thây Nhat Hanh lui avait répondu que ce sacrifice serait inutile.

Ayant un grand sens des responsabilités envers l'École de la jeunesse pour le service social, Mai me confia un jour : « Nous devons travailler autant que nous le pouvons. Phuong, donne-moi encore plus de travail. Tu obtiens tant de résultats dans les bidonvilles, dans le mouvement pour la paix et dans l'école. J'aimerais te ressembler encore plus. » Je lui mis affectueusement la main sur l'épaule et lui répondis : « Chère grande sœur Mai, chaque personne est unique, et tu es une belle fleur. Tu n'as pas besoin de ressembler à qui que ce soit, pas même à moi ! » Au début de la deuxième année d'activité de l'EJSS, nous traversâmes une grave crise financière. Quand Nga et moi-même collections plus de sacs de riz qu'Uyen et Mai, celle-ci s'en voulait mais sa déception la poussait à s'investir encore plus dans les nouveaux projets d'autofinancement de l'école. Chaque semaine, elle présentait de nouvelles propositions.

Thây Nhat Hanh était loin et personne ne nous avait enseigné, en ce temps-là, la grande qualité d'écoute d'Avalokiteshvara ou l'art du Bouddha de construire une sangha – à vivre en harmonie avec ceux qui nous entourent. Aussi, au lieu de s'asseoir avec Mai, de l'écouter avec attention et de lui montrer gentiment les forces et les faiblesses de chaque suggestion, Uyen et moi nous faisions preuve d'impatience et nous la négligions. Beaucoup de gens auraient été frustrés et auraient intériorisé ces affronts, prêts à les ressortir à tout moment, mais Mai semblait avoir la capacité de pratiquer l'écoute profonde et de guérir, en la transmutant, toute blessure interne avec aisance.

Chaque semaine, elle avait de nouvelles idées. D'une voix douce, elle me demandait : « S'il te plaît, Phuong, si tu es libre lundi, viens avec moi au marché du riz. Nous pourrions acheter une grande quantité de riz, puis le vendre en petites portions, afin de faire des bénéfices et recueillir de l'argent pour l'EJSS. » La semaine suivante, elle suggérait : « Phuong, nous pourrions vendre du savon au détail aux familles qui soutiennent l'école. » Et une autre semaine, elle avait un autre plan, puis la suivante, encore un autre. Ses propositions n'étaient pas toujours très raisonnables mais je ne voulais pas la blesser, aussi je ne répondais rien. Cependant, un jour que mon esprit débordait de tant de désaccords silencieux, je lui répondis, très irritée : « Vas-y et fais-le, Sœur Mai ! Mais ne me force pas à aller avec toi, j'ai mes propres occupations. »

À peine ces paroles étaient-elles sorties de ma bouche que je les regrettai mais c'était trop tard. Au dîner, j'allai me mettre derrière sa chaise, je la serrai très fort par les épaules et je lui dis : « Où veux-tu que nous allions lundi ? » Elle me sourit gentiment et je compris qu'elle ne me gardait pas rancune. Le lundi suivant, nous nous rendîmes au marché en gros pour acheter du riz et du savon ensemble. Le mardi et le mercredi, nous allâmes vendre notre riz et notre savon en petites quantités chez plusieurs de nos bienfaiteurs. Ce n'est que le jeudi que je pus retourner à mon travail. Mai aurait pu faire ces courses toute seule ; mais elle insistait toujours en disant que c'était beaucoup plus agréable d'y aller ensemble.

Pour lui faire plaisir, Uyen et moi passions deux ou trois jours chaque semaine avec elle. Avec le recul, je ne regrette pas de l'avoir accompagnée. Mais en ce temps-là, nous le faisions en râlant : « Nous dépensons 1 000 piastres pour acheter un gros sac de riz, nous le transportons à travers les embouteillages, et nous le vendons à cinq ou six de nos bienfaiteurs pour un profit de 15 piastres, alors que cela nous coûte 8 piastres d'essence et nous prend toute la matinée ! Je pourrais gagner 300 piastres en donnant un cours de maths d'une heure. » Uyen et moi ne savions pas encore goûter la joie d'être simplement ensemble avec une amie, des vendeurs de riz, des donateurs ou bien celle de se réjouir de son travail. Uyen et moi ignorions encore comment pratiquer la paix et la joie dans chaque acte quotidien mais Mai semblait y parvenir. Avec ou sans nous, elle s'investissait dans des projets juste pour gagner un peu d'argent pour l'école. D'ailleurs un jour, elle impressionna si profondément un homme riche par sa douce façon d'être qu'il donna à l'école 20 000 dôngs que nous utilisâmes pour démarrer des projets destinés à renforcer notre autonomie. Progressivement, nous remboursâmes les prêts de la construction, et les sommes versées par nos bienfaiteurs furent à nouveau utilisées à l'achat de nourriture.

Un soir, après avoir récité les préceptes Tiep Hien, je suggérai de construire une longue cabane formée de six petites chambres, une pour chaque sœur ou frère Tiep Hien afin d'y accomplir une retraite solitaire d'une demi-journée chaque semaine. Je pensais que cela nous serait d'une grande aide. Uyen et les autres frères et sœurs étaient ravis de cette idée mais Mai s'y opposa, en arguant que partager une chambre avec vingt personnes était une aussi bonne façon de pratiquer, et que ce serait un luxe que d'avoir chacun sa propre pièce. J'essayai de la raisonner : « Je ne désire pas édifier un bâtiment ostentatoire mais simplement une cabane en bois avec un toit en feuilles de palmier, un endroit pour être seul afin de retrouver le calme intérieur après six jours d'un travail exténuant. »

Mai resta assise en silence puis nous rappela que nous n'avions pas d'argent et que, si nous en avions eu, il aurait été plus judicieux de l'employer pour l'école et non pour nous-mêmes. Ma grande crainte était que si nous ne possédions pas ce bungalow, nous nous perdions dans l'agitation quotidienne et que nous devenions incapables de servir autrui. Face à ma détermination, Mai finit par céder mais sans être convaincue par mes arguments. Parfois, je sentais qu'elle ne me comprenait pas. Je pense que c'est parce qu'elle ne vivait pas au même niveau que nous. Elle paraissait toujours fraîche et en contact avec son soi profond.

Afin de trouver de l'argent, je demandai un jour à ma grande sœur : « Chi Nam, si je me mariais, combien me donnerais-tu en cadeau de mariage ? » Ma famille était tellement inquiète à l'idée que je ne me marierais jamais qu'elle me répondit, pleine d'espoir : « 3 000 piastres ! – C'est tout ? m'exclamai-je. Et pourquoi pas 5 000 ? » Elle accepta : « D'accord, 5 000. » Je tendis la main comme pour demander une aumône immédiate et continuai : « Pour quelqu'un qui veut une famille, se marier est très important. Mais pour une personne qui veut se consacrer à une plus grande famille, posséder une pièce pour atteindre le calme de l'esprit est aussi primordial, ne crois-tu pas ? Pourquoi ne pas me donner cette somme tout de suite afin de construire un bungalow pour mes retraites solitaires hebdomadaires ? » Chi Nam rit et me donna 3 000 piastres.

Mai fit un don de 5 000 piastres sur son argent personnel et, avec quelques apports divers, nous pûmes édifier un petit bâtiment. Uyen et moi avions toujours une simple composition de bambous ou de fleurs sauvages dans notre chambre, tandis que dans celle de Mai, la décoration était toujours arrangée de manière traditionnelle. À chaque fois que j'entrais chez elle, j'étais frappée par la luxueuse décoration de sa chambre : par la peinture du Bouddha sur papier doré accroché au mur – le Bouddha était assis en lotus, entouré de nuages, de fleurs et d'une auréole argentée et dorée – et par la série de huit tableaux de Thây Quang Duc. Mai avait aussi un pot de fleurs suspendu garni d'une branche de fleurs de prunier dorées et d'une rose rouge vif. Toutes ces fleurs étaient en plastique. C'était comme entrer dans la chambre d'une nonne de l'ancien temps, à part son lit qui était recouvert de plusieurs couvertures et d'une taie d'oreiller de satin rose – tout à fait adaptée au statut de fille préférée d'une famille aisée !

Un jour, Mai pénétra dans ma chambre et s'exclama : « Que ta chambre est triste. Il n'y a même pas de tableaux ! » En y regardant de plus près, elle aperçut la petite photo d'un lac et d'une forêt près du sol et, près de mon lit, à hauteur des yeux, l'image d'un enfant en pleurs. Étonnée, elle demanda : « Phuong, pourquoi ces photos sont-elles si près du sol où personne ne peut les voir ? » Je lui répondis : « Je n'ai pas décoré cette chambre pour les autres. J'ai placé ces photos à ce niveau afin de pouvoir les regarder quand je m'allonge. » Mai secoua la tête en signe de reproche et dit : « Quel égoïsme ! » Devant ce commentaire inapproprié, je faillis me mettre en colère mais mon irritation s'évanouit rapidement quand je me rappelai combien nous étions différentes. Notre rire soudain fit disparaître la tension naissante...

Un samedi d'avril, alors que c'était à Mai de lire les Préceptes de l'ordre de l'Interêtre, sa voix trembla alors qu'elle disait : « Ne tuez pas. Ne laissez pas les autres tuer. Employez tous les moyens possibles pour protéger la vie et construire la paix. » À partir de ce moment, elle parla si doucement qu'il fut presque impossible de l'entendre. Alors que nous replacions les livres de prières sur les étagères, Uyen lui demanda : « Que s'est-il passé, Mai ? » et j'ajoutai : « Il m'a semblé que tu n'étais pas concentrée pendant la récitation. Est-ce que tu vas bien ? » Elle se contenta de sourire et de regagner sa chambre très tôt ce soir-là.

Les deux samedis suivants, elle ne participa pas à nos journées de Pleine Conscience. À cause de l'insécurité qui régnait à Saigon – quatre membres de l'école avaient été assassinés –, je supposai que ses parents lui avaient interdit de venir passer la nuit avec nous. Mais ne la voyant pas le samedi suivant, je me dis que même si ses parents voulaient qu'elle restât à la maison la nuit, ils l'auraient certainement laissée venir réciter les préceptes avec nous dans l'après-midi.

J'étais à la fois soucieuse de savoir ce qui lui arrivait mais aussi irritée de voir qu'elle négligeait nos journées de Pleine Conscience. Elle aurait pu au moins nous dire pourquoi elle manquait les réunions des membres de l'EJSS, les journées de Pleine Conscience et son travail à l'université.

C'est ainsi que le samedi 14 mai 1967, elle assista à sa dernière matinée de Pleine Conscience. J'étais à la fenêtre de ma chambre, en train de contempler un champ de bambous verts, et je n'entendis pas sa voiture arriver. Uyen frappa doucement à ma porte et me dit : « Sœur Mai est ici, elle porte un magnifique *ao dai* violet brodé de fils dorés. » Je me levai et sortis lentement de ma chambre, bien décidée à lui faire des reproches. Mais à peine dans le hall d'entrée, je l'aperçus entourée d'amis qui essayaient tous de lui parler, comme des poussins autour de leur mère. Tout le monde la suivit dans la salle à manger. Sa coiffure était superbe et elle portait une belle robe comme si elle se préparait à assister à une grande soirée mondaine. Elle commença à découper le gâteau à la banane qu'elle avait préparé spécialement pour nous. Je souris et lui dis pour la taquiner : « Alors, d'abord tu nous abandonnes pendant trois semaines et maintenant tu réapparais avec une robe magnifique et un délicieux gâteau ! Est-ce que tu vas te marier ? » Les autres renchérirent : « Et pourquoi pas ! Mai est si belle aujourd'hui ! » Tout le monde rit mais Mai se contenta de sourire sans rien dire.

J'étais déçue qu'une fois de plus notre rêve commun de changement social pacifique subît un accroc. Beaucoup de nos jeunes amis, qui partageaient notre idéal, finissaient par se marier, avoir des enfants et finalement trouvaient de bonnes excuses pour nous laisser tomber. Mai se préparait à agir de même. À cet instant, sa voix interrompit mes pensées : « Phuong, s'il te plaît, viens à la pagode Tu Nghiêm, tôt mardi matin.

C'est la célébration de Wesak, la fête de la naissance du Bouddha, et tu verras quelque chose d'intéressant. »

Mai avait beaucoup d'affection pour les nonnes âgées de la pagode et je pensai qu'elle voulait que je l'aide à décorer le temple pour Wesak. « J'irai, répondis-je quelque peu irritée, mais est-il absolument nécessaire que je vienne si tôt ? » Nhat Chi Mai me regarda intensément et me dit : « Fais ce que tu veux mais, s'il te plaît, ne me parle pas comme cela ! » Après son départ, j'eus des remords et je décidai d'aller à la pagode tôt ce mardi, juste pour lui faire plaisir.

Le mardi matin, Ngoc entra en courant dans ma maison familiale et me dit que Sœur Mai s'était immolée par le feu, devant la pagode Tu Nghiêm ! Je n'en croyais pas mes oreilles ! Je restai assise, parfaitement droite, pendant un long moment, puis je déclarai : « Sœur Mai a donné sa vie pour la paix. » Ma mère, assise à côté de moi, fondit en larmes. « L'acte de ton amie, dit-elle, conduira ses parents à la tombe ! » Elle me regarda en pesant chaque mot, se préparant à ce que je fasse la même chose un jour.

Sans un mot, Ngoc et moi sortîmes, sachant qu'il y avait beaucoup à faire. J'allai directement chez les parents de Mai. Quand ils me virent, ils vinrent m'embrasser en pleurant. Durant tout le temps où nous restâmes assis ensemble, sa mère s'évanouit à plusieurs reprises. Puis je les conduisis à la pagode. Je ne sais pas pourquoi mais j'étais incapable d'entrer et de regarder le cadavre de Mai. Au lieu de cela, je me précipitai jusqu'au marché Cau Muoi pour avertir nos amis commerçants de son sacrifice. J'accomplissais tous ces actes avec un calme résigné mais, au moment où j'annonçai la nouvelle à la chère vieille tante Ba, je me mis à pleurer comme une enfant et elle s'effondra en larmes, elle aussi. Bientôt, tout le marché fut en larmes. Tante Ba se rendit auprès des chauffeurs de taxi et de cyclo-pousse pour dire un mot à chacun, et ils décidèrent d'amener tous les vendeurs à la pagode pour rendre un dernier hommage à Mai.

Le célèbre écrivain, Bac Thieu Son, vint aussi, rejoint par plusieurs autres intellectuels. Son visage était grave et, quand il me vit, il ne put qu'articuler « Phuong ! » avant que des larmes ne roulent sur ses joues. L'imprimeur qui avait refusé de fabriquer nos livres pour la paix était aussi présent. Il se dirigea vers moi, les larmes aux yeux, et il me déclara qu'à l'avenir, il nous aiderait. Même des membres du gouvernement et des militaires étaient présents et nous proposèrent leur aide dans notre travail pour la paix. C'est alors que je me rendis compte que mes propos tenus à Mai sur le sacrifice de nos vies – « Nous sommes trop peu. Si nous le faisons, il n'y aura plus assez de gens pour continuer » – étaient erronés. Son acte avait apparemment ému beaucoup de monde et permis au mouvement pour la paix de gonfler comme des vagues durant une tempête. Même des amis qui avaient rejoint les combattants dans la jungle nous donnèrent des nouvelles en demandant : « Comment pouvons-nous aider à la réalisation du vœu de Mai en faveur de la paix et de la réconciliation ? »

Immolation par le feu : son souhait ultime...

Avant de mourir, Nhat Chi Mai plaça deux statues devant elle : une de la Vierge Marie et une du bodhisattva Avalokiteshvara. Dans ses poèmes et dans ses lettres elle demandait aux catholiques et aux bouddhistes de s'unir pour la paix afin que les gens puissent se rendre compte de l'amour de Jésus et de la compassion du Bouddha.

Je n'avais jamais vu Thây Tri Quang aussi ému. À une heure du matin, il envoya un message à la pagode Tu Nghiêm pour demander aux nonnes de mettre une voiture à ma disposition pour venir à la pagode An Quang (il avait peur que je fusse arrêtée ou enlevée si je venais par moi-même). Quand j'arrivai à la pagode, je trouvai la porte fermée et je dus l'escalader. Au moment où j'entrai dans sa chambre, il essayait de réparer un vieux magnétophone et il me dit : « Cette machine ne fonctionne pas très bien, mais je veux avoir un enregistrement de quelqu'un lisant les poèmes et les lettres de cette jeune fille qui s'est sacrifiée, pour mieux la connaître. Pourriez-vous les lire ? Vous êtes aussi une jeune femme du Sud et votre voix doit être proche de la sienne. »

Le jour suivant, à 4 heures du matin, Thây Tri Quang se déguisa en novice et demanda qu'on le conduise à la pagode Tu Nghiêm. Il était en résidence surveillée depuis quelque temps, et il n'avait pas le droit de sortir. Devant le cercueil de Mai, il chanta des sutras à son intention. Quand il eut fini, il m'appela dans une pièce de la pagode pour me dire : « Vous devriez trouver un moyen de faire imprimer les lettres de Mai et de les diffuser largement. Je payerai le papier et l'impression. Demandez à quelques responsables religieux bouddhistes de vous prêter l'argent, et ma jeune sœur les remboursera. »

Le jour suivant, Thây Tri Quang me rappela : « La prière de Mai s'adressait à toutes les religions afin qu'elles œuvrent ensemble pour la paix. J'ai entendu dire que le père Nguyen Ngoc Lan était un catholique progressiste, proche de nos idées. S'il vous plaît, demandez-lui d'écrire une préface aux lettres de Mai. » J'étais très étonnée. Dans le passé, Thây Tri Quang avait toujours été réticent au fait de travailler avec des catholiques. En réalité, le père Lan avait déjà proposé d'imprimer un recueil des lettres de Mai et d'en écrire l'avant-propos. Il était même d'accord pour aider à leur diffusion, un acte très risqué alors. À chaque geste sincère de ce genre, je pensais au visage souriant de Mai, et je pouvais l'entendre dire : « N'est-ce pas merveilleux, Phuong ? » Ainsi qu'elle l'avait tant désiré, les Anciens de l'Église bouddhique essayaient en permanence de trouver de nouveaux moyens de collaborer avec les catholiques, qui commençaient à éprouver plus de sympathie pour les bouddhistes. Tout cela avait son origine dans leur estime pour Sœur Mai.

Pendant les trois jours où son corps reposa à la pagode Tu Nghiêm, j'essayai d'être constamment occupée. Je rencontrai des étudiants dans et à l'extérieur de notre mouvement. J'allai dans tous les marchés. Je rendis visite à plusieurs organisations ainsi qu'à des amis. Quand je vis Hiep et nos autres amis assis près de son corps, pleurant et s'agrippant à l'habit de deuil jaune la recouvrant, je n'eus pas le courage de m'approcher. Je me dis que mon corps aurait pu aussi être là, ou dans une pagode de Hué, de Ben Tre ou de Can Tho. Cela aurait été le vœu de Mai et pourtant, j'étais vivante, je marchais, je mangeais, je buvais et je dormais.

Jour après jour, j'informai nos amis du sacrifice de Mai pour la paix. Et nuit après nuit, je veillai pour traduire ses poèmes en anglais et en français pour les journaux et pour les mouvements pour la paix à l'étranger. Ce ne fut que quand Ngoc m'apporta les derniers poèmes et lettres de Mai que je compris comment elle avait passé ses trois dernières semaines : elle était restée avec ses parents pour leur consacrer les inestimables dernières heures de son existence. Elle était pareille à « une douce banane, du riz parfumé et du miel onctueux », une enfant pleine d'attention pour eux, tout cela en préparant son sacrifice.

Des étudiants se rendirent à la pagode pour empêcher la police d'emporter son corps. Celle-ci, craignant que la nouvelle de son immolation ne se répandît dans les autres provinces, poussant d'autres personnes à agir en faveur de la paix, essaya de persuader ses parents de l'enterrer au plus vite. Le père de Mai refusa mais devant la douleur infinie de sa femme, il se résolut, le troisième jour, à amener le corps de Mai au crématorium d'An Duong Dia, à Phu Lam, pour le faire incinérer.

Le lendemain du sacrifice de Mai, beaucoup de journaux, censurés, ne purent annoncer la nouvelle. Celle-ci circula uniquement par le bouche à oreille, mais, malgré cela, le jour de la crémation, il y avait foule à la cérémonie. Quand le corbillard atteignit le pont Phu Lam, la procession le suivant s'étirait sur plus de cinq kilomètres, la distance depuis la pagode Tu Nghiêm. Tout le monde était là : les étudiants et les enseignants, les commerçants et les vendeurs ambulants, les politiciens et les prêtres. Je fus surprise de constater la présence de plusieurs hommes et femmes riches qui, jusqu'alors, nous accusaient d'être à la solde des communistes.

Une pluie fine et tiède tombait. Les robes blanches des étudiantes, les chemises noires des pauvres travailleurs, les robes des moines et des nonnes, les simples guenilles des vendeurs ambulants du marché, et les tenues soignées des gens aisés étaient toutes trempées par cette douce ondée. Ma jeune sœur Thanh, douée pour illuminer même les plus tristes moments, me glissa à l'oreille : « Ma sœur, regarde Mai. Elle est assise dans le corbillard et nous regarde. Son visage radieux semble dire : "Oh, Phuong et Thanh, je suis très heureuse. Il y a beaucoup de monde ici, n'est-ce pas ?" » Je marchais sous la pluie, accablée de tristesse quand j'entendis Thanh imiter la voix particulière de Mai, et je souris. Elle avait raison. C'était exactement ce que Mai aurait dit.

Quand vous voulez quelque chose de matériel, vous sortez de l'argent pour l'acheter, mais quand vous désirez de l'amour, de la compréhension, la paix pour tout un pays, vous devez payer avec une monnaie plus précieuse que du simple argent. Ma sœur, Nhat Chi Mai, ne s'était pas suicidée. Elle aimait la vie. Elle venait d'une bonne famille et avait un niveau de vie élevé, même en pleine guerre. Elle donna sa vie parce que, plus que tout, elle voulait que les massacres cessent. Elle essaya d'amener la paix au Viêt-nam au prix de sa vie.

Je me rappelle le poème de Thây : *Recommandation (Dàn Dò)*, qu'elle lut à plusieurs reprises sur une cassette trouvée après sa mort, juste avant de s'immoler par le feu :

Promets-moi,
promets-moi aujourd'hui,
promets-moi à l'instant,
alors que le soleil est au-dessus de nos têtes exactement à son zénith,
promets-moi :

Même
s'ils te frappaient
avec violence et de toute leur haine ;
Même
s'ils te marchaient dessus et t'écrasaient
comme un ver.
Même
s'ils te démembraient et t'éviscéraient
Rappelle-toi, mon frère,
rappelle-toi :
l'homme, n'est pas notre ennemi.

Le seul acte digne de toi est la compassion
inébranlable, infinie et inconditionnelle.
La haine ne t'aidera jamais
à vaincre la bête en l'homme.

Un jour, quand tu rencontreras cette bête, seul,
avec ton courage intact, ton regard pacifique,
serein
(même si personne ne le remarque),
de ton sourire
naîtra une fleur.
Et ceux qui t'aiment
te remarqueront
pendant dix mille cycles de vie et de mort.

À nouveau seul,
j'irai la tête baissée,
sachant que l'amour est devenu éternel.
Sur la route longue et difficile,
Le soleil et la lune
continueront de briller.

Après que Nhat Chi Mai se fut immolée pour la paix, le 16 mai 1967, je devins encore plus déterminée à trouver des solutions pour mettre fin à la souffrance du Viêt-nam.

CHAPITRE 11

Zone de guerre

La patience et la compassion peuvent transformer les cœurs durs

Le 5 juillet 1967, je me rendais à vélomoteur au village de Binh Phuoc lorsqu'un autre travailleur social, allant dans la direction opposée, me fit signe de m'arrêter et m'informa que quatre membres de l'EJSS – Tuan, Tho, Lanh et Hy – avaient été tués. Leurs corps gisaient toujours près de la rivière Binh Phuoc. Ha Van Dinh, un moine novice, avait survécu à cette agression et se trouvait à l'hôpital.

Ma première pensée fut de faire surveiller Ha Van Dinh qui, en tant que seul témoin vivant, pouvait être assassiné à l'hôpital. Aussitôt, je me précipitai pour le voir et j'aidai à son transfert vers un autre hôpital où il fut enregistré sous un faux nom. Dinh me raconta que les meurtriers s'étaient d'abord montrés amicaux pendant qu'ils les conduisaient vers la rive. Dinh pensait qu'ils allaient prendre le bateau, quand l'un des hommes demanda soudainement : « Faites-vous partie de l'École de la jeunesse pour le service social ? » Les étudiants répondirent tous par l'affirmative, alors l'homme dit : « Je suis désolé, mais nous sommes forcés de vous tuer. » Puis ils abattirent nos cinq amis, l'un après l'autre. Dinh tomba dans l'eau et survécut tandis que les quatre autres moururent sur le coup.

Je me rendis sur la berge de la rivière et je vis les cadavres de mes jeunes frères bien-aimés, j'étais au bord du désespoir. Thây Thanh Van arriva une heure plus tard et nous organisâmes ensemble le retour des corps vers l'école. Nous fixâmes une date pour l'enterrement et, à nouveau, Thây Thanh Van me demanda d'écrire un éloge funèbre.

Les Vietnamiens procommunistes disaient : « Vous devriez vous en prendre aux Américains ! Ce sont des agents de la CIA qui ont tué vos amis ! » Les Vietnamiens proaméricains répondaient : « Vous devriez en vouloir aux communistes. Ce sont eux qui ont massacré vos amis. » De nombreux bouddhistes eux-mêmes nous demandaient de condamner les assassins. D'après les enseignements du bouddhisme, les hommes ne sont pas nos ennemis. Le manque de compréhension, la haine, la jalousie et l'intolérance sont nos vrais ennemis. Cependant, il était difficile de suivre cet enseignement devant les cadavres de nos quatre amis si chers. Il était aussi dur d'écrire une oraison funèbre répétant aux assassins ce que nous avions déjà déclaré lors du meurtre de nos deux amies, quatre mois auparavant : « Nous ne pouvons vous haïr car l'homme n'est pas notre ennemi… »

Pendant trois jours et trois nuits, je pus à peine dormir. Pour ne pas me laisser submerger par le désespoir, chaque fois que je pensais à mes amis, j'essayais de m'établir le plus possible dans la Pleine Conscience à chacun de mes actes grâce à des poèmes destinés à la pratique et qui me ramenaient constamment au moment présent : « En me lavant les mains, je fais le vœu de garder les mains propres pour suivre la voie de l'amour. Je prie pour que les pensées et les actes de ceux qui ont tué mes amis soient purifiés. » Au cours de la troisième nuit, les mots du meurtrier, rapportés par Dinh : « Nous sommes forcés de vous tuer », me revinrent à l'esprit, et je me rendis compte que le message de compréhension et d'amour que Thây Thanh Van avait délivré lors des dernières funérailles avait touché même le cœur de ces assassins. Il était évident que ces hommes avaient été obligés de supprimer nos amis sur ordre car s'ils avaient refusé, ils auraient eux-mêmes été tués. Dans l'oraison funèbre que je rédigeai pour Thây Thanh Van, je remerciai les meurtriers d'avoir avoué qu'on les avait contraints d'agir ainsi. « Cela démontre que vous ne désiriez pas nous tuer, mais que pour votre propre sécurité, vous deviez le faire. Nous espérons qu'un jour vous pourrez nous aider dans notre œuvre pour la paix. » L'enterrement eut lieu quatre jours après ce tragique événement et, à partir de ce jour, nous reçûmes de l'aide où que nous allions. Le nombre de travailleurs de l'EJSS augmenta rapidement et nous bénéficiâmes non seulement de la totale collaboration de moines et nonnes venant de différents horizons mais aussi de l'appui de tous, à travers tout le pays.

En janvier 1968, huit mois après que Nhat Chi Mai se fut immolée par le feu comme une prière pour la paix, les combats se poursuivaient toujours avec acharnement. Je décidai de faire quelque chose pour que le rêve de paix de ma sœur dans le Dharma devînt réalité, aussi je rédigeai une pétition demandant aux parties en présence de prolonger le cessez-le-feu qui était déjà prévu pour le Têt, le Nouvel An vietnamien. Je parvins à convaincre un certain nombre d'éminents professeurs de l'université de Saigon de la signer, ceux-ci demandèrent à leurs collègues de faire de même. En fin de compte, nous recueillîmes soixante et onze signatures, plus d'un tiers du corps professoral de la faculté, et nous fîmes publier la pétition le 16 janvier 1968. Les étudiants du Mouvement pour la paix organisèrent aussi un Festival de la paix pour célébrer le Têt et exprimer leur vœu d'un cessez-le-feu plus long. Les Nord-Vietnamiens avaient décrété une trêve de trois jours, les Sud-Vietnamiens seulement une journée d'arrêt des hostilités.

En fait, à peine quelques heures après le début du cessez-le-feu, de sanglants combats éclatèrent dans toutes les provinces du Sud. Le Front national de libération força des paysans sans armes à marcher aux côtés de ses propres troupes, formant ainsi une véritable marée humaine qui hurlait « En avant ! En avant ! » En voyant un tel déferlement, l'armée sud-vietnamienne paniqua et demanda aux Américains de bombarder le secteur, et des centaines de civils furent tués. Quatre-vingt-cinq pour cent des habitations de beaucoup de villes dans de nombreuses provinces furent ainsi rayées de la carte à My Tho, Tra Vinh, Chau Dôc… y compris à Ben Tre, ma ville natale. Les combattants du Nord investirent ainsi Ben Tre, Hué et les faubourgs de Saigon, s'infiltrèrent dans les bidonvilles surpeuplés d'où ils mitraillaient les avions, attirant sur ces quartiers la mort et la destruction.

Ramasser des cadavres

À la suite de ces combats, de nombreux cadavres jonchaient les rues de Saigon. Les membres de la Croix-Rouge qui tentaient de les ramasser étaient abattus par les maquisards. Aussi je proposai aux membres de l'EJSS de former une équipe de travailleurs pour rassembler les corps et les enterrer. Je savais qu'après trois ou quatre jours, la puanteur deviendrait insupportable et que des épidémies commenceraient à se répandre. Pendant les années de guerre, plusieurs comités de secours bouddhiques avaient pu pénétrer en zone de guerre pour sauver les blessés, sous la seule protection du drapeau bouddhique. Au Viêt-nam, celui-ci était un meilleur passeport que celui de la Croix-Rouge car les deux adversaires respectaient la neutralité des agents de secours bouddhiques. Mais quand je dis à Thây Thanh Van : « Pourrions-nous former une équipe qui ira ramasser les cadavres ? » Il demeura silencieux un moment avant de me rappeler que nous étions une école de formation de travailleurs sociaux en développement rural et non pas des conducteurs d'ambulance ni des fossoyeurs. Je fus très déçue et je résolus d'agir seule de mon côté. J'en avertis en privé mes amis Tiep Hien et quelques collègues de l'EJSS.

Finalement, plusieurs jeunes nonnes et moines ainsi que des laïcs se joignirent à moi. Après quelques jours de cette collecte funèbre, nous revînmes à l'EJSS, profondément affectés par la fragilité de la vie humaine. Des hommes et des femmes qui, de leur vivant, avaient été forts et beaux, s'étaient transformés en cadavres décomposés à l'odeur infecte en quelques jours. Le souvenir des visages joyeux et animés d'amis maintenant décédés et pourrissant me poursuivit longtemps. Je fis part de mes profondes méditations sur la vie et sur la mort à Thây Thanh Van qui, bouleversé, décida lui aussi de se joindre à nous pour ramasser et ensevelir les nombreux morts.

Ce fut une corvée très pénible. Il y avait un abîme entre ma perception idéaliste du problème et sa réalité sur le terrain. Une puanteur horrible se dégageait des corps ! À cette époque, nous n'avions ni gants ni habits spéciaux ni produits chimiques pour neutraliser l'odeur, aussi nous nous enduisions le nez d'huile d'arachide – ce qui n'était pas d'un grand secours. Pendant des mois, cette odeur infecte me poursuivit, à tel point que le moindre effluve organique me rappelait le souvenir nauséabond des corps décomposés ; pendant un certain temps, je ne pus avaler que du riz blanc nature avec du sel. Thây Thanh Van avait peut-être eu raison en disant que nous ne pouvions forcer personne à faire un tel travail.

Pendant la durée de l'offensive de ce fameux Têt[1], alors que les affrontements avaient lieu dans les rues de Saigon, il fut demandé à la population de ne pas sortir

1. À l'occasion de ce Nouvel An 1968 se déroulèrent en effet des combats parmi les plus meurtriers de la guerre du Viêt-nam. *(N.d.T.)*

de chez elle, sauf en cas d'absolue nécessité. Tous les gens étaient agglutinés autour de leurs postes de radio à l'écoute des dernières nouvelles. Ce fut ainsi que j'entendis l'appel du ministre de l'Éducation priant « les soixante et onze professeurs ayant signé la pétition pour la paix du 16 janvier 1968 » de venir au ministère pour « cause d'urgence nationale ». Ensuite, un journaliste lut leurs noms, y compris le mien, non seulement une fois, mais toutes les demi-heures. Ma famille me conseilla de ne pas y aller, craignant que je ne sois fusillée. Nous venions juste de voir à la télévision le colonel Nguyen Ngoc Loan abattre un homme qu'il avait fait prisonnier. J'avais très peur mais comme la pétition était une idée à moi, je devais en assumer la pleine responsabilité et aller au ministère. Si je ne le faisais pas, la situation pouvait mal tourner pour les autres.

La non-peur devant la violence

Vingt et un d'entre nous seulement se rendirent au ministère de l'Éducation après l'annonce faite à la radio. Le ministre nous annonça que la police nationale nous suspectait d'avoir organisé l'offensive du Têt avec les communistes. Il déclara qu'il nous accorderait sa protection si nous nous rétractions et acceptions de signer une nouvelle pétition contre les communistes. Dix-huit professeurs acceptèrent, espérant ainsi éviter les ennuis en ces temps troublés. Mais le père Nguyen Ngoc Lan, le professeur Chau Tam Luan et moi-même, nous refusâmes cette proposition. Nous déclarâmes qu'il nous était impossible de signer cette nouvelle pétition. Nos étudiants qui entendraient la liste nominative dictée toutes les demi-heures à la radio gouvernementale puis, ensuite, ces mêmes noms à nouveau mentionnés sur une pétition anticommuniste, comprendraient que nous avions succombé à des pressions officielles. Nous proposâmes cependant de rédiger une autre pétition condamnant la violation du cessez-le-feu du Têt, mais plus tard, une fois sortis du ministère. En refusant de signer la pétition du ministre, je savais que je risquais la prison. Durant cette réunion, je dis à mes collègues : « Le plus beau cadeau qu'un enseignant puisse offrir à ses étudiants est la dignité. Nous avons toujours essayé de nous montrer dignes de leur confiance. Si nous mourons par la violence, nos esprits fleuriront dans leurs cœurs. Mais si nous signons la pétition gouvernementale aujourd'hui, cela signifiera que nous avons cédé aux menaces des armes. Ce n'est pas ce que nous voulons transmettre aux nouvelles générations. » Finalement, nous fûmes tous relâchés, mais je me doutais que les choses n'en resteraient pas là.

Dès mon retour à la maison, je fis un paquet avec une brosse à dents, un pyjama et un pull léger afin d'être prête quand la police viendrait me chercher. Au lieu de cela, je reçus une invitation du ministre de l'Éducation à le rencontrer dans son bureau. À mon arrivée, il me dit : « Vous avez refusé de revenir sur votre pétition. Je suis très occupé mais le chef de la police m'a demandé de régler cette affaire. Si vous persistez dans votre refus, je devrai en informer la police, vous serez arrêtée immédiatement et relevée de votre poste à l'université. »

Je pris une profonde respiration et répondis d'une voix ferme : « Monsieur, je suis venue vous voir car je sais que, comme moi, vous avez été enseignant, un frère plus âgé dans l'enseignement. Quand vous parlez de façon si menaçante, toute réelle communication est impossible entre nous. Aussi, faites ce que vous voulez de moi. Envoyez-moi en prison si vous le désirez. Si je vous laisse me contraindre à faire ce que vous suggérez, je ne vaudrai pas mieux que le colonel Lieu, le camarade préféré du président Thieu qui, dès qu'il fut arrêté par les communistes à Ben Tre, appela tous les soldats sud-vietnamiens à rejoindre l'armée du Nord. »

Ce fut avec les larmes aux yeux que je continuai plus calmement : « Monsieur, je suis comme une jeune pousse de bambou parmi les enseignants de l'université. Je suis jeune, mais mon esprit peut devenir beau et fort. Si je décris si clairement la situation du pays, ce n'est pas pour ma propre sécurité mais pour le salut de la nation, même si je dois aller en prison pour cela. Je fais appel à votre conscience comme à celle d'un frère plus âgé pour m'aider à grandir dans ma détermination et non pas à plier devant la coercition. Ne m'obligez pas à agir contre ma conscience. Si j'acceptais de signer votre pétition sous la contrainte de la violence et que, cette nuit, des hommes armés inconnus pénétraient chez moi et m'obligeaient à signer une déclaration disant : "Longue vie à Mao Tsé-toung", devrais-je aussi me soumettre ? Si je signais ainsi sous la menace de fusils contre ma conscience et mes croyances, qui devrais-je incriminer ? Voulez-vous vraiment m'enseigner ce comportement devant la violence ? »

Il sembla gêné et son attitude changea soudainement. Il se défendit en arguant que je ne l'avais pas compris et qu'il désirait simplement me protéger. Aussi, il me laissa partir sans que j'aie rien signé, et la police ne vint jamais m'arrêter. Apparemment, il me protégeait.

Sous les bombes, onze mille réfugiés dans notre campus

Un matin, en mai 1968, une amie japonaise quaker, Masako Yamanouchi, vint m'avertir chez moi à Saigon que des bombes tombaient autour du campus de l'EJSS. Masako était une jeune femme adorable qui travaillait bénévolement avec nous. Ayant des traits asiatiques, quand elle portait un *ao dai* traditionnel, elle ressemblait vraiment à une Vietnamienne. Elle avait appris le vietnamien, et elle était la seule travailleuse sociale étrangère à avoir été admise dans notre école. Nous ne pouvions pas accepter d'Américains ou d'Européens à l'EJSS car nous aurions alors été accusés par les communistes d'être des agents de la CIA.

Masako me prévint qu'il n'y avait plus de carburant pour notre pompe à eau et qu'elle était en route pour en acheter. « Des milliers de personnes sont bloquées sur le campus de l'école, me dit-elle, les combats sont vraiment dangereux. La pompe a fonctionné jour et nuit et maintenant nous n'avons plus d'eau. »

Je rassemblai immédiatement médicaments et pansements et pris ma mobylette pour me rendre au quartier général de l'EJSS. En arrivant près du campus, je fus terrifiée de voir et d'entendre des bombes exploser un peu partout. Une roquette tomba dans un champ en face de moi, et une autre derrière moi, alors que j'avançais sur mon vélomoteur. Je me rendis compte que je risquais d'être tuée à tout instant. Les bombardements étaient si intenses que les gens ne savaient plus où aller. Les bombes étaient en train de raser toutes les maisons des environs et des milliers d'habitants se précipitaient vers notre campus pour s'y réfugier.

Ils avaient envahi la salle de méditation, les classes, la bibliothèque, la salle à manger, la cuisine, et même les dortoirs des étudiants, jusqu'à ce que les quarante chambres du bâtiment principal soient remplies d'une foule compacte de gens comprimés les uns contre les autres. Des groupes continuaient à affluer et nous dûmes les entasser dans les salles de bains et même dans les couloirs et les toilettes. Ce furent en fin de compte près de onze mille personnes qui occupèrent les moindres recoins du campus. Pour éviter d'être bombardés, nous hissâmes le drapeau bouddhique au sommet de l'école.

Il y avait tant de blessés que nous utilisâmes toute notre réserve de pansements en moins de deux heures, et plusieurs filles déchirèrent leurs propres robes pour en avoir davantage. Peu d'entre nous étaient formés à servir d'infirmiers, de docteurs ou de chirurgiens, mais il fallait agir de toute façon. Un jeune homme de l'EJSS, ayant reçu une formation d'infirmier, servait de médecin et aida à la naissance d'une dizaine de bébés dans les jours qui suivirent.

Une fois, alors que je pansais un homme blessé, un petit garçon tira sur ma robe et me demanda quelque chose. Sa demande me paraissait moins urgente à satisfaire que ce que j'étais en train de faire, aussi je lui demandai d'attendre mais il continua à tirer sur mes vêtements. Une demi-heure plus tard, quelqu'un cria : « Regardez ! » et je vis le même enfant tirant le corps ensanglanté d'une vieille femme. Son regard désespéré me serra le cœur. J'appris ensuite qu'il était orphelin et que la personne blessée était sa grand-mère. Imaginez à quel point il désirait la sauver !

Il y avait tant de tirs autour du campus qu'il nous était impossible de sortir et d'enterrer les huit morts que leurs parents avaient amenés avec eux jusqu'ici. Finalement, nous demandâmes à trois étudiants d'aller juste à l'extérieur du bâtiment principal creuser des tombes. Tandis que les balles sifflaient autour d'eux, ils parvinrent à en faire trois le premier jour, et cinq le suivant.

À l'époque, il n'y avait à l'école que trente-sept travailleurs sociaux pour près de onze mille réfugiés. Nous demandâmes à une petite centaine de réfugiés capables de prendre des responsabilités de nous aider. Ceux-ci furent répartis en équipes – une pour les soins médicaux, une pour les enfants, une pour la cuisine, une pour distribuer la nourriture, une pour s'occuper de l'eau, une pour nettoyer la route, et une autre pour nettoyer les chambres et les salles de bains. En plus, nous creusâmes un certain nombre de trous à l'extérieur qui servaient de latrines. La pompe à eau marcha sans interruption pendant trois jours et, quand nous fûmes à court de carburant, Masako sortit pour aller en chercher. Heureusement, il y avait, parmi les réfugiés un bon mécanicien qui réparait la pompe à chaque fois qu'elle tombait en panne, mais quand elle ne fonctionnait pas, nous nous retrouvions avec onze mille réfugiés sans une goutte d'eau. Nous en vînmes à apprécier des choses aussi simples qu'avoir de l'eau quand nous en avions besoin.

Chaque soir, après que les réfugiés s'étaient couchés, tous les travailleurs sociaux se réunissaient pour discuter des problèmes apparus dans la journée. Il y en avait beaucoup à résoudre, comme le transport des blessés graves à l'hôpital. Ce qui supposait de traverser la zone des combats, mais nous décidâmes d'essayer. Nous convînmes d'emprunter le chemin le plus court à travers le champ de bataille. Des moines et des nonnes vêtus de leurs robes jaunes marchaient en tête en brandissant des drapeaux bouddhiques, tandis que, derrière, nous suivions avec cinq blessés graves. En traversant la zone de combat la moins active, nous parvînmes jusqu'à un endroit où nous pûmes louer une camionnette et les amener à l'hôpital de Saigon.

Au troisième jour de l'offensive de mai, en même temps qu'un soudain afflux de réfugiés, nous arriva la rumeur que nous serions bientôt bombardés et qu'il fallait partir au plus vite. Certains prêtèrent attention à ces bruits, d'autres non, si bien qu'une ambiance de panique s'installa. Beaucoup voulaient s'enfuir mais, à l'extérieur, les combats continuaient. Les troupes sud-vietnamiennes et les combattants du FNL s'entre-tuaient tout autour du campus. Thây Thanh Van décida d'agir.

Silencieuses négociations sous les bombes

Quatre mois plus tard, il nous révéla ce qu'il avait fait. Un jour, il avait traversé la zone de combat seul, sans même un drapeau bouddhique, ne portant que son humble robe marron de moine, et s'était dirigé vers le poste le plus important de l'armée sud-vietnamienne où il demanda à voir l'officier en chef. Quand il le rencontra, il lui dit : « Je vous demande une seule chose. S'il vous plaît, donnez des ordres à vos avions pour qu'ils ne bombardent pas notre campus. Nous y abritons onze mille victimes de guerre qui ont déjà perdu leur maison et des parents. Ils n'ont que ce refuge dans la zone des combats. » Je pense que personne n'aurait pu dire « non » à ce frêle bodhisattva. Il ajouta : « Je requiers la permission d'aller chez les communistes et de leur demander aussi de ne pas attaquer ni investir notre campus. S'il vous plaît, ne m'abattez pas en route. »

L'officier du Sud répondit : « Je ne peux pas vous garantir qu'il n'y aura pas de tirs parce que si nous cessons le feu, ceux de l'autre camp vont croire que nous nous rendons, et ils nous attaqueront. » Aussi Thây Thanh Van suggéra : « S'il vous plaît, tirez vers le ciel ou vers le sol, mais pas sur moi. Si vous faites cela, ils entendront le bruit de vos balles et penseront que vous leur tirez dessus. Si vous évitez de me viser, j'aurai une chance de sauver la vie de onze mille personnes qui ont déjà tant souffert de la guerre. »

Thây Thanh Van retraversa la zone de combat et pendant ce temps les Sud-Vietnamiens continuèrent à tirer, mais pas sur lui. Quand il s'adressa aux gens du Front de libération, il intercéda de la même façon : « S'il vous plaît, n'envoyez pas vos hommes vers notre campus et ne tirez pas sur nous. Il y a là onze mille réfugiés déjà dans la détresse. » Ils donnèrent leur accord.

Quand Thây Thanh Van revint, il ne nous raconta pas ce qu'il avait fait. Un jour, une rumeur se répandit dans le camp comme quoi celui-ci serait bombardé. Ce qui déclencha un mouvement de panique. Les onze mille réfugiés se préparèrent à quitter le centre à nouveau. Les gens étaient affolés, ne sachant plus s'il fallait partir ou rester. Thây Thanh Van prit un gros mégaphone pour leur dire de demeurer sur place mais il se dit : « Que se passera-t-il si je leur demande cela et qu'une bombe tombe sur le campus et les tue ? Comment pourrai-je vivre après cela ? » Aussi, il rangea le mégaphone. La centaine de personnes qui était déjà partie rebroussèrent chemin quand elles virent l'intensité de la bataille et des bombardements à l'extérieur du campus.

À la même époque, des villageois qui nous assistaient nous avertirent que des maquisards du FNL se faisaient passer pour des réfugiés et projetaient de tirer sur les avions américains à partir du campus. Nous savions que, s'ils agissaient ainsi, nous serions bombardés. Comme il existe au Viêt-nam une tradition de respect pour les gens âgés, nous demandâmes aux plus vieux d'entre eux d'aller parmi les réfugiés dire à chacun : « Nous espérons que ceux qui ont des fusils ne s'en serviront pas. Si vous connaissez quelqu'un qui a une arme, s'il vous plaît, conseillez-lui de l'enterrer pour la sécurité des onze mille réfugiés. » En fin de compte, il n'y eut aucun coup de feu tiré du campus.

Tout allait pour le mieux. Nous avions pu transporter vers l'hôpital les blessés les plus graves, enterrer les huit cadavres, et donner naissance à plusieurs enfants. Les soldats des deux camps, bien que se combattant à la périphérie du campus, n'essayèrent jamais d'y pénétrer. Après huit jours, quand les combats cessèrent enfin, il ne restait plus que des ruines alentour. Des milliers de maisons étaient détruites et des milliers d'arbres calcinés gisaient sur le sol. Seul notre campus était resté intact, frais et vert. Les acacias continuaient à donner de magnifiques fleurs et les fourrés de bambous jaunes poursuivaient leur croissance sous les délicates feuilles vertes.

Ce campus vert et magnifique au milieu de cette zone dévastée était le fruit de notre travail collectif, mais je savais que la sagesse et le courage de Thây Thanh Van y étaient pour beaucoup.

Ces huit jours furent une expérience importante pour moi. Devant ce spectacle de mort et de désolation, j'appris qu'il fallait toujours éviter la guerre à tout prix. Quand un conflit a éclaté, il se propage avec une vitesse et une intensité auxquelles il est difficile de s'opposer.

CHAPITRE 12

Le départ du Viêt-nam

Obstacles à franchir pour quitter un pays du monde libre

En juin 1968, Thây Nhat Hanh me demanda de venir à Hong Kong pour lui apporter un message de l'Église bouddhique unifiée, lui donner des nouvelles de l'École de la jeunesse pour le travail social et lui dire ce que nous voulions qu'il fît pour le Viêt-nam. Il avait besoin de savoir s'il était préférable pour lui de se risquer à revenir ou de rester outre-mer en tant que représentant du mouvement bouddhique. J'eus une réunion privée avec les responsables de l'EBU[1], et ils

1. Thây Tri Quang, Thây Thiên Hoa et Thây Thîen Hoà à la pagode An Quang, Thây Thien Minh au centre de jeunesse, Thây Quang Do au temple Thanh Minh, et Thây Duc Nhuan à la pagode Giac Minh. À cette époque, Thây Tri Quang était assigné à résidence, aussi quand je lui rendais visite, je portais un jean, un tee-shirt, une perruque et des lunettes de soleil. Même mes amis de la pagode An Quang ne me reconnaissaient pas. Thây Tri Quang et moi restâmes sans dire un mot pendant un moment, puis je pris congé sans signaler mon départ.

convinrent tous que Thây ne devait pas rentrer. Ils arguèrent qu'il était le plus apte parmi les dirigeants de l'EBU à entretenir le dialogue avec l'Ouest, en rappelant son rôle clé dans l'envoi d'une commission d'enquête de l'ONU pour enquêter sur les violations des droits de l'homme sous le régime Diêm. Ils lui demandèrent néanmoins de faire très attention à ses déclarations car ils étaient sous la surveillance du gouvernement de Saigon, et tout ce qu'il dirait, même de l'étranger, pouvait avoir des conséquences désastreuses pour eux.

À l'époque, j'étais la vice-présidente du Comité national d'aide aux victimes de guerre de l'EBU, et Thây Quang Liên, qui en était le président, me demanda d'essayer de trouver des fonds auprès des organisations humanitaires internationales pendant que j'étais à l'étranger. Au Viêt-nam, la seule aide alimentaire pour les victimes de guerre provenait du gouvernement des États-Unis d'Amérique, et il était difficile à nos travailleurs sociaux de leur apporter de la nourriture venant du gouvernement qui les bombardait.

Quand j'étais partie en France en 1963 pour soutenir ma thèse, il m'avait été facile d'obtenir un visa de sortie en ma qualité de fonctionnaire du gouvernement. Mais en 1968, bien que l'étant encore pour le compte de la faculté des sciences, comme personne de mon département ne m'avait assigné de mission officielle, il m'était difficile d'obtenir une permission de sortie, même pour une semaine. Finalement, le responsable de notre département me permit de m'absenter pour régler des affaires de famille. Les gens riches et importants pouvaient entrer et sortir du pays à leur gré mais le commun des mortels devait patienter six mois pour obtenir un visa touristique de sortie. Premièrement, la demande devait être soumise au service des visas du Centre principal de la police. Puis le dossier passait par huit bureaux de ce centre, pour être signé, pour la vérification de la carte d'identité ainsi que le paiement des impôts et autres formalités. Si ce document était approuvé officiellement, il passait ensuite au ministre de l'Intérieur qui l'expédiait à son tour à différents services, puis il lui revenait pour être paraphé. Enfin, il repartait vers le service des visas du Centre de police.

Je me rendis au service des visas pour remplir un formulaire. Puis je demandai à voir le directeur pour lui montrer un télégramme de mon frère Nghiep qui disait : « Ton frère à Hong Kong gravement malade. Viens immédiatement. » Je lui donnai aussi l'autorisation de l'université de me rendre à Hong Kong pour deux semaines. Il m'invita « poliment » à le suivre dans son bureau. Je ne me rendis pas compte qu'il essayait de me soutirer un dessous-de-table. J'attendis une semaine et je revins le voir. Cette fois, il m'annonça franchement : « Si vous voulez que je sois "gentil" avec vous, il faut que, de votre côté, vous soyez "gentille" avec moi. » Je n'avais jamais été confrontée à une telle corruption auparavant, aussi, je ne sus que répondre. Je quittai son bureau extrêmement déçue et ne sachant pas que faire.

Puis j'eus l'idée de faire appel au cousin de mon cousin, le colonel Sat, le chef de la police de Saigon. J'allai à son bureau et lui racontai mon entrevue au service des visas. Il prit immédiatement son téléphone, fit appeler le directeur du service des visas et lui demanda « d'aider sa jeune cousine ». J'étais très gênée quand je revins à son bureau et fus très surprise de voir son changement d'attitude. Il me dit que, pour obtenir rapidement un visa, il fallait que je l'apporte en personne dans les huit bureaux du Centre de police.

Présentée comme une parente du colonel Sat, je passai rapidement d'un bureau à l'autre. Mais quand ils s'avisèrent de vérifier mon passé politique, les choses se compliquèrent. Le directeur du Bureau d'information politique était très chaleureux et discuta avec moi pendant que son assistante allait chercher mon dossier. Il me demanda poliment comment il se faisait que, bien qu'étant du Sud-Viêt-nam, je sois une parente du colonel Sat qui, lui, était du centre du pays. Je lui répondis que la sixième sœur de ma mère s'était mariée avec le prince Ung Le du Centre-Viêt-nam, qui était l'oncle de la femme du colonel Sat.

Quand l'assistante du directeur lui tendit mon dossier, elle me regarda d'un air suspicieux. Puis celui-ci en parcourut quelques pages et finalement me demanda : « Oh, vous avez été aussi la présidente de l'Union des étudiants de l'université bouddhique Van Hanh, n'est-ce pas ? » Je me souvins alors de la déclaration faite par Thây Minh Chau à la police à propos de mon appel pour la paix, mais je souris calmement : « Vous avez mon dossier. C'est bien moi. Maintenant, pouvez-vous signer ma demande pour un visa de sortie ? » Il répondit : « Revenez demain. » Mais, après cela, il refusa de me recevoir.

Pendant ces événements, la plupart des onze mille victimes de guerre réfugiées sur le campus de l'EJSS vivaient encore sur place et avaient besoin de soins médicaux car la menace de la malaria à cause des moustiques se précisait et les besoins d'approvisionnement en riz, en huile de cuisson et en ustensiles de cuisine, entre autres, étaient importants. Même s'il y avait des équipes assignées à chacune de ces tâches, je devais cependant venir souvent sur le campus et les aider. Je poursuivais aussi mon travail à la faculté des sciences, en préparant les examens de mes étudiants en botanique. Parallèlement à cela, je m'arrêtais tous les matins au Centre de police pour avoir des nouvelles de mon visa. Un jour, un employé de bureau me confia : « Nous savons que votre nom secret communiste est "Dang". On ne vous laissera jamais quitter le pays. » J'étais stupéfaite. Je n'avais jamais eu de nom de code. J'avais seulement appelé à la paix d'une façon réfléchie sans prendre parti pour l'un ou l'autre camp, et j'avais toujours signé de mon vrai nom, de mon nom de famille, Cao Ngoc Phuong. Cela devait avoir quelque chose à voir avec la dénonciation de Thây Minh Chau. Je savais que je n'étais pas communiste, aussi je décidai de m'en expliquer directement avec le directeur du Bureau d'information politique.

Le matin suivant, j'étais à son bureau. Comme d'habitude, il refusa de me recevoir mais cette fois, j'insistai, arguant que je devais discuter avec lui d'un sujet d'importance. Il envoya un employé me prévenir qu'il envoyait mon dossier le jour même au service des visas, et qu'il n'était pas nécessaire de le voir. Il le fit effectivement parvenir à l'administration en question, complété de toutes les informations sur mon travail pour la paix : « Présidente de l'Union étudiante de l'université bouddhique Van Hanh. Persuada ce mouvement de lancer un appel pour la paix en mars 1966. Arrêtée à Hué et emprisonnée pendant deux semaines pour avoir transporté *Un lotus dans une mer de feu* de Thây Nhat Hanh. Amie proche de Nhat Chi Mai, qui s'immola par le feu pour la paix. Son nom et sa photo apparaissent dans le *New York Times*, le 17 mai 1967, dans un article de cinq colonnes appelant à la paix après l'immolation de Mai. Assistante de Thây Nhat Hanh dans son travail pour la paix. Nom de code : Dang. Parente du colonel Sat. » En ce temps-là, au Sud-Viêt-nam, lancer un appel pour la paix vous faisait suspecter de travailler pour les communistes.

Le lendemain, le service des visas envoya mon dossier au ministère de l'Intérieur, où personne ne voulut parler de mon cas avec moi. Je savais que si le ministre de l'Intérieur lisait toutes ces informations « accablantes » sur mon action en faveur de la paix, je n'obtiendrais jamais de visa. Je fis tout mon possible pour accélérer les choses mais rien n'y fit.

Un jour, lors d'une discussion avec mon beau-frère Nguyen Van Gioi, un grand champion de tennis au niveau national, je me plaignis de la difficulté d'obtenir un visa de sortie ; il me répliqua que j'étais trop naïve. Il me raconta que pour avoir un visa pour Hong Kong, la Thaïlande ou un autre pays d'Asie, le pot-de-vin demandé était de 20 000 dôngs ; pour l'Europe ou les États-Unis, il montait à 100 000 dôngs. Il ajouta que la plupart des fonctionnaires corrompus étaient des amis à lui – il leur avait appris à jouer au tennis –

et qu'il pouvait m'en avoir un pour rien. Il disait vrai ! Trois jours plus tard, mon visa m'attendait au ministère de l'Intérieur. Mais quand je me présentai pour le prendre, le garde ne voulut pas me laisser entrer dans le bureau des visas. Il me dit que le service des visas du Centre de police m'enverrait une notification pour m'avertir du jour où je pourrais le retirer. La permission de sortie de mon département ne m'était accordée que du 15 au 30 juillet, et nous étions déjà le 21 du mois. Il ne me restait plus que neuf jours. Je dis au garde que si j'attendais l'autorisation officielle de retrait, le délai de sortie qui m'était imparti serait dépassé. Pendant que je m'expliquais avec lui, un fonctionnaire du ministère nous entendit et me demanda mon nom. Quand je lui racontai mon histoire, il me promit de se renseigner. Quelques minutes plus tard, il revint me dire que mon dossier était complet à l'exception d'une signature et, le jour suivant, il me donna un visa de sortie d'une semaine seulement et un formulaire que je devais amener au service des visas du Centre de police pour recevoir mon passeport.

L'après-midi, grâce à un ami qui travaillait pour Air France à Saigon, je pus acheter un billet pour Hong Kong pour le lendemain sans avoir à payer en devises étrangères. Puis, je me rendis à l'ambassade de Grande-Bretagne pour obtenir un visa d'entrée à Hong Kong. Je pensais qu'il me suffisait de me rendre sur place et de m'en faire délivrer un puisque j'avais un visa de sortie du Viêt-nam et un billet d'Air France, mais le fonctionnaire britannique me dit que cela prendrait quarante-huit heures. Je répliquai que je n'avais qu'un visa de sortie de sept jours du gouvernement vietnamien et que j'avais besoin de partir aussitôt que possible, mais il demeura insensible à mes arguments.

Je restai là, debout, attentive à chaque respiration, invoquant le nom d'Avalokiteshvara, l'esprit calme et, tout à coup, je me rappelai que j'avais rencontré le vice-consul de l'ambassade britannique quand il était venu visiter l'EJSS avec un représentant d'Oxfam. Je demandai à le voir et grâce à lui, en vingt minutes, j'avais mon visa d'entrée ! Toutefois, au lieu d'un visa de sept jours, celui-ci n'était que de cinq jours, car la règle voulait que le possesseur d'un visa vietnamien quittât Hong Kong quarantre-huit heures avant l'expiration de celui-ci. Ensuite, je me procurai un certificat de santé et, enfin, je rentrai à la maison à 16 heures pour passer le temps qui me restait avec ma mère. Quand j'arrivai, j'appris que mon avion pour Hong Kong décollait à 17 heures le lendemain.

Cinq cents poussins sur ma mobylette par une nuit noire

Il y avait aussi un message d'un ami me demandant de venir immédiatement chez lui pour prendre livraison de cinq cents poussins en provenance de Dalat, un cadeau à destination des paysans des environs de Saigon. Comme j'étais la seule à savoir où il habitait, je devais y aller moi-même. Ma voiture était en panne et la seule façon que j'avais de transporter ces poussins était de les charger à l'arrière de ma mobylette dans quatre boîtes. En m'imaginant en train de courir après tous ces poussins si une des boîtes tombait, je conduisis très prudemment.

Quand j'arrivai au bureau de l'EJSS avec les poussins, il faisait presque nuit. Je m'entretins avec Thây Thanh Van et d'autres amis pour les avertir que je partais le lendemain pour Hong Kong. Thây Thanh Van me dit simplement : « S'il vous plaît, prévenez Thây Nhat Hanh que nous avons été rejetés par l'EBU et par l'université Van Hanh, et que nous avons besoin de retrouver un statut légal. S'il continue à lancer des appels à la paix, nous ne serons jamais reconnus officiellement par ce régime. Dites-lui qu'il doit choisir entre prêcher pour la paix et faire du travail social. » Je l'écoutai calmement, sachant très bien que seul Thây Nhat Hanh pourrait lui expliquer qu'il était impossible de simplifier la réalité comme cela.

À cette époque, à Saigon, il y avait un couvre-feu qui commençait à 21 heures. Quand j'eus fini mes réunions à l'EJSS, il était déjà 20 h 30. Comme la journée était pluvieuse, le ciel chargé, sans lune ni étoiles visibles, et que l'éclairage de mon vélomoteur ne marchait pas, je revins dans l'obscurité. Les paroles d'une femme, toujours réfugiée à l'EJSS, me revinrent en mémoire alors que je traversais la campagne : « N'avez-vous pas peur des fantômes ? Il y a plusieurs cadavres abandonnés le long de la route sur les sept kilomètres avant le pont de Cau Tre, surtout dans le cimetière. » En passant mes doigts dans la chevelure du garçon squelettique qui s'accrochait à son bras, je lui avais répondu : « Je me soucie plus des enfants affamés comme lui que des fantômes. J'ai vu tant de victimes de guerre pareilles à des spectres. Pourquoi devrais-je craindre les désincarnés ? » En respirant profondément l'air chargé de senteurs de ma dernière nuit saigonnaise, mon cœur s'alourdit d'inquiétude pour ces milliers de garçonnets et de fillettes désorientés.

Même dans la nuit noire, je connaissais aussi bien les lacets de la route que les lignes de la paume de ma main. Le moindre de ses tournants et la plus petite de ses ornières n'avaient aucun secret pour moi, et je n'avais pas peur. Je me rappelais combien les petites maisons le long de la route étaient belles, il y avait encore six mois, posées parmi les papayers, les bougainvilliers, les hibiscus rouges et les fleurs d'*allamanda* jaunes. Je revis, grâce à l'œil intérieur, les magnifiques champs de maïs, de cacahuètes, de manioc, de patates douces et de jasmin. Et maintenant, bien que ne pouvant pas voir autour de moi, je savais que je traversais des champs calcinés, des maisons en ruine, et des tombes éventrées. Je n'avais jamais remarqué le cimetière près de la route avant l'offensive de mai, pendant laquelle, deux mois plus tôt, des douzaines de tombes avaient été bombardées, laissant apparaître les corps dans les cercueils brisés.

Alors que j'arrivais au pont de Cau Tre, ma mobylette s'arrêta soudainement, prise dans un enchevêtrement de fils de fer barbelés, et je tombai. Des voix d'hommes commencèrent à crier : « Haut les mains ! » et des lumières m'aveuglèrent. Puis j'entendis le bruit de fusils que l'on armait, alors je levai les mains aussi haut que possible et je dis : « Je suis une travailleuse sociale, je suis ici pour aider les victimes de guerre au camp de réfugiés de Tan Phu. » Depuis des tranchées, des deux côtés de la route, des hommes pointaient leurs armes sur moi. Cette partie de la route était considérée comme « à moitié riz, à moitié haricot », c'est-à-dire contrôlée à la fois par les deux camps. Si ces combattants étaient des communistes, ils retiendraient quelqu'un ayant une carte d'identité de fonctionnaire nationaliste, aussi j'hésitai à leur montrer mes papiers. En fin de compte, je me calmai en pensant qu'aucun des deux camps ne ferait de mal à un travailleur social essayant de venir au secours des victimes de guerre.

Quand il vit ma carte, le soldat m'ordonna de rentrer rapidement chez moi parce que ici le couvre-feu débutait à 20 heures et non pas à 21 heures. Il fallut cinq minutes aux soldats pour dégager mon vélomoteur des barbelés et, au moment de l'enfourcher, je me rendis compte que les deux pneus étaient crevés. Je demandai aux habitants de la maison la plus proche si je pouvais y laisser mon engin, et j'essayai de faire du stop pour rentrer. À cette heure de la nuit, il n'y avait ni taxi ni cyclo-pousse, et peu de monde circulait.

Finalement, un soldat me prit sur sa moto pendant quelques kilomètres et il me fallut trois chauffeurs différents pour faire le reste du chemin. Quand j'arrivai enfin chez ma sœur Diep, où je vivais avec ma mère, Thanh et quatre neveux, j'étais vraiment soulagée d'être encore en vie. La maison de ma sœur était fermée hermétiquement et il n'y avait pas de sonnette. Je fis le tour de la maison et j'appelai mon neveu de douze ans, Vu, par la fenêtre de derrière, persuadée qu'il serait heureux de me voir enfin rentrée si tard après le couvre-feu. Mais Vu, ignorant à quel point j'avais frôlé l'enlèvement et la mort, m'accueillit avec insouciance à la fenêtre en me demandant, comme si je sortais d'une chambre de notre maison pour lui parler : « C'est toi qui m'appelles ? » Je fus prise d'un tel fou rire que je parvins à peine à articuler : « Oui, Vu. Peux-tu m'ouvrir la porte ? »

Le lendemain, le 23 juillet 1968, je fis mes adieux à ma mère, en me disant que je serais absente moins d'une semaine. Alors que j'embarquais sur le vol Air France à destination de Hong Kong, j'étais loin d'imaginer que je voyais le Viêt-nam peut-être pour la dernière fois.

Assistante de Thây Nhat Hanh

J'arrivai à Hong Kong à 8 heures du soir. Au Viêt-nam, j'avais appris à déjouer la surveillance policière, et je fis de même à Hong Kong. Certaine de ne pas avoir été suivie, j'attrapai un taxi et donnai au chauffeur l'adresse que Thây Nhat Hanh m'avait indiquée. Je montai jusqu'à la pension de famille et frappai à la porte. Thây ouvrit la porte et, à ma vue, ses yeux s'écarquillèrent de stupéfaction. Une semaine plus tôt, je lui avais dit qu'il m'était pratiquement impossible d'obtenir un visa, aussi, il ne put que dire : « Oh... oh... », et rien de plus. J'étais aussi surprise. Thây était très pâle et il paraissait avoir dix ans de plus qu'à son départ du Viêt-nam. Je n'aurais jamais imaginé qu'après deux ans en Occident, sa santé se dégraderait à ce point. J'aurais aimé pleurer dans ses bras mais, à cette époque, Thây ne nous avait pas encore enseigné la méditation de l'étreinte. Mes yeux se remplirent de larmes et je lui racontai aussitôt tous les événements que je n'avais pu lui décrire dans mes lettres. Thây m'écouta avec attention et me servit une tasse de thé oolong. Puis, en pesant chaque mot, il me déclara que si les moines voulaient qu'il restât en Occident, il avait un besoin urgent d'un assistant pour l'aider à témoigner de la souffrance du peuple vietnamien devant le monde. Il me demanda alors d'être cette personne, en arguant du fait que je serais plus efficace dans nos tentatives d'arrêt de la guerre en agissant de l'étranger. Parce que j'avais connu la guerre, dit-il, je serais habilitée à transmettre le message désintéressé des pauvres paysans illettrés vivant sous les bombes. Il ne serait pas nécessaire que je m'exprime en employant le langage compliqué des intellectuels qui soutenaient l'un ou l'autre camp mais avec les mots simples et directs des gens de la campagne, victimes de ces combats. Thây me proposa d'être son assistante dans son travail pour la paix et aussi de collecter des fonds pour aider les victimes de guerre et les orphelins, comme les moines de haut rang de l'EBU me l'avaient demandé. Je ne savais pas quoi dire. Je pensais qu'il était de mon devoir de retourner dans mon pays en feu. Je croyais que l'EJSS ne survivrait pas plus d'une semaine sans moi. Je souris avec tristesse et répondis à Thây que je ne pouvais pas rester pour être son assistante.

Le lendemain, Thây m'amena au temple Po Lin Ch'an, très haut dans les montagnes de l'île de Lan Tao, près de Hong Kong, et nous pratiquâmes la méditation marchée tout l'après-midi. L'ambiance était sereine. Le soir, nous nous joignîmes à la méditation des moines et nous passâmes la nuit au temple. Thây insistait pour que je devienne son assistante. Il déclara que c'était le meilleur moyen pour nous de réaliser notre idéal au service des autres.

Le lendemain, mon esprit était plus clair. Je me souvins que Thây Thanh Van m'avait chargée de demander à Thây Nhat Hanh de choisir entre son action pour la paix et le travail social et je compris que, par la même occasion, il me poussait à faire le même choix. Depuis que Thây Nhat Hanh avait quitté le Viêt-nam, Thây Thanh Van désapprouvait en silence mes activités pour la paix, non pas parce qu'il ne la désirait pas mais parce qu'il pensait que s'occuper de développement rural était déjà une grande responsabilité. Quand je lui demandais comment il était possible de travailler au développement rural sans arrêter la guerre, il me disait que là n'était pas sa préoccupation principale.

De temps en temps, il ne pouvait s'empêcher de prononcer des mots qui me blessaient profondément. Quand je proposai que l'équipe de l'EJSS formât des moines et des nonnes de l'EBU à l'administration des affaires cléricales et à la comptabilité, pour leur donner la preuve de nos capacités et aider l'école à obtenir un statut légal, Thây Thanh Van répondit : « Non, nous n'avons rien à faire avec ces moines de haut rang. Cela me semble bizarre que vous désiriez les aider. J'aurai des soupçons à votre égard si vous persistez à vouloir venir en aide à cette Église. » Je fus profondément choquée par cette phrase si blessante. Il me suspectait de vouloir utiliser l'EJSS pour influencer les responsables de l'EBU à mon profit. Je décidai de revenir sur le sujet quand mon esprit serait plus serein mais nous étions si occupés tous les deux que nous n'eûmes jamais le temps d'en reparler. Vingt-cinq ans plus tard, au Village des Pruniers, Thây Nhat Hanh nous enseigna un « traité de paix », une méthode pour vivre paisiblement dans une communauté, mais nous ne possédions pas alors cet enseignement efficace et je regrette que tant de conflits de ce type soient restés irrésolus. En fait, après coup, je réalise maintenant, en toute sérénité, que cette phrase reflétait plutôt la rancune de Thây Thanh Van vis-à-vis de l'Église bouddhique unifiée qu'un ressentiment contre moi.

En réfléchissant à mes désaccords avec Thây Thanh Van, je me rendis compte que je devais les laisser, lui et l'EJSS, œuvrer sans moi au développement rural Cela faciliterait leurs relations avec le régime de Thieu, s'ils étaient, pendant un temps, débarrassés de moi et de mes activités pacifistes. J'admirais leur travail de développement rural, mais j'étais néanmoins, en ce temps-là, plus soucieuse d'apporter une assistance de première urgence aux affamés, aux orphelins et aux victimes de guerre dans les zones les plus dévastées. À la même époque, Thây Thanh Van et l'équipe dirigeante de l'EJSS décidèrent qu'ils n'avaient ni le temps ni l'énergie nécessaires pour organiser des équipes de secours pour venir en aide aux victimes des combats ou fournir de la nourriture ou un soulagement quelconque aux régions en guerre. Ils ne secoururent les victimes que lorsque la région autonome de notre quartier général de Phu Tho Hoa fut bombardée, et encore, ils ne s'occupèrent que des gens se trouvant sur leur propre campus. Ainsi, de 1964 à 1966, quand je dirigeai des équipes pour aller soit à Binh Long, dans la zone militaire, soit à Quang Nam, à Son Khuong et à Son Tinh, près de la piste Hô Chi Minh, je le fis au nom des étudiants de l'université Van Hanh et, après 1966, de ma propre initiative. Plusieurs étudiants de l'EJSS se joignirent à moi, mais à titre personnel, à leurs risques et périls.

Au cours de ma méditation matinale au temple Po Lin Ch'an à Hong Kong, je compris que je serais plus efficace dans ma recherche d'aide matérielle pour les comités bouddhiques locaux de secours en restant à l'étranger que je ne l'avais été au Viêt-nam, parce que je pourrais ainsi leur envoyer directement de l'approvisionnement sans avoir à attendre l'accord de Thây Thanh Van et de l'équipe de l'EJSS. Au Viêt-nam, j'avais l'habitude de collecter des fonds toute seule pour aider beaucoup de comités bouddhiques ; mais les sommes recueillies étaient plutôt maigres, aussi Thây Quang Lien m'avait proposé d'aller outre-mer pour solliciter le soutien d'organisations humanitaires.

Aussi, je me résolus à accepter la proposition de Thây Nhat Hanh de devenir son assistante. Je savais qu'il serait plus agréable et plus motivant de travailler avec Thây qu'avec qui que ce fût d'autre. Il tenait toujours compte des nouvelles idées que nous, les jeunes, lui soumettions et était en permanence d'un jugement sûr. Il traitait chacun avec beaucoup de considération. Je le croyais quand il disait qu'il avait besoin de moi, car j'avais une grande confiance en lui et j'appréciais sa sagesse. Je savais aussi qu'il ne s'attendait pas à ce que je le suive aveuglément. Nous confrontions toujours nos points de vue sur chaque problème, et il se montrait toujours ouvert à mes propositions.

J'étais aussi persuadée que la paix et le développement rural étaient indissociables. Si l'équipe de l'EJSS voulait agir seulement dans les régions en paix, ils pouvaient le faire sans moi. D'ici, je pouvais recueillir des fonds aussi bien pour l'EJSS que pour les comités de secours bouddhiques des quarante-deux provinces du Viêt-nam. En tant qu'assistante de Thây Nhat Hanh, le représentant de l'Église bouddhique unifiée à l'étranger, je pouvais librement venir en aide financièrement aux régions dévastées de mon pays. En informant les gens à l'Ouest de la véritable situation du Viêt-nam, je pourrais secourir tous mes amis sur place, y compris Bac Sieu, ce bodhisattva qui, depuis cinquante ans, se rendait à vélo dans les endroits les plus reculés autour de Hué pour apporter aux nécessiteux du riz et des soins. Et je pouvais aider spirituellement chacun de mes amis en service au Viêt-nam en rapportant à Thây les aspirations profondes de chacun et en invitant Thây à les inspirer par ses écrits et ses enseignements. Je pouvais aussi donner à Thây tous les détails sur la situation de chaque personne afin qu'il pût lui prescrire le bon « remède » de sa manière si douce, si régénérante et si compassionnée.

J'arrivai à prolonger mon visa à Hong Kong de deux semaines, et à aller au Japon avec un visa touristique de trois mois. Je sollicitai alors un visa pour la France. L'ambassade de France m'avertit que cela pouvait prendre de trois à six mois. À la même époque, je travaillais dans une imprimerie. Mon désir le plus cher était, lors de mon retour au Viêt-nam, de créer une imprimerie pour aider l'EJSS. J'appris beaucoup sur la quadrichromie durant ces quelques mois. Mon visa touristique me fut accordé le 29 décembre 1968. Deux semaines plus tard, je m'envolais pour la France.

Travailler pour la paix

1969-1975

CHAPITRE 13

La délégation de paix de l'EBU

Séance de prières pour la paix à Paris et rassemblement à Fontainebleau

En 1968, à Paris, débuta, entre les superpuissances, une conférence sur la paix au Viêt-nam qui, cinq ans plus tard, déboucha sur les accords de paix de 1973. Il y avait quatre délégations principales : celle de la République démocratique du Viêt-nam (les communistes du Nord), celle de la République du Viêt-nam (les nationalistes du Sud), celle du Front national de libération (composée principalement de dissidents sud-vietnamiens alliés d'Hanoi[1]), et celle des États-Unis. La République populaire de Chine, l'URSS, la France et le Royaume-Uni en étaient les coorganisateurs et les observateurs.

En 1969, les étudiants de Thây Nhat Hanh, de l'Association des bouddhistes vietnamiens d'outre-mer, organisèrent un rassemblement pour exposer le point de

1. En déclarant que toute personne qui n'était pas pro-nationaliste était communiste, les États-Unis contraignirent les partisans d'une voie alternative plus modérée à rejoindre le FNL.

vue des paysans vietnamiens qui n'étaient pas représentés à la conférence des superpuissances. Nous demandâmes au ministère français des Affaires étrangères l'autorisation d'organiser une conférence internationale de quatre jours à Paris. Il refusa, arguant du fait que la France, en tant que pays hôte de la conférence officielle, serait critiquée par les quatre délégations si elle permettait la tenue d'une telle conférence. Nous répondîmes au ministre que nous tiendrions alors cette réunion dans une autre capitale européenne en invitant des représentants célèbres des Églises et des mouvements pour la paix, ce qui ne manquerait pas d'attirer la presse. S'il nous était demandé pourquoi ce rassemblement n'avait pas lieu à Paris, nous révélerions alors que c'était à cause du refus du gouvernement français. Réalisant que cela pouvait ternir l'image de la France, le ministère des Affaires étrangères accepta un compromis. Il nous permettait d'organiser notre rassemblement (et non une conférence de presse) à condition qu'il ne se tînt pas à Paris.

Nous essayâmes de trouver un endroit à l'extérieur de Paris pour ne pas embarrasser le gouvernement français, et deux diplomates français sympathisants de notre cause s'arrangèrent pour que nous tenions notre assemblée à Fontainebleau. Ils fournirent aussi des visas d'entrée à des bouddhistes vietnamiens venant de huit autres pays pour qu'ils se joignent à notre rencontre[1].

---

1. Les organisateurs de la conférence étaient le Dr Nguyen Var Huong, M. et Mme Vo Van Ai, le Dr Ta Hue Chau, M. Chinh Ba, mon frère Nghiep et moi-même Mary Emeny, Penelope Faulkner et Raphaël Ruiz nous apportèrent leur aide. Parmi les moines participants, il y avait Thich Thien Thang, Thich Phap Kien, Thich Thien Qua, Thich The Tinh, Thich Chon Hoa, Thich Tri Quang, et Thich Minh Tam.

Le 8 juin, la veille de la conférence, six cents amis nous rejoignirent à l'hôtel du palais du Quai d'Orsay à Paris, tout près du ministère des Affaires étrangères, pour une « Prière pour la Paix ». Comme ce rassemblement n'était ni notre assemblée générale ni une conférence de presse, les autorités ne pouvaient rien nous reprocher. Pour commencer la réunion, les moines invitèrent un concert de tambours et de cloches à sonner suivant le mode traditionnel, en trois séries de coups annonçant le début d'une cérémonie, puis cinq cents bouddhistes vietnamiens chantèrent cette prière, écrite par Thây Nhat Hanh.

Prière pour la Paix

Dans toute sa magnificence, assis sur une fleur de lotus,
se trouve le Seigneur Bouddha, calme et ferme.
Votre humble disciple,
serein et au cœur pur,
formant une fleur de lotus de ses deux mains,
se tient face à vous plein de respect
et vous offre cette prière de tout son cœur :
Hommage aux bouddhas des dix directions.
S'il vous plaît, soyez compatissants envers nos souffrances.
Notre terre est en feu depuis vingt ans.
Déchirée, elle est imprégnée des larmes
du sang et des squelettes des jeunes et des vieux.
Les mères pleurent des larmes sèches
alors que leurs fils pourrissent dans des champs éloignés.
La beauté d'un tel pays s'est évanouie, seuls coulent le sang et les larmes.

Des frères s'entre-tuent
pour des promesses étrangères.
Hommage aux bouddhas des dix directions.
Grâce à votre amour pour tous,
vous aurez de la compassion pour nous.
Aidez-nous à nous souvenir que nous sommes une seule famille, le Nord et le Sud.
Aidez-nous à ranimer la compassion et la fraternité dans nos cœurs,
et faites de nos intérêts divergents
une tolérance aimante envers tous.
Puisse votre compassion nous aider à oublier notre haine.
Puisse l'amour du bodhisattva Avalokiteshvara
faire renaître les fleurs sur notre terre natale.
Humblement, nous vous ouvrons nos cœurs,
afin que vous nous aidiez à transformer nos actes
et à arroser les fleurs de notre esprit.
Grâce à votre compréhension profonde, faites
que nos cœurs resplendissent.
Hommage à Sakyamuni Bouddha
dont les vœux et l'amour nous inspirent.
Je suis résolu à ne cultiver que des pensées
qui accroissent l'amour et la confiance,
à n'utiliser mes mains que pour accomplir des actions
qui renforcent la compréhension mutuelle,
à n'employer que des paroles
harmonieuses et constructives.
Puisse le mérite de cette prière
amener la paix au Viêt-nam.
Puisse chacun de nous réaliser cette profonde aspiration.

Après ce chant, je me rendis compte que des centaines de personnes avaient les yeux pleins de larmes. Parmi les personnalités présentes, il y avait Hannes de Graaf, un théologien hollandais très connu ; Heinz Kloppenburg, un pacifiste allemand de renom international ; Alfred Hassler, président du Comité international de réflexion sur le Viêt-nam et du Mouvement international pour la réconciliation (MIR) ; Danilo Dolci, un des célèbres dirigeants non violents de la lutte contre la mafia siclienne ; Philip Noel Baker, prix Nobel de la paix, venant de Grande-Bretagne ; Jean Goss Mayr, président honoraire du MIR ; et aussi plus de cinq cents bouddhistes vietnamiens vivant en Europe. Les autorités françaises essayèrent d'empêcher la venue de la presse à cette réunion de prière et à notre conférence de Fontainebleau, mais la présence de tant de personnalités connues attira des douzaines de reporters qui écrivirent de remarquables articles sur ces bouddhistes qui parlaient au nom de la majorité silencieuse du Viêt-nam. Lors de ce rassemblement fut créée la Délégation de paix de l'Église bouddhique unifiée du Viêt-nam à Paris. Thây Nhat Hanh fut nommé président de cette délégation par l'Église bouddhique unifiée du Viêt-nam.

Un très humble bureau dans les bas quartiers de Paris

Dès le début de mai 1970, j'assistai Thây dans les tâches administratives de la Délégation de paix de l'Église bouddhique unifiée du Viêt-nam à Paris. Nous louions un petit bureau dans un quartier pauvre du XVIIIe arrondissement de Paris, où je travaillais et je vivais. À partir de cet humble bureau, nous faisions de notre mieux pour tenir informés des milliers de gens des préoccupations et des désirs du peuple vietnamien. Nous éditions et publiions une lettre d'information en anglais, français et en vietnamien, *Le Lotus*, qui était traduite dans d'autres langues par des amis dans toute l'Europe et dans plusieurs États des États-Unis.

Ce fut une des périodes les plus extraordinaires de ma vie. Il y avait beaucoup de visiteurs, tous des gens très bons, qui se sentaient sincèrement concernés par les souffrances de la guerre du Viêt-nam. Nous entretenions une correspondance nombreuse et émouvante. Nous avions partout des amis, dans le milieu des pacifistes, des journalistes, des jeunes gens, des personnes âgées, des étudiants, des travailleurs. Bien que les nouvelles de bombardements et de destructions soient décourageantes, nous avions, par contre, des centaines d'amis et, grâce à ces personnes clés, des milliers de bénévoles dans différentes parties du monde qui menaient à bien ce travail de communication. De plus, je donnais des cours particuliers de mathématiques à des lycéens, un après-midi par semaine, et Thây avait un cours sur l'histoire du bouddhisme au Viêt-nam, deux fois par semaine, à la Sorbonne et à l'École pratique des hautes études, afin de gagner suffisamment pour vivre.

Plusieurs journalistes européens vinrent à notre bureau, et beaucoup nous conseillèrent de trouver un meilleur emplacement afin que l'on prît la Délégation de paix de l'Église bouddhique plus au sérieux. Malgré cela, ils écrivirent d'excellents articles sur notre travail en faisant des compliments sincères sur notre mode de vie modeste et simple dans un quartier très pauvre de Paris mais qui ne manquait ni de dignité ni de beauté, et qui avait poussé des organisations internationales à aider nos projets pour le Viêtnam.

Avant mon arrivée à Paris, la presse française ne publiait que rarement des informations sur les bouddhistes vietnamiens. Ils s'appuyaient sur les Nord-Vietnamiens et les membres du FNL pour avoir des renseignements. J'étais certaine que des journaux connus comme *Le Monde* devaient avoir des journalistes sérieux et honnêtes et que, s'ils imprimaient uniquement ce qu'ils apprenaient par les partisans du Viêt-nam du Nord, c'était parce qu'ils ne nous comprenaient pas. Aussi, un jour, malgré l'avis défavorable de certains amis, je me rendis au siège du *Monde*. Je passai la porte timidement, en tenant à la main un article que j'avais écrit sur mes années de travail pour la paix au Viêt-nam. Je parvins à avoir une brève conversation avec le journaliste Jacques de Cornoye. Notre entretien dut beaucoup le frapper car, une semaine plus tard, il m'appela pour m'avertir qu'il souhaitait publier mon reportage dans le mensuel *Esprit*, et, depuis ce jour, tout ce que j'envoyai au *Monde* fut lu avec attention et repris dès que possible.

Ethelwyn Best, une dynamique Anglaise de soixante-dix-huit ans, membre du Service civil international, vint se joindre à nous au bureau de Paris[1]. Je l'avais rencontrée en 1967 alors qu'elle voyageait entre le Viêt-nam et Hong Kong, et qu'elle apportait des médicaments pour les projets de développement des villages pionniers de l'EJSS. Ethelwyn m'aida beaucoup améliorer mon anglais. Quand elle décida de rester travailler avec nous pendant un an, je louai une chambre plus grande à Maisons-Alfort, en banlieue, juste en bas de la rue où Thây Nhat Hanh vivait avec Nguyen Hoang Anh, un ancien moine novice venant du Viêt-nam. Tous les quatre, nous cuisinions et mangions ensemble tous les matins puis nous allions à notre bureau dans le nord de Paris.

Une chanson pour désamorcer le stress

De Maisons-Alfort au quartier de la Goutte-d'Or dans le XVIIIe arrondissement, je passais des heures dans les embouteillages. Thây se rendait compte que

---

1. D'autres personnes nous aidèrent également. Marthe de Venoge, une Française merveilleuse, traductrice professionnelle, nous assista pour certains de nos travaux éditoriaux en français. La doctoresse Cao Thi Dung, une vieille amie du temps du lycée français Marie-Curie de Saigon, travailla aussi aux éditions en français, et le Dr Nguyen Van Huong qui s'occupait de l'Association des bouddhistes vietnamiens d'outre-mer en France. La doctoresse Ta Hue Chau qui était aussi une amie et une camarade de classe au lycée Marie-Curie, Tran Quang Hai, un musicien talentueux, et sa femme, Tran Thi Hang, et mon frère Nghiep nous aidèrent de tout leur cœur à traduire les documents sur les orphelins que nous recevions du Viêtnam, et payèrent une partie du loyer du bureau et des frais généraux.

ceux-ci et la réception quotidienne de rapports alarmant sur le Viêt-nam me rendaient de plus en plus nerveuse mais il gardait aussi à l'esprit que les travailleurs sociaux restés au pays avaient à faire face à des événements incomparablement plus dangereux. Il composa alors une chanson pour nous aider à rester en contact avec les infinies merveilles de la vie afin de retrouver notre équilibre :

VINGT-QUATRE NOUVELLES HEURES

En me réveillant ce matin, j'ai aperçu le ciel bleu.
J'ai joint les mains en remerciement
des nombreuses merveilles de la vie,
et d'avoir vingt-quatre nouvelles heures devant moi.
Le soleil se lève.
La forêt devient ma conscience
baignée dans la lumière du soleil.
Je me promène à travers les champs de tournesols.
Des dizaines de milliers de fleurs se tournent
vers l'est pour me faire signe.
Ma conscience est comme le soleil.
Mes mains sèment des graines pour la prochaine récolte.
Mon oreille est pleine du frémissement de la marée montante.
Dans le ciel magnifique, les nuages se rassemblent
avec joie, venant de toutes les directions.
Je vois les étangs pleins de lotus odorants
de ma terre natale.
Je vois les cocotiers le long des rivières.

Je vois les rizières s'étendant à l'infini,
se réjouissant du soleil et de la pluie.

La Terre Mère nous donne la coriandre, le basilic,
le céleri et la menthe.
Demain, les collines et les montagnes du pays
seront à nouveau vertes.
Demain, les bourgeons de la vie s'épanouiront
vivement.
La poésie populaire sera aussi douce que les chansons
d'enfants.

Pierre Marchand et le Comité pour les enfants du Viêt-nam

Un jour, en 1972, après une de mes conférences données à Paris sur la guerre et sur nos actions non violentes et humanitaires, un jeune Français très timide vint me serrer la main et me dit : « Vos paroles m'ont beaucoup ému et j'ai décidé de faire quelque chose. » Je l'invitai à venir à notre bureau et, le lendemain, je le vis arriver avec une rose à la main pour moi. Il se présenta. Il s'appelait Pierre Marchand et avait dix-sept ans. Nous eûmes une discussion fort agréable ; je lui montrai des photos d'orphelins et lui racontai en détail notre travail. Il émit l'idée d'organiser un concert pour collecter de l'argent pour les orphelins et il dressa immédiatement une liste d'une douzaine de chanteurs. Je ne pensais pas qu'un concert pourrait nous rapporter beaucoup d'argent pour une telle œuvre mais, ne voulant pas le blesser, je lui répondis :

« S'il vous plaît, faites ce que vous pouvez. Nous serons toujours heureux de compter sur votre aide. »

Quelques semaines plus tard, il revint et annonça que tous les chanteurs de sa liste avaient donné leur accord. Il avait besoin de 3 000 francs français pour louer une grande salle de concert. 3 000 francs étaient une grosse somme pour nous. Nous ne disposions que de 25 francs par mois pour nourrir un enfant affamé au Viêt-nam. Si nous devions dépenser 3 000 francs juste pour la location d'un auditorium, comment allions-nous couvrir le montant de cette dépense en collectant de l'argent pour les enfants affamés ? Mais Pierre dit : « Je suis sûr que nous y arriverons. Nous pouvons gagner jusqu'à 5 000 francs. » Je lui donnai les noms de quelques amis susceptibles de lui prêter cet argent. Il arriva à rassembler la somme nécessaire et nous louâmes l'auditorium.

Je savais qu'en agissant ainsi nous serions endettés et que nous perdrions notre crédibilité si peu de gens se déplaçaient. Aussi, Pierre et moi imprimâmes des centaines d'affiches, et nous parcourûmes les rues de Paris sous une pluie hivernale glaciale et sous la neige pour les coller. Quelques jours plus tard, nous nous aperçûmes que nos affiches avaient été recouvertes par celles de quelqu'un d'autre, et nous revînmes en mettre d'autres. Plus la date du concert approchait, plus nous devions recommencer, presque chaque nuit. Beaucoup d'amis me reprochaient de perdre mon temps de cette façon, mais je leur répondais que tout travail a son importance à condition de l'effectuer dans la joie, dans la paix et en pleine conscience. À force de nous côtoyer, Pierre et moi devînmes de bons amis. Il savait pouvoir compter sur mon engagement et j'avais foi en sa loyale persévérance.

Le jour du concert, je n'en crus pas mes yeux ! Deux mille jeunes Français remplissaient l'auditorium et un millier d'autres à l'extérieur demandaient à rentrer. Pierre n'avait pas beaucoup de monnaie, aussi il avait établi un prix d'entrée très bas. Les chanteurs invités étaient très célèbres comme Nana Mouskouri, Claude Nougaro et Graeme Allwright. À l'ouverture des portes, nous laissâmes entrer ceux qui étaient encore dehors pour 10 francs chacun. Ce fut une soirée très réussie. Nous dûmes ouvrir les portes et les fenêtres pour l'aération et pour les spectateurs supplémentaires. Nous fîmes un profit de plus de 170 000 francs ! Graeme Allwright devint un ami et un partisan de notre cause. Après ce premier concert, il continua à collecter de l'argent pour les orphelins vietnamiens en chantant à travers toute la France. J'écrivis une lettre au père de Pierre Marchand pour faire l'éloge de la capacité d'amour, de la délicatesse et du talent de son fils pour collecter des fonds pour les orphelins. Je ne savais pas que le père de Pierre était un riche industriel qui espérait que son fils devînt un homme d'affaires. Il me répondit en me menaçant de me poursuivre pour détournement de mineur. Pierre avait alors dix-huit ans, et, à cette époque, en France, un jeune homme était majeur à vingt et un ans. Nous étions tous très attristés, et surtout Pierre. En le regardant avec tendresse, Thây Nhat Hanh lui donna la médaille que le pape Paul VI lui avait offerte en 1966. Étant catholique, Pierre en fut si ému qu'il déclara : « Grâce à cette médaille, j'aurai assez de force pour surmonter toutes les difficultés. À partir d'aujourd'hui, je n'aurai plus peur de quoi ni de qui que ce soit, et je consacrerai ma vie au service des autres. »

Et c'est ce qu'il fit. D'abord, il créa un comité de soutien aux orphelins vietnamiens appelé le Comité pour les enfants du Viêt-nam. Plus tard, ce nom fut changé en Partage avec les enfants du tiers-monde et est devenu une importante association caritative en France. En 1992, Partage récolta 60 millions de francs pour les enfants affamés d'une douzaine de pays dans le monde.

Alfred Hassler et la « Grande Unité »

Alfred Hassler était un des plus fervents soutiens de la lutte non violente des bouddhistes du Viêt-nam. À la suite de la tournée de conférences de Thây aux États-Unis en 1966, Alfred organisa sa venue en Europe, en Asie, en Australie et en Nouvelle-Zélande. Il proposa à Thây de préparer une édition anglaise de *Viêt-nam : Lotus dans une mer de feu* pour faire connaître aux gens de l'Ouest notre culture et la façon dont la guerre du Viêt-nam était vécue de l'intérieur. Finalement, quarante mille exemplaires de la version anglaise furent vendus, et elle fut traduite en douze langues. Plusieurs personnes nous confièrent que c'était le livre le plus important qu'ils avaient lu pendant la guerre. Alfred écrivit aussi *Saigon USA*, racontant ses souvenirs de collaboration avec les bouddhistes au Viêt-nam. Il nous apporta son appui total pendant de nombreuses années, nous aidant à réaliser plusieurs des idées de Thây concernant la paix. Une d'entre elles s'appelait *Dai Dong*, un projet de protection de l'environnement. En ce temps-là, en 1970, peu de gens se préoccupaient de la pollution ou de sauver la planète.

La première réunion à propos de Dai Dong se déroula en dehors de Paris, dans la petite chambre de Thây à Maisons-Alfort. Nous étions cinq : Thây, Alfred, la secrétaire d'Alfred, Dorothy Murphy, Ethelwyn Best et moi-même. Nous avions choisi le nom Dai Dong, « Grande Unité », pour faire prendre conscience aux gens que nous n'avions qu'une seule Terre et que si nous n'apprenions pas à y vivre ensemble, elle mourrait, et nous aussi. Nous créâmes un drapeau Dai Dong composé de fleurs et de visages d'enfants[1]. Le second rassemblement de Dai Dong eut lieu à Menton, en 1971. Six biologistes célèbres, dont Pierre Lépine, rédigèrent un appel appelant l'humanité à prendre soin de la planète. J'étais la plus jeune personne présente et la moins diplômée en biologie, mais les participants apprécièrent la façon dont je décrivis comment la guerre détruisait l'environnement. Trois mois après la rencontre de Menton, des ramifications

1. Un jour, Alfred et Thây Nhat Hanh rendirent visite à une riche donatrice pour lui demander de l'aide pour le projet Dai Dong. Pendant leur entretien, cette femme posa une question à Thây à propos de la réincarnation, en espérant que celui-ci confirmerait ses idées à ce propos. Au lieu de cela, Thây se référant à l'enseignement bouddhique sur l'interdépendance répondit : « S'il n'y a pas de soi, qu'est-ce qui va se réincarner ? » Apparemment, sa réponse fit perdre à Alfred une généreuse donation, mais les deux amis s'en amusèrent beaucoup, ne regrettant pas du tout la réplique franche de Thây.

de Dai Dong furent créées en Angleterre, en France, en Allemagne, en Norvège, au Danemark, en Hollande, en Suisse, en Australie, en Nouvelle-Zélande et aux États-Unis. Nous recueillîmes plus de cinq mille signatures de scientifiques influents de toute la planète afin de lancer un appel aux gouvernements du monde pour le respect de l'environnement.

L'année suivante, en juin 1972, les Nations unies organisèrent une conférence sur l'environnement à Stockholm. Nous convoquâmes de notre côté une conférence parallèle, aussi à Stockholm, pour donner aux écologistes et aux autres une occasion de s'exprimer sur des sujets qui ne seraient pas abordés durant la réunion de l'ONU. La moitié à peu près des participants à notre rassemblement assistaient aussi à la conférence de l'ONU. Thây et moi étions présents, mais notre joie de participer à cet événement fut assombrie quand nous apprîmes que Thây Thanh Van, notre cher ami et directeur de l'EJSS, avait été tué par un camion militaire conduit par un soldat américain ivre. Thây pleura. Thây Thanh Van était un de ses plus chers disciples.

Laura Hassler et Jim Forest

La fille d'Alfred, Laura Hassler, vint travailler avec nous de 1971 à mars 1973. Pour moi, elle était un véritable ange dans les pires situations. Elle fit un remarquable travail d'édition de mes lettres à mes amis occidentaux et elle me fit connaître la culture occidentale. Elle chantait aussi comme un oiseau et m'apprit plusieurs chansons américaines traditionnelles. Elle et

Jim Forest, un jeune Américain, écoutaient attentivement ce que je leur disais sur le Viêt-nam. Devant leur écoute pleine d'amour, d'attention et d'intérêt sincère, nous leur ouvrîmes notre cœur et partageâmes avec eux toutes nos souffrances. Jim amena un de ses bons amis, le père Daniel Berrigan, à Paris pour nous voir. Dans son premier livre, *Only the Rice Loves You*, Jim raconta ce qui lui était arrivé pendant le temps passé avec Thây Nhat Hanh et moi à la Délégation de paix de l'EBU à Paris.

À son retour aux États-Unis, Jim Forest devint un pilier du soutien à la lutte non violente des bouddhistes du Viêt-nam. Au moment crucial de la signature des accords de paix, le Mouvement pour la paix américain critiqua la position de Thây et des moines bouddhistes vietnamiens pour ne pas s'être alignés sur les positions des « opprimés », ceux d'Hanoi. À cette époque, la colère du Mouvement contre la guerre était à son comble et plusieurs de ses dirigeants s'opposèrent à notre demande d'un cessez-le-feu immédiat. Ils voulaient le retrait inconditionnel des troupes américaines, une défaite des Américains. À chaque fois qu'une délégation de pacifistes américains allait au Viêt-nam, à leur retour, nous nous attendions à une attaque verbale accusant les bouddhistes d'être proaméricains. Jim nous rapportait ces informations ; alors j'expliquais à Laura ce qui se passait exactement, et elle écrivait des lettres argumentées et convaincantes à destination de Jim pour qu'il s'en servît.

Le jour de la signature des accords, Thây Nhat Hanh était à Bangkok pour une réunion secrète avec Thây Thien Minh et Thây Huyen Quang. Laura m'apporta un énorme bouquet de fleurs et nous tombâmes dans les bras l'une de l'autre, les yeux pleins de larmes. Nous décidâmes de nous rendre avenue Kléber, là où les accords avaient été signés, pour offrir des fleurs aux quatre délégations. Quand nous y arrivâmes, il y avait tellement de monde qu'il fut impossible de les approcher. Aussi, nous retournâmes à la maison et, au nom de la Délégation de paix de l'EBU, j'écrivis des lettres de remerciement à chaque délégation. Seul Tran Van Lam, chef de la délégation nationaliste, me répondit. Thây Nhat Hanh m'envoya de Bangkok un superbe poème à propos de la paix toute récente. Dans celui-ci, il parlait de Nhat Chi Mai comme d'une « branche de prunier fleurie ».

Laura et Jim étaient tombés amoureux l'un de l'autre quelque temps auparavant mais, comme elle savait que nous avions besoin d'elle, elle resta auprès de nous autant qu'elle put. Laura en France et Jim aux États-Unis constituaient les deux extrémités du fil de soie qui nous soutenait. Cela me rappelait l'histoire de Nguu Lang, le bouvier du Royaume du Ciel, et de Chuc Nu, la tisseuse de soie, qui, selon la tradition populaire vietnamienne, tombèrent amoureux et en oublièrent leur travail. À cause de cela, le Roi du Ciel ne leur permit de se rencontrer qu'une seule fois par an, au septième mois lunaire. Laura et Jim, à cause de leur amour pour nous, se virent peu pendant l'année. Laura ne retourna aux États-Unis épouser Jim qu'après la signature des accords de paix.

En mars 1973, nous déménageâmes à Sceaux, dans la banlieue parisienne. Thây Nhat Hanh, Bui Thi Huong, Mobi Warren, Nguyen Hoang Anh, Pierre

Marchand, Neige Achiary et moi vivions et travaillions ensemble. Combien ces jours furent heureux ! Tous les jours, après une journée passée à taper à la machine, à traduire, à téléphoner et à lire le courrier, nous nous retrouvions pour dîner. Après le repas, Thây nous proposait de chanter ensemble. Parfois, il lisait aussi un de ses poèmes et Pierre le mettait en musique. Pierre appréciait tout particulièrement son poème *Recommandation*, que Nhat Chi Mai avait récité sur une cassette avant de s'immoler par le feu pour la paix. Aux environs de 21 heures, Graeme, le chanteur, et d'autres amis nous rejoignaient pour une méditation assise, puis certains amis rentraient chez eux tandis que ceux qui restaient sortaient leurs sacs de couchage pour dormir sur le tapis.

L'appartement n'avait que trois pièces. Une servait de bureau, de salle à manger, de salon, de salle de méditation, et de chambre pour Pierre et Hoang Anh. Une autre chambre était utilisée pour stocker les milliers de fichiers d'orphelins, de projets d'aide aux victimes de guerre et de noms des prisonniers détenus par les deux camps. Mobi, Bui Thi, Huong, Neige et moi dormions là. Thây occupait la bibliothèque. Après l'extinction des lumières, je m'occupais de la correspondance à destination du Viêt-nam dans la salle de bains où nous disposions d'un mimographe. Chaque matin, nous commencions la journée par une méditation assise personnelle, chacun dans un coin de l'appartement, puis par une méditation du thé avec Thây, qui était toujours un moment agréable. Les étudiants et les invités étaient sustentés par les merveilleux enseignements de Thây.

Mobi Warren était une fille de vingt ans, originaire du Texas, extrêmement intelligente et dévouée, qui s'était jointe à nous. Elle apprit le vietnamien en traduisant les documents sur les orphelins, en chantant des chansons vietnamiennes et en traduisant des nouvelles de Thây, y compris *Le Miracle d'être conscient*, une lettre aux travailleurs sociaux du Viêt-nam, qui devint plus tard *Le Miracle de la Pleine Conscience.*

En septembre 1974, le père Daniel Berrigan vint passer un mois avec nous. Thây lui laissa sa chambre pendant qu'il s'installait avec Pierre et Hoang Anh dans le salon. Un proverbe vietnamien dit : « Quand vous pensez que vous ne pouvez pas accueillir un ami, c'est parce que votre cœur n'est pas assez grand ; une maison est toujours assez grande. » Les sacs de couchage et notre camaraderie suffisaient pour loger une douzaine d'amis et plus dans notre maison-bureau de trois pièces à Sceaux.

Après son mariage avec Jim, Laura démarra un projet d'aide aux orphelins du Viêt-nam initié par le Mouvement international de réconciliation américain. Jim poursuivit son travail d'éditeur de *Fellowship*, le magazine du MIR. Après que Mobi eut traduit *Le Miracle d'être conscient,* Jim le publia immédiatement dans *Fellowship* et il reçut des centaines de lettres enthousiastes et d'appels téléphoniques louant la sagesse de cet essai. Il dut réimprimer sa revue plusieurs fois, et quelques personnes qui n'avaient pas la patience d'attendre de la recevoir par la poste vinrent la chercher en voiture.

Le moine supérieur Thây Thien Minh

En 1974, Thây Thien Minh, président de l'EBU, et Thây Huyen Quang, son secrétaire général, vinrent du Viêt-nam pour participer à un rassemblement de trois cents responsables d'Églises à Louvain, en Belgique, organisé par la Conférence mondiale des religions pour la paix (CMRP). Mobi, Thây et moi partîmes de Paris avec notre 2 CV Citroën pour les accueillir à l'aéroport de Bruxelles. Mobi et moi étions devant, les trois moines à l'arrière, trente-sept livres et quatre mille fichiers d'orphelins, que des amis du Viêt-nam avaient demandés aux deux moines de nous apporter, remplissaient le coffre. L'arrière de notre vieille 2 CV touchait les roues, produisant un grincement inquiétant, et nous dûmes nous arrêter et entasser une partie des livres sous le siège de Mobi et une autre pile sur ses genoux pour pouvoir continuer notre voyage.

Un groupe d'étudiants de Thây Nhat Hanh venant de Liège en Belgique, assista à la conférence de la CMRP pour nous soutenir, ainsi que des musiciens et des chanteurs vietnamiens. Tous les délégués semblaient apprécier notre présence, et les deux moines venant du Viêt-nam se montraient enchantés. Je ne savais pas que c'était la dernière fois que je voyais Thây Thien Minh. Il était un des meilleurs dirigeants de l'EBU – très calme, à l'esprit clair, et qui fut âpre et habile à la négociation pendant la lutte contre le régime de Diêm. Pendant le régime de Nguyen Cao Ky, en 1966, une bombe fit exploser sa voiture, et il fut grièvement blessé et incapable de marcher normalement après cela.

En 1969, Nguyen Van Thieu le fit arrêter sans raison valable, et il fut condamné à vingt ans de prison. Grâce à des pressions à l'intérieur du pays, et de l'étranger, il fut relâché en 1973, seulement quelques mois avant de nous rejoindre à la conférence. En avril 1977, il fut arrêté par les communistes et mourut en prison, le 17 octobre 1977, très probablement empoisonné.

Trois jours après sa mort, nous publiâmes un communiqué de presse. Les journalistes en Europe furent étonnés de la rapidité avec laquelle nous avions appris cette nouvelle. La presse française contacta le correspondant de l'Agence France-Presse à Hanoi qui se renseigna directement auprès du gouvernement. Les autorités de Hanoi reconnurent sa mort mais prétendirent qu'il avait été victime d'une hémorragie cérébrale et qu'il était décédé suite à celle-ci. Ils falsifièrent aussi la date et le lieu de son décès en déclarant qu'il était mort à Ham Tan le 18 octobre, et non à Hô Chi Minh Ville le 17. Ayant peur que les gens de cette ville manifestent aussi, ils transportèrent rapidement son corps à Ham Tan, un camp de rééducation éloigné dans la jungle. Thây Nhat Hanh écrivit ce poème émouvant le jour de la disparition de Thây Thien Minh :

LE LIBRE NUAGE BLANC

Je me souviens
du temps où tu étais un blanc nuage flottant
librement
là où il voulait.

*Je poursuivais moi-même mon propre chemin comme
un courant,
cherchant sa voie vers le vaste océan.*

*Tu aimais écouter le bruissement des pins
sur les hautes cimes.*

*Je me déplaçais de haut en bas
de droite et de gauche
sur la crête blanche
des vagues infinies.*

*Au spectacle de l'immense souffrance des humains,
de leurs larmes devenant des rivières,
tu devins la pluie.
Goutte après goutte, elle tombait chaque nuit d'hiver.
De blancs nuages remplissaient le ciel.
Le soleil agonisait
dans une telle obscurité.*

*Tu m'as appelé.
Tu m'as demandé
de prendre tes mains
et de créer une puissante tornade.*

*Comment ne pourrions-nous pas lutter
alors que même les fleurs dans les prairies
et l'herbe des montagnes
se lamentent sous le poids de l'injustice ?*

*Tu as levé tes bras angéliques,
résolu à briser les chaînes de violences.*

*La guerre et l'obscurité recouvrent tout.
Le noir canon du fusil – violence ultime –*

Les os entassés hauts comme des montagnes
et le sang coulant à flots comme des rivières.

Même après que tes mains furent broyées
mon ami, les chaînes n'étaient pas brisées.

J'ai appelé la puissance du tonnerre à ton côté.
Nous étions résolus à combattre la violence.

Tu étais courageux.
Pendant l'obscurité nocturne,
tu te transformais en lion
poussant un formidable rugissement.
Dans la nuit brumeuse,
des dizaines de milliers d'esprits malfaisants
entendant ton rugissement
frissonnèrent et
furent remplis de terreur.

Mais toi, sans peur,
tu n'as jamais reculé,
même quand tu faisais face
à tant de poseurs de pièges et de dangers.
Tu regardais avec calme cette violence
comme si elle n'existait pas.

La vie et la mort ? Ce ne sont que des concepts.
Comment peuvent-elles peser sur nous ?

Tu m'appelais en souriant.
Pas une seule plainte n'émanait de toi,
même sous les chaînes et sous la torture.

Maintenant tu es libre.
Les chaînes ne peuvent plus contraindre

ton vrai corps.
Tu es retourné à ta nature de blanc nuage
comme avant –
un blanc nuage
immensément libre
dans le vaste ciel.

Tu vas et tu viens –
à ton gré.
Si tu veux voir quelque chose, tu t'arrêtes simplement.

De la même façon,
je continue à chevaucher la crête des vagues,
en chantant pour toi
l'épique chanson.

L'autre délégué à la conférence de 1974 en Belgique, Thây Huyen Quang, était un des travailleurs les plus acharnés de l'EBU. En tant que secrétaire général de l'Église bouddhique unifiée du Viêt-nam, il recevait chaque jour de nombreuses lettres et requêtes, et il répondait à chacun personnellement, veillant tard et se levant tôt par amour et respect pour tous ces gens à travers le pays. Il fut arrêté en 1977 après avoir envoyé une lettre au Premier ministre Pham Van Dong, donnant une liste de quatre-vingt-six cas de violation des droits de l'homme. En compagnie de Thây Quang Do, il fut proposé pour le prix Nobel de la paix en 1978. Il fut libéré après la mort de Thây Thien Minh grâce à une forte pression internationale. En 1982, il fut exilé à Quang Ngai. De son exil, il continua à écrire à Thây en secret et chaque lettre était remplie de paroles confiantes.

Il a ensuite été emprisonné de 1994 à 2003, puis de nouveau placé en résidence surveillée. Il est décédé le 5 juillet 2008. Nous n'avons jamais pu le revoir.

Émus et admiratifs de notre réponse non violente aux actions agressives dirigées contre l'EJSS, plusieurs moines de haut rang de l'Église bouddhique unifiée voulaient renouer un contact officiel entre l'EJSS et l'EBU, mais ils ne voyaient pas encore comment. L'EBU comprenait bien un département de la jeunesse, mais ils ne savaient pas comment y intégrer l'École de la jeunesse pour le service social. L'Église ne comprenait pas de service vraiment consacré au changement social non violent, aussi les moines de haut rang se montrèrent-ils incapables de nous reconnaître officiellement sans changer la constitution de l'EBU.

Nous restâmes dans cette situation floue jusqu'au début de 1973, quand Thây Nhat Hanh rencontra les responsables de l'EBU à Bangkok, le jour de la signature des accords de paix à Paris. Ensemble, ils décidèrent que le principal projet dans lequel l'EBU pouvait investir son énergie devait être l'aide aux jeunes générations ayant souffert de la guerre et la participation à la guérison et à la reconstruction du pays. Le Comité pour la reconstruction et le développement social de l'EBU *(Uy Ban Tai Thiet Va Phat Trien Xa Hoi)* était né. Il incluait l'EJSS et quarante-deux autres comités bouddhiques d'assistance sociale de l'EBU au Sud-Viêt-nam. Des moines et des nonnes de toutes les provinces collaboraient avec nous et, en fin de compte, le Comité pour la reconstruction et le développement social (CRDS) compta dix mille travailleurs sociaux dans tout le Viêt-nam, étendant considérablement le champ d'action social de l'EJSS et coordonnant le soutien aux orphelins qui avait commencé outre-mer.

Le message que Thây et les autres moines rédigèrent à Bangkok, en mars 1973, à destination du président de l'Église bouddhique et qui fut accepté par celui-ci, était une belle requête adressée à tous les moines et à toutes les nonnes à travers le pays : « Nous espérons que vous pourrez passer quelques jours par semaine avec les enfants et les orphelins qui ont tant souffert de la guerre. » Avant 1973, les temples bouddhiques locaux pratiquaient une charité occasionnelle ou seulement une aide d'urgence aux victimes de guerre. En mars 1973, l'EBU dans son ensemble ne possédait que dix-sept centres de soins de jour. Mais après cet appel, plusieurs moines et nonnes sortirent de leurs temples et commencèrent à travailler avec les pauvres dans les villages et les bidonvilles[1]. En janvier 1975, plus de trois cents centres de soins avaient été créés par l'EBU dans tout le pays sans aide de l'étranger ! Mon rêve s'accomplissait.

---

1. Le Sud-Viêt-nam était composé, à l'époque, de quarante-deux provinces, et chacune d'entre elles avait un Comité bouddhique d'assistance caritative comprenant de cent à cinq cents moines, nonnes et jeunes bouddhistes. L'EJSS envoya une équipe de quatre à douze travailleurs bien formés au développement rural dans chaque province. Ceux-ci invitèrent, avec habileté et humilité, le clergé bouddhique local et la jeunesse à se joindre à eux pour former un courant puissant afin d'aider les victimes de guerre, les orphelins et les gens affamés, et développer des projets autofinancés de reconstruction.

CHAPITRE 14

Pèlerinage pour la paix

J'apprends l'anglais pour mieux communiquer

En 1966, je ressentis une terrible frustration. En effet, quand Thây partit pour les États-Unis en mai de cette année, je lançai un appel à la paix en tant que responsable de l'Union des étudiants. À partir de ce jour, je fus interviewée par plusieurs journalistes de nombreux pays sur la position de Thây et la nôtre. Évidemment, aucun de ceux-ci ne connaissait le vietnamien. Mon français était bon mais la plupart d'entre eux parlaient anglais, aussi un ami assurait la traduction de mes déclarations. Bien que ma compréhension de l'anglais fût limitée, je me rendais compte qu'il déformait le sens de mes propos. Quand je parlais de la souffrance des gens qui ne rêvaient qu'à l'arrêt des bombardements, il en parlait comme si les paysans rêvaient en dormant. Aussi, je décidai d'apprendre l'anglais.

Je commençai par lire les textes bilingues qu'on pouvait trouver dans les quotidiens au Viêt-nam à l'époque. Ils avaient été rédigés pour des militaires et j'apprenais des mots comme « bombardement », « mitrailleuse », etc., des mots qui, en fait, m'étaient très utiles. En lisant le texte bilingue, j'appris à faire des phrases. Deux mois plus tard, ma sœur dans le Dharma, Nhat Chi Mai, s'immolait par le feu, et je dus expliquer à la presse ce qui était arrivé. J'essayai de le faire en anglais et le reporter du *New York Times* qualifia poliment mon anglais d'« hésitant ».

Comme j'apprenais par moi-même en lisant, je ne connaissais pas l'exacte prononciation de la plupart des mots. Aussi, quand les gens avaient du mal à comprendre mes explications en anglais à cause de ma prononciation incorrecte, je devais écrire toute la phrase et la leur montrer. C'est ce que je faisais avec les journalistes. Notre amie japonaise, Masako Yamanouchi, me parlait en anglais pour m'aider à améliorer ma prononciation. Un jour, en 1968, j'entrai dans une boutique à Tokyo afin d'acheter un élastique afin de confectionner une nouvelle ceinture pour mon pantalon. J'écrivis le mot « élastique » sur un morceau de papier et puis je fis le geste de tirer d'avant en arrière sur la ceinture de mon pantalon pour me faire comprendre. C'était très drôle, mais je n'avais pas de complexes.

En 1969, quand je vins en Occident pour aider Thây et la Délégation de paix de l'EBU, j'eus à voyager à travers l'Europe et l'Amérique du Nord pour défendre la cause de mes compatriotes. Thây m'assura que je serais capable de faire mieux comprendre la souffrance causée par la guerre si je parlais directement aux gens, sans traducteur. Il me dit qu'il m'apprendrait l'anglais en utilisant les journaux comme manuel d'enseignement et qu'après avoir lu une dizaine d'articles, je pourrais donner des conférences en anglais. Aussi, un jour, Thây et moi, nous nous installâmes dans notre petit bureau au nord de Paris et je commençai à lire à haute voix l'*International Herald Tribune.* Le premier article faisait quatre colonnes et je lus à haute voix chaque phrase. Je prononçais mal pratiquement tous les mots, mais Thây me corrigea à chaque fois. Puis je recopiai les mots difficiles. À la fin du deuxième article, ma prononciation était devenue bien meilleure.

Je n'eus jamais le temps de lire le troisième article. Je dus partir pour la Grande-Bretagne et la Suède. Au Royaume-Uni, je m'aperçus qu'ils prononçaient l'anglais différemment de la façon dont Thây me l'avait enseigné, y compris d'une région à l'autre. La prononciation variait grandement à Birmingham, en Écosse et au pays de Galles. Il y avait tant de variétés d'anglais ! La semaine suivante, je me rendis en Scandinavie, et chaque pays – Norvège, Danemark. Suède – avait aussi sa propre prononciation de l'anglais. Je fis de mon mieux, continuant à le prononcer d'une manière plus ou moins française en essayant de le faire ressembler à de l'anglais.

Après cela, j'allai aux États-Unis et je participai à un certain nombre d'émissions radiophoniques et télévisées en direct. J'avais du mal à comprendre les questions des intervenants. Même quand le public était présent et que les gens m'interrogeaient directement, je ne les comprenais pas. Ils parlaient tous si rapidement ! Aussi le Mouvement international de réconciliation américain me délégua une personne qui se tenait près de moi et reformulait les questions dans un anglais plus simple. Ainsi, je pouvais répondre. Partout où j'allais, je parlais avec mon cœur et les gens me laissaient le bénéfice du doute.

En plus de la Grande-Bretagne, de la Scandinavie et des États-Unis, je dus aller en Italie, en Belgique, en Hollande, en Suisse, en Allemagne et dans plusieurs autres pays pour représenter la cause des victimes au Viêt-nam. Je restais concentrée sur mon objectif en portant en moi quotidiennement l'image de ma sœur dans le Dharma, Nhat Chi Mai. Je savais que je pouvais participer à la réalisation de son rêve en me rendant partout où je pourrais parler en faveur de la paix et de la réconciliation.

Danilo Dolci, Carlo Levi et Marchiano Graziella

En août 1969, Danilo Dolci m'invita à Palerme pour assister à un séminaire destiné aux travailleurs sociaux engagés dans un travail de développement en Sicile. La réunion se termina par une grande manifestation contre la Mafia organisée par Danilo. À Palerme, je rencontrai le sénateur Carlo Levi et deux journalistes, André Romus de la Radio-Télévision belge et Eliza Calzavara de la Radio-Télévision italienne. À Rome, je les vis tous les trois à nouveau, ainsi qu'André Gillet et Margrit Witwer, du Mouvement chrétien pour la paix (MCP). Je leur racontai les souffrances du peuple vietnamien et, devant leur grand intérêt, nos discussions durèrent des heures.

Le sénateur Carlo Levi, écrivain et peintre italien de renom, m'invita à venir chez lui pour faire un portrait de moi. Je lui rendis visite mais sans accepter d'être portraiturée. Plus tard, des amis me reprochèrent d'avoir refusé son offre car, d'après eux, j'aurais pu vendre ce tableau à un bon prix pour aider les enfants qui avaient faim. À la Radio-Télévision italienne, grâce aux reporters Eliza Calzavara et Marchiano Graziella, je participai à l'émission *Chaque semaine, une personnalité, une vie* où je pus parler aux Italiens du Viêt-nam et de ma propre histoire. Grâce à André Gillet et à Margrit Witwer. je fus aussi invitée à m'adresser à la conférence internationale du Mouvement chrétien pour la paix (MCP), à Frascati, en Italie, à laquelle assistaient des représentants des trentre-trois bureaux du MCP en Europe, en Asie, en Afrique et en Australie. Où que j'aille en Italie, j'entendais les gens chanter, aussi je leur fis connaître quelques chansons traditionnelles du Viêt-nam. Mais le moment le plus important de ce voyage fut la rencontre des cinq premiers « cèdres » de l'Ouest.

En Belgique, André Romus s'arrangea pour que je m'exprime à la radio-télévision et devant la presse, et André Gillet s'organisa pour que je m'adresse au Comité de lutte pour l'amélioration de la société belge par des moyens non violents, qui comprenait mille hommes d'église. Les quotidiens belges *Le Soir* et *La Cité* publièrent de longs et excellents articles. Par la suite, je revins à de nombreuses reprises en Belgique pour des conférences et des rencontres.

Hebe Kohlbrugge, Margrit Witwer et les bodhisattvas chrétiens

En novembre je fus invitée par Hebe Kohlbrugge pour une tournée de conférences dans les collèges chrétiens des Pays-Bas afin de collecter des fonds pour les enfants et les victimes de guerre au Viêt-nam. Hebe était à la tête du département de travail social de l'Église réformée de Hollande. Plus que tout autre personne en Occident, elle comprit notre situation rapidement et en profondeur. Pendant la Seconde Guerre mondiale, alors qu'elle n'était qu'une jeune fille d'un peu plus de vingt ans, Hebe avait sauvé du joug des nazis des milliers de juifs en Allemagne et en Hollande. Après avoir rencontré Thây, elle promit son soutien total aux bouddhistes du Viêt-nam, allant même à l'encontre de la volonté de son Église qui ne voulait appuyer que les travailleurs sociaux européens protestants au Viêt-nam. Quand le ministre des Affaires étrangères de Hollande refusa de nous rencontrer, Hebe lui renvoya toutes les médailles et certificats que le gouvernement des Pays-Bas lui avait décernés après la Seconde Guerre mondiale, en disant : « Si vous refusez de recevoir des gens aussi merveilleux que Thây Nhat Hanh et Cao Ngoc Phuong, je préfère vous retourner tout cela. »

Les rencontres avec des chrétiens comme Jim Forest, qui était maintenant secrétaire général du Mouvement international de réconciliation à Alkmaar (Hollande), comme Hebe Kohlbrugge et Margrit Witwer, m'ouvrirent à la charité chrétienne. Dans le passé, les chrétiens européens que j'avais connus étaient ceux qui avaient converti des Vietnamiens pauvres en échange d'un peu de riz. Dorénavant, je me rendais compte que dans les cercles chrétiens occidentaux, il y avait plus de bodhisattvas que dans les milieux bouddhistes. La merveilleuse authenticité de personnes comme Hebe, Jim ou Margrit transcendait les notions de « chrétien » et de « bouddhiste ». En Hollande, je donnai des conférences à l'Académie des sciences sociales de Driebergen, à l'université de Groningue, à l'université d'Utrecht, au conseil du comté de Zeist, à l'Institut théologique d'Amersfoort, à l'université de Rotterdam, et je recueillis de l'argent pour les enfants et les victimes de guerre au Viêt-nam.

Des journalistes de la télévision hollandaise, venus à notre conférence de Fontainebleau en juin 1969 pour interviewer Thây et que les autorités françaises avaient empêchés de faire leur travail, filmèrent ma conférence à Utrecht. Celle-ci, ajoutée à ce qu'ils avaient sur Thây, et aux images de l'immolation de Thây Quang Duc, leur permit de monter une émission de vingt minutes pour la télévision hollandaise. Le célèbre journal des Pays-Bas, *Trouv*, publia un long article sur notre travail en première page. Deux hebdomadaires, *Open Deur Onderweg* et *De Nieuwe Linie*, en firent de même sur notre travail pour les pauvres du Viêt-nam. Le 19 novembre 1969, je pris la parole devant le Parlement hollandais pour décrire les souffrances du peuple vietnamien. Mais par-dessus tout, le soutien et l'intérêt des Hollandais furent si grands que je dus retourner au moins deux fois par an en Hollande pour les tenir informés de la situation au Viêt-nam et des besoins des victimes de guerre.

Margrit Witwer et son Mouvement chrétien pour la paix organisèrent pour moi un tour de Suisse et je pris la parole à Berne, Zurich, Lucerne, Bâle, Fribourg, Lausanne et Genève, et aussi à la Radio-Télévision suisse. À Genève, je rencontrai le président du Conseil mondial des Églises. Où que j'aille, chacun semblait connaître et respecter Thây Nhat Hanh, et ils écoutaient le récit de mes expériences avec un grand intérêt. Un grand nombre de personnes venant d'autres pays et qui appartenaient au Conseil mondial des Églises demandèrent à leurs propres stations de radio et de télévision de diffuser la cassette de mon discours et la « voix des paysans silencieux du Viêt-nam » fut entendue à travers tous les pays francophones du monde, y compris dans plusieurs pays d'Afrique.

Mon voyage en Suisse eut lieu juste trois semaines avant Noël et la paix, la richesse et le luxe de ce pays à cette époque de l'année si merveilleuse me remplissaient de chagrin. Comment le monde pouvait-il être si injuste ? Les paysans vietnamiens ne demandaient pas grand-chose pour être heureux – juste la clarté de la lune, de l'air pur, des chansons et les odeurs d'une nouvelle récolte. Nos aspirations étaient simples mais les bombes continuaient à tomber sur notre terre désespérée pendant que je traversais une sorte de royaume magique.

Je m'adressais à autant de gens que possible et je parlais à chacun de tout mon cœur. Bien que le nombre de personnes se joignant à notre lutte pour mettre fin à la guerre s'accrût chaque jour, je savais que je devais me montrer patiente. Je me rendais compte que de nombreux jours et même plusieurs mois passeraient avant que les peuples du monde cessent de se battre et construisent leurs vies sur l'amour et la compréhension. Alors que je parlais, le sang et les larmes continuaient de couler. Parfois, je donnais sept ou huit conférences dans la journée ! Les gens qui organisaient ces rencontres n'étaient guère fortunés et devaient parfois dépenser une partie non négligeable de leurs revenus mensuels pour louer une salle. Certaines personnes s'inquiétaient que je ne me fatigue trop et voulaient réduire le nombre d'engagements, mais je les rassurai. Je n'avais pas peur de m'épuiser. Je devais parler. Dans mon pèlerinage pour la paix, je voyageais avec les seules photos de Nhat Chi Mai et des enfants martyrs du Viêt-nam. Je savais que je devais vivre et mourir avec ces images, en travaillant pour le jour où tous les enfants du monde pourraient chanter et jouer en paix.

En 1970, je me rendis en Angleterre et m'entretins avec l'archevêque de Coventry, lord Philip Noel Baker, et plusieurs représentants du Parlement. Je passai aussi à la radio à de nombreuses reprises. *Peace News*, un excellent bimensuel pacifiste fondé pendant la Seconde Guerre mondiale, parla abondamment des actions des bouddhistes vietnamiens ; et l'Internationale des résistants à la guerre, un autre groupe pacifiste, nous apporta son soutien total. Je fus invitée par Devi Prasad à m'adresser à la conférence trisannuelle de ce mouvement et, après cela, je retournai en Angleterre tous les ans. Tous mes voyages dans ce pays furent organisés par le révérend David Harding du MIR britannique.

Après cette première visite, j'aidai à la mise en place d'un groupe appelé Une Troisième Voie pour le Viêt-nam pour réimprimer notre lettre d'information et la faire circuler parmi nos milliers d'amis britanniques. Cette association trouva aussi mille bienfaiteurs qui donnaient chacun deux livres et demie par mois pour aider un enfant affamé du Viêt-nam. Les responsables étaient de généreux et dévoués professeurs de l'enseignement secondaire. Je découvris alors la tradition de générosité du Royaume-Uni. Chaque ville et chaque village semblaient avoir un groupe humanitaire créé par un individu, comme le Comité contre la famine Huddersfield, ou par une branche d'une plus grande organisation comme Oxfam. En 1968, Oxfam avait été la première association humanitaire à accorder un don généreux à l'École de la jeunesse pour le service social. Plus tard, Aide chrétienne, Sauvez les enfants et Secours aux personnes âgées soutinrent des projets des bouddhistes du Viêt-nam.

Pendant ma première année en Occident, en même temps que mon anglais s'améliorait, un grand nombre d'expériences me révélaient combien était large le fossé culturel entre l'Occident et l'Orient. Après mon discours à Heidelberg, plus de trois cents Allemands commencèrent à taper bruyamment du poing sur les tables et j'eus très peur. J'appris plus tard que c'est la façon allemande d'applaudir. Une autre fois, en Allemagne, après six réunions d'affilée, j'arrivai chez les gens chez qui je devais séjourner, et mon hôtesse me demanda si je désirais du riz au dîner. Je répondis par l'affirmative, et tout ce qu'elle me servit fut un bol de riz blanc tandis que le reste de la famille mangeait des raviolis avec de la sauce tomate, de la salade et du fromage. Un repas composé seulement de riz blanc est équivalent à une tranche de pain sans beurre. Au pays de Galles, un après-midi, à 17 heures, quand mon hôte me proposa un thé, je déclinai l'invitation en pensant que je ferais mieux d'attendre le repas du soir et de me reposer d'ici là. Mais je ne vis jamais le dîner. Au pays de Galles, la coutume veut que « prendre le thé » signifie dîner. En Suède, je fus conviée à un repas à 14 heures, une fois encore je refusai, car je venais de déjeuner dans l'avion. Mais dans ce pays, le repas du milieu d'après-midi fait office de dîner et, le soir même, je me mis au lit sans manger.

Une fois, à l'heure du repas, à notre bureau de Paris, je préparai une grande et belle omelette pour Thây, Jim Forest, Hoang Anh et moi-même. Suivant les coutumes alimentaires vietnamiennes, on sert à chaque personne un bol de riz et, pendant le repas, nous partageons l'omelette ou n'importe quel plat en prenant de petites portions de celui-ci avec nos baguettes pour les manger avec le riz. Mais Jim, ignorant cela, coupa l'omelette en quatre et prit sa part. Pensant qu'il avait grand-faim, je retournai immédiatement à la cuisine pour cuire une seconde omelette. J'appris seulement plus tard qu'en Occident chaque personne prend sa propre part de chaque plat. Ces leçons étaient importantes pour moi afin de trouver les meilleures façons de favoriser et d'encourager la compréhension mutuelle et la communication. Ce n'était pas toujours facile.

Thây Nhat Hanh aux États-Unis d'Amérique

Pendant sa visite en 1966 aux États-Unis, Thây fit une forte impression aux Américains. Il rencontra des membres de la Chambre des représentants et du Sénat et le secrétaire d'État à la Défense Robert McNamara. Il parla à la télévision nationale et s'adressa à plusieurs grandes assemblées, y compris une fois à la mairie de New York, pendant laquelle il lut des poèmes en compagnie de Robert Frost et d'Arthur Miller. Il tint beaucoup de réunions publiques et de conférences de presse. « Grâce à la présence de Thây Nhat hanh, écrivit Alfred Hassler, le nombre d'adhérents du MIR américain décupla. » En 1968, Thây retourna en Amérique du Nord et s'entretint avec le comité des Affaires étrangères du Sénat canadien et avec le secrétaire général des Nations unies, U Thant, pour exposer le point de vue bouddhique sur la guerre du Viêt-nam. En mai 1971, il accepta une invitation des sénateurs George McGovern, Clairborne Pell et Birch Baye pour s'adresser à un grand rassemblement de membres du Congrès, et puis il fit le tour des États-Unis pendant cinq semaines et rencontra plusieurs personnalités religieuses et politiques.

De 1966 à 1968, Thây avait établi de profondes amitiés avec un certain nombre d'acteurs du changement social ayant une assise spirituelle, comme Martin Luther King Jr., Thomas Merton, Daniel Berrigan, Dorothy Day, Joan Baez et Jim Forest. Mais, en 1970, nous nous rendîmes compte que le Mouvement américain pour la paix dans son ensemble était très récent.

Nous ne pouvions espérer que tous les travailleurs pour la paix aient la même maturité spirituelle que ces grands hommes et femmes, mais au moment où j'arrivai pour assister Thây, nous fûmes surpris de découvrir que beaucoup de personnes du Mouvement pour la paix, dépitées de voir la guerre s'éterniser, appelaient de tous leurs vœux le succès de Hanoi. Ils pensaient qu'une victoire du Nord-Viêt-nam et du FNL arrêterait la guerre rapidement. C'était extrêmement difficile à entendre pour nous qui savions les dégâts qu'une seule bombe ou une seule balle pouvaient faire. D'après notre propre expérience de la violence causée par le Nord pendant l'offensive du Têt de 1968 et d'après le livre *La Forêt de joncs*, dans lequel Doan Quoc Sy racontait combien impitoyable avait été la répression déclenchée par le gouvernement de Hanoi contre les habitants de son propre pays qui n'étaient pas communistes, nous savions qu'un succès du Nord ne signifiait pas la fin des souffrances. Nous demandions seulement un cessez-le-feu immédiat et il était choquant pour nous d'entendre de soi-disant pacifistes souhaiter une victoire d'un des deux camps.

Mon travail avec les étudiants américains

En 1970, je fis la connaissance aux États-Unis de travailleurs pour la paix dont la manière intellectuelle et parfois simpliste de traiter de la douloureuse réalité du Viêt-nam me choquait profondément. Avec beaucoup d'entre eux, de même qu'avec les représentants du département d'État aux États-Unis, j'avais l'impression de m'adresser à un mur. Il m'arriva souvent de pleurer et de me sentir complètement impuissante. Alors, je me rappelais l'enseignement du Bouddha d'après lequel la connaissance peut être un obstacle à la compréhension. Ces gens étaient si convaincus de savoir ce qui se passait au Viêt-nam qu'ils étaient peu disposés à s'ouvrir à une autre perception de la réalité. Ils s'accrochaient à l'idée que leur solution pour arrêter la guerre était la seule et ils s'avéraient incapables d'écouter d'autres propositions qui auraient pu déboucher sur la fin des souffrances, même si ces recommandations émanaient d'une personne plus au fait de la situation.

Les nombreux dirigeants du Mouvement pour la paix qui souhaitaient une victoire de Hanoi ignorèrent nos appels pour un cessez-le-feu immédiat et leur firent barrage. Les organisateurs de la marche du Memorial Day de 1971 à Washington, par exemple, refusèrent d'autoriser Thây Nhat Hanh à s'exprimer car ils avaient peur que les gens soient sensibles à ses déclarations appelant à un arrêt immédiat du massacre. Pour eux, un cessez-le-feu légalisait la présence des troupes américaines au Viêt-nam. À cause de leur manipulation habile, beaucoup de partisans américains de la paix sincères ne pouvaient pas comprendre la position des bouddhistes du Viêt-nam. Nous ne voulions pas entamer un conflit au sein du Mouvement pour la paix, aussi nous restâmes silencieux, attendant l'occasion de dire la vérité. À chaque fois que nous avions l'opportunité de nous exprimer, nous disions toujours clairement que l'innocent peuple du Viêt-nam était victime aussi bien des bombes américaines que des balles des nationalistes vietnamiens, que des armes soviétiques et chinoises utilisées par le FNL et Hanoi. Les Vietnamiens souhaitaient un cessez-le-feu immédiat et total.

En dépit de mes griefs contre le Mouvement pour la paix et le gouvernement américain, j'en vins à apprécier de nombreux Américains pendant mes séjours. Pendant que j'étais au Viêt-nam, je n'aurais jamais imaginé que tant de gens aux États-Unis travaillaient nuit et jour pour arrêter la guerre – des étudiants, des travailleurs, des personnes au foyer, des enseignants et des ecclésiastiques. Dans le passé, la plupart d'entre nous pensions que tous les Américains étaient militaires ou agents de la CIA, aussi j'écrivis à mes amis de ne pas se méfier obligatoirement de tous les Américains. J'en rencontrai beaucoup qui souffraient autant que nous de la politique de leur gouvernement.

Aux États-Unis, je parlai aux gens de l'angoisse des paysans vietnamiens vivant sous les bombes. Je témoignai de ma propre expérience au contact des victimes de guerre quand j'essayais désespérément de sauver des vies humaines. Pendant une réunion à l'université de Stanford, un groupe d'étudiants favorables à la guerre commença à me conspuer. Je leur racontai alors l'époque où j'étais au village de Thao Diên et que des soldats américains s'apprêtaient à massacrer des villageois innocents. En les regardant au fond des yeux, je pouvais lire la peur de ces soldats parce qu'un pont près du village avait été miné. Quand j'avais tenté de leur expliquer dans mon anglais limité que les maquisards étaient venus une semaine auparavant et avaient failli brûler la salle de réunion du village, ces jeunes soldats américains m'avaient écoutée attentivement et puis avaient discuté entre eux. En fin de compte, ils étaient partis. Je dis aux étudiants : « En regardant les visages de ces soldats avec attention, je pouvais voir que c'étaient de braves gens, comme vous aujourd'hui. Mais cette situation de guerre les avait transformés en barbares meurtriers. Vous agiriez de la même façon si, submergés par la peur, vous vous trouviez dans la même situation. S'il vous plaît, n'envoyez pas vos frères au Viêt-nam. Je vous en prie, aidez les Vietnamiens à résoudre leurs problèmes par eux-mêmes. » Je me rendis compte que mes paroles les avaient touchés et l'ambiance de la salle changea complètement.

Pendant mes huit semaines aux États-Unis, en 1971, je me rendis à New York, Washington, Philadelphie, Detroit, Indianapolis, Chicago, Denver, Seattle, Portland, San Francisco, Los Angeles, San Diego, Saint Louis, Ann Arbor et Atlanta. Pendant une journée type, je me levais à 5 heures du matin, puis je prenais un vol matinal, je tenais une conférence de presse à 10 heures ; je donnais une interview à une chaîne de télévision à 11 heures, puis une autre à une station de télévision locale à 11 h 30 ; je déjeunais avec cent ou deux cents enseignants dans une cafétéria à midi ; je m'entretenais avec des lycéens à 13 heures ; je donnais une conférence dans un amphithéâtre d'université à 15 heures ; je dînais avec deux cents étudiants diplômés à 18 heures ; je tenais une nouvelle conférence dans une salle de la ville à 20 h 30 ; j'allais me coucher vers 23 heures et me préparais à partir pour une autre ville, tôt le matin suivant. Le lendemain de ma visite, il y avait généralement un article sur moi avec ma photo dans les journaux locaux. Je ne me suis jamais sentie fatiguée en travaillant de cette façon. En revanche, j'étais épuisée après avoir parlé à des membres du Département d'État à Washington, qui me poussaient à soutenir le régime de Thieu, ou avec certains responsables « pacifistes » qui m'enjoignaient d'être favorable au gouvernement communiste d'Hanoi.

En 1971, j'assistai à une conférence chrétienne non violente au Costa Rica. Après avoir été éloignée du Viêt-nam pendant trois ans, j'étais heureuse de passer quelques jours sous un climat tropical, assise sous des manguiers, savourant le goût acide des jeunes mangues, en me rappelant combien j'aimais les fruits verts accompagnés de sel et de piment écrasé. Au Costa Rica, je rencontrai quarante délégués des pays d'Amérique latine, dont la plupart étaient des dirigeants ecclésiastiques persuadés que la seule solution était la résistance armée. Je fis un exposé de vingt minutes sur les réalisations positives des bouddhistes – villages modèles de développement, centres de réinstallation, programmes d'éducation pour les enfants et les adultes – et de tous nos efforts pour la paix. Ce qui parut restaurer leur confiance dans la voie de la non-violence.

Après le Costa Rica, je me rendis en Europe et rencontrai les ministres des Affaires étrangères du Danemark, de Suède, d'Allemagne de l'Ouest, de Belgique, les encourageant à utiliser leur influence pour arrêter la guerre. Je me sentais souvent comme dans un rêve. À quoi cela pouvait-il bien servir d'aller dans ces bureaux luxueux et de rencontrer des personnalités connues alors que mes compatriotes continuaient à être victimes des bombardements ? Visualisant sans cesse les corps tués ou mutilés par la guerre, je me disais que même le riz devait avoir peur de mûrir, de crainte que ses grains ne soient brûlés par les bombes infernales.

La campagne « Arrêter les massacres maintenant »

Nous décidâmes de débuter une campagne appelée « Arrêter les massacres maintenant » en collaboration avec le Comité international de réflexion sur le Viêt-nam (CIRV). Le CIRV acheta une pleine page de publicité dans le *New York Times* et nous recueillîmes neuf mille signatures venant de représentants de gouvernements et de clergés de vingt-deux pays. Cinq cents membres du Parlement, du Congrès et du Sénat signèrent pour soutenir cette campagne, dont dix-huit représentants du Parlement de la République du Viêt-nam ! Le 11 octobre 1971, nous tenions une conférence de presse à l'hôtel Lutetia à Paris pour faire part au monde et aux camps belligérants des souhaits les plus profonds du peuple vietnamien. Simultanément à notre conférence, afin de nous apporter leur soutien, trois cents prêtres catholiques défilèrent à Rome avec chacun autour du cou un écriteau où était inscrit le nom d'un moine bouddhiste emprisonné au Viêt-nam. Suite à la conférence de presse, une délégation des représentants des gouvernements et des Églises des États-Unis, d'Allemagne, de France et du Royaume-Uni, et d'autres pays européens, se rendit dans les bureaux des quatre parties représentées aux discussions de Paris sur la paix. La délégation de « Arrêter les massacres maintenant » nous invita, nous la Délégation de paix de l'EBU du Viêt-nam, à les rejoindre pour écouter attentivement les points de vue des camps en présence, puis pour exprimer le nôtre. Thây Nhat Hanh, le Dr Nguyen Van Huong et moi-même soulignâmes nos convergences de vue avec les parties en guerre mais nous discutâmes aussi de leurs idées qui étaient trop éloignées de la réalité et des désirs du peuple vietnamien. Après cela, la République du Viêt-nam soumit un plan de huit points, en laissant de côté ceux que nous avions critiqués. Puis Hanoi et le Front national de libération proposèrent, à leur tour, un plan en dix points, en abandonnant les idées que nous avions remises en cause.

En 1972, Thây Nhat Hanh, Nguyen Van Huong, Thây Huyen Quang, secrétaire général de l'EBU pour le Viêt-nam, et moi-même, participâmes à une conférence du Conseil mondial des Églises (CME) à Genève. Durant celle-ci, le révérend Leopold Niilus, le délégué du CME en charge des affaires vietnamiennes, proposa que le CME ne soutînt que les opprimés. « Aujourd'hui, dans la guerre du Viêt-nam, dit-il, il y a un bandit sur l'autoroute en train de violer une jeune fille. Il est évident que nous, hommes d'église, ne pouvons pas rester neutres dans ce combat. Nous devons aider la jeune fille qui représente le peuple vietnamien se défendant désespérément contre le bandit américain. » Le révérend Niilus avait appartenu à un groupe appelé les Théologiens de la libération et nous sentions en lui un amour profond pour les opprimés. Thây Nhat Hanh remercia calmement et amicalement le représentant du CME et déclara : « Nous sommes tous d'accord pour aider la jeune fille contre le méchant, mais permettez-moi de vous demander de regarder attentivement ce bandit. Qui est le méchant dans la guerre du Viêt-nam ? Pour moi, les bandits sont ceux qui sont assis confortablement à la Maison-Blanche, au Kremlin et à Pékin et qui fournissent des armes, des idéologies et cachent la vérité, pendant qu'ils donnent des ordres pour incorporer des jeunes gens qui sont tués. Pour nous, les jeunes filles qui se font violer ne sont pas seulement les paysans innocents et sans voix, mais aussi les soldats vietnamiens des deux camps et les militaires américains qui ne connaissent rien de l'histoire et de la réalité vietnamiennes. Nous espérons que vous vous pencherez tous plus attentivement sur la situation du Viêt-nam. »

CHAPITRE 15

Les enfants souffrent également

Le parrainage des orphelins de guerre

Traditionnellement, au Viêt-nam, nous n'avions pas d'orphelinats. Si votre frère mourait, vous adoptiez ses enfants. Si vous étiez trop pauvre pour les nourrir, vous les placiez chez quelqu'un où ils travaillaient comme domestiques. Souvent, les enfants restaient avec un grand-père ou une grand-mère encore en vie. Nos programmes sociaux avaient pour but d'aider les gens à ne pas abandonner leurs jeunes enfants, leurs nièces ou leurs neveux orphelins, et nous distribuions des bourses pour venir en aide à ceux dont les familles étaient trop pauvres pour prendre soin d'eux ; ainsi les familles pouvaient rester unies.

En 1972, il existait des centres de soins de jour dirigés par des nonnes bouddhistes un peu partout au Viêt-nam, aussi nous leur demandions de nous envoyer un dossier sur chaque orphelin et chaque enfant abandonné comprenant des informations sur leurs parents proches et éloignés et une photo. Puis, à notre bureau de Paris, nous traduisions les rapports en anglais, français, hollandais, allemand et italien avant de les faire parvenir à des comités à travers toute l'Europe qui avaient été créés afin de trouver des parrains pour ces enfants.

Chaque famille européenne versait 25 francs par mois pour parrainer un enfant et recevait des nouvelles détaillées sur la vie de l'enfant et sur sa situation. Nous envoyions l'argent à l'Église bouddhique unifiée qui l'expédiait aux quarante-deux comités d'assistance sociale de l'EBU. À leur tour, ceux-ci le faisaient parvenir à la nonne responsable d'un centre de soins, qui le donnait aux parents ou à un oncle de l'enfant. Cette nonne suivait de près ce qui se passait pour s'assurer que l'argent était utilisé à bon escient. Quand la famille au Viêt-nam recevait l'argent, elle nous écrivait et nous traduisions les lettres des enfants pour les familles bienfaitrices en Europe. Chacun des membres du bureau de la Délégation de paix de l'EBU consacrait une heure par jour à la traduction de ces documents – les demandes de parrainage et les lettres de remerciement des enfants. Thây aimait particulièrement ce travail. Chaque jour, il traduisait des douzaines de formulaires, et cette tâche l'aidait à rester en contact avec chaque enfant. Toute l'Église bouddhique coopérait gratuitement avec nous sur ce projet. Nous ne retenions pas 5 à 10 % du montant du don comme le faisaient plusieurs organisations humanitaires. Lentement mais sûrement, nous tissâmes un magnifique réseau de relations humaines entre le Viêt-nam et l'Occident.

Kirsten Roep et le comité hollandais pour le Viêt-nam

Le comité de Hollande était le plus actif. En 1972, après nous avoir aidés à trouver des centaines de milliers de florins chaque année pour aider les victimes de guerre vietnamiennes, par l'entremise de l'EBU, Hebe Kohlbrugge dut abandonner son poste dans l'Église réformée de Hollande et, après cela, elle ne fut plus en mesure de nous venir en aide. Je poussai deux amis hollandais, Kirsten Roep et Hans Lourens, à mettre en place un comité d'aide pour le Viêt-nam. Ils acceptèrent, et je vins aux Pays-Bas, trois fois par an, m'adresser à la presse, à la télévision, à la radio et inviter de nouvelles personnes à nous rejoindre. Le comité commença par parrainer vingt-cinq orphelins. Kirsten, une femme intelligente, mère de trois enfants, apprit le vietnamien pour se sentir plus proche des orphelins, et toute sa famille nous apportait un appui total. Son mari, un professeur de géologie, écoutait toujours attentivement ce que nous racontions et me donna un fossile de valeur en signe d'affection. Leur fils aîné, Jens, un garçon intelligent âgé de douze ans, décrivait la souffrance du peuple vietnamien aux gens qui téléphonaient quand sa mère était sortie. Hans Lourens, secrétaire du MIR hollandais, nous mit en contact avec des membres du Mouvement. Mes séjours en Hollande amenaient progressivement de nouveaux amis comme Juul et Laura Pauwells et Linda Lijftogt à se joindre à nous et, en avril 1975, le comité collectait 100 000 dollars par mois en provenance de quatorze mille familles hollandaises pour les enfants du Viêt-nam.

La Suède, l'Église luthérienne et le Premier ministre Olaf Palme

En 1972, alors que nous étions en Suède pour la conférence sur l'environnement, Thây rencontra un certain nombre de responsables de l'Église luthérienne. Quand il parla des valeurs spirituelles du peuple vietnamien, les pasteurs demandèrent comment ils pouvaient nous aider et nous leur confiâmes nos projets de développement et de secours dirigés par le Comité de reconstruction et de développement social (CRDS) de l'EBU. « En tant que travailleurs sociaux bouddhistes, leur expliquai-je, nous nous occupons des enfants des deux camps en présence. Les enfants souffrent de la même façon, que leurs blessures soient causées par les soldats sud-vietnamiens ou par le FNL. » En fait, nous prenions plus soin des orphelins et des veuves des combattants qu'ils ne le faisaient eux-mêmes. En tant que maquisards se cachant dans la jungle, il leur était impossible de s'occuper de leurs familles ou d'envoyer leurs enfants à l'école.

Jusqu'à cette époque, le gouvernement suédois aidait le Viêt-nam seulement à travers le Front national de libération et le Nord-Viêt-nam, et les Suédois ne paraissaient pas connaître grand-chose du Sud-Viêt-nam. Ils le considéraient comme une marionnette des États-Unis. Les pasteurs luthériens savaient qu'il était injuste de n'aider les victimes de guerre que d'un seul côté et ils m'invitèrent à les rencontrer pour leur expliquer comment la Suède pouvait aider les deux camps.

Lors de notre rencontre, je ne parlai pas de politique. Je partageai seulement mes expériences – comment j'avais grandi, comment la situation de mon pays était devenue si catastrophique, comment je travaillais à collecter des fonds pour les victimes de guerre. Je leur racontai comment certains avaient attaqué notre école et tenté de nous tuer, mais que nous avions essayé de comprendre leurs craintes pour arriver à ne pas les haïr. Les responsables de l'Église sentaient une grande affinité entre notre approche bouddhique et leurs idéaux chrétiens, et le révérend Karl Exel Elmquist organisa des rencontres avec des membres du Parlement suédois pour voir comment la Suède pouvait aider le Viêt-nam par l'intermédiaire de l'Église bouddhique unifiée.

La première fois que je rencontrai un membre du Parlement, j'essayai de lui dire l'essentiel en cinq minutes. Je le regardai droit dans les yeux quand je parlai et, ensuite, j'écoutai attentivement ce qu'il avait à dire. La compréhension de la situation était ce qui lui importait le plus, aussi j'employai les arguments adéquats, et je pus me rendre compte que ce que j'avais dit l'avait touché. Il me proposa de venir m'adresser à cinq autres membres du Parlement, faisant partie soit du gouvernement soit de l'opposition. En conséquence, en juin 1973, le Parlement suédois accepta de soutenir notre œuvre humanitaire bouddhique.

Pour que cette proposition ait force de loi, elle devait être signée par Olaf Palme, le Premier ministre. Les responsables de l'Église luthérienne m'assurèrent que je devais le rencontrer pour être certaine de son soutien, mais il était très difficile d'obtenir un rendez-vous. Alors Bo Wirmarck, le chef des affaires religieuses du parti socialiste au pouvoir, qui avait assisté à plusieurs de mes conférences dans des églises luthériennes, me proposa d'intervenir : « Olaf est un ami. Je peux faire en sorte qu'il vous reçoive. »

J'obtins un rendez-vous de quinze minutes. M. Palme était un homme fin et attentif et je lui racontai, avec conviction, mes actions, celles d'une jeune femme aspirant à faire quelque chose de bien pour les gens qui souffrent au Viêt-nam, qui est confrontée à la dévastation et qui doit finalement se frayer ce chemin de compréhension et d'amour malgré les assassinats de ses proches. Je lui décrivis comment je m'étais sentie désespérée quand j'avais traversé la zone des combats avec un bébé blessé dans les bras tout en sachant que je ne trouverais pas de médecin ; comment j'avais dû déchirer mes vêtements pour faire des pansements ; comment je m'étais portée volontaire pour enterrer les centaines de cadavres autour de Saigon après l'offensive du Têt de 1968. Il paraissait vivement intéressé par tout ce que je lui disais.

Je lui proposai de se mettre à la place d'une personne naissant et grandissant dans notre pays déchiré par la guerre et qui, regardant autour d'elle, ne peut espérer d'aide ni des Français, ni des Américains, ni des communistes – tous ces gouvernements responsables de la violence. Les seules personnes en qui elle puisse avoir confiance sont les moines et les nonnes bouddhistes. Je lui racontai que nous avions commencé un mouvement d'aide aux pauvres avec des moines et des nonnes ne dépendant financièrement d'aucun belligérant. Je lui dis que nous avions maintenant cinq mille familles au Viêt-nam nous apportant leur aide financière et bien plus encore en Europe. Bien qu'ayant commencé avec seulement quelques personnes, nous bénéficiions dorénavant de la confiance de l'Église bouddhique unifiée et nous avions créé l'École de la jeunesse pour le service social et un Comité bouddhique national pour la reconstruction et le développement qui comptait des milliers de travailleurs sociaux à travers le pays. Mais comme la guerre se poursuivait, beaucoup de villages avaient été complètement détruits, certains plusieurs fois, donc nous ne pouvions pas continuer à solliciter des fonds uniquement auprès de ces Vietnamiens victimes de la guerre et qui n'avaient plus d'écoles, d'hôpitaux, ou même de maisons. Notre discussion, initialement prévue pour un quart d'heure, dura en fait quarante-cinq minutes et, finalement, M. Palme déclara qu'il avait été très heureux de connaître notre travail et qu'il soutiendrait nos projets.

Après cela, je me rendis à l'Aide internationale suédoise au développement, un département du ministère des Affaires étrangères, qui s'occupait du soutien aux pays en voie de développement. Huit spécialistes du développement me questionnèrent sur notre travail. J'étais heureuse et passionnée, et je pouvais me rendre compte qu'ils appréciaient que je leur raconte comment nous avions appris aux fermiers à planter des graines de moutarde plutôt que de boire de l'alcool de riz et comment nous avions bâti des écoles sans argent. Ils avaient l'habitude de discuter de projets coûteux et de propositions officielles, et je pouvais voir qu'ils étaient impressionnés par le fait que nous arrivions à accomplir un travail considérable au regard des ressources dont nous disposions. Je leur dis : « Comme le gouvernement suédois est neutre, nous serions heureux d'accepter votre aide. Si le gouvernement américain avait voulu nous aider, nous aurions dû refuser. Nous avons pour principe de venir au secours des victimes de guerre sans l'aide financière des belligérants. Mais, même si votre gouvernement ne faisait rien, nous poursuivrions notre tâche car, pour nous, c'est une question de vie ou de mort, et des milliers de familles vietnamiennes nous aident. »

Quelqu'un demanda : « Pourquoi ne soutenez-vous pas le Front national de libération ou Hanoi ? » Je répondis : « Si un soutien à Hanoi pouvait apporter le bonheur au peuple vietnamien, nous le ferions. Mais la guerre et la violence amènent toujours plus de destruction. Nous avons été témoins des exactions perpétrées par les combattants vietnamiens de tous bords contre leur propre peuple. Nous préférons vivre simplement, en aidant les gens à contrôler leur propre destin avec leurs faibles moyens. C'est pourquoi nous refusons de soutenir l'un ou l'autre des camps belligérants en présence. » Ils semblaient d'accord avec tout ce que je disais, mais ils me déclarèrent que, d'après leur règlement, ils ne pouvaient financer que des programmes gouvernementaux et qu'il serait difficile pour leur gouvernement de soutenir un groupe confessionnel. J'hésitai une seconde avant de déclarer, peut-être avec un peu trop d'audace, je suppose, mais avec un large sourire : « Les règles sont édictées par les hommes pour servir les hommes. Si vous vous rendez compte qu'une règle empêche de véritablement aider les hommes, pourquoi ne pas la supprimer ? » À ma grande satisfaction, ils trouvèrent un moyen de « supprimer la règle », en nous soutenant par l'intermédiaire des Églises luthériennes suédoises. Le premier don était d'un montant de 1 500 000 couronnes (300 000 dollars) destiné à subventionner la construction de centres de réinstallation pour des villageois dont les maisons avaient été bombardées.

Tout l'argent donné par le gouvernement suédois à l'Église luthérienne suédoise allait directement au Comité pour la reconstruction et le développement social (CRDS) de l'EBU du Viêt-nam. Les travailleurs sociaux étaient partie prenante de ce programme et organisaient les projets conjointement avec les villageois. Ils soumettaient leurs propositions au CRDS et attendaient son accord. Les moines de haut rang avaient des experts qui les examinaient pour décider si le projet était susceptible d'être financé. S'il avait l'aval de l'EBU, le travailleur social recevait les fonds nécessaires et pouvait commencer son travail.

Tout à coup, plusieurs politiciens opportunistes vietnamiens prétendirent avoir des liens avec le CRDS dès qu'ils apprirent que celui-ci était soutenu par la Suède, un pays neutre. Ils espéraient être ainsi considérés comme les éléments d'une troisième force dans l'éventualité de la formation d'un gouvernement de réconciliation nationale. Mais le CRDS n'avait pas l'intention d'accepter des opportunistes qui ne connaissaient rien au développement social. Voyant qu'ils n'étaient pas admis, ces politiciens se fâchèrent, et quelques-uns d'entre eux déclarèrent à la presse vietnamienne que certains moines de haut rang de l'Église bouddhique étaient corrompus et utilisaient une partie de l'argent du gouvernement suédois pour s'acheter de coûteuses voitures. C'était de la diffamation, mais après leur publication dans les journaux, les mêmes politiciens firent traduire ces articles en suédois et les envoyèrent à Stockholm. Quand notre ami, Bo Wirmarck, fut mis au courant, il me demanda si ces accusations étaient exactes. Je lui répondis : « Pourquoi ne venez-vous pas au Viêt-nam pour enquêter par vous-même ? »

Bo vint au Viêt-nam avec une équipe de membres de l'Aide internationale suédoise au développement et ils conclurent que l'argent envoyé aux bouddhistes vietnamiens était employé judicieusement. Chaque dollar était dépensé avec l'approbation à la fois des travailleurs sociaux locaux et des experts de l'EBU. Il y avait des reçus pour chaque achat. Les comptes étaient si clairs que l'équipe d'enquête rejeta toutes les accusations. L'Aide internationale suédoise au développement dépendant du ministère des Affaires étrangères nous révéla par la suite que, lorsqu'ils avaient fourni de fortes sommes d'argent à Hanoi et au Front national de libération dans le passé, ils n'en avaient jamais eu de justificatifs aussi précis.

Bo Wirmarck est un homme très gentil mais il a l'air sérieux et ressemble à un homme d'affaires. Un dimanche, il s'arrangea pour que je parle dans trois églises d'Uppsala. Il y avait alors une grande fête et des centaines de personnes étaient présentes. Il y eut beaucoup de monde à la première réunion ainsi qu'à la deuxième, mais l'assistance de la troisième fut plus clairsemée, peut-être parce que ceux qui étaient intéressés par mes propos m'avaient déjà entendue. En attendant l'arrivée du public, je demandai à Bo s'il était possible de changer le thème de cette conférence. Il refusa, arguant que « les gens doivent vous entendre parler de la situation actuelle car la plupart d'entre eux ne connaissent que la version du Front national de libération et de Hanoi ». Aussi, pendant que je réunissais une trentaine de jeunes gens en face de l'église, je leur demandai s'ils n'aimeraient pas écouter des chansons vietnamiennes traditionnelles. J'expliquai comment les gens chantaient en travaillant dans les rizières, en naviguant sur de petites embarcations sur le fleuve ou en pêchant. Le nombre d'auditeurs augmenta au fur et à mesure que je chantais, et Bo fut surpris de constater la présence d'une foule encore plus nombreuse que le matin même. Je finis ce récital improvisé en disant que ces chansons n'étaient plus chantées aussi spontanément au Viêtnam à cause des tueries, des mutilations, de la peur et de la haine. Des gens chantaient certes des chansons populaires à la télévision mais d'une façon artificielle, ce n'étaient pas de véritables mélodies traditionnelles comme au temps de la paix, Des larmes remplissaient mes yeux alors que je pensais à la façon dont la guerre affecte les gens les plus simples et l'auditoire, ému jusqu'aux larmes, me posa de nombreuses questions. Même Bo reconnut la nécessité de chanter et de ne pas se contenter d'une simple analyse de la guerre.

Il fut très gratifiant pour la commission d'enquête suédoise de voir les cinq superbes centres de réinstallation construits en six mois à peine – à Quang

Phuoc, Quang Nam, Quang Ngai, Thua Thien et Quang Tri. Le centre de réinstallation de Quang Phuoc, par exemple, comprenait trois cents belles maisons pour les victimes de guerre, chacune dotée d'un jardin potager, ainsi qu'une école et un centre de soins de jour, tandis qu'un autre centre à environ cinq kilomètres de là, bâti par des travailleurs gouvernementaux avec l'aide des États-Unis, n'était encore qu'à moitié achevé après dix-huit mois. Le ministre des Affaires sociales du gouvernement, Phan Quang Dan, se plaignit auprès de nos amis suédois du fait qu'il avait déjà dépensé cinq fois plus d'argent pour ce projet que les bouddhistes, et qu'il ne serait pas fini avant encore dix-huit mois.

Dans le centre de réinstallation de Quang Nam, Thây Long Tri, le président du Comité bouddhique local pour les affaires sociales, travaillait avec une équipe de douze travailleurs de l'EJSS. Quand les armées du Nord-Viêt-nam et le FNL approchèrent de cette zone, Thây Long Tri leur demanda d'éviter notre centre car il savait que tout le travail accompli et l'aide suédoise seraient réduits en cendres si une bataille éclatait ici. C'était un moine de haut rang très respecté dans la région car, depuis des décennies, il portait secours aux enfants victimes des exactions des belligérants. Devenus adultes, certains de ces jeunes gens avaient rejoint les combattants du FNL, et d'autres, l'armée nationaliste ; aussi, les soldats des deux camps en présence le connaissaient et le respectaient. Quand il intercéda auprès des communistes pour qu'ils ne s'approchent pas, ils acceptèrent à une condition : qu'il fasse supprimer le poste de police et celui de l'armée qui se trouvaient dans le centre de réinstallation bouddhique de Quang Nam. Thây Long Tri prit alors contact avec les autorités de Saigon et s'arrangea pour que ces deux bâtiments soient déménagés. Les armées du Nord-Viêt-nam et du FNL s'en allèrent et il n'y eut pas de bataille.

En entendant cela, nos amis suédois se montrèrent enthousiastes, mais je leur dis que j'avais entendu parler de centaines de négociations semblables menées par des bodhisattvas anonymes. « Grâce » à la jalousie de ceux qui voulaient nuire à la renommée de nos travailleurs sociaux, nos amis suédois avaient maintenant une vision plus juste de notre travail et, en conséquence, ils nous allouèrent 10 millions de couronnes suédoises supplémentaires (2 000 000 dollars) pour bâtir dix autres centres de réinstallation. J'avais l'habitude de dire à mes amis qu'il ne fallait craindre ni les difficultés ni les malentendus. Quand nous sommes capables de transformer la situation et de surmonter l'incompréhension, nous ne tardons pas à en récolter les fruits.

Imaginez maintenant ces deux faces opposées d'une même pièce : d'un côté, les pauvres orphelins, et de l'autre, ceux qui pouvaient les aider. Les bienfaiteurs mettaient une photo d'un petit enfant sur leur bureau ou dans leur salon et ils étaient heureux de pouvoir secourir ceux qui en avaient besoin. Dans leurs villages éloignés, les orphelins se sentaient maintenant aimés et protégés. Quand une personne en vient à aimer un seul enfant, il (ou elle) peut alors aussi désirer soutenir d'autres projets, comme des centres de soins de jour, des puits ou des infirmeries. En avril 1975, à la fin de la guerre, nous pouvions compter sur le soutien de quatorze mille familles en Hollande, mille en Suisse, deux mille en France, mille aux États-Unis, et de centaines d'autres dans différents pays, en tout près de vingt mille bienfaiteurs. C'était une belle chaîne de solidarité de la famille humaine.

CHAPITRE 16

Tout recommencer

Un arbre abattu

Nous n'eûmes pas l'occasion de construire un autre centre de réinstallation parce que, après la fin de la guerre, le 30 avril 1975, le gouvernement communiste s'appropria tout l'argent du compte bancaire du Comité pour la reconstruction et le développement de l'EBU, y compris une somme de 175 428 dollars, l'équivalent de trois mois d'aide pour neuf mille quatre cent soixante-seize orphelins, qui était arrivée à la banque deux jours avant la fin de la guerre ; cela mit un terme brutal à notre action.

En juin, Mme Duong Quynh Hoa, le nouveau ministre des Affaires sociales, ferma l'EJSS et le Comité bouddhique pour la reconstruction et le développement, en disant que le gouvernement était l'unique responsable des services sociaux. D'un seul coup, mille huit cent quatre-vingt-dix travailleurs sociaux bien formés et presque huit mille personnes associées furent renvoyés dans quarante-deux provinces du pays. La police arrêta le directeur de l'EJSS, Thich Tu Man, et le garda en prison pendant plus d'un an. Le Nguyen Thieu, le secrétaire général, fut interrogé par la police chaque jour de 7 heures à 22 heures pendant des mois, jusqu'à ce qu'il se décidât à rentrer dans la clandestinité et à envoyer sa famille dans un autre district. En fin de compte, il parvint à s'échapper en 1980, en quittant le pays par bateau, et passa deux années dans un camp de réfugiés. Après cela, lui et sa famille nous rejoignirent en France.

Des amis de l'EJSS nous rapportèrent que, le 7 juillet 1975, quatorze policiers communistes saccagèrent les bureaux de l'EJSS pendant deux heures et saisirent tous nos biens, y compris des machines à écrire, des livres, des fichiers et des médicaments. L'équipe de l'EJSS contacta Muoi Anh, l'officier gouvernemental en charge des Affaires religieuses, et lui demanda de venir constater le saccage. Il arriva au moment où la police était encore en train de piller les bureaux et prit des photos du désastre, mais quand il fit son rapport à ses supérieurs, il leur dit : « J'ai vu des travailleurs de l'EJSS détruire et voler le matériel de leur propre école. » Nous fûmes choqués par ce mensonge éhonté et commençâmes à perdre nos illusions à propos des nouvelles autorités communistes.

Thich Tu Man, Le Nguyen Thieu, Pham Dang Phu, un travailleur de l'EJSS, et Thanh, ma sœur, nous racontèrent qu'ils avaient été convoqués par la police et interrogés à propos de l'EJSS. Les autorités voulaient en savoir plus sur Thây Nhat Hanh et sur moi. Ils étaient persuadés que nous étions des agents de la CIA. Nos amis nous avertirent qu'il serait très dangereux pour nous de revenir au Viêt-nam. Nous risquions d'être emprisonnés à vie ou tués dans un « accident ».

J'étais désespérée ! À l'âge de dix-huit ans, j'avais commencé à travailler seule dans les bidonvilles, maintenant à trente-sept ans, en avril 1975, j'avais dix mille amis appartenant au Comité de reconstruction et de développement social qui étaient en train de réaliser de grands projets pour apporter plus de justice sociale aux paysans pauvres. Mes rêves s'étaient réalisés – les bombardements s'étaient arrêtés, l'Église bouddhique unifiée aidait les paysans pauvres, et des milliers de mains du monde entier atteignaient les régions les plus reculées du Viêt-nam pour soutenir des enfants affamés et orphelins – et puis, en une nuit, tous mes efforts avaient été réduits à néant.

Je n'avais plus ni force ni joie de vivre. À chaque fois que je pensais au Viêt-nam, je voulais mourir ou m'endormir et ne plus jamais me réveiller. Je sentais mon cœur oppressé comme par des mains fortes et brutales. Pendant des mois, tout ce que je pus faire fut de revenir à ma respiration, et suivant chaque inspiration et chaque expiration avec tout mon être, parce que je sombrais dans le plus profond désespoir à chaque fois que j'arrêtais de suivre ma respiration. Revenir au Viêt-nam n'était pas possible. Après des décennies de guerre, tout ce que le pays récoltait était un gouvernement malhonnête et totalitaire ! Je ne pourrais jamais réaliser mon rêve d'un véritable changement social dans mon pays.

En novembre, je me rendis à l'ambassade du Viêt-nam à Paris pour essayer de convaincre le gouvernement d'Hanoi de nous permettre de poursuivre notre programme d'aide aux orphelins. Je n'avais pas grand espoir mais je devais, quand même, faire tout ce qui était en mon pouvoir. Dès que j'entrai dans son bureau, je fis tout mon possible pour considérer le secrétaire de l'ambassade comme un futur bouddha. Le Bouddha a enseigné que chacun a la capacité de devenir un être éveillé et illuminé aussi je me dis : « Je suis venue essayer de travailler avec ce futur bouddha peu commode. »

Je bénéficiais de l'appui de milliers de bienfaiteurs d'orphelins à l'Ouest et je lui demandai si son gouvernement nous autoriserait à envoyer de l'argent à ces orphelins que nous aidions. Je lui montrai les noms de tous les donateurs, lui expliquant comment un M. Van den Berg de Hollande ou une Mme Rousseau de France pouvaient aider un enfant appelé Le Thi Ngoc ou Huynh Van Hoa. Je lui expliquai que les parrains envoyaient 25 francs par mois aux orphelins qu'ils aimaient comme leurs propres enfants et qu'ils étaient souvent désireux de soutenir d'autres projets de travail social une fois qu'ils avaient été en contact avec la souffrance d'un enfant. Je savais qu'avec de telles personnes, nous serions capables de reconstruire le pays tout entier.

Je lui dis : « Si vous permettez la poursuite de nos projets, vous ne serez lié à aucun gouvernement ou grande organisation. Chaque personne donne seulement 25 francs mais, avec dix mille bienfaiteurs, nous collectons 250 000 francs par mois. C'est un gros apport de devises étrangères. » Jusqu'à présent, j'avais travaillé pour aider les orphelins du Sud-Viêt-nam, aussi je proposai de chercher des donateurs pour les orphelins nord-vietnamiens jusqu'à ce qu'on atteignît la parité entre le nombre d'orphelins du Nord et du Sud secourus. À partir de ce moment-là, nous les aiderions à parts égales.

Je poursuivis : « Vous pouvez noter n'importe quel nom ou adresse pour vérifier si cette personne donne bien 25 francs par mois et que cet argent ne vient pas de la CIA. Tout l'argent reçu est dépensé dans son intégralité pour les enfants. Nous ne gardons pas un centime pour nous. » Je continuai : « Si vous donnez ces sommes aux travailleurs sociaux de votre gouvernement, ils auront du mal à trouver les enfants. Nos orphelins vivent avec leurs parents dans des districts reculés et seuls les moines et les nonnes locaux savent où ils sont. Aussi, il serait préférable de faire transiter cet argent par l'Église bouddhique unifiée. Je peux vous confier 150 000 dollars pour les trois premiers mois. » Le secrétaire parut touché par mes paroles et il dit : « Je prendrai contact avec Hanoi pour savoir si je peux accepter ces fonds, mais je préfère ne pas prendre cette somme maintenant. »

Beaucoup de Vietnamiens connaissaient le manque d'honnêteté des dirigeants du régime communiste actuel et ils furent choqués que j'aie pu même songer à leur donner tant d'argent. Mais des bienfaiteurs à travers toute l'Europe faisaient pression sur nous pour que nous envoyions de l'argent aux orphelins par l'intermédiaire du nouveau gouvernement, certains que ce régime se montrerait correct. Même après leur avoir confié mes doutes quant à la sincérité de ces dirigeants, ils insistèrent pour que j'envoie leurs dons au Viêt-nam via l'ambassade. Aussi je fis de mon mieux pour respecter les vœux des donateurs. J'avais aussi une autre raison pour envoyer l'argent de cette manière. Jusqu'à cette époque, le régime communiste interdisait à toute organisation privée d'œuvrer sur place. Nous pensions que, parce que nous étions capables de rassembler autant de devises étrangères, ils pourraient être tentés de nous autoriser à devenir la première organisation privée à travailler avec eux, et, de cette façon, nous pourrions briser leur habitude de monopoliser toutes les affaires, même le social.

Au bout d'un mois, le secrétaire de l'ambassade m'appela et me dit : « Votre projet a été accepté. S'il vous plaît, venez à mon bureau pour mettre au point les détails. » J'y allai et lui remis un chèque de 150 000 dollars. Je savais que cet homme croyait en son gouvernement et pensait que l'argent serait envoyé à l'EBU afin d'aider les orphelins. Mais je restai sceptique même quand il me donna un reçu déclarant : « Nous, ambassade du Viêt-nam, certifions avoir reçu 150 000 dollars de Mlle Cao Ngoc Phuong à faire parvenir aux enfants du Viêt-nam par l'intermédiaire de Thich Tri Thu, le président de l'Église bouddhique unifiée. » Dès mon retour à la maison, je fis trois cents copies du reçu et j'en envoyai une à chaque travailleur social au Viêt-nam avec une lettre disant : « Le gouvernement a autorisé la poursuite du projet de soutien aux orphelins. Vous trouverez ci-joint le reçu fait par l'ambassade à Paris. » Les travailleurs sociaux se montrèrent enthousiastes et, avec ce reçu en leur possession, ils n'avaient plus peur du régime. Ils allèrent voir le président de l'Église bouddhique unifiée, Thich Tri Thu, pour lui demander d'aller chercher l'argent au ministère des Affaires étrangères.

Mais au bout d'un an, nous reçûmes un télégramme de Thich Tri Thu nous disant que l'argent n'était toujours pas arrivé à l'Église bouddhique. Il déclarait aussi que les trois cents tonnes de riz que Sulak Sivaraksa et la Croix-Rouge thaïlandaise avaient envoyées à l'EBU, pour les orphelins, début juin 1975, en notre nom, ne lui étaient toujours pas parvenues. Nous fîmes parvenir des copies des deux documents – le reçu de l'ambassade et le télégramme de Thich Tri Thu – à nos neuf mille sept cent vingt-cinq bienfaiteurs en Occident. Il fallut cette preuve pour qu'ils comprennent. Après cela, les comités d'Allemagne, du Royaume-Uni, d'Italie, de France, de Suisse, du Japon, de Nouvelle-Zélande, de Suède, des États-Unis et du Canada qui parrainaient les orphelins acceptèrent de venir en aide à d'autres de ces malheureux dans d'autres pays comme au Bangladesh, en Inde, en Éthiopie mais plus au Viêt-nam[1].

Une pratique intense de ma respiration consciente

Impuissante à venir au secours des nécessiteux au Viêt-nam, je me sentais comme un arbre coupé de ses racines. Jour après jour, tout ce que je pouvais faire était de revenir à ma respiration consciente. Quand je

1. En Hollande, certains membres du Comité persistèrent à vouloir travailler avec le nouveau régime, et ils utilisèrent la liste des bienfaiteurs hollandais pour continuer à envoyer des fonds à Hanoi. Une douzaine d'amis, avec à leur tête Kirsten Roep, refusèrent de coopérer. Ils soutinrent mon travail silencieux d'aide aux enfants affamés et, même aujourd'hui, continuent de le faire.

m'asseyais, marchais, jardinais ou cuisinais, je demeurais attentive à chaque respiration. Je me concentrais uniquement sur ce qui se passait au moment présent. Je ne laissais pas mes pensées aller plus loin que l'acte et le moment présents. En coupant les carottes, je ne pensais qu'à couper les carottes ; en marchant, j'étais seulement attentive à mes pas ; en ouvrant le robinet, je dirigeais mon attention uniquement sur le fait d'ouvrir le robinet… Si j'abandonnais le contrôle de ma respiration et laissais mon esprit quitter le moment présent, c'était toujours au Viêt-nam qu'il retournait. À chaque fois que cela arrivait, j'étais désespérée.

En juillet 1971, je fus invitée à diriger un atelier d'une semaine sur l'action non violente au Viêt-nam dans la ferme d'une communauté pacifiste en Auvergne. J'écrivis à Thây pour lui faire part de mon émotion de voir un jardin rempli de potirons, de concombres et de laitues. Cela me rappelait le jardin de l'EJSS au Viêt-nam. Cela me peinait de voir Thây réduit à s'occuper d'un pot de menthe et d'un autre d'herbes violettes (*La Tia Tô*) sur le rebord de sa fenêtre à Maisons-Alfort, aux environs de Paris. Tous les trois mois, il devait changer la terre en utilisant des petits sacs de terreau achetés au marché. Un ami de cette communauté auvergnate me confia qu'en France les terrains à la campagne n'étaient pas chers. Je savais qu'une maison à Paris avec un jardin coûterait plusieurs centaines de milliers de francs. Comme beaucoup de paysans français partaient pour la ville, leurs terres abandonnées et leurs fermes délabrées étaient vendues pour presque rien. Aussi nous décidâmes de trouver une maison bon marché à la campagne.

La communauté « Les Patates-Douces »

Après avoir cherché dans beaucoup d'endroits, nous trouvâmes une petite maison délabrée mais dans un site qui plut immédiatement à Thây. Il voulut l'acheter sur-le-champ. Située sur une colline, elle avait une vue panoramique sur la forêt d'Othe. Derrière et tout autour de nous s'étendaient des collines et des prairies et, plus loin encore, des champs de blé et de maïs. Cette propriété se trouvait non loin de la petite commune de Fontvannes, à cent cinquante kilomètres au sud-est de Paris, et le prix n'était que de 25 000 francs pour la maison et un petit lopin de terre. Les pièces étaient inhabitables – il y avait juste un toit, qui recouvrait aussi une étable, et une grande pièce qui avait été récemment divisée en deux. Il n'y avait ni portes ni fenêtres, juste une cheminée pour faire du feu et deux petits trous dans les murs en pierre.

Nous continuions à vivre à Paris, mais chaque week-end, nous allions à Fontvannes pour réparer la maison. À 17 heures, le premier jour de notre installation – on était en novembre –, je commençai à comprendre pourquoi en France les gens aimaient tant le soleil. La maison était une vraie glacière. Nous brûlâmes plusieurs bûches mais sans parvenir à réchauffer l'intérieur, même après avoir bouché les portes et les trous dans les murs avec des bâches en nylon. Hoang Anh et moi, nous devions sauter en l'air sur place et sortir pour courir très vite afin de nous réchauffer, mais rien n'y faisait. Nous trois, Thây, Hoang Anh et moi, nous passâmes la nuit sur trois planches de bois disposées devant l'âtre. Thây attrapa un très gros rhume.

Il n'y avait pas de toilettes, aussi nous engageâmes des artisans pour faire une salle de bains, une fosse septique, deux fenêtres et deux portes. Pendant plusieurs week-ends, nous isolâmes nous-mêmes chaque pièce. Puis nous fîmes de l'étable une pièce agréable pour Thây. Comme l'étable était séparée de la maison par un gros mur de pierre, Thây avait son intimité, comme s'il avait eu sa propre cabane loin de nous. La grande pièce devint la salle de méditation et le salon. Nous disposâmes un joli morceau de bois sur le dessus de la cheminée pour faire un autel pour le Bouddha.

Beaucoup d'amis venaient nous aider chaque week-end. La nuit, tous les hommes s'installaient dans la salle de méditation et les femmes dans la pièce derrière celle-ci. Quand ces deux pièces étaient pleines – nous construisions une cuisine assez grande adjacente au séjour – quelques-uns d'entre nous dormaient dans la cuisine. Plus tard, nous construisîmes une grande pièce pour la méditation assise et la méditation du thé parce que le salon était vraiment trop petit. Chaque matin, après la méditation assise, nous accomplissions la méditation du thé sur une table près d'une grande porte vitrée dans la cuisine, puis Thây nous donnait un merveilleux enseignement sur le Dharma. Jim Forest prit une photo de Thây en train se servir le thé qui a été reprise depuis pour illustrer plusieurs articles et livres. Pendant quatre années, Thây, moi, Hoang Anhi, Laura Hassler et un certain nombre d'amis de la Délégation de paix de l'EBU, nous venions presque chaque week-end à Fontvannes pour construire une pièce puis une autre, et Thây avait fait de cet endroit un ermitage.

En 1975, la maison près de Fontvannes était devenue plutôt confortable avec ses quatre pièces et sa cuisine agréable, aussi plusieurs d'entre nous décidèrent de venir y emménager. La guerre était terminée et nous étions coupés du Viêt-nam sans aucun moyen de l'aider. Nous décidâmes d'appeler notre communauté Les Patates-Douces. Au Viêt-nam, quand les paysans n'ont pas de riz, ils mangent des patates douces séchées. C'est une nourriture de pauvre et nous savions que nous avions besoin de rester en contact avec les gens les plus démunis de notre pays. Grâce à cette maison et à cette terre, nous arrivâmes à guérir quelques-unes de nos blessures et à apprécier la beauté de la campagne française. Onze d'entre nous vivaient là – chacun disposant simplement d'un sac de couchage comme lit – et des amis vietnamiens de Paris se joignaient souvent à nous le week-end.

Notre vie dans cette communauté, Les Patates-Douces, se nourrissait de méditation et de joie. Nous ne nous sentions pas encore capables de chanter des mélodies vietnamiennes traditionnelles, alors nous chantions des chansons dont les thèmes surgissaient de nos méditations sur « comment rester en contact avec la nature » – les arbres, les oiseaux, la lumière du soleil, la neige. Nous imprimions et reliions des livres pour les réfugiés et nous plantions des légumes. Thây était l'imprimeur le plus habile de nous tous. Personne ne s'était attendu à ce qu'il fût si adroit dans un travail manuel. Le MIR américain nous donna une vieille Varityper et je composai le texte du *Miracle de la*

Pleine Conscience en vietnamien. Thây se chargea des plaques d'impression et de l'impression, du découpage, de la reliure et de la maquette de la couverture. Les autres s'occupèrent de l'assemblage des pages, ce qui était aussi un travail important. Thây écrivit aussi *Le Soleil, mon cœur (Trai Tim Mat Troi), Histoire du bouddhisme au Viêt-nam (Viêt-nam Phat Giao Su Luan)* et plusieurs nouvelles : *Les Pins géants (Tùng), Le Poisson rose (Hong)*, à propos des expériences des boat people, *Fleurs de pamplemoussier (Buoi)*, à propos du double amour du réfugié pour le Viêt-nam et pour sa nouvelle terre, et *Thieu*, sur l'expérience d'une amie, Ta Hue Chau, qui avait frôlé la mort, et de la souffrance de Nguyen Van Huong, son mari, homme de science. Thây écrivit cet ouvrage pour aider ce dernier à surmonter sa peine si quelque chose arrivait à sa femme bien-aimée, Chau, qui était très malade (heureusement, elle recouvrit la santé). Nous plantions des laitues, des carottes, des graines de moutarde, de la coriandre, de la menthe et plusieurs herbes vietnamiennes ; nous découvrîmes alors que Thây était aussi un jardinier de premier ordre. Il nous apprit à utiliser une houe, à piocher sans trop courber le dos, à aérer et à biner la terre. Dans cette nouvelle ambiance, mon esprit n'était pas hanté par les images douloureuses du Viêt-nam. Nous n'avions pas de photographies d'orphelins, pas de téléphone et pas de visites de ceux qui voulaient aider le Viêt-nam. Aux Patates-Douces, je commençai enfin à retrouver ma sérénité.

Chaque semaine, nous découvrions de nouvelles variétés de fleurs sauvages dans les prés alentour. Une semaine, la colline était jaune de pissenlits puis blanche de fleurs de camomille. Une autre semaine, des millions de marguerites blanches illuminaient ces collines qui s'habillaient ensuite de rouge avec les coquelicots, plus tard nous nous extasiions à la vue des champs tapissés de violettes. L'air des Patates-Douces était frais, et pratiquer la méditation marchée à travers les collines environnant la maison était une joie. Nous ne possédions qu'une petite parcelle de terrain, mais nous ne nous souciions pas des limites de la propriété. Nous cheminions simplement paisiblement sur les chemins parcourant les nombreux champs et les flancs de collines.

En automne, les arbres de la forêt d'Othe, juste en face de nous, prenaient des teintes étonnantes de rouge, de jaune, d'orange et de marron. Quand l'hiver arrivait avec la gelée matinale, chaque brin d'herbe ressemblait à un petit être couvert de soie d'ange et la forêt devenait magique, avec ces arbres faits de minuscules joyaux décorés de graciles fils de soie. Nous n'avions jamais assisté à pareil spectacle au Viêt-nam. Pour mon anniversaire, en 1977, Thây m'offrit ce poème :

TOUJOURS SOLIDE ET TOUJOURS FRAIS

Les étoiles et la lune restent toujours belles
pendant les claires nuits.
La saulaie est encore verte,
les thuyas s'agitant sous la brise
sont encore gracieux.
Même si notre terre natale nous manque,
les pruniers qui s'épanouissent sur les collines

nous offrent encore leur hospitalité.
La végétation luxuriante
donne plus de vitalité à ces collines
et plus de force à la lune.
Les plants de courgette ont commencé
à donner naissance à des fleurs,
et les enfants jouent au soleil
dans la cour de devant.
Nous fabriquons des livres et les vendons par la poste.
Bien que nous vivions simplement
chaque jour de notre vie
est une fête.

Les nouvelles venant de notre terre natale
ne sont guère encourageantes.
Les temples n'ont pas l'autorisation
de faire sonner les cloches.
Beaucoup d'enfants sont séparés de leurs parents
qui sont dans des camps de rééducation.
Écrivains et artistes observent un silence de mort.
Tant de boat people, y compris des enfants, périssent
dans le golfe de Siam.

L'amour essaye de son mieux de se manifester.
Que pouvons-nous faire pour vous ?
Sachez que nos bras sont disponibles.
Nous sommes prêts.
Que pouvons-nous faire ?
La réponse viendra certainement
si nous savons rester vrais et attentifs,
si nous pouvons garder notre solidité et notre fraîcheur,
si nous pouvons rester calmes au milieu de la tempête.

Le soleil réclame encore notre attention
sur la colline là-bas.
Les fleurs de cerisier sont encore belles,
la lune et les étoiles encore magnifiques par les nuits claires,
les saules encore verts,
et les thuyas dansent encore gracieusement autour de nous.

La vie dans la communauté, Les Patates-Douces, était merveilleuse, mais j'étais encore triste. L'image des enfants affamés du Viêt-nam continuait à m'obséder. Puis, un jour, au cours d'une méditation, je réalisai que je pouvais aller en Thaïlande, en Inde, au Bangladesh ou dans tout autre pays, pour participer au changement social. Il y avait tant de souffrance dans le monde, si je ne pouvais pas aider les Vietnamiens, pourquoi ne pas m'occuper des démunis ailleurs ? À peine un mois plus tard, je m'envolai pour Bangkok et commençai immédiatement à travailler dans les bidonvilles avec deux amis thaïlandais. Mais en quelques semaines, je me rendis compte que mes amis ne travaillaient pas de la même façon que moi. Pour aider douze orphelins vivant dans des bas quartiers, je proposai de trouver des donateurs, si seulement ils voulaient bien faire un dossier complet avec une photo des enfants ayant besoin d'aide, mais ils étaient lents. Quand je suggérai qu'ils louent une cabane dans un bidonville pour créer un centre de soins de jour, ils hésitèrent. Au Viêt-nam quand j'avais une idée et que mes amis tergiversaient par crainte des difficultés, je la concrétisais seule, sachant que, s'il y avait des problèmes, je serais prête à apprendre à les affronter sur place et les transformer au lieu de m'enfuir Mais à Bangkok, je ne parlais pas la langue et il était impossible de travailler en indépendante. Je ne pouvais pas reprocher à mes amis thaïlandais de ne pas suivre mes conseils. Je savais que je ne connaissais par leur culture et que je ne pouvais pas leur imposer mes points de vue. Après trois semaines et demie à Bangkok, je décidai de retourner en France. Sur le chemin du retour, je m'arrêtai en Inde et au Bangladesh, et je fus témoin de la grande misère qui y régnait. Les enfants et les adultes étaient si faméliques qu'ils ressemblaient à des squelettes sous le soleil brûlant, alors qu'ils transportaient des gros sacs de pierres et de terre. Dans les mines, le salaire quotidien était moins élevé que le prix d'un kilo de riz. Ces travailleurs pouvaient à peine se nourrir, et encore moins leurs familles. J'essayai de trouver des organisations locales sérieuses que je pourrais soutenir.

Je trouve les moyens de poursuivre mon action

Après six semaines, j'étais de retour en France, encore plus désespérée qu'auparavant. J'avais été incapable d'être d'une aide quelconque quelque part. Tout ce que je pouvais faire à la communauté des Patates-Douces était de m'immerger dans la méditation assise, la méditation marchée, la méditation dans le jardin, et faire toute chose en suivant le rythme de ma respiration, en restant centrée sur le moment présent sans me laisser emporter par mes pensées. Au bout de quelques mois de ce « traitement », j'eus une vision : j'étais née dans cet endroit de la planète appelé Viêt-nam, j'en connaissais la langue, la culture et les valeurs morales. J'étais une spécialiste de cette partie du monde ; aussi je devais consacrer toute mon énergie à trouver des moyens de l'aider. Maintenant, quand j'aide le Viêt-nam, ce n'est pas à cause de mon attachement à « mon » pays, mais tout simplement parce que je suis une experte de cette région.

Quelques semaines plus tard, pendant une méditation assise, je me souvins d'une phrase d'une lettre que j'avais reçue de ma sœur : « Les médicaments que tu as envoyés à Mère pour son hypertension ont été efficaces, mais elle n'avait pas besoin des autres produits pharmaceutiques les accompagnant, aussi nous les avons vendus au marché et, avec cet argent, nous avons pu acheter des centaines de kilos de riz. » La première lecture de cette lettre n'avait éveillé aucune idée précise en moi mais, durant ma méditation, je compris que je tenais la solution ! Si je ne pouvais pas envoyer de l'argent aux orphelins sans qu'il fût volé par le régime, je *pouvais* expédier des médicaments pour qu'ils les vendent sur le marché.

Thây enseigne toujours que lorsque nous sommes dans une situation difficile, si nous faisons le calme en nous, nous trouvons toujours une solution. Mais il dit aussi que la première solution qui vient à l'esprit peut ne pas être la meilleure ; les jours suivants, une autre solution peut apparaître et même se révéler plus adéquate. Plus le regard est profond, plus la solution s'adapte mieux à la réalité. Aussi, je continuai à pratiquer la méditation assise et la méditation marchée, à semer de nouvelles et sereines graines de paix dans mon esprit, et, après quelques jours, je me rappelai une autre phrase de la lettre. Ma sœur me racontait qu'elle avait été, à plusieurs reprises, interrogée au poste de police sur ses relations avec moi. Je compris que si je voulais envoyer des médicaments pour les enfants affamés, je ne devais pas le faire sous mon vrai nom. Je commençai par envoyer des paquets de médicaments à des travailleurs sociaux avec qui nous avions travaillé dans le passé. Pour chaque envoi, je prenais un pseudonyme et j'employais une écriture manuscrite différente. Si j'utilisais le nom Cao Ngoc Phuong, les travailleurs pouvaient avoir des problèmes. J'y joignais une lettre expliquant que je résidais à l'étranger mais que j'avais vécu dans la même province que telle travailleuse sociale. Parfois, j'étais une nonne, parfois une vieille dame, parfois une petite fille, parfois un garçon. Je disais que je voulais envoyer ces médicaments à cette personne car je savais qu'il y avait une pénurie de médicaments au Viêt-nam et qu'elle aimait venir en aide aux nécessiteux, alors, si elle n'avait pas l'usage de tous ceux-ci, elle pouvait les échanger contre de la nourriture et la partager avec des enfants affamés. Puis je lui demandais de me transmettre les adresses de quelques familles défavorisées afin que je leur fasse parvenir l'aide directement. De cette façon, je commençai à constituer une liste des familles les plus pauvres.

En quelques mois à peine, j'accumulai plus de contacts que je ne pouvais en prendre en charge par moi-même. Je ne pouvais pas envoyer des paquets pour plus de deux à trois cents familles, sinon cela serait devenu suspect aux yeux des communistes.

Aussi, je décidai de demander à un certain nombre de jeunes réfugiés vietnamiens qui venaient aux Patates-Douces de m'aider.

Cela rendait le travail encore plus agréable. Je pus reprendre contact avec notre réseau de donateurs et établir ainsi une relation entre les bienfaiteurs qui apportaient les fonds, les jeunes réfugiés qui m'aidaient à écrire les lettres et à empaqueter les médicaments, et les enfants qui recevaient ces fournitures médicales. J'essayai d'établir un lien solide avec chaque enfant pour connaître ses préoccupations et ses aspirations. Dans le passé, quand nous avions en charge vingt mille orphelins, il était impossible de communiquer avec chacun. Avec ce nouveau projet, je pouvais le faire. Dans ma correspondance, je leur enseignais comment apprécier les nombreuses merveilles les environnant, non pas simplement la nourriture et les médicaments, mais aussi leurs yeux en bon état, qui les ouvraient à un monde de formes et de couleurs, et à bien d'autres beautés de leur terre natale. Parfois, j'arrivais à aider les parents à travers les enfants. Il est difficile de faire la leçon à des adultes quand vous leur donnez de l'argent ; ils peuvent se sentir humiliés. Aussi, j'essayais d'éduquer les enfants de telle sorte que cela bénéficiât aussi à leurs parents. En deux ans à peine, nous avions formé des douzaines de petits groupes de jeunes Vietnamiens en Europe et en Amérique à travailler pour les enfants qui ont faim.

Un jour, Bui Thi Huong vint nous rendre visite aux Patates-Douces. J'étais très enthousiaste en lui racontant le succès de nos envois aux enfants du Viêt-nam, et je l'invitai à se joindre à moi dans ce travail. Bui Thi

Huong avait été une jeune sœur très active au service des pauvres du Viêt-nam. Elle nous avait rejoints en 1965, quelques mois avant la fondation de l'EJSS ; puis elle en avait fait partie avant d'en devenir un des meilleurs éléments.

Pendant l'attentat de février 1967 contre le dortoir de l'EJSS, au cours duquel deux de nos amies étaient mortes, Huong eut le corps criblé de plus de six cents éclats de grenade et échappa de peu à la mort. Masako Yamanouchi, notre amie japonaise travaillant pour l'EJSS, donna son sang pour elle. Huong resta à l'hôpital au Viêt-nam puis au Japon pendant deux ans, et elle dut être partiellement amputée. Elle réapprit à marcher en utilisant une prothèse. À la signature des accords de paix de mars 1973, Huong quitta le Japon et intégra la Délégation de paix de l'EBU à Paris. Sa présence merveilleuse stimula beaucoup d'amis œuvrant pour les orphelins.

Quand la guerre s'interrompit brutalement en 1975, le comportement du nouveau régime était si cruel et aveugle que des millions de Vietnamiens souffrirent de traumatismes mentaux graves. Au sein de la Délégation de paix de l'EBU, chacun luttait à sa façon. Anh Binh et Anh Hia, par exemple, aimaient profondément leurs fiancées restées au Viêt-nam, mais en apprenant combien la situation était catastrophique au pays, ils perdirent l'espoir d'y retourner un jour et ils fréquentèrent d'autres femmes. J'avais toujours admiré ces deux amis pour leur fidélité et leur confiance en leurs professeurs et compagnons, mais leurs nouvelles relations me choquaient. Je compris que c'était le résultat de leurs troubles psychiques. Bui Thi Huong agissait aussi sous le coup de son traumatisme. Cela commença quand Thây proposa que nous emménagions tous aux Patates-Douces. Huong déclara qu'elle préférait voyager à travers la France pour visiter des communautés spirituelles. Elle passait quelques mois ici ou là. Puis, en 1977, après avoir séjourné six mois dans la communauté de l'Arche, elle vint nous voir aux Patates-Douces. J'étais heureuse de la voir et je lui proposai de m'aider dans mon travail pour les enfants affamés, comme nous l'avions fait autrefois. Je restai interloquée quand elle me répondit, presque brutalement : « Non, non. Je ne veux plus entendre parler de travail social ! » Puis, elle commença à me parler d'une nouvelle traduction anglaise des *Upanishads*. Je demeurai silencieuse, blessée par sa réponse.

Je compris seulement plus tard. Huong s'était beaucoup dévouée pour les victimes de la guerre au Viêt-nam en travaillant au service de l'EJSS et de l'EBU et elle avait perdu sa jambe pendant son bénévolat. Elle refusa toujours de répondre à la violence par la violence. Elle avait consenti tous ces sacrifices afin qu'un jour le Viêt-nam pût être heureux à nouveau. Tout cet engagement auquel elle avait consacré sa jeunesse ne lui avait rapporté, en fin de compte, qu'un corps mutilé et un pays gouverné par un régime totalitaire et ignorant. De quelle utilité avait été sa gentillesse ? Pourquoi se soucierait-elle d'aider les enfants affamés ? À quoi bon de nouveaux sacrifices ? Elle pensait que cela ne servirait plus à rien. Je compris que je n'avais aucun droit de lui faire des reproches, parce que ce n'était pas moi qui avais reçu six cents éclats de grenade dans le corps et perdu une jambe. Des larmes me venaient aux yeux quand je pensais à ses blessures, mentales et physiques. Mais je devais garder mes distances vis-à-vis d'elle et réciproquement. Je n'avais pas envie de débattre de philosophie alors que tant d'amis au Viêt-nam réclamaient de l'aide et elle ne pouvait plus supporter d'entendre leurs cris. Je réalisai que la seule solution pour nous deux était de nous séparer.

Mon dernier contact avec Huong date de 1988, alors qu'elle s'apprêtait à partir au Viêt-nam. Elle offrit de m'aider si j'avais besoin de son aide. « Mais, écrivit-elle, s'il te plaît, ne m'implique pas dans une action politique. » Je ne répondis pas. Tout ce dans quoi je suis engagée au Viêt-nam est politique. Si le gouvernement avait su que j'envoyais des médicaments à une famille, celle-ci aurait été en danger. Aussi, à nouveau, je laissai passer l'occasion de travailler avec Huong, ma sœur bien-aimée, autrefois au service des déshérités.

L'exil

1976-1993

CHAPITRE 17

Les boat people

En décembre 1976, alors qu'il participait à une conférence à Singapour réunissant trois cents responsables religieux, organisée par la Conférence mondiale des religions pour la paix (CMRP), Thây Nhat Hanh fut averti par un groupe de femmes vietnamiennes qu'il y avait des milliers de Vietnamiens dans des camps de réfugiés en Thaïlande et en Malaisie sans espoir d'être accueillis par un nouveau pays. À Singapour, il y avait peu de réfugiés car la politique du gouvernement était de refouler tous les bateaux de réfugiés vers la haute mer, même si cela pouvait entraîner leur mort. Si un bateau de pêche singapourien était surpris à aider un bateau de réfugiés, son propriétaire devait s'acquitter d'une amende de 4 000 dollars par réfugié secouru. Il ne pouvait récupérer son argent que lorsque les réfugiés avaient été rejetés à la mer.

Ces femmes vietnamiennes confièrent à Thây qu'elles avaient tenté de sauver ces gens en payant les pêcheurs pour qu'ils escortent les « boat people » – terme utilisé par le Haut-Commissariat aux réfugiés des Nations unies (HCR) depuis 1975 – afin d'accoster de nuit. Elles récupéraient alors les réfugiés et les amenaient discrètement jusqu'aux ambassades française et américaine où, le lendemain, les diplomates recueillaient leurs demandes d'asile politique. Les ambassades les remettaient à la police, mais elles préparaient aussi des demandes pour qu'ils soient accueillis par les autorités françaises ou américaines. De nombreuses vies furent sauvées de cette façon.

Ces femmes vietnamiennes savaient que neuf personnes étaient sur le point d'être rejetées à la mer. Elles demandèrent à Thây d'en être le témoin. Thây fut si bouleversé par ce qu'il vit qu'il écrivit un poème sur la condition des boat people et le lut devant l'assemblée générale de la Conférence mondiale des religions pour la paix :

Au professeur Yoshiaki Isaka

Vous avez veillé tard cette nuit, mes frères,
cela je le sais,
car les boat people
en pleine mer
n'osent pas dormir.
J'entends le mugissement du vent
autour de moi –
l'obscurité totale.

Hier, ils ont jeté les cadavres
de leurs bébés et de leurs enfants

à la mer.
Leurs larmes une fois de plus remplissent
l'Océan de la souffrance.
Dans quelle direction sont poussés leurs bateaux
en ce moment ?

Vous avez veillé tard cette nuit, frères,
parce que les boat people
en haute mer
ne sont pas certains que l'humanité existe.
Leur solitude
est si profonde.
L'obscurité ne fait plus qu'un avec l'Océan
– et l'Océan est un vaste désert.

Vous avez veillé tard cette nuit, frères,
et l'univers entier
reste attentif à votre état d'éveil.

Les correspondants de l'UPI et de l'Agence France-Presse télégraphièrent le poème de Thây dans son intégralité à leur siège et il fut publié dans des journaux du monde entier, le jour suivant. Toutefois, les journalistes attribuèrent le poème au professeur japonais auquel celui-ci était adressé, le professeur Yoshiaki Isaka, de la CMRP, qui était responsable des débats ce jour-là. Thây avait demandé au professeur Isaka, la nuit précédant son intervention, si son plaidoyer pour les boat people pouvait être inclus dans le programme, aussi il intitula son poème : *Au professeur Isaka : Restez éveillé.*

« *Quand le sang est versé, nous souffrons tous* »

Après la lecture du poème, Thây informa les responsables religieux présents que les boat people se noyaient parce qu'on leur interdisait d'accoster dans plusieurs pays, dont Singapour, la Thaïlande, la Malaisie, l'Indonésie et Hong Kong. Les participants à la conférence étaient indignés par cette nouvelle et émus par le poème de Thây et, après de longues discussions, la CMRP demanda à Thây de diriger en leur nom un programme de sauvetage des boat people. Il accepta à condition que je puisse être son assistante. Ils m'envoyèrent un billet pour Singapour et, moins d'une semaine après, j'étais sur place. Le projet fut appelé *Mau Chay Ruot Mem* (« Quand le sang est versé, nous souffrons tous »). La CMRP organisa une réunion avec le haut-commissaire aux réfugiés des Nations unies, l'ambassadeur des États-Unis à Singapour, l'ambassadeur de France et ceux d'autres pays, et leur demanda ce qu'ils comptaient faire pour les boat people. Le haut-commissaire de l'ONU déclara que les États-Unis ne pouvaient délivrer que mille visas par an et qu'ils avaient déjà accepté deux cent cinquante mille Vietnamiens depuis la fin de la guerre, vingt mois plus tôt.

Un quota de mille signifiait que la Malaisie, la Thaïlande, l'Indonésie, les Philippines et Hong Kong pouvaient chacun obtenir seize visas par mois des États-Unis. Thây demanda à l'ambassadeur des États-Unis de réclamer à son gouvernement une augmentation du nombre de visas. Celui-ci répondit : « Nous ne pouvons pas changer ce quota. » Thây essaya d'expliquer que « des gens se noient tous les jours en haute mer et risquent leur vie pour fuir le Viêt-nam. Les États-Unis sont en partie responsables de cela. Si les États-Unis ne veulent pas accorder plus de visas, peut-être devrions-nous amener les boat people près de vos côtes et demander au peuple américain ce qu'il convient de faire ».

Thây demanda à la Conférence mondiale des religions pour la paix de louer un grand navire pour sauver mille boat people représentatifs de la centaine de milliers de réfugiés oubliés dans les camps, et de les amener directement à Guam ou en Australie. Puis, si les boat people n'obtenaient pas de visa sur place, on inviterait les journalistes pour raconter ce qui se passait et pour demander aux peuples américain et australien de faire changer par leur gouvernement leur politique d'immigration.

La CMRP était une organisation relativement petite, mais plusieurs églises japonaises aisées promirent d'allouer 60 000 dollars à ce projet. La conférence décida de nommer Thây Nhat Hanh directeur, et moi directrice adjointe. Nous constituâmes plusieurs équipes d'amis pour sillonner les côtes de Singapour, de Malaisie et de Thaïlande pour enquêter sur la situation des boat people. Je fis un rapport pour des amis en Europe qui pouvaient prêter leur concours financier à ce travail. Un certain nombre de comités qui n'avaient pas pu aider le Viêt-nam depuis 1975 furent heureux de pouvoir contribuer et, en quelques semaines, chaque comité rassembla de 10 000 à 50 000 dollars et je collectai ainsi 200 000 dollars.

Nous avions l'intention de sauver quelques douzaines de boat people dans l'attente de l'achat d'un bateau plus grand. Nous disposions de 100 000 dollars pour acheter un bateau et de 100 000 autres pour la nourriture, l'approvisionnement et le paiement d'un équipage pendant vingt jours. Nous allions acquérir un bateau quand nous apprîmes que, pour autoriser un bateau à prendre la mer, au moins deux mois de vérifications à quai étaient exigées. Aussi, nous louâmes un cargo du nom de *Roland* et un vieux pétrolier, le *Leadpal*, et, en moins d'une semaine, le *Roland* sauva deux cent quatre-vingt-une personnes en haute mer, et le *Leadpal*, deux cent quatre-vingt-cinq, ce qui faisait un total de cinq cent soixante-six boat people. Comme nous n'avions pas l'autorisation d'aborder les côtes de Singapour, de Malaisie et de Thaïlande pour nous approvisionner, nous avions loué un petit bateau du nom de *Black Mark* pour transporter la nourriture et le carburant vers les navires de sauvetage.

Un jour, nous aperçûmes un groupe de soixante boat people assis dans une sorte de baraquement de la police malaise. Les femmes et les enfants pleuraient et les hommes avaient le regard perdu dans le vide. Nous leur parlâmes et ils nous dirent qu'ils étaient arrivés sur la côte malaise avec deux bateaux endommagés – le leur avec soixante personnes, le second, avec soixante-deux – mais les autorités malaises avaient engagé un charpentier sur-le-champ pour réparer les deux embarcations et les faire remorquer vers la haute mer. L'autre bateau n'avait pas été correctement réparé, et il avait coulé. Les soixante personnes à bord avaient assisté, impuissantes, à la mort des soixante-deux autres personnes juste en face d'elles. Prises de panique, elles avaient décidé de revenir à terre et maintenant elles restaient là, assises, face à la police.

Un autre jour, notre bateau s'arrêta dans une île éloignée pour recueillir vingt-huit personnes que nous avait signalées un pêcheur malais. Ce qui provoqua la colère du représentant des Nations unies qui nous dit : « Pourquoi avez-vous recueilli ces gens ? C'est à nous de nous occuper de tous les réfugiés dans cette zone. » Ces fonctionnaires n'avaient jamais vu ces réfugiés, ne les avaient jamais rencontrés ou aidés de quelque façon que ce fût. Nous répondîmes : « Vous ne les nourrissez pas, ne leur donnez pas d'habits et ne faites rien pour eux. Comment aurions-nous pu savoir qu'ils étaient sous votre responsabilité ? » Ils répliquèrent : « Nous avons une liste de leurs noms. » Thây rétorqua : « Même si vous possédiez les noms de toutes les étoiles du ciel, vous ne pourriez pas prétendre qu'elles vous appartiennent. »

Thây déclara qu'il serait préférable d'attendre d'arriver sur les côtes d'Australie ou de Guam avant d'avertir la presse. Nous ne voulions pas que les gens fuient le Viêt-nam ou les camps de réfugiés pour venir nous rejoindre sur le bateau en pleine mer. Notre but consistait uniquement à sauver ceux qui risquaient de mourir en mer et non pas d'encourager à s'enfuir ceux qui étaient encore à terre. Nous étions conscients que si la presse parlait de notre opération, quand nous serions au large du Viêt-nam, beaucoup de Vietnamiens tenteraient d'arriver jusqu'au bateau, au péril de leur vie et de celle de leur famille. Chaque participant à la conférence fut d'accord pour garder ce projet confidentiel, mais les donateurs japonais ne purent résister à la tentation d'informer la presse de leur promesse d'une contribution de 60 000 dollars.

Un certain nombre de journalistes essayèrent de contacter Thây et moi-même, mais nous refusâmes de leur donner des informations. Ils nous téléphonaient jour et nuit, parfois le téléphone sonnait cent, deux cents, trois cents fois dans la nuit. Finalement, nous dûmes quitter notre bureau. Puis la BBC et la Voix de l'Amérique, les radios les plus écoutées au Viêt-nam, diffusèrent la nouvelle de notre projet en vietnamien, à la suite de quoi, plusieurs boat people, au Viêt-nam et dans les camps de réfugiés de Thaïlande et de Malaisie, prirent la mer pour essayer de monter sur nos bateaux. Beaucoup de boat people qui avaient fui le Viêt-nam en 1975 et qui s'entassaient dans des camps en Thaïlande et en Malaisie depuis presque dix-huit mois voyaient en nos bateaux leur bouée de sauvetage et ils voulaient prendre la mer à tout prix et nous rejoindre.

Le haut-commissaire pour les réfugiés se fâcha et il leur interdit de quitter les camps mais ils essayèrent quand même. Aussi, furieux contre Thây, il vint le voir et déclara : « C'est à cause de votre projet que les réfugiés quittent les camps ! » Je lui répondis : « Nous ne faisons pas cela pour pousser les gens des camps à se jeter à la mer. Notre projet est de vous aider à obtenir plus de visas pour les réfugiés. Nous voulons simplement vous assister dans votre travail d'aide aux réfugiés qui, sinon, perdraient tout espoir dans leur avenir. S'il vous plaît, ne soyez pas furieux contre nous. Vous devriez comprendre la valeur de notre action. Notre but est de montrer aux citoyens des États-Unis et d'Australie où en est la situation et de convaincre leur gouvernement d'autoriser plus de personnes à s'installer chez eux. Nous n'irons jamais dans un camp de réfugiés pour forcer la main à quelqu'un, mais nous devons assister ceux qui viennent à nous. »

Le HCR des Nations unies à Kuala Lumpur, en Malaisie, ne voulut rien savoir et il projetait d'interdire notre projet. Ses membres déclarèrent : « Comment ces gens pourraient-ils aller aux États-Unis ou en Australie sans un visa ? » Nous répondîmes : « Évidemment nous ne pouvons pas avoir de visas à l'avance. Mais si notre projet aboutit, les Américains et les Australiens verront la pitoyable condition de ces réfugiés. C'est un moyen de réveiller les gens, et ils feront quelque chose. Nous devons continuer et nous comptons sur votre collaboration. » Thây s'exprima clairement et poliment, mais l'équipe du HCR de l'époque ne semblait ni comprendre ni partager notre point de vue. Pendant des années, ils avaient suivi des règles précises quant à l'aide aux réfugiés, se conformant sans discuter aux décisions prises par chaque pays, en acceptant le peu de visas accordés chaque mois. Thây continua : « Notre souhait est d'aider le HCR à obtenir plus de visas. Nous avons besoin de votre soutien tacite car nous vous aidons indirectement. » Mais, au lieu de cela, le responsable du HCR à Kuala Lumpur avertit les ambassadeurs français, américain et australien ainsi que le secrétaire général de la Conférence mondiale sur la religion et la paix que « ce moine fou devait abandonner son projet insensé ».

Le secrétaire général de la CMRP ainsi que le groupe japonais qui avait proposé de participer au projet vinrent à Singapour pour essayer de nous convaincre de tout annuler. Thây répondit : « Mais nous avons promis à l'assemblée de la Conférence mondiale des religions pour la paix que nous le ferions, aussi nous sommes responsables devant eux tous et non pas uniquement devant vous. Nous continuerons. » Les membres du groupe japonais menacèrent : « Si vous poursuivez un projet qui entrave le travail du HCR et d'un certain nombre d'ambassades, nous ne vous allouerons pas les 60 000 dollars promis. » Je dis : « C'est très bien. Nous poursuivrons quand même notre travail. J'ai déjà collecté 200 000 dollars par moi-même. »

Puis le secrétaire général confia à Thây : « Il n'est pas nécessaire d'amener les réfugiés en Australie sans visas. L'ambassadeur australien a promis que son gouvernement accorderait des visas et convoierait par avion en Australie tout boat people sauvé par nous en pleine mer. Nous pouvons distribuer vos 200 000 dollars aux réfugiés dans les camps. » Thây répondit : « Ils peuvent certes nous donner quelques visas ou bien six cents visas, mais qu'adviendra-t-il des quatre-vingt mille boat people encore dans les camps de réfugiés ou perdus en pleine mer ? Nous devons témoigner de leur situation devant le monde. » Nous étions dans une impasse.

L'homme d'action et le poète

Quelques nuits plus tard, un groupe de boat people arriva à notre bureau, un petit appartement de Singapour. Je ne sais pas comment ils nous avaient trouvés, peut-être par l'intermédiaire des Vietnamiennes qui avaient amené de nombreux boat people à l'ambassade de France. Thây leur demanda de partir immédiatement. J'étais attristée de devoir les renvoyer. Ils n'avaient aucun endroit où aller. Je pensais que Thây était trop prudent, mais quatre heures plus tard, cinq policiers firent irruption dans notre bureau pour arrêter les boat people récemment arrivés. Ils montèrent même sur le toit, persuadés que les boat people s'étaient enfuis par là. La police ne trouva personne mais ils confisquèrent les papiers de Thây et lui annoncèrent qu'il avait quarante-huit heures pour quitter Singapour. Il était 2 heures du matin, nous étions samedi, et il restait une demi-journée ouvrable pour essayer de faire prolonger le visa de Thây car les bureaux fermaient à midi le samedi. Avec cinq cent soixante-six boat people sur nos navires, nous ne pouvions pas les abandonner et quitter Singapour.

De 2 heures à 6 heures du matin, nous pratiquâmes la méditation marchée et la méditation assise dans notre bureau-appartement. À 6 heures, Thây me demanda d'aller voir l'ambassadeur de France, Jacques Gasseau, un homme de cœur qui avait essayé d'aider de nombreux boat people dans le passé. Je lui rendis visite à 8 heures et lui expliquai notre situation. Il accepta de signer une fervente lettre de soutien qui servirait de garantie aux autorités singapouriennes de la part du gouvernement français.

À 9 heures, la secrétaire de l'ambassadeur tapait la lettre et celui-ci la signait. Aussitôt, nous allâmes au bureau d'immigration et attendîmes jusqu'à 10 heures que quelqu'un voulût bien nous recevoir. Alors, un fonctionnaire de l'immigration lut la lettre de l'ambassadeur Gasseau et nous dit qu'il ne savait pas quoi faire. Aussi, il nous envoya au ministère des Affaires étrangères. Comme la lettre de Jacques Gasseau exprimait un soutien ferme du gouvernement français à Thây Nhat Hanh, plusieurs ministres du gouvernement singapourien se réunirent et discutèrent longuement. Puis, à midi moins dix, ils décidèrent d'accorder à Thây une prolongation de son visa de deux semaines. En cinq minutes, nous étions de retour au bureau de l'immigration et nous obtînmes le document confirmant cette prolongation.

Nous bénéficiions de deux semaines supplémentaires seulement, pas assez pour que notre gros bateau soit autorisé à prendre la mer. Aussi nous décidâmes de réparer nos deux navires plus petits, le *Leapdal* et le *Roland*, et de gagner l'Australie : Thây était sûr que je pourrais mener cette expédition vers l'Australie, et il partit pour Perth pour nous y attendre. Avant de partir, il écrivit un poème pour Jacques Gasseau :

LE PONT

Pour Jacques Gasseau

Un érable est là comme refuge pour l'oiseau Phuong.
Il se tient là avec son amour profond.
Les réglementations, parfois comme un rideau de fer,
emprisonnent les gens dans des cercles de souffrances incessantes,
mais la Compassion d'un être éveillé est comme la mer
qui brise l'enfer et fait disparaître les afflictions.

La ville, ce matin, est inondée de soleil.
Les colombes dansent haut dans le ciel.
Je pense à lui, à son honnêteté et à sa droiture.
Son sourire aussi doux que le nectar compatissant d'un bodhistattva.
Les enfants ont besoin de lui comme les fleurs ont besoin du soleil,
comme l'eau de sa source, comme la lune des étoiles.
Une fois la décision prise, il ne craignit ni les risques ni les menaces.
Il s'engagea dans la vie tourmentée
voguant sur les vagues des difficultés.
Il érigea un pont partant du fin fond de l'enfer
et atteignant le paradis pour la Fête des Mille Étoiles.

Il composa aussi un autre poème sur les boat people qu'il traduisit en français et en anglais. Il en donna une copie à chaque réfugié des deux bateaux et leur demanda de le donner à la presse en arrivant à Perth :

UNE PRIÈRE POUR LA TERRE

Perdus dans les tempêtes
des vastes océans,
nos petits bateaux dérivent.
Nous cherchons la terre
depuis des jours et des nuits sans fin.

Nous sommes de l'écume
flottant sur l'immense Océan.
Nous sommes de la poussière,

errant dans l'espace infini.
Nos cris se perdent
dans le vent hurlant.

Sans nourriture ni eau
nos enfants reposent épuisés
jusqu'à ce qu'ils ne puissent plus pleurer.

Nous aspirons à une terre
mais nous sommes rejetés de chaque côte.
Nos appels de détresse se multiplient,
mais les vaisseaux qui passent ne s'arrêtent pas.
Combien de navires ont-ils sombré ?
Combien de familles reposent sous les vagues ?

Seigneur Jésus, entendez-vous notre prière de sang ?
Seigneur Bouddha, entendez-vous nos appels de détresse ?
Ô frères humains, percevez-vous nos cris montant de l'abîme de la mort ?
Ô terre ferme
nous nous languissons de toi !
Nous prions pour que l'humanité existe encore aujourd'hui.
Nous prions pour que la terre nous tende les bras.
Nous prions pour que l'espoir nous vienne aujourd'hui
de cette même terre.

Extradée de Singapour en pleine action

Mais le lendemain du départ de Thây, le secrétaire général de la CMRP me renvoya. Il déclara : « Sœur

Phuong, nous n'avons plus besoin de vos services. Merci. » Je répondis : « Je suis la directrice adjointe de ce projet, responsable de deux bateaux et de cinq cent soixante-six personnes. Je resterai à Singapour autant de temps que je le désirerai et j'achèverai ce projet. » Il rétorqua : « À partir de maintenant, je vous interdis de reprendre contact avec un boat people et de prendre un centime sur le compte du projet. » J'étais scandalisée ! Je demandai : « Au moins, permettez-moi d'apporter de la nourriture aux personnes sur nos deux navires, sinon ils mourront de faim. » Mais il refusa. « Non, nous nous en occupons maintenant. » Il ajouta « Vous *devez* partir. » Ce fut comme s'il me frappait. J'étais furieuse et je perdis mon calme. D'une voix tremblante, je dis : « J'ai personnellement collecté les 200 000 dollars pour ce projet, et maintenant vous me dites que je ne peux pas continuer à aider les boat people ni toucher un centime de cet argent ? Très bien, gardez-le ! Je trouverai 200 000 dollars, j'achèterai un autre bateau et je mènerai à bien ce projet moi-même ! »

Le soir même, la police vint à mon appartement et saisit mon passeport. Ils m'ordonnèrent de réserver une place dans un avion en partance de Singapour le lendemain et me dirent que je pourrais récupérer mon passeport à l'aéroport. Comme Thây ne possédait qu'une carte de réfugié temporaire, les autorités singapouriennes pouvaient lui causer nombre de problèmes. Mais, moi, j'avais un passeport français, le même que tout citoyen français, aussi je pouvais rester à Singapour autant de temps que je le voulais. Quand ils avaient confisqué le passeport de Thây, ils avaient aussi regardé le mien mais sans me causer d'ennuis. Je me demandai qui m'avait dénoncée à la police pour qu'ils m'expulsent le soir même. Je me dis que je préférais mourir plutôt que de prendre un avion et d'abandonner cinq cent soixante-six personnes en mer sans soins appropriés. En regardant en arrière, je réalisai que, si j'avais gardé le silence quand j'avais été écartée du projet, j'aurais pu collecter des fonds en secret et amener les cinq cent soixante-six boat people en Australie. Mais en perdant mon calme, j'avais aussi révélé mon secret. Conséquence : ce projet merveilleux s'arrêta net. J'appelai Thây à Perth pour lui raconter ce qui se passait et il me conseilla de quitter Singapour.

Je commençai par pleurer sans pouvoir me contrôler avant de penser à prendre refuge dans ma respiration. Je savais que si je ne me concentrais pas sur chaque respiration, je deviendrais folle. Je pratiquai la méditation marchée dans mon appartement toute la nuit et, tôt le lendemain matin, j'allai à l'agence immobilière rendre la clé de mon appartement et je réservai un billet sur un des derniers vols de l'après-midi pour Melbourne.

Thây vint par avion de Perth à Melbourne pour m'accueillir et, quand je le vis à l'aéroport, je pleurai un long moment dans ses bras. Un ami, prêtre catholique à Melbourne, convoqua une conférence de presse afin que je puisse informer les médias de la situation des boat people. À cette époque, l'Australie ne permettait pas aux réfugiés d'entrer sur son territoire. Plusieurs journaux se montrèrent favorables à mon appel et l'un d'entre eux publia même une grande photo de moi en train de demander de l'aide pour les boat people. Peut-être mon plaidoyer eut-il un effet, à partir de ce moment, le gouvernement australien commença à accepter des réfugiés. Nous restâmes trois jours à Melbourne et puis nous revînmes en France par avion.

En arrivant à Paris, nous allâmes en taxi jusqu'à la maison de mon frère où ma voiture était garée. À Paris, tout semblait irréel. Les gens se déplaçaient, s'asseyaient, mangeaient et riaient comme si tout était pour le mieux dans le meilleur des mondes. « Ne savent-ils pas que leurs frères humains sont en train de mourir en haute mer ? » pensais-je en moi-même. « Ignorent-ils que des gens comme eux sont en train de se noyer et de mourir de désespoir parce qu'il leur manque un papier, un visa ? » Les Nations unies et les ambassadeurs avaient promis de délivrer des visas aux cinq cent soixante-six personnes qui se trouvaient sur nos navires mais, en fait, ils n'en accordèrent que trente-deux. Conséquence : cinq cent trente-quatre individus restèrent en haute mer pendant des mois, car aucun pays ne voulait leur accorder le statut de réfugié.

Quand le *Leapdal* approcha des côtes de Thaïlande, un escroc entra dans un camp de réfugiés pour soudoyer les policiers thaïlandais et reçut l'autorisation de laisser près de deux cents réfugiés quitter le camp afin d'embarquer sur de frêles embarcations et s'approcher du *Leapdal* pour monter à bord. Quand ces réfugiés arrivèrent dans leurs petits sampans et demandèrent à Mobi Warren, notre jeune collaboratrice venant du Texas et responsable du *Leapdal*, de les sauver, elle les autorisa, sans hésitation, à embarquer sans leur demander d'où ils venaient. Plus tard, elle fut mise au courant du système des pots-de-vin et elle en parla à la CMRP.

À l'époque de ce rapport, nous étions en bons termes avec la CMRP. C'est pourquoi les membres de cette organisation se montrèrent furieux contre l'escroc, mais avaient pitié des réfugiés et pensaient que Mobi avait bien fait de les secourir en haute mer, quelle que soit leur provenance.

Plus tard, quand seulement trente-deux des cinq cent soixante-six visas furent accordés, les membres de la CMRP reprochèrent à leur secrétaire d'avoir démis Thây de ses fonctions. Aussi, le secrétaire, pour justifier son erreur d'avoir renvoyé Thây, organisa des conférences de presse à Genève, Londres et Washington pour déclarer que ces réfugiés avaient payé 800 dollars chacun pour être sauvés par « une assistante de Thich Nhat Hanh ». Il voulait faire croire que Mobi avait exigé 800 dollars de chaque réfugié à qui elle avait permis de monter sur le *Leapdal*. Avec presque trois cents réfugiés recueillis de cette façon, elle aurait fait fortune ! Quelques-uns de ceux qui lurent ces articles pensèrent même que l'assistante de Thây dont on parlait, c'était moi. Beaucoup d'amis qui nous rapportèrent de nouvelles versions de ces histoires mensongères sur nos projets de sauvetage nous poussaient à clarifier les choses et à répondre à ces accusations. Mais Thây me dit : « Nous n'avons pas besoin de commencer une nouvelle guerre. » Et il laissa les choses se calmer toutes seules.

Dans ma vie au service des autres, ce n'était pas la première fois que mon travail faisait l'objet de telles diffamations. Chaque fois que cela arrivait, j'étais furieuse et Thây me rappelait de prendre refuge dans ma respiration et de me calmer. Il me conseillait de ne jamais répondre par la violence ou la colère à l'injustice. « La vérité se révélera d'elle-même, tôt ou tard », disait-il.

Heureusement, un journaliste du *New York Times*, Henry Kamm, n'accorda aucun crédit à ces accusations et il vint dans le golfe de Siam pour enquêter. Il monta à bord du navire de secours, le *Leapdal*, parla à un certain nombre de réfugiés et écrivit un article qui fut publié dans le *New York Times* du 16 juin 1977, pour clarifier la situation. En réponse à l'affirmation « qu'une assistante peu scrupuleuse du moine vietnamien aurait vendu des places sur le bateau à 800 dollars », il déclarait : « Des interviews à bord apportent des démentis formels et détruisent l'hypothèse selon laquelle plusieurs réfugiés auraient pu réunir de telles sommes. Quelques-uns ont déclaré qu'ils avaient pu amener juste assez d'argent pour acheter de l'approvisionnement et du matériel pour le voyage. Les autres, la majorité, parlaient de leur condition pitoyable et de leur fuite récente de leur pays et se demandaient comment des gens comme eux auraient pu payer pour une place sur le *Leapdal.* » Ce journaliste fit cela de son propre chef, sans même connaître Thây, ni Mobi, ni moi-même.

Un navire de secours déguisé en bâteau de pêche

En mars 1977, nous étions de retour à la communauté des Patates-Douces et, après trois mois de réflexion approfondie sur le problème des boat people, je décidai de lancer un nouveau projet, avec l'accord de

Thây. Je m'envolai pour la Thaïlande et je me déguisai en patron pêcheur. Notre projet était d'aller « pêcher » en mer les boat people. La nouvelle *Hông (Le Poisson rose)*, écrite par Thây, dans la collection « Le Bambou de la Lune », est fondée en grande partie sur l'aventure de notre équipage.

Un jour, notre bateau eut un ennui mécanique et nous fîmes escale à Trad, une petite ville côtière au nord-est de la Thaïlande pour le réparer. À cette époque, notre équipage était composé de six Vietnamiens avec des passeports français et de trois Thaïlandais – une jeune femme, un moine et un étudiant. Un policier de Trad tomba amoureux de la jeune femme et il l'avertit que notre bateau serait attaqué par des pirates dès que nous quitterions ce port, qu'ils nous voleraient, violeraient les deux femmes et nous tueraient tous les neuf. Il lui conseilla de nous abandonner si elle voulait rester en vie. Les trois équipiers thaïlandais étaient terrifiés. Ils savaient que les pirates thaïlandais étaient parfaitement capables de faire ce que le policier avait dit. Ils essayèrent de me convaincre de louer les services d'un bateau de garde-côtes pour nous raccompagner jusqu'à Bangkok.

À cette époque, je savais que la police et les pirates dans cette partie de la Thaïlande étaient complices, aussi je rendis une visite au chef de la province avec une grande boîte de chocolats français. Je lui dis : « Nous sommes des citoyens français et nous nous sommes arrêtés dans votre province pour réparer notre bateau de pêche. L'ambassadeur de France nous a demandé de vous rapporter tout ce que nous faisons et de vous prier d'assurer notre sécurité pendant notre séjour dans votre province. » Il me demanda : « Combien de temps comptez-vous rester ? » et je répondis : « Nous avons besoin de deux semaines au moins pour réparer notre bateau et après nous reprenons la mer. » Il me dit : « Très bien. Je vais envoyer un câble à la police de Trad pour lui demander de vous protéger pendant tout votre séjour dans cette zone. » La rumeur se répandit que nous allions rester à quai deux semaines de plus avant de repartir. Les pirates ne s'attendaient pas à nous voir quand nous sortîmes en mer le lendemain, prétextant un simple contrôle de nos réparations. Nous en profitâmes pour prendre le large, échappant à la fois à la police et aux pirates.

À plusieurs reprises, à bord de notre navire de secours, je m'aperçus que suivre chaque respiration en Pleine Conscience était le meilleur moyen d'éviter le mal de mer. Une fois, nous fûmes pris dans une tempête. Tout le monde vomissait, aussi je m'agrippai fermement à un mât sur le toit du bateau, assise les jambes croisées, en suivant chaque respiration, et je retrouvai mon équilibre et mon calme. Je n'avais pas perdu toute dignité en vomissant comme les autres !

À chaque fois que nous rencontrions un bateau de réfugiés, nous leur donnions de la nourriture, du carburant et la direction du camp le plus proche. À cette époque, si des boat people atteignaient la rive d'une province thaïlandaise où il y avait un camp de réfugiés, ils étaient acceptés. Mais s'ils arrivaient dans d'autres provinces, ils étaient rejetés à la mer.

Nos actions pour porter secours aux boat people à partir de Singapour étaient plus difficiles mais moins dangereuses. Elles étaient faites de décisions à prendre et de contacts, de rencontres avec la police locale et de transport de nourriture pour les boat people dans des îles éloignées. En revanche, travailler sur notre « bateau de pêche » était extrêmement dangereux. Les actes de piraterie en haute mer étaient si courants que nos amis thaïlandais nous quittèrent dès que la police thaïlandaise nous mit en garde à propos des pirates de la mer. En fin de compte, il ne resta plus que mon frère Nghiep, les quatre Vietnamiens de l'équipage, moi-même et Bodhisattva Avalokiteshvara *(Quan Am)*. Nous fîmes notre travail discrètement pendant presque un an. Pendant ce temps, le nombre de boat people avait tellement augmenté que le gouvernement français convoqua une conférence à Genève sur la question. Quand nous vîmes que la situation des boat people était enfin portée à l'attention du monde, nous comprîmes que nous avions rempli notre mission et nous décidâmes de mettre un terme à celle-ci.

En faisant un petit retour en arrière, je peux dire que, même si nous n'avons pas pu amener les cinq cent soixante-six boat people en Australie et à Guam, nous avons contribué à faire arriver les cris des boat people aux oreilles du monde, malgré les nombreuses diffamations dont nous avons été les victimes. En 1977, le président Jimmy Carter porta le quota américain de réfugiés vietnamiens à sept mille par an et, quelques mois plus tard, à quinze mille. Cette décision généreuse intervint après que le président Carter eut pris connaissance de l'article du *New York Times* corrigeant la fausse nouvelle propagée par la CMRP. Ensuite, l'Australie ouvrit ses portes à davantage de réfugiés, et d'autres gouvernements suivirent. En 1979, les États-

Unis portèrent leur quota à cent mille. Malgré ces acquis, des centaines de milliers de Vietnamiens continuent, à ce jour, à mourir en haute mer ou à croupir dans des camps de réfugiés du Sud-Est asiatique, avec maintenant, en plus, la peur d'être rapatriés au Viêtnam.

Après la fin de notre projet dans le golfe de Siam et notre retour en France, mes envois d'aide financière aux réfugiés des camps de Thaïlande, de Malaisie, d'Indonésie, des Philippines et de Hong Kong augmentèrent. Nous essayions de faire parvenir quelques dizaines de francs à chaque victime des pirates de la mer, accompagnés d'une lettre pleine d'attention et d'amour. Nous offrions aux orphelins et aux familles ayant de jeunes enfants de 30 à 80 francs et quelques conseils pour les préparer à leur terre d'accueil. En peu de temps, nous fûmes submergés de centaines de lettres d'appel à l'aide chaque semaine.

Pour arriver à pouvoir écrire deux à trois cents lettres personnalisées chaque semaine, j'avais ma propre méthode. J'écrivais à la main une lettre exposant notre compréhension de la souffrance des nombreux réfugiés perdus en pleine mer, y exprimant tout notre amour, notre préoccupation et notre attention et, chaque semaine, je faisais plus de trois cents photocopies de cette lettre, en y ajoutant un petit mot personnel pour chacun. De cette façon, chaque personne était persuadée de recevoir une longue lettre personnelle de quelqu'un qui était vraiment concerné par sa situation.

CHAPITRE 18

Rares fleurs du pays

Un jour de 1980, j'étais alors aux Patates-Douces, en pensant aux soixante millions de Vietnamiens qui subissaient un régime totalitaire, je compris que mon travail, et celui de tous les comités frères s'occupant des enfants qui ont faim dans le monde, consistant à nourrir quelques milliers de familles, n'étaient pas suffisants. Je savais que je devais faire davantage pour aider les gens de cette région de la Terre si chère à mon cœur.

Après avoir pratiqué la méditation assise et la méditation marchée pendant plusieurs jours, j'eus une idée. Je réalisai que les artistes, les écrivains, les peintres, les poètes et les musiciens étaient les rares fleurs de l'humanité et que chacune ne fleurissait qu'une fois. Il n'y a qu'un seul Beethoven, un seul Van Gogh, un seul Shakespeare, un seul Nguyen Du. La vie de chacune de ces fleurs est unique dans le jardin de l'humanité. Dans le passé, le Nord-Viêt-nam était réputé pour son riche patrimoine poétique, mais depuis des décennies que le régime communiste était au pouvoir, aucun des nombreux et excellents poètes du Nord n'avait écrit un seul poème digne de ce nom. Je me dis à moi-même :

« Je dois contribuer à ce que les rares fleurs de ce pays s'épanouissent à nouveau. »

Je commençai par envoyer un don généreux à une amie au Viêt-nam en lui demandant d'en partager une partie avec des écrivains et des artistes qu'elle connaissait et qui avaient des problèmes avec le gouvernement. Elle m'écrivit deux mois plus tard pour me dire qu'elle avait aidé les familles d'une douzaine de romanciers, poètes, journalistes, auteurs dramatiques et artistes. Elle me communiqua leurs noms et leurs adresses. Après avoir lu leurs écrits et écouté leur musique, je fis parvenir à chacun d'entre eux un cadeau et une lettre de compliment et d'encouragement.

Un groupe de jeunes Vietnamiens d'Europe, des élèves de Thây, se joignirent à moi pour former un groupe afin d'étudier le travail de ces artistes pour tenter de comprendre aussi parfaitement que possible leur art. Quand nous ne comprenions pas quelque chose, nous nous adressions à Thây. Étant lui-même artiste, Thây était capable de voir profondément dans le cœur de cet art, plus que nous le pouvions, parfois même plus que l'artiste lui-même, et il partageait ses réflexions avec nous. Nous en vînmes à réellement aimer les écrits, la peinture et la musique de plusieurs artistes.

Quand j'écrivis à un poète et lui envoyai quelques cadeaux, je le fis avec la compréhension de Thây et la fraîcheur d'une jeune fille, en commentant son poème et en lui donnant mes appréciations. Le poète se montra surpris et très ému. Il me répondit qu'il n'avait jamais rencontré une jeune fille capable de comprendre aussi bien sa poésie. Il me dit que pour la première fois depuis des années il était motivé pour écrire. Pendant plus de dix ans, mes amis et moi continuâmes ce travail ; nous avons ainsi aidé de nombreuses fleurs à refleurir au Viêt-nam.

Voici une lettre que j'envoyai à la jeune fille d'un peintre du Nord-Viêt-nam :

Chère Hoang,

Aujourd'hui, j'ai un cadeau spécial pour vous. Il est plus précieux qu'un médicament ou que de l'argent. Mais d'abord, je voudrais vous raconter une histoire. C'est celle d'un ami qui perdit la vue dans un accident de voiture. Son monde est maintenant celui de l'obscurité totale, en permanence. Savez-vous ce qu'il m'a dit ? Il m'a dit que s'il pouvait voir à nouveau, ce serait pour lui le paradis. Combien j'aimerais exaucer son désir. Si je ne peux pas l'aider, au moins je peux partager ses réflexions avec vous. N'attendez pas de perdre la vue pour vous rendre compte combien vous pouvez être heureuse simplement en ouvrant les yeux. Vous avez de bons yeux et, chaque fois que vous les ouvrez, un merveilleux paradis de formes et de couleurs apparaît.

Mon cadeau pour vous est cet exercice : regardez intensément votre mère. Son visage peut être pâle et ses mains témoigner qu'elle a travaillé dur. Elle s'est dévouée à sa tâche par amour pour vous, pour vos sept frères et sœurs, et pour votre père. Regardez intensément au fond de ses beaux yeux, et serrez-la très fort contre vous avant d'aller vous coucher cette nuit. Prenez conscience de son inestimable présence dans vos bras. En même temps que vous la tenez, inspirez, expirez et dites, pour vous-même : « En inspirant, je suis consciente qu'il est merveilleux de tenir ma mère dans mes bras. En expirant, je sais qu'elle est un trésor pour nous tous. » N'attendez pas que votre chère mère soit morte pour vous décider à vraiment l'apprécier. Nous possédons tant de trésors – nos yeux, notre mère et notre santé. Nous avons simplement à en être conscients, et nous pouvons faire jaillir une fontaine de grande joie. Avec cette joie, il est facile d'exprimer et de partager notre bonheur et nos réflexions.

Votre père est aussi un don inestimable. Je sais que, parfois, il paraît malheureux, mais c'est parce qu'il est extraordinairement pourvu par la nature. Regardez ses doigts délicats. Il y a de nombreux secrets cachés en eux. Avez-vous jamais regardé votre père peindre ? Ses mains, munies d'un pinceau et de couleurs peuvent changer une blanche feuille de papier en un monde féerique d'oiseaux chantant et de vent riant, de nuages, d'arbres et de maisons dansant. Vous pouvez apercevoir amour et sacrifice sourdre de ses mains, créant des scènes dans lesquelles la compréhension ouvre ses bras largement, étreignant toute l'humanité.

Elle me répondit par cette magnifique missive :

Chère Tante,

Nous nous sommes tous réunis autour du paquet de médicaments que vous nous avez envoyé et nous avons lu votre lettre émouvante jointe à cet envoi. Nous l'avons découpée et accrochée sur le mur de notre petite maison, afin que nous puissions tous la voir et demeurer dans la Pleine Conscience. Maman a doucement pleuré quand je l'ai prise dans mes bras comme vous me l'avez enseigné. Mais Papa est resté silencieux plusieurs jours. Puis, hier, il est sorti toute la journée, et il est revenu avec un pinceau, du papier et une boîte de couleurs ! Devinez ce qui s'est passé ensuite ?

La plupart des artistes ne connaissaient pas notre vraie identité, et surtout ne savaient pas que Cao Ngoc Phuong était à l'origine de ces actions. Nous avons recueilli plusieurs véritables trésors artistiques, mais nous savions que si nous les publiions, leurs auteurs auraient des ennuis avec le régime. Aussi, nous les garderons jusqu'à ce que le pays soit libéré. Les pièces et les sonnets de Shakespeare, même après quatre cents ans, sont encore de magnifiques fleurs de la culture anglaise et du patrimoine de l'humanité. Nous attendrons jusqu'au moment opportun et, alors, nous partagerons ces superbes chefs-d'œuvre avec le monde.

Les premiers jours de la libération

En juin 1976, je rencontrai un certain nombre de Vietnamiens à Paris qui m'informèrent que tous les anciens officiers de l'armée sud-vietnamienne et hauts fonctionnaires du régime sud-vietnamien et de nombreux ingénieurs, écrivains, artistes, médecins qui avaient été enrôlés dans l'armée durant la guerre avaient été arrêtés par centaines de milliers et se trouvaient dans des camps de rééducation ! J'étais profondément scandalisée et je ne comprenais pas pourquoi les dirigeants de notre nation se conduisaient de la sorte avec nos propres compatriotes. Le Viêt-nam était enfin en paix. N'était-ce pas justement le moment pour des ingénieurs, des médecins, des artistes et des écrivains de reconstruire le pays ? Comment les autorités pouvaient-elles mettre toutes ces personnes intelligentes en prison ? Des ressortissants vietnamiens se trouvant en Europe et aux États-Unis tentèrent de faire connaître cette situation en demandant la libération de ces prisonniers. Mais en Occident, aucune agence de presse, aucun journal ou organisation ne fit paraître ces informations à part quelques magazines d'extrême droite. Beaucoup de réfugiés dont les parents avaient été emprisonnés contactèrent Amnesty International pour demander de l'aide, mais sans preuve solide à l'appui, cette organisation ne put rien faire.

À cette époque, j'avais déjà appris l'art de maîtriser mes sentiments. Aussi, je n'essayai ni d'agir, ni d'écrire, ni de faire quoi que ce fût sur le moment pour changer la situation. Je m'efforçai juste de rester centrée sur ma respiration et le moment présent, alors que je retournai en voiture vers Les Patates-Douces. Mais en arrivant, dès que je racontai à Thây et à nos autres amis ces injustices, je fondis en larmes. Tout notre groupe sortit dans les collines pour effectuer de longues méditations marchées, parfois pendant plusieurs heures, et nous continuâmes à pratiquer ainsi pendant des semaines. Nous tentions de rester en contact avec les magnifiques pins, les champs de blé, les nuages et la lumière éclatante du soleil.

Des semaines s'écoulèrent avant que je ne me sente assez forte pour sonder en profondeur les cœurs des dirigeants du Viêt-nam. Comment me serais-je comportée si j'étais née dans le Nord et avais passé plus de quinze ans à me battre pour sauver la nation des « impérialistes » américains ? Je serais fière de faire partie du camp des vainqueurs et j'accuserais probablement les Sud-Vietnamiens d'être tous des pantins. Si j'avais été entraînée pendant des années à croire que tout ce que faisait le Parti communiste était bien et que tout ce que faisait le « camp pro-américain » était mal, je croirais sans aucun doute que tout ordre dicté par le parti l'était pour le bien du peuple. Je devins capable de raisonner comme un dirigeant nord-vietnamien. Je serais aussi persuadée que je ne pouvais pas faire confiance aux gens du Sud. Ils pouvaient tenter de me tromper ou même de renverser notre gouvernement. Remplie de peur, de suspicion, mais aussi de l'arrogance d'avoir gagné la guerre, et étant un des gouvernants du Viêt-nam maintenant, je pouvais imaginer que je me conduirais comme ceux qui avaient grandi dans cette atmosphère. Ayant l'impression que je commençais un peu à les comprendre, sans haine ni colère, je me mis à écrire une lettre faisant le point sur les violations des droits de l'homme au Viêt-nam. Dans cette lettre, je m'efforçai d'expliquer pourquoi les dirigeants du Viêt-nam se comportaient comme ils le faisaient, victimes de leur propre peur et de leur ignorance, et j'envoyai celle-ci à Amnesty International et à PEN International.

Nous commencions à recevoir des témoignages de première main sur de nombreuses arrestations. Nous apprîmes qu'on avait demandé aux personnes arrêtées d'accepter d'être « rééduquées pendant un mois » et qu'ensuite elles étaient emmenées vers des destinations inconnues. Mais au bout d'un an, leurs femmes et leurs enfants ne savaient toujours pas où étaient ces prisonniers et les demandes de contact avec les prisonniers n'étaient pas accordées. Nous apprîmes aussi que le gouvernement avait saisi tous les comptes bancaires des familles et des entreprises et contrôlait leurs revenus et leurs dépenses. Même si un parent à l'étranger vous envoyait seulement 1 000 francs, vos dépenses étaient contrôlées. Par exemple, pour dépenser plus de 100 francs pour le mariage de leur fille ou l'enterrement de leur frère, les gens devaient obtenir la permission des autorités locales et ils n'étaient pas sûrs que celles-ci acceptent. Nous fûmes aussi informés que pour aller d'un endroit à l'autre, même à dix ou douze kilomètres de distance, les citadins devaient demander un « permis de circulation » et qu'ils pouvaient être emprisonnés si, ayant passé la nuit chez un ami ou dans leur famille, ils ne possédaient pas un tel permis.

Les entreprises importantes avaient été, bien sûr, nationalisées par le régime. Mais nous fûmes scandalisés d'apprendre que les maisons privées, les voitures, les postes de télévision, les vélomoteurs et autres biens des membres proches de ceux qui avaient anciennement appartenu au régime sud-vietnamien pouvaient être réquisitionnés au profit des membres importants du gouvernement communiste. Toutes les pharmacies étaient fermées et aucun médicament occidental n'était disponible sur les marchés. Je savais que les herbes traditionnelles pouvaient être très efficaces, mais l'interdiction de la pharmacopée venant de l'Ouest me surprit. Pourquoi devions-nous vivre comme au siècle dernier, en nous soignant qu'avec des herbes, alors que beaucoup d'infections et autres maladies nécessitaient des médicaments occidentaux ?

Tout ce que j'apprenais de la bouche des Vietnamiens ayant émigré en France après 1976 me faisait venir les larmes aux yeux. Après trente ans de guerre, le pays avait un besoin primordial de toutes ces précieuses mains et brillants esprits qu'il mettait en prison. Les groupes de réfugiés de Paris, Londres, Amsterdam, Hanovre, Washington, Los Angeles et d'autres villes firent tout leur possible pour faire connaître ces atrocités, mais la majorité des Occidentaux, abreuvés d'informations pendant trente ans de guerre, ne voulaient plus entendre de mauvaises nouvelles venant du Viêt-nam.

Je désirais faire quelque chose pour aider les prisonniers mais, à chaque fois que je pensais au Viêt-nam, je me sentais impuissante. Malgré la joie de partager chaque matin de chaudes tasses de thé en Pleine Conscience avec Thây et des amis au sein de la communauté des Patates-Douces, je pleurais à chaque fois que mon esprit revenait à la façon dont les dirigeants du Viêt-nam traitaient leur propre peuple, ceux qu'ils prétendaient avoir libérés. Je m'efforçais de rester centrée sur ma respiration et sur le moment présent en jardinant, en cuisinant, en faisant la vaisselle, en reliant des livres. « J'inspire, je me calme. J'expire, je suis consciente que je coupe une carotte (ou que je relie un livre) », c'est ce que je me disais silencieusement, m'immergeant complètement dans ces versets de pleine conscience, pendant que des larmes inondaient mes joues. Une marche dans la Pleine Conscience par une matinée ensoleillée ou brumeuse dans les collines, ou dans la forêt, m'aidait à soulager ma peine. Dans le passé, quand je recevais des nouvelles du Viêt-nam, je les partageais immédiatement avec des amis comme Kirsten Roep, Laura Hassler ou Jim Forest, mais maintenant cela me semblait sans importance. Je savais qu'eux me croiraient mais que le reste du monde n'était pas prêt.

L'imolation par le feu de douze moines et nonnes

Un jour, à Paris, une femme qui venait de quitter le Viêt-nam me raconta que douze moines et nonnes s'étaient immolés par le feu le 2 novembre 1975, dans le district de Phung Hiep près de Can Tho, pour protester contre les violations des droits de l'homme commises par le nouveau régime, particulièrement contre l'interdiction de la libre pratique religieuse. Thây Quang Do lui avait donné un paquet de lettres et des photos que Thây Hue Hien et les onze autres avaient laissés derrière eux, mais elle n'avait pas osé transporter des documents aussi compromettants avec elle. Je n'étais pas vraiment surprise alors d'avoir de telles nouvelles, mais je savais que, pour qu'Amnesty International et la presse occidentale acceptent un tel récit, il me fallait des preuves. Dès que cette femme à Paris m'eut confié qu'il existait des photos et douze lettres de ces moines et de ces nonnes, je voulus en obtenir des copies. Quelques jours plus tard, je reçus un exemplaire de la biographie d'Hô Chi Minh par la poste, de la part d'un ami de l'EJSS. J'étais si en colère contre Hô Chi Minh et contre tout ce qui avait trait aux communistes en place au Viêt-nam que je jetai le livre à la poubelle sans me douter, comme je le découvris plus tard, que des copies des douze lettres et des photos des moines et nonnes qui s'étaient immolés étaient cousues dans la jaquette et au dos du livre.

Je pensais que Thanh, ma jeune sœur, pourrait m'aider à obtenir ces documents, aussi je lui écrivis en utilisant un langage évasif. Elle comprit et fit de son mieux pour se procurer ceux-ci. Quand ma grande sœur Tho et son mari émigrèrent en France (mon beau-frère Nguyên Phoc An était diplômé de la faculté de médecine de Paris et sa femme, ma sœur, n'avait pas abandonné sa nationalité française quand il avait exercé en tant que médecin au Viêt-nam), Thanh proposa d'amener les affaires de mon beau-frère au bureau des douanes pour l'inspection. Après celle-ci, Thanh inséra habilement les photos et les lettres des moines et nonnes qui s'étaient sacrifiés dans deux boîtes contenant de la verrerie de valeur et elle amena ces boîtes au bureau du fret pour qu'elles soient expédiées par avion deux jours après le départ de ma sœur et de sa famille. Ensuite, elle me télégraphia en disant : « Prends bien soin de la verrerie précieuse. » Je compris immédiatement. Ma grande sœur ignorait tout de cette boîte secrète ; aussi elle ne risquait rien si les documents étaient découverts car elle et sa famille étaient déjà parties deux jours avant. Thanh courait le danger d'être accusée de « propagation d'informations contre le régime » et d'être condamnée à la prison à vie. Quoiqu'elle en assume la pleine responsabilité, elle ne parla jamais de son acte de bravoure.

Dès que je reçus ces documents, Thây Nhat Hanh et nous tous, nous essayâmes d'envisager comment ces documents pouvaient être le plus utiles pour la cause des droits de l'homme et pour ceux qui avaient sacrifié leur vie pour le respect de la dignité humaine. Thây me demanda d'appeler l'ambassade vietnamienne pour leur dire que nous avions reçu des documents sur l'immolation de douze moines et nonnes au Viêt-nam et que nous désirions inviter l'ambassadeur à notre bureau de Paris pour qu'il rencontrât Thây afin de discuter des moyens d'aider à la fois au respect de la dignité humaine des personnes vivant au Viêt-nam et au maintien de la réputation d'une nation venant tout juste de retrouver la paix. Mais l'homme avec qui je parlai à l'ambassade rejeta sur-le-champ la possibilité qu'il y ait eu des immolations ou des abus dans le domaine des droits de l'homme au Viêt-nam. Je lui dis que nous avions toutes les preuves avec nous, mais il persista à nier ces accusations. En fin de compte, il me déclara : « Nous avons une ambassade. Si vous voulez discuter, pourquoi ne pas venir ici ? »

J'avais peur que si Thây pénétrait dans l'ambassade du Viêt-nam, légalement considérée comme territoire vietnamien, il ne fût arrêté. Aussi, je répondis à l'employé de l'ambassade : « Oncle Hô Chi Minh dit que, grâce à la lumière du communisme, le gouvernement est le serviteur du peuple. Maintenant, le peuple invite le gouvernement à lui rendre visite. Si le gouvernement refuse de venir, votre gouvernement ne sert plus le peuple, comme Oncle Hô Chi Minh a prétendu qu'il le devrait. » Je poursuivis amicalement : « S'il vous plaît, comprenez que notre maître, Thây Nhat Hanh, est un humble moine. Il se rend rarement dans une officine gouvernementale pour quémander un quelconque privilège. Nous nous sentons gênés de venir dans le bureau d'un gouvernement victorieux. Je vous en prie, venez à notre bureau pour discuter de ces sujets afin de soulager la souffrance de nos compatriotes. »

Mais ils ne vinrent jamais. Un mois plus tard, le 9 septembre 1976, Thây Nhat Hanh m'autorisa à envoyer un communiqué de presse à partir de notre communauté des Patates-Douces. J'en tirai plusieurs copies que je fis parvenir à des journaux et à des agences de presse dans toute l'Europe, en joignant le numéro de téléphone des Patates-Douces pour tout renseignement.

Beaucoup de journalistes appelèrent et demandèrent pourquoi, si les immolations avaient eu lieu en novembre 1975, nous n'en parlions seulement qu'un an après. Je répondis que nous avions eu besoin de temps pour rassembler des preuves et que plusieurs personnes quittant le Viêt-nam avaient d'abord accepté d'amener ces documents avant de refuser, par peur d'être arrêtées et condamnées à la prison à vie. Je leur révélai que nous avions aussi tenté de dialoguer avec les autorités d'Hanoi à Paris, un mois plus tôt. Nous avions espéré du régime la publication d'une déclaration reconnaissant des violations des droits de l'homme causées par des fautes ou par une mauvaise interprétation des ordres par les cadres locaux Si le gouvernement avait voulu condamner ses erreurs passées dans la presse vietnamienne et exiger de ses fonctionnaires le respect des droits de l'homme au Viêt-nam, comme il est écrit dans la Constitution de la République socialiste du Viêt-nam, alors, nous n'aurions pas porté les nouvelles des immolations à la connaissance de la presse internationale. Mais le gouvernement avait refusé obstinément de discuter de cela avec nous et nous devions donc en parler à la presse.

L'*International Herald Tribune* du 9 septembre 1976 publia un titre sur trois colonnes en première page – « Des bouddhistes révèlent douze immolations au Viêt-nam » – et l'article déclarait que la rédaction avait essayé d'obtenir de l'ambassade vietnamienne une confirmation de mes tentatives de contact en vue de négociations mais que celle-ci avait refusé de faire le moindre commentaire. *Le Monde, France-Soir, Le Figaro* et plusieurs journaux et agences de presse firent paraître mon premier communiqué de presse sur les droits de l'homme, ce qui provoqua la colère de l'ambassade contre Thây Nhat Hanh et moi. Nous apprîmes plus tard qu'à la même époque le Viêt-nam avait demandé son admission aux Nations unies et que, à cause de notre communiqué, la discussion de l'Assemblée générale à ce propos avait été reportée.

Première campagne internationale pour le respect des droits de l'homme

Jim Forest et Laura Hassler lancèrent immédiatement une campagne pour le respect des droits de l'homme au Viêt-nam. Quelques « activistes pacifistes » américains, qui étaient ouvertement « pro-Hanoi » dirent à Jim : « Il n'y a pas de camps de rééducation au Viêt-nam. Il y a seulement des "étudiants" qui ont besoin d'être mieux "éduqués" à la politique du nouveau régime. » Jim répondit qu'il préférait le parler vrai à la langue de bois. Sous la menace de fusils, les hommes mettent d'autres hommes en prison, les empêchent de sortir sous peine d'être abattus et puis usent de jolis mots comme « rééducation ». Jim appelait cela « arrestation et emprisonnement ». Le premier appel en faveur des droits de l'homme au Viêt-nam fut l'œuvre de Jim Forest et fut publié dans *Fellowship*, le magazine du MIR américain, dont Jim était le rédacteur en chef. Il avait le soutien de centaines de travailleurs pour la paix y compris des frères Berrigan, de Joan Baez et de Daniel Ellsberg.

De nombreux « travailleurs pour la paix » qui avaient tenté de nous empêcher de parler dans le passé contactèrent les signataires pour qu'ils se dédisent. Ils appelaient chaque personne ayant signé et lui disaient : « Vous réduisez à néant toute chance de reconstruction du Viêt-nam. Avec votre signature, vous êtes en train de tuer soixante millions de Vietnamiens s'efforçant de reconstruire leur pays. » Ils harcelèrent Jim au téléphone, jour et nuit. Celui-ci se sentait coupable et était épuisé après chaque conversation. Il m'appela mais je ne sus pas comment le réconforter, sauf en pleurant avec lui. Mais Joan Baez était plus habile. On exerçait aussi des pressions sur elle pour qu'elle retirât sa signature, elle se réconfortait, ainsi que Jim, en lui chantant quelques chansons au téléphone.

Un travail d'infrastructure avec une multitude de petites et grandes organisations

Après l'appel de Jim Forest, Amnesty International qui, jusque-là, avait toujours été réticente à accepter des prisonniers de conscience du Viêt-nam, commença à examiner quelques demandes. Aussi je les contactai. Ils nous avaient été favorables pendant la guerre. En 1973, je leur avais soumis une longue liste de prisonniers arrêtés aussi bien par Saigon que par le FNL et ils nous avaient aidés à obtenir la libération de plusieurs d'entre eux. Cependant, en 1976, ceux qui avaient été les responsables d'Amnesty International en 1973 n'étaient plus là et des amis à Londres me prévinrent que les nouveaux dirigeants étaient plutôt des bureaucrates et qu'il ne fallait pas compter sur leur aide.

Un jour, alors que je me sentais calme et régénérée, j'écrivis une lettre à Amnesty International, essayant de faire part de ma compréhension des raisons qui faisaient agir les dirigeants du Viêt-nam – leurs peurs, leur défiance et leur excès de confiance suite à leur victoire. Je disais que je pensais que le pays avait encore besoin de tous les gens intelligents qui avaient été arrêtés et je souhaitais que Amnesty International, grâce à sa renommée mondiale, pût expliquer aux autorités du Viêt-nam son intérêt pour ces prisonniers de conscience. Je ne donnais pas le chiffre de cinq cent mille détenus ou de trois cent mille comme certains groupes le faisaient. J'avouai ne pas en connaître le nombre exact, mais je connaissais des médecins, des écrivains, des ingénieurs et des personnes qui avaient été des officiers de rang inférieur dans l'armée du Sud-Viêt-nam et qui étaient en prison, et je pouvais en déduire qu'il devait y avoir un grand nombre de prisonniers.

Une semaine plus tard, j'appelai Amnesty International et demandai à parler à la personne qui s'occupait de l'Asie. Ma voix était calme mais triste. La femme avec qui je m'entretins sembla intéressée par ma lettre. Puis, plusieurs mois après, deux événements m'aidèrent à convaincre Amnesty International de travailler pour des détenus vietnamiens. En août 1977, un ami vietnamien, qui avait travaillé pour plusieurs journaux et magazines littéraires au Sud-Viêt-nam dans le passé, nous décrivit un événement auquel il avait assisté au Viêt-nam, en avril 1976. Les autorités avaient invité plusieurs écrivains, journalistes et artistes, y compris lui-même, à participer à une conférence. Après la lecture d'un discours par un fonctionnaire gouvernemental, tous les écrivains et artistes présents avaient été arrêtés, lui aussi. Il fut relâché après une courte détention car il appartenait à une famille « patriotique », mais la plupart des autres étaient encore détenus. Il se rappelait la plupart de leurs noms et nous les donna.

Je fus invitée à Londres pour donner une conférence au centre quaker Friends House et je demandai aux responsables du bureau Asie d'Amnesty International de venir. Je racontai ma façon habituelle de travailler, essayant de me mettre dans la peau et dans le cœur de l'autre personne pour comprendre pourquoi elle agissait de telle ou telle façon. Je détaillai aussi la façon dont j'agissais quand je recevais des nouvelles du Viêt-nam. J'écoutais les personnes rapportant ces informations et je m'efforçais de discerner s'il y avait derrière leurs mots de la colère, de la haine ou de l'exagération. Quand j'apprenais qu'une personnalité avait été tuée en prison ou arrêtée, j'essayais de trouver d'autres sources au Viêt-nam me confirmant la nouvelle avant de l'envoyer à la presse ou à Amnesty International.

Après m'avoir rencontrée *de visu*, les gens d'Amnesty International décidèrent de coopérer avec nous pour lancer la première campagne pour le Viêt-nam. Je fis aussi parvenir au bureau Asie d'Amnesty International une liste des noms de trente-quatre moines et de quarante-huit écrivains et artistes connus qui étaient des prisonniers de conscience. Une semaine plus tard, ils me répondirent par lettre qu'ils étaient d'accord pour travailler à leur libération. Je savais que je n'étais pas l'unique personne qui avait essayé de pousser Amnesty International à agir. D'autres avaient aussi invité Amnesty International à passer à l'action en faveur des prisonniers au Viêt-nam, mais c'était la première liste qu'ils soutenaient. La plupart des collaborateurs d'Amnesty à Londres étaient extraordinaires, mais j'étais spécialement impressionnée par deux jeunes gens, David McAree et Udo Janz. J'avais rencontré Udo pendant ma conférence à Londres et, après cela, il m'appela souvent pour partager son inquiétude à propos du sort des prisonniers de conscience. Udo me déclara qu'il essayerait d'aller dans les camps de réfugiés en Asie pour se rendre vraiment compte de la souffrance de ces gens – pour les écouter et les comprendre. Un jour, je le rencontrai dans un camp aux Philippines. Udo était bouleversé devant tant de malheur et il me confia que, s'il se contentait simplement de s'asseoir derrière un bureau et de prendre des décisions, ce serait du travail abstrait. Je l'admirais pour sa détermination à rester en contact avec la réalité de son action.

David McAree était diplômé de l'université d'Oxford et parlait vietnamien couramment. Plusieurs de ses amis étaient diplomates, mais il préférait travailler pour Amnesty International, même en gagnant un petit salaire, parce qu'il voulait rester en relation avec ceux qui avaient besoin d'une aide urgente.

Il connaissait l'expression vietnamienne : « Un jour en prison équivaut à un millier d'automnes en liberté. » Grâce à la présence de David au sein d'Amnesty International, les pressions pour accélérer la libération de prisonniers au Viêt-nam et dans d'autres pays étaient efficaces. Dans le passé, quand un prisonnier était adopté, Amnesty International choisissait un groupe dans un pays pour l'adopter, et seul ce groupe pouvait écrire des lettres en faveur du prisonnier. Mais David proposa que plusieurs groupes, douze groupes maximum, puissent adopter un prisonnier et qu'ils restent en relation les uns avec les autres afin de s'épauler mutuellement grâce aux nouvelles reçues par l'un ou l'autre.

David suggéra aussi que chaque groupe local d'Amnesty soutînt un prisonnier non seulement en écrivant des lettres, mais aussi en envoyant de la nourriture à sa famille. David puisa beaucoup de ses idées chez sa « sœur » vietnamienne en France. Grâce à lui, nous pûmes œuvrer pour la libération du romancier Duyen Anh, des écrivains Thanh Tam Tuyen et Doan Quoc Sy, Hoanh Hai Thuy, Nguyen Sy Te, du poète Hoang Cam et de plusieurs moines et nonnes importants – Thây Tam Quang, Vinh Hien, Phan Nhat Nam, Duy Lam, Tri Hai et Nguyen Thi Nghia. Quand Duyen Anh s'enfuit en bateau et arriva en France avec sa famille, David tomba amoureux de sa fille, Thien Huong, puis l'épousa.

Plus tard, David quitta Amnesty International et travailla pour le Comité contre la faim et pour le développement (CCFD). Il se rendit compte qu'à Amnesty International, il pourrait passer de deux à dix ans pour n'apporter de la joie qu'à une douzaine de prisonniers environ ; tandis qu'au CCFD il pouvait procurer un secours immédiat à des milliers de gens. Sa joie d'aider les démunis ressemblait beaucoup à la mienne, nous nous sentions très proches. Quand nous apprîmes que Thanh Hoa, Nghe An et Ha Tinh, les trois provinces les plus pauvres du Nord-Viêt-nam, commençaient à souffrir de la famine, je demandai à David s'il pouvait envisager de se rendre au Viêt-nam en tant que délégué d'une organisation de soutien et, à ma grande surprise, il me dit qu'il avait déjà prévu de s'y rendre avec sa femme, Thien Huong.

J'étais heureuse que Thien Huong allât au Viêt-nam, ainsi elle pourrait apporter de ma part de l'amour et des soins aux enfants vivant dans les zones de famine. Je lui demandai de me faire un rapport précis de la situation. Ainsi, je pourrais me rendre compte comment je pouvais aider d'une façon concrète mais discrète. Thien Huong promit de le faire, mais elle et David ne revinrent jamais en France.

L'avion qui les amenait de Hô Chi Minh-Ville à Bangkok s'écrasa. Quand je l'appris, je fus profondément bouleversée. Je culpabilisais en pensant qu'elle et son mari étaient morts à cause de moi. « Chers David et Thien Huong, je vous aime. S'il vous plaît, sachez que je vis pour vous. Votre travail se continuera à travers moi. » En pratiquant le regard profond, je vis que David et Thien Huong ne mourraient jamais. Le travail de David en faveur des prisonniers se poursuit, magnifiquement relayé par ses collègues un peu partout dans le monde, et son action en faveur des enfants se continue aussi. Je peux encore le voir me sourire gentiment alors que j'écris ces lignes. De nos jours, il y a encore des personnes formidables et dévouées comme David à Amnesty International.

Campagne pour soutenir les boat people : Thây Man Giac et Nguyen Cong Hoan

Notre action en faveur des droits de l'homme s'intensifia quand Thây Man Giac s'enfuit du Viêt-nam en mars 1977, amenant avec lui une lettre de première importance écrite par le conseil exécutif de l'EBU, préparée par Thây Thien Minh, plaidant en faveur du respect des droits de l'homme et accompagnée de photos de statues de Bouddha dynamitées par les cadres communistes et de listes exposant quatre-vingt-six cas de violation de la liberté religieuse, avec les dates de celles-ci, les noms des personnes détenues et les noms des cadres communistes responsables. Ce document avait été rédigé par Thây Huyen Quang, qui avait été arrêté immédiatement après l'avoir envoyé au Premier ministre Pham Van Dong. Nous aidâmes Thây Man Giac à traduire ces documents en anglais et convoquâmes pour lui une conférence de presse à Paris. Puis, je l'emmenai aux États-Unis et nous tînmes une autre conférence de presse à Washington.

Après ce voyage aux États-Unis avec Thây Man Giac, j'aidai Nguyen Cong Hoan, un membre du parlement communiste qui s'était enfui par bateau, et nous nous rendîmes ensemble dans plusieurs pays européens pour plaider en faveur du respect des droits de l'homme au Viêt-nam. La voix de Hoan était extrêmement importante, car il avait eu un poste à haute responsabilité dans le nouveau régime en tant que membre du Parlement. Il confia aux médias et à de nombreuses personnalités sa grande déception vis-à-vis du gouvernement et que, finalement, il avait fui le pays pour défendre la cause des droits de l'homme.

Après plusieurs mois, durant lesquels des lettres du bureau d'Amnesty International à Londres et de plusieurs groupes locaux de soutien à un prisonnier furent envoyées au Viêt-nam, nous ne reçûmes aucune nouvelle. Aussi, je pris contact avec la Ligue des droits de l'homme à Paris et à Bruxelles, et ils me promirent d'écrire des lettres destinées au gouvernement du Viêt-nam. En dépit de tous ces efforts, il y eut peu de résultats. Mon désir profond de changer la situation des droits de l'homme au Viêt-nam est intact et je continue à essayer de trouver des solutions. Nous avons imprimé des milliers de cartes postales avec des listes de prisonniers sélectionnés, leurs numéros de matricule et quelques lignes ; demandant leur libération aux autorités et, où que j'aille, je demande aux gens de signer ces cartes et de les envoyer au Viêt-nam. Quoique peu de changements spectaculaires se soient produits, nous sommes convaincus que la pression internationale pèse sur les autorités vietnamiennes et que, un jour où l'autre, elle portera ses fruits. Une campagne pour obliger le gouvernement communiste à relâcher huit prisonniers inscrits sur nos listes prit six mois, une autre demandant aux autorités thaïlandaises de ne pas rapatrier les réfugiés des camps fut couronnée de succès en à peine six semaines. Les Thaïlandais déclarèrent dans une conférence de presse qu'ils ne renverraient pas les réfugiés au Viêt-nam si d'autres pays s'engageaient à les accueillir.

Nos efforts n'ont pas donné de résultats spectaculaires mais nous n'avons jamais risqué une seule vie dans ces actions. Il est plus sûr et, en fait, plus conforme à nos idéaux de travailler de cette façon. Dès que nous avons le nom et l'adresse d'un prisonnier de conscience, nous prenons contact avec sa famille et nous lui faisons parvenir des médicaments. Nous complimentons aussi cette famille de posséder un joyau tel que leur parent emprisonné.

Les cadeaux venus du fin fond de l'Enfer

Duyen Anh, un écrivain détenu dans un camp de rééducation de la jungle de Ham Tam, me fit parvenir un petit Bouddha sculpté dans du bois noir avec ces mots : « Le jour où j'appris que vous aviez comblé mes enfants et ma femme de votre amour et de vos soins, j'eus l'impression d'assister à la naissance d'un bouddha dans cette cruelle et obscure forêt. Permettez-moi de vous offrir ce petit Bouddha que j'ai sculpté. » Kha Nang, un comédien emprisonné à Gia Lai dans la province de Kontum, me fit parvenir un magnifique peigne fait à partir d'un morceau d'éclat d'obus. Il était superbement sculpté à la main avec mon nom « Nguyen Thi Phuong Huong » – un de mes nombreux noms de « renaissance », écrit avec la pointe d'une aiguille et il était placé dans un écrin délicatement sculpté à la main fait de bois précieux. Quand je découvris ce superbe travail artisanal, des larmes de gratitude me vinrent. Mon travail d'assistance n'est rien comparé aux longs mois que Kha Nang passa dans une pièce sombre, sculptant en silence la nuit venue, en sachant qu'il pouvait être surpris par un garde et puni pour un si petit acte. Je sais que la phrase « quelqu'un prend soin de toi et de tes proches bien-aimés » apporte la paix pendant les nombreuses journées tristes passées en prison. Ce cadeau adressé à « Nguyen Thi Phuong Huong » est destiné à tous ces chers amis qui se sont joints à moi avec conviction et m'ont soutenue dans mes efforts pour être aux côtés de ceux qui souffrent en prison, dans les « zones économiques nouvelles » et partout.

À chaque fois que je recevais la nouvelle d'une autre arrestation, j'étais en colère et je devais pratiquer la méditation marchée. Parfois, il fallait que je marche plusieurs heures avant de retrouver mon calme. Quelquefois, j'avais besoin de plusieurs jours, voire des semaines, pour apaiser mon rythme cardiaque en réalisant combien les autorités avaient été injustes en arrêtant tels adorables moines, nonnes ou artistes. J'attendais aussi de redevenir sereine avant de débuter une nouvelle campagne. Grâce à cette sérénité, mon analyse de la situation était plus objective et manifestait une plus grande compréhension, même vis-à-vis des responsables de ces actes dictatoriaux. Ce qui inspirait confiance aux gens qui lisaient mon rapport et facilitait leur coopération. Je réussis à convaincre PEN International d'œuvrer à la libération de quelques écrivains et artistes et je travaillai en étroite collaboration avec les bureaux d'Amnesty International dans une quarantaine de pays, la Ligue des droits de l'homme, le MIR d'une trentaine de pays, Humanitas International et ses ramifications ainsi qu'avec d'autres organisations. Je contactai aussi les diplomates des ministères des pays d'Europe qui m'avaient connue durant la guerre au Viêt-nam pour les informer de la situation et solliciter leurs conseils.

Quand on me faisait parvenir la nouvelle de l'arrestation d'une personne connue, je regroupais d'abord plusieurs sources pour en avoir la confirmation. Après cela, j'envoyais habituellement un communiqué de presse, suivi d'un appel téléphonique à chaque journaliste. De cette manière, je pouvais faire parler de cette arrestation sans devoir aller à Paris et louer une salle pour une conférence de presse. Je pouvais rester dans la communauté des Patates-Douces. Les arrestations de cinq dirigeants de l'EBU, de Thây Thien Minh et sa mort consécutive en prison, du poète Hoang Cam, de Thây Quang Do, de Thây Huyen Quang, de Doan Quoc Sy, celle de douzaines d'écrivains et d'artistes, de douze érudits, moines et nonnes, et la mort à l'hôpital de Thây Tri Thu, le président de l'EBU, après avoir été interrogé par la police, toutes ces nouvelles furent relayées par la presse de cette façon.

Efforts des hommes d'État et de personnalités

Quand tous ces efforts par l'intermédiaire de la presse et de plusieurs organisations de défense des droits de l'homme n'étaient pas suivis d'effet, je ne savais plus quoi faire. Un jour, après des semaines et des mois de refuge dans ma respiration pour me calmer, pendant une méditation assise, je me rappelai que j'avais rencontré de nombreux parlementaires, de membres du Congrès et même des chefs d'État. Aussi, je contactai Olaf Palme, l'ancien Premier ministre de Suède et, grâce à son intervention, en 1979, les autorités vietnamiennes relâchèrent Thây Huyen Quang, Thây Quang Do, Thây Thong Buu et sept autres moines. Malheureusement, à peine remis en liberté, Thây Huyen Quang et Thây Quang Do recommencèrent à travailler pour les droits de l'homme et tous les deux furent assignés à résidence en 1984.

Pour œuvrer à la libération de mon vieil ami Nguyen Kha, qui était tuberculeux et enfermé dans un camp de rééducation dans une lointaine province septentrionale, et à celle de l'écrivain Thanh Tam Tuyen, je demandai à Fritz Siegathalen, le secrétaire du Mouvement chrétien pour la paix en Suisse, qui était en partance pour le Viêt-nam pour amener des appareils auditifs à des enfants sourds, d'intercéder pour leur relaxe. À chaque fois que je rencontrais un journaliste, un sénateur ou un membre du Parlement, je les priais aussitôt d'envoyer une lettre aux autorités vietnamiennes au nom des familles de plusieurs prisonniers sélectionnés.

Soutien du professeur Laurent Schwartz

Un jour, en avril 1985, je ressentis un profond désespoir. Ly Dai Nguyen, un écrivain et ami était enfermé au camp de Kontum Gia Lai depuis plus de neuf ans, ayant été arrêté en avril 1976, avec plusieurs autres écrivains et artistes. Les efforts d'Amnesty International et de bien d'autres consistant à envoyer des milliers de lettres aux autorités vietnamiennes n'avaient rien donné. Tout à coup, je pensai au professeur Laurent Schwartz. Il était le doyen de l'École polytechnique à Paris et le président de l'Association France-Viêt-nam, un groupe qui avait travaillé exclusivement avec le gouvernement d'Hanoi bien avant la mort d'Hô Chi Minh. J'avais juste aperçu son nom, parmi d'autres, sur une lettre demandant la libération d'Andreï Sakharov. Des amis tentèrent de me décourager d'aller voir « ce communiste » mais, au fond de moi, je pensais que c'était un homme de cœur. Je cherchai son nom dans l'annuaire téléphonique de Paris. Il y avait de nombreux Schwartz et je les appelai tous. En fin de compte, je le trouvai. Je m'entretins longuement au téléphone avec Mme Schwartz, puis avec le professeur lui-même et nous prîmes rendez-vous. J'amenai tous les renseignements possibles sur Ly Dai Nguyen et d'autres écrivains et artistes qui avaient été persécutés. Plus tard, je lui fis parvenir des rapports sur la malnutrition infantile au Viêt-nam. Il accepta de travailler discrètement à la libération des prisonniers et de soutenir financièrement des enfants. Il m'envoyait un don de 500 francs chaque fois que je lui adressais un rapport sur les enfants nécessiteux ou que je lui parlais d'un prisonnier de conscience. Il a fait beaucoup d'efforts pour sa libération. Ly Dai Nguyen fut libéré juste un mois après ainsi que plusieurs autres prisonniers grâce, je le pense, à l'intervention du professeur Schwartz.

En 1985, Thây Nhat Hanh et moi fîmes une tournée aux États-Unis pour diriger des retraites de méditation sur la Pleine Conscience. En Californie du Nord, je fis la connaissance d'un jeune Américain, Stephen Denney, dont le nom m'était connu depuis le début des années 80, époque à laquelle j'avais lu *Le Journal d'Indochine* (depuis réintitulé : *Journal du Viêt-nam*), qu'il éditait. Le Journal était la seule source fiable d'informations sur les violations des droits de l'homme au Viêt-nam. Quand j'étais en France, je pensais que ce magazine devait être édité par un grand groupe de presse, aussi je fus assez surprise de rencontrer ce jeune homme timide qui travaillait pratiquement seul pour éditer toutes les nouvelles qu'il pouvait obtenir. Il imprimait *Le Journal* avec son propre argent et le vendait simplement un dollar l'exemplaire.

Depuis ce jour, nous sommes amis, et Steve est toujours mon bodhisattva américain des droits de l'homme. À chaque fois qu'il y a des informations sur des violations des droits de l'homme, il prend des initiatives pour m'aider efficacement à la libération de nos amis. Tous les deux ans maintenant, quand Thây Nhat Hanh fait une tournée aux États-Unis, Steve m'aide à rédiger des lettres à destination des gouvernements vietnamien et américain, et après chaque conférence publique, Thây me demande de parler des violations des droits de l'homme au Viêt-nam et de solliciter le soutien du public par la signature de lettres et de pétitions. En 1985, nous collectâmes deux mille deux cents signatures pour une pétition réclamant la libération de moines, de nonnes, d'artistes et d'écrivains au Viêt-nam. Un ami de New York remit la pétition au bureau de la délégation vietnamienne aux Nations unies et quelques personnes de cette liste furent relâchées. Pendant notre tournée de 1987, nous écrivîmes des lettres individuelles et rassemblâmes plus de trois mille sept cents lettres qui furent envoyées séparément de différentes villes aux autorités vietnamiennes et au président des États-Unis.

Pendant que nous étions aux États-Unis en 1989, je fus présentée à Tom Lantos, un membre du Congrès, de Californie, qui est le coprésident du Comité des droits de l'homme du Congrès, et à plusieurs de ses principaux collaborateurs. Je présentai la défense des intellectuels emprisonnés au Viêt-nam et, grâce à l'aide de deux femmes merveilleuses, Annette Lantos et Margery Farrar, le congressiste Tom Lantos fit un discours sur les violations des droits de l'homme au Viêt-nam à la Chambre des représentants et un autre sur les souffrances des boat people.

Je pus aussi rencontrer la personne responsable du bureau Viêt-nam au département d'État. Il se préparait à partir à Genève pour une conférence du HCR sur les boat people, dont le résultat serait probablement le rapatriement forcé de ceux-ci. Je fis de mon mieux pour lui démontrer que même les « bouviers » et les « pêcheurs » (ses propres termes) avaient besoin de voir respecter les droits de l'homme. Au Viêt-nam, le produit de leurs pêches était confisqué et chacune de leurs activités était contrôlée par le gouvernement. Ils n'avaient aucune liberté. Leur venue en Occident pouvait aider l'industrie américaine. Il ne fallait pas seulement accepter des intellectuels qui avaient été éliminés politiquement. Nous avions aussi besoin de prendre soin de gens comme les bouviers et les pêcheurs. Je fus émue d'apprendre qu'à Genève, une semaine après notre entretien, il fut un des rares délégués à soutenir les boat people. Mon impression négative à propos du département d'État, qui datait de la guerre du Viêtnam, a un peu changé grâce à lui. Après notre voyage de 1989 aux États-Unis, un certain nombre de prisonniers – Thich Nu Tri Hai, Nguyen Thi Nghia et Hoang Hai Thuy – furent libérés.

Campagne internationale avec des milliers de lettres des quatre coins du monde

Pendant notre tournée du printemps 1991 aux États-Unis, grâce à l'aide de Steve Denney et à l'aide dévouée de Thérèse Fitzgerald, quatorze mille cent vingt lettres individuelles furent signées et envoyées aux autorités vietnamiennes pour faire pression afin d'obtenir la libération des prisonniers. Après ce voyage, Doan Quoc Sy fut relâché, puis Thây Quang Do et quelques autres moines qui avaient été condamnés à la prison à vie. Même s'ils étaient peu nombreux, ils faisaient partie des détenus que le gouvernement vietnamien était le moins disposé à relâcher. Doan Quoc Sy est un bodhisattva vivant et plein de courage. Le jour où douze policiers saccagèrent sa maison et l'arrêtèrent pour la seconde fois, il demeura sereinement assis en lotus pendant qu'il était agressé verbalement par la police. En prison, on lui demanda à plusieurs reprises d'écrire une courte confession afin d'être libéré mais il refusa toujours, gentiment mais fermement.

Thây Quang Do est un des moines les plus courageux que j'aie jamais rencontrés. Son absence de peur et sa gentillesse ont impressionné tous ceux qui ont vécu près de lui en prison puis en exil. Il était l'âme de la presse bouddhique clandestine et des manifestations dans les rues de Saigon pendant la lutte contre Ngo Dinh Diêm en 1963. C'était lui qui écoutait la radio, qui rédigeait des rapports et les envoyait aux stations de radio à l'étranger, qui téléphonait aux ambassades de plusieurs pays pour les prévenir chaque fois qu'il devait y avoir une manifestation. Il parlait japonais aux reporters japonais, thaï à ceux de Thaïlande, etc. Aussi, la police secrète ne savait pas comment empêcher les manifestations. À chaque fois que nous, les treize « cèdres », venions au temple Xa Loi, il nous donnait de nombreux documents à distribuer. Thây Chau Toan, son adjoint (le second directeur de l'EJSS après la mort de Thây Thanh Van), reproduisait des milliers de documents à l'aide de leur mimographe. Ngo Dinh Diêm fit arrêter Thây Quang Do le 20 août 1963 ainsi que des milliers de moines, et les fit torturer presque jusqu'à la mort. Les agents de Diêm tentèrent de lui faire avouer qu'il était un cadre communiste de haut rang. Bien que ce ne fût pas vrai, il fut torturé jusqu'à l'évanouissement.

Le jour de sa libération, Thây Quang Do crachait du sang, avait la tuberculose, une pneumonie, une pleurésie, et il fallut lui enlever un poumon. Nous apprîmes que, sous la torture, il avait été le plus brave des moines. Pendant des années, il fut assigné à résidence dans un village éloigné du Nord-Viêt-nam. Il travaille dur et écrit des poèmes qu'il a envoyés à Thây

Nhat Hanh, dont un dédié à Andreï Sakharov. Tous les cadres communistes locaux l'aiment et l'admirent mais les hautes autorités ont peur qu'il inspire des manifestations pouvant conduire au renversement du régime. Sous la pression internationale, il a pu récemment regagner Saigon, où il est toujours en résidence étroitement surveillée.

Ma communauté et moi, nous n'avons pas créé une organisation en faveur des droits de l'homme et nous ne nous vantons jamais de lutter pour leur respect, mais notre modeste travail avec ses analyses justes, non émotives, montrant notre compréhension, même vis-à-vis des accusés, inspire confiance à beaucoup d'organisations des droits de l'homme en Occident qui connaissent, croient et s'appuient sur nos informations. Une grande partie de ce travail a été réalisé grâce aux conseils avisés de Thây Nhat Hanh. Il sourit, offre le thé et il semble qu'il ne fait rien mais, sans lui, je sais que nous n'aurions pas fait autant de progrès dans la réalisation de ces projets difficiles. Dès la chute de Saigon, Thây commença à écrire des lettres personnelles à tous les moines vietnamiens vivant à l'étranger, leur transmettant des informations sur les violations des droits de l'homme dans le pays et en leur donnant des conseils pour agir. Il fit cela avec constance pendant deux ans, jusqu'à ce que Thây Man Giac arrivât en Occident. Jusqu'à son décès en 2006, Thây Man Giac s'est chargé de ce travail de coordination. Depuis son temple de Los Angeles, il a déployé tous les efforts possibles pour venir en aide à ceux qui sont détenus dans les geôles du Viêt-nam dès que nous lui fournissions les informations. Aujourd'hui, Thây Quang Ba,

Thây Minh Dung et Thây Vien Ly poursuivent également cette œuvre. Thây Man Giac a aussi été extrêmement généreux avec les boat people, y compris avec les moines et les nonnes des camps de réfugiés en Asie, en leur envoyant gracieusement des certificats d'hébergement, puis en leur offrant le gîte et le couvert à leur arrivée aux États-Unis.

Thây Nhat Hanh continue aussi à aider et à soutenir tous les moines et les nonnes en prison à sa manière tranquille. Le travail pour les droits de l'homme est énorme. Il y a encore tant à faire.

CHAPITRE 19

Le Village des Pruniers

Làng Hông, le village des arbres à kakis

En 1982, notre communauté des Patates-Douces était devenue trop petite. Même avec des tentes, nous ne pouvions pas accueillir plus de trente hôtes et, en été, nous demandions souvent à un premier groupe de trente de partir au bout d'une semaine pour pouvoir permettre la venue de trente autres personnes. Comme de plus en plus de gens voulaient venir, nous commençâmes à chercher un nouveau lieu d'implantation.

Thây avait entendu dire que les fermes du sud de la France étaient bon marché et l'idée de vivre dans le Sud, plus chaud et plus ensoleillé que Les Patates-Douces, lui plaisait. La possibilité de pouvoir faire pousser des melons amers et toutes sortes d'herbes vietnamiennes odorantes qui ne supportaient pas la froidure de Fontvannes n'était pas non plus pour me déplaire. Notre première destination fut la Provence. Mais en route pour Aix-en-Provence, lors d'un arrêt dans une station d'essence pour demander notre chemin, nous fûmes presque soulevés de terre par le mistral, le vent très violent courant dans cette région. En moins d'une journée, nous étions tous les deux terrassés par un terrible rhume et nous décidâmes d'aller plus à l'ouest, dans les environs de Toulouse et de Bordeaux. Nous savions qu'il y aurait moins de soleil mais qu'au moins les vents seraient moins violents.

Nous parcourûmes les journaux locaux et trouvâmes des annonces concernant une douzaine de fermes abandonnées. Thây fut particulièrement attiré par une propriété de huit hectares entourée de superbes collines rocheuses couvertes de forêt verdoyante à Thénac, en Dordogne. Le prix du terrain était de 2 francs le mètre carré, et les trois vieux bâtiments de ferme – en pierre, ayant deux cents ans d'âge et qui avaient servi pour le bétail, les cochons et les moutons – en faisaient partie sans supplément de prix. Thây apprécia de marcher dans la forêt à cet endroit ; il prévoyait déjà d'en faire un superbe chemin de méditation. Mais quand un orage de grêle détruisit les vignes du propriétaire et, par conséquent, ses revenus de l'année, le prix de la propriété passa de 2 à 4 francs le mètre carré. Aussi, nous visitâmes une douzaine d'autres fermes. Mais la ferme près de Thénac était celle que Thây préférait, aussi nous décidâmes de l'acheter malgré l'augmentation du prix.

Notre vieil ami, Le Nguyen Thieu, le dernier secrétaire général de l'École de la jeunesse pour le service social, venait juste d'arriver en France et il exprima son envie de se joindre à nous dans ce projet d'installation. La propriété à côté de Thénac n'était pas arable et Frère Le et sa famille savaient qu'ils devraient cultiver la terre pour se nourrir. Aussi, nous découvrîmes une ferme de 21 hectares comprenant cinq vieux bâtiments en pierre, à trois kilomètres de là, et Le Nguyen Thieu acheta, en notre nom, les deux fermes et s'y installa avec sa famille et une demi-douzaine de réfugiés récemment arrivés. Nous appelâmes ces propriétés « Hameau d'En Haut » (la propriété de Thénac) et « Hameau d'En Bas » (la ferme à Lourbès-Bernac), et nous leur donnâmes le nom commun de « *Làng Hông* », littéralement « Village des arbres à kakis ». C'était le nom du centre de retraite que nous avions projeté de construire au Viêt-nam et qui ne fut jamais bâti.

En 1973, une superbe étendue de terrain située dans les forêts montagneuses du Viêt-nam avait été enregistrée au nom de l'EJSS dans l'éventualité de notre retour au pays afin d'y réaliser un centre de retraite pour les travailleurs sociaux. Cette terre avait été choisie par Thây Chau Toan, le second directeur de l'EJSS. Chau Toan était un artiste et le meilleur arrangeur floral que j'aie jamais connu. C'était un jeune frère dans le Dharma de Thây Nhat Hanh, cher à nos cœurs, qui aimait, chérissait et prenait soin de Thây Nhat Hanh. En 1961, quand mes amis et moi – les treize cèdres – commençâmes à étudier le bouddhisme avec Thây Nhat Hanh au temple Truc Lam, Thây Chau Toan et Thây Dong Bôn lui construisirent une cabane sur place. Dès que Thây était malade, Thây Dong Bôn, un excellent médecin traditionnel, lui faisait des massages, de l'acupuncture et un délicieux potage. Thây Chau Toan s'occupait de lui, lavant ses vêtements, mettant de l'ordre dans sa hutte et préparant des arrangements floraux. Derrière la hutte de Thây, il y avait un fourré de hauts bambous verts et robustes et, tout autour, de magnifiques chèvrefeuilles et de magnifiques fleurs *mai* jaunes de prunier. De 1964 à 1966, Thây Chau Toan nous accueillit chaleureusement pendant les journées de Pleine Conscience hebdomadaires dirigés par Thây au temple Truc Lam.

Thây Chau Toan était le rédacteur en chef adjoint de Thây Nhat Hanh pour le magazine bouddhique hebdomadaire *Hai Trieu Am (Le Frémissement de la marée montante)*. Thây en était le rédacteur en chef et Thây Chau Toan abattait beaucoup de travail, contactant les meilleurs rédacteurs bouddhistes, apportant chaque numéro à l'imprimerie, corrigeant les épreuves et supervisant la distribution du magazine. En 1966, quand l'appel de Thây pour la paix fut publié en éditorial de *Hai Trieu Am*, Thây Tam Chau, le président de l'EBU, supprima l'aide financière de l'EBU au magazine et Thây Chau Toan en fut très affecté. Je le revois encore, marchant seul dans les rues de Saigon comme s'il venait de perdre un être aimé. Lentement, il retrouva sa sérénité et son humeur joyeuse.

Quand Thây Thanh Van mourut dans un accident d'automobile en 1971, Thây Chau Toan fut choisi pour être le directeur de l'EJSS. Une fois à ce poste, il avait une autre façon de travailler, bien différente de celle de Thây Thanh Van, et il était très admiré par les étudiants. Même quand il dirigeait des milliers de travailleurs et organisait les moindres détails – c'était un administrateur habile et un expert-comptable. Il restait toujours très humble, revenant seul, tous les soirs, sur sa vieille mobylette au temple de Truc Lam pour dormir. À cette époque, l'EJSS s'était agrandie et possédait plusieurs campus et véhicules. Ce fut grâce à l'harmonie régnant entre Thây Chau Toan et les anciens de l'EBU (même s'il existait encore des « tensions secrètes » avec ceux de la génération la plus âgée datant de l'époque où ils avaient arrêté de financer *Hai Trieu Am*) que la fusion de l'EJSS avec les quarante-deux comités provinciaux pour les affaires sociales de l'EBU, afin de former le Comité bouddhique de reconstruction et de développement, se passa en douceur.

En 1973, Thây Chau Toan nous écrivit pour nous décrire le magnifique terrain qu'il avait trouvé. Il y avait des arbres séculaires, de gros rochers et un charmant cours d'eau sinueux. Ses plans pour la construction du centre ressemblaient à un arrangement floral géant : « Il y a trois chênes géants à côté du cours d'eau, où nous pouvons nous asseoir pour la méditation du thé. Il y a un endroit merveilleux avec des fleurs *sim* et des petits pins où nous pouvons suspendre des hamacs et faire un terrain de jeu pour les enfants. Et il y a de la terre labourable près du ruisseau, où nous pouvons construire des maisons pour les familles. » Nous désirions planter des arbres à kaki et vendre les fruits pour financer le centre. Aussi, nous appelâmes ce centre de retraite pour les travailleurs de l'EJSS, *Làng Hông*, le « Village des kakis ». Mais Thây Chau Toan ne composa jamais son merveilleux « arrangement floral ». Il mourut d'une crise cardiaque en juin 1974.

Dans le sud-ouest de la France, où nous avions trouvé ces deux terrains, les variétés de prunes qui y sont plantées et ensuite séchées – pour faire des pruneaux – sont parmi les meilleures du monde. Aussi, nous décidâmes de « traduire » *Làng Hông* en français par « Village des Pruniers » et en anglais par « Plum Village ». Dans le Hameau d'En Bas, les adultes et les enfants plantèrent mille deux cent cinquante pruniers, y compris sept cent cinquante achetés avec les dons d'enfants qui savaient que l'argent tiré de la vente des prunes irait aux enfants affamés du Viêt-nam et à ceux d'autres pays du tiers-monde. Il a fallu beaucoup de travail pour s'occuper de ces arbres mais, en 1990, ils commençaient à donner des fruits, et la récolte de 1992 fut de six tonnes !

Festival des jonquilles

En octobre 1982, nous quittâmes Les Patates-Douces pour le Village des Pruniers. Au début, il n'y avait que Thây, moi-même, Frère Le, sa famille, et des réfugiés récemment arrivés. Dès cette première année, nous mesurâmes à quel point cet endroit était extraordinaire. Au mois de février, quand les chênes, les tilleuls et les peupliers sont encore nus, des milliers de verts boutons de fleurs surgissent du sol froid et rocailleux de la forêt du Hameau d'En Haut et, quelques semaines plus tard, début mars, des boutons et des fragiles pétales jaunes de millions (oui, j'ai bien dit de millions !) de jonquilles étendent leurs ailes délicates et nous font signe. À cause de leur beauté enchanteresse, Thây a appelé ce versant de colline *Trésor du Dharmakaya*, « La Richesse du corps de l'Enseignement ». Nous ignorons pourquoi, mais les fermes alentours ne recèlent pas de tels trésors cachés de jonquilles. Thây proposa d'organiser un Festival des jonquilles pour accueillir ces petits bodhisattvas angéliques. Chaque année, des gens venant de Bordeaux, de Toulouse et d'autres villes proches viennent passer une journée avec nous pour marcher dans cette mer de jonquilles jaunes, pour écouter un enseignement sur le Dharma donné par Thây et pour se délecter de la méditation du thé, des chants et des danses des enfants. Quel magnifique don du Ciel et de la Terre !

Nous voulions ouvrir le Village des Pruniers aux travailleurs sociaux et à des retraitants. Aussi, dès que nous arrivâmes sur place, nous commençâmes par nettoyer les vieux bâtiments et à installer des parquets en bois. Puis nous confectionnâmes des lits en mettant des plaques de bois aggloméré et des matelas de mousse sur des briques d'argile rouge française. En été 1982, nous recevions cent personnes ; en 1983, deux cents ; et depuis 1991, grâce aux locations de plusieurs maisons et gîtes ruraux aux alentours de Thénac et de Loubès-Bernac, nous pouvons souhaiter la bienvenue à plus de mille personnes venant du monde entier chaque été. Pendant la période de la retraite d'été, du 15 juillet au 15 août, toute personne s'inscrivant à l'avance peut rester au moins une semaine avec nous dans ces gîtes loués pour partager la pratique de la Pleine Conscience sous la direction de Thây Nhat Hanh et de sa sangha. Ensemble, nous pratiquons la méditation assise, la méditation marchée, la méditation du thé, la méditation du travail, et nous participons à des discussions sur le Dharma. Ce n'est pas une session intensive. Les familles et les amis pratiquent joyeusement tous ensemble et, chaque jour, Thây donne un enseignement soit en vietnamien, soit en anglais, soit en français avec traduction simultanée dans ces langues, ainsi qu'en allemand et en italien. Nous avons de nombreuses activités culturelles pour les enfants vietnamiens – les plus âgés d'entre eux partagent leurs expériences avec les plus petits et ils chantent beaucoup de chansons. Nous avons aussi des programmes magnifiques pour les enfants occidentaux. Chaque semaine, nous organisons une fête, comme « Bienvenue à la Pleine Lune », « La Joyeuse Continuation de nos Ancêtres », « Rester en contact avec la souffrance des boat people et des victimes des bombes atomiques », et « Thanksgiving » (« Jour de reconnaissance envers Dieu pour la bonne récolte », fête célébrée aux États-Unis le quatrième jeudi de novembre). Dans le contexte bouddhique, cette reconnaissance est dirigée vers les parents, les enseignants, les amis et tous les êtres : animaux, végétaux et minéraux.

Les enseignements de Thây Nhat Hanh pendant la retraite d'été s'adressent aux enfants et aux adultes afin qu'ils apprennent les méthodes destinées à calmer leurs émotions, retrouvent leur sérénité, pratiquent le regard profond pour mieux comprendre les autres afin de trouver la paix en eux et de travailler pour la paix du monde. La caractéristique particulière du Village des Pruniers en tant que centre de retraite est l'intérêt porté aux enfants. Nous ne les forçons pas, mais les enfants sont invités à se joindre à nous pendant les courtes sessions de méditation assise, de méditation marchée, de méditation du thé (les enfants ont une « méditation de la limonade ») et pendant les repas pris calmement en les savourant en Pleine Conscience. Il arrive que des enfants pratiquent la Pleine Conscience mieux que leurs parents et, quand ils rentrent à la maison, ils rappellent à leurs parents de revenir au moment présent et d'apprécier les innombrables merveilles qui les entourent. La retraite d'été est un des événements importants du Village des Pruniers.

Un monastère au Village des Pruniers

Après quatre ans passés à cultiver la terre à la française, Frère Le Nguyen Thieu et les autres réfugiés s'aperçurent qu'ils ne gagnaient pas assez pour subvenir à leurs besoins et à ceux de leurs familles et, en 1987, ils partirent tous. À peu près au même moment, un certain nombre de moines, de nonnes et de laïcs demandèrent s'ils pouvaient rester une année pour étudier le bouddhisme et pratiquer la Pleine Conscience avec Thây. C'est ainsi qu'une communauté résidentielle de pratique d'à peu près cinquante personnes se forma. À cause du manque de commodités, nous ne pouvons accepter que ce nombre d'étudiants. Quarante résidents sont des moines et des nonnes. Thây a élaboré un programme de formation d'enseignants du Dharma en quatre ans pour produire des « agents de transformation » pour le Viêt-nam et l'Occident. Les élèves apprennent d'abord à maîtriser l'art de vivre sans stress malgré les multiples responsabilités, à calmer leurs émotions, à transformer leurs propres « nœuds intérieurs » (leurs peines internes, leurs habitudes négatives) et à devenir « aussi solides que la montagne et aussi frais qu'une fleur » ; ainsi ils peuvent transmettre le Dharma à partir de leur propre expérience d'auto-transformation, de leur propre vision des choses et de leur propre « être » et non pas uniquement à partir des sutras. (Mais nous utilisons aussi des livres d'enseignement du Bouddha.)

Annabel Laity, Sœur Vraie Vertu, d'origine anglaise, était tout à fait compétente pour enseigner le Dharma mais aussi pour s'occuper du travail administratif au Village des Pruniers. Grâce à sa présence, nous avons pu admettre de nouveaux élèves, discuter avec les autorités locales et veiller à la réalisation des travaux administratifs. Maintenant, nous faisons pousser une grande partie de notre nourriture naturellement, y compris des légumes difficiles à trouver en dehors du Viêt-nam. Parfois, les limaces dévorent la moitié de notre récolte mais nous ne les tuons pas. Elles ont aussi le droit de vivre ! Chaque soir au printemps, des pratiquants vont dans la serre avec leurs lampes et enlèvent les limaces des feuilles, les mettent dans une grande boîte, puis les emmènent jusqu'à la forêt où elles peuvent manger des feuilles tendres.

Au début d'avril, chaque année, les fleurs de pruniers illuminent le Hameau d'En Bas. En regardant le verger, nous avons l'impression d'observer une nuit noire parsemée de millions de petites étoiles. Les matins au Village des Pruniers au printemps, en automne et en hiver sont habituellement brumeux, et nous avons souvent l'impression, pendant la marche méditative, de nous déplacer parmi les nuages. Les couchers de soleil et les pleines lunes sont aussi de merveilleuses occasions de pratiquer la méditation marchée, elles permettent souvent à beaucoup de personnes de découvrir leurs talents artistiques. Plusieurs résidents du Village des Pruniers ont ainsi découvert leurs dons musicaux et artistiques ignorés, simplement en vivant dans cette communauté joyeuse.

À la demande d'amis occidentaux, Thây dirige une retraite en anglais au mois de juin. Les changements intervenant chez plusieurs Occidentaux qui ne peuvent pas rester une année sont grands. J'ai vu des gens qui, après trois semaines de pratique intensive – en écoutant les enseignements et en vivant en communauté –, sont devenus aussi frais que des fleurs. Nous avons tous besoin d'un endroit pour nous régénérer. Je m'en rendis compte quand je travaillais à l'École de la jeunesse pour le service social et j'en ai la confirmation aujourd'hui. Le Village des Pruniers est une communauté joyeuse et cosmopolite, le fruit de nombreuses expériences, et nous continuons toujours à apprendre et à pratiquer.

CHAPITRE 20

L'eau de la rivière, le riz du marché

Pendant les matinées estivales, une brume fine et blanche recouvre les collines entourant le Village des Pruniers. Ce matin, en revenant d'une méditation marchée, j'ai rencontré la jeune Tho, qui apportait un seau d'eau à ses trois pruniers. Un peu plus loin dans le verger, j'ai aperçu Kim Trang et le petit Thuc Hien traînant un tuyau pour arroser leurs arbres. Ici, dans le sud-ouest de la France, les pruniers poussent bien à l'aide de quelques arrosages occasionnels, car l'argile du sol conserve bien l'humidité. Les mille deux cent cinquante pruniers rappelaient aux nombreux enfants vietnamiens vivant en Occident, et ayant envoyé de l'argent en 1982 et 1983 pour les acheter, qu'un jour ces pruneaux seraient vendus pour acheter de la nourriture et des médicaments pour les enfants affamés du Viêt-nam. Aujourd'hui, ce rêve est devenu réalité.

J'aidai Tho (prénom qui signifie « Poésie » en vietnamien) à arroser ses arbres. « Chère Poésie, te rappelles-tu quand tu es venue pour la première fois au Village des Pruniers ? Je t'avais montré des photos des enfants affamés des "nouvelles zones économiques" au

Viêt-nam, et toi et ta sœur aviez décidé de mettre de l'argent de poche de côté pour nous aider à planter dix pruniers. Te rends-tu compte à quel point tes pruniers ont porté des fruits depuis le moment où le désir d'aider d'autres enfants est né en toi ? »

Poésie se tourna vers moi, sa bouche s'anima d'un sourire timide. Comme elle était belle, vêtue de son chemisier rose et de son pantalon noir, semblable à une jeune fille au Viêt-nam ! Sa mère avait acheté ses habits traditionnels à la boutique du Village des Pruniers.

Poésie vient au Village des Pruniers avec toute sa famille tous les étés depuis qu'elle a quatre ans. Sa famille pratique la Pleine Conscience pendant un mois et les enfants apprennent la culture vietnamienne. Maintenant, Poésie lit et parle le vietnamien mais elle est différente de moi au même âge et même des jeunes qui viennent d'arriver du Viêt-nam. Dès que Poésie prend un livre en français, elle le lit aussi naturellement que si elle buvait un verre d'eau. Mais quand je lui donne un livre en vietnamien, elle regarde quelques pages et puis le pose. Quand Poésie m'écrit des lettres en vietnamien, elles sont courtes et écrites pour me faire plaisir. Mais quand elle écrit à ses amis en français, elle noircit plusieurs pages. En me rappelant le sourire timide de Poésie, je me rends compte qu'il ne lui est pas possible d'être vietnamienne à 100 % comme l'est Chau (« Perle » en vietnamien).

Perle est la fille d'une famille du Sud-Viêt-nam que j'aide depuis des années. Le père de Perle a passé plus de dix ans dans un camp de rééducation et sa mère, une technicienne de santé publique, perdit son travail quand il fut découvert que son mari avait travaillé pour le régime nationaliste. Quand Perle n'avait que deux ans et son frère, Jean, six ans, la famille fut déplacée dans une « nouvelle zone économique », une ferme collective en pleine jungle.

Une nuit, Perle attrapa la malaria. Sa mère l'enveloppa dans un sac placé en bandoulière sur son dos et, mettant Jean à l'avant de sa bicyclette, elle pédala jusqu'à un hôpital de la ville. À mi-chemin, elle rencontra ma sœur Thanh et de vieux amis à elle. Thanh m'écrivit à propos de la famille de Perle et nous pûmes leur envoyer une aide modeste mais suffisante pour les aider à survivre.

La mère de Perle parvint à louer une petite maison dans un quartier pauvre de Saigon, à peine assez grande pour y mettre un lit, une table et un petit poêle. Tous les matins, elle vendait des porridges de riz aux haricots noirs et à la noix de coco et tous les soirs, des desserts, du *chè*, dans les rues. En travaillant ainsi jour et nuit, elle n'avait plus le temps de s'occuper de ses enfants. Mais grâce à notre aide, Jean put aller à l'école.

Je contemple souvent la photo que la mère de Perle m'avait envoyée. Le minuscule visage de Perle est pâle et maigre, et ses jambes aussi minces que des bambous. Les paquets que je leur expédie contiennent des médicaments qui peuvent être vendus pour acheter du riz et des vitamines pour Perle et Jean. Les enfants ne semblent pas prendre de poids mais au moins ils n'ont pas succombé à la maladie comme tant d'autres enfants au Viêt-nam.

En me penchant sur la vie difficile de Perle et de Jean, mes pensées se tournent vers les mères vietnamiennes vivant ici en Europe. Comme des pins déracinés de leur sol natal et transplantés loin de là, elles ont lutté pour créer des racines stables dans leurs nouveaux pays. La mère de Poésie, par exemple, est submergée par les innombrables formulaires et papiers qu'elle doit remplir dans une langue qu'elle ne maîtrise pas vraiment. Elle travaille à plein temps pour nourrir sa famille, prépare le dîner, lave les vêtements de la famille, met les enfants au lit, et puis assiste à des cours du soir pour apprendre le français. Quand elle rentre chez elle, peu importe à quel point elle est fatiguée, elle doit faire un peu de ménage avant d'aller au lit.

Elle doit être debout à 6 heures chaque matin pour préparer le petit déjeuner et le déjeuner des enfants avant d'enfiler plusieurs tricots et de grosses bottines pour braver le froid et attraper le bus pour aller au travail. Elle et son mari utilisent le peu de temps qu'ils ont pendant les week-ends pour apprendre à leurs enfants la langue et la culture vietnamiennes. Malgré leurs efforts, Poésie lit encore le vietnamien avec peine. Elle ne sera jamais aussi vietnamienne que Perle.

Chaque matin, la mère de Perle parcourt les rues de Saigon en portant deux grands récipients de porridge aux extrémités d'un balancier de bambou et, chaque soir, elle vend des desserts frais, les *chè*. Mais, chaque jour, même si elle écoule toute sa marchandise, le bénéfice de cette vente lui permet à peine d'acheter du riz, du sel, du bois de chauffage, du charbon, et des légumes pour ce jour-là. La mère de Perle ne peut pas se permettre le luxe d'un week-end. Un jour chômé signifie vraiment un jour sans nourriture.

Perle et Jean sont livrés à eux-mêmes pendant des heures. Mais ils vivent au sein de la culture vietnamienne et leur mère n'a pas à faire d'efforts pour leur apprendre les coutumes de leur peuple. Ils apprennent tout par eux-mêmes. C'est comme d'aller chercher de l'eau à la rivière ou du riz au marché ; ils bénéficient de leur culture chaque jour.

La petite maison de Perle et de Jean est contiguë à la grande demeure d'un professeur de l'université de Saigon. Mais, comme le père de Jean et de Perle, ce professeur fut envoyé dans un camp de rééducation. Cependant, ses grands enfants ont été capables de s'occuper de leur mère et de préserver, ensemble et en secret, la collection de livres et de documents de leur père. Je ne sais pas comment ils ont pu cacher ces livres aux autorités mais, une fois, Jean m'a écrit et m'a dit quelque chose comme : « Chère Tante, je viens de lire *Une rose rouge pour votre boutonnière* de Thich Nhat Hanh (livre interdit de 1975 à 1990), c'est merveilleux ! J'ai ressenti énormément d'amour pour ma mère après l'avoir lu. »

Puis, quelques mois plus tard, je reçus une autre lettre de Jean : « Chère Tante, je viens de lire *La Forêt de Mam* (Rung Mam) de Binh Nguyen Loc et *Le Goût de la Terre* de Thich Nhat Hanh. Tous les deux sont excellents ! Je ne comprends pas pourquoi de tels ouvrages sont censurés et brûlés. »

Peu de temps après, une lettre de Perle arriva, écrite d'une jolie et fine écriture manuscrite. La jeune Perle commençait par me dire : « Chère Tante, ma mère est très malade. Mon frère Jean doit maintenant aller vendre le porridge sinon nous allons perdre des clients. Je devrais aller l'aider, mais Mère est si souffrante que je n'ose pas la laisser seule. Tante, ma vieille mère est comme une banane mûre se balançant au bout d'une branche. Elle est si faible et nous sommes tellement inquiets ! » Cette lettre venait-elle vraiment d'une petite fille de six ans, pâle et maigrichonne, dont le regard perdu semblait incapable de réaliser la dureté de sa vie ? Comment pouvait-elle connaître une expression populaire aussi belle que « une vieille mère est comme une banane mûre se balançant au bout d'une branche » ? Les enfants du Village des Pruniers seraient-ils capables d'écrire cela ? Ils n'avaient jamais vu un bananier. Mais quand la petite Perle vit sa mère si malade et si épuisée, tout à coup, elle pensa à l'image, une banane si mûre qu'elle était sur le point de tomber de l'arbre. Personne n'avait à lui souffler cette image. Elle était née de sa propre expérience et de l'imagerie familière de son pays.

La lettre de Perle continuait : « À chaque fois que Mère tousse, elle me rappelle la mèche vacillante d'une lampe à huile sur le point de s'éteindre. Cela me fend le cœur, chère Tante ! » « Mèche vacillante » – comment les enfants vietnamiens en Europe pourraient-ils faire une telle comparaison ? Ils n'ont jamais vécu à la lueur d'une lampe à huile et ne connaissent pas la totale obscurité qui s'abat quand, à la fois, l'huile et la mèche sont consumées. Combien d'enfants vietnamiens en Occident savent que les nuits d'une grande partie des enfants du Viêt-nam sont éclairées seulement par une pâle et tremblotante lampe à huile, facilement éteinte au moindre coup de vent ? C'est vrai, la santé de la mère de Perle – sans argent, sans médicaments, sans hôpital – était comme une mèche vacillante.

Même si elle avait appris le vietnamien avec sa mère, Poésie aurait-elle été capable de lire la lettre de Perle et de comprendre la signification et l'émotion subtiles véhiculées par ses images ? Je pense qu'il est impossible d'expliquer à Poésie la terrible obscurité qui menace Perle et son frère si leur « lampe » vient à s'éteindre.

La lettre de Perle disait ensuite : « Chaque jour, quand je reviens de l'école, je mets les haricots noirs à tremper et je commence à râper la noix de coco. Quand Jean arrive de la vente du porridge, nous préparons les *chè* frais ensemble. Je presse la noix de coco pour en extraire le lait jusque tard dans la nuit. Le matin, je me lève tôt pour chauffer le porridge que Jean va vendre. Je prépare aussi des légumes marinés pour son repas de la journée. Quand il revient, nous préparons encore du porridge et du *chè*. Nous n'avons pas le temps d'étudier.

« Avant que Mère ne tombât malade, j'étudiais tous les soirs, puis je l'aidais à râper la noix de coco et Jean participait en rinçant les haricots. Quand nous avions fini, nous allions chez nos voisins demander à Huong si nous pouvions emprunter un des livres de son père. Après avoir lu *Le Parfum de la forêt de Cà Mau*, j'en vins à tant aimer la terre du Sud-Viêt-nam que je voulais lire tous les livres de Son Nam. Dans la bibliothèque de Huong, j'ai trouvé un ouvrage récent intitulé *Bên Nghé*. Mais je n'ai pas pu aller plus loin que la page 30. Le langage en était aussi fade que des racines de manioc séchées. Je ne pouvais pas en avaler plus ! Rien d'étonnant à ce qu'il trônât sur une étagère du salon de la famille de Huong. Quand j'ai lu le livre *Mémoires* de Vu Bang, une grande affection pour le Nord grandit en moi. Je ne suis pas comme mes amis qui détestent tout ce qui vient du Nord. Le rejeter intégralement à cause des mauvaises actions de quelques Nord-Vietnamiens me semble injuste, n'est-ce pas, chère Tante ? Mais parfois je me demande, le Nord enchanteur décrit par Vu Bang existe-t-il encore ? Ou le Nord n'est-il seulement constitué que de camps de rééducation remplis de nobles êtres comme mon père ? »

La témérité de Perle à s'exprimer aussi ouvertement m'inquiéta. Si sa lettre avait été ouverte et lue, la pauvre Perle elle-même aurait été placée dans un camp de rééducation ! Les enfants vietnamiens d'Europe ayant le même âge liraient-ils de tels ouvrages et feraient-ils de telles réflexions ? Je reviens encore sur l'expression « l'eau de la rivière, le riz du marché. » Même si la petite Perle ne reçoit pas la formation culturelle distillée par les leçons que reçoit Poésie, l'eau et le riz de son pays natal l'ont nourrie. L'« eau » et le « riz » sont la culture. Des livres comme *Une rose rouge pour votre boutonnière, La Forêt de Mam* et *Mémoires*, bien que difficiles à se procurer au Viêt-nam aujourd'hui, sont encore compris et appréciés par des enfants comme Jean et Perle. Ils ont la passion de la lecture et sont nourris par de tels livres.

La mère de Poésie possède aussi un exemplaire du *Parfum de la forêt de Cà Mau*, mais Poésie le lirait-elle avec le même intérêt ? Ou préférerait-elle passer son temps à regarder la télévision et des vidéocassettes ? L'eau de la rivière et le riz du marché sont faits d'autre chose que des livres ; ils sont aussi composés des chansons populaires que les enfants chantent dans les rues, les berceuses des mères dans les villages et même du bavardage des femmes au marché. Où qu'ils aillent, les enfants du Viêt-nam trouvent l'eau de la rivière et le riz du marché. Ils sont baignés dans leur culture.

L'eau et le riz disponibles aujourd'hui au Viêt-nam ne sont pas purs. Ils sont mélangés à du sable et à du gravier. L'eau et le riz purs, comme les bons livres, ont été bannis pour faire place à de l'eau et du riz qui laissent la petite Perle dépitée comme si elle avait mangé une racine de manioc séchée et sans goût. Aujourd'hui, les écrits de Son Nam n'ont plus rien à voir avec ce qu'il écrivait librement sur son pays bien-aimé dans *Le Parfum de la forêt de Cà Mau.* Si Perle veut goûter de l'eau pure et du riz odorant et délicieux, elle doit soigneusement en enlever les cailloux et les grains pourris. Mélangés aux exquises beautés de notre terre natale – les bananes mûres, les fleurs de prunier dorées et les berceuses des campagnardes –, on trouve les visages froids et durs des cadres communistes dans leurs uniformes jaunes. Ils parlent la même langue mais leurs intonations sévères la font ressembler à un langage étranger. Ces gens traitent un érudit aimable et talentueux comme le père de Huong plus mal que le dernier des voleurs ; aussi comment l'eau et le riz ne seraient-ils pas souillés ?

Jean m'écrivit pour me raconter la seconde arrestation de son voisin : « Douze cadres ont fouillé le moindre recoin de la maison du professeur, en commençant à 2 heures du matin. Deux autres montaient la garde en face de notre maison. Je pouvais entendre Huong parler aux cadres, pendant que le professeur était assis en méditation, aussi calme et serein qu'un Bouddha, un demi-sourire aux lèvres. Après six heures de fouille, quand les policiers sortirent le professeur, les menottes aux mains, à 8 heures du matin, son attitude était paisible et décontractée. Je n'avais jamais vu une scène aussi belle. Mon cœur était rempli d'amour et d'admiration. Mon père aussi est courageux, comme le professeur. Lui non plus ne baissera jamais la tête devant la violence. C'est pourquoi, après douze ans, il est encore en prison. »

Le Viêt-nam a encore plusieurs arbres vigoureux, de magnifiques « cèdres » visibles, comme le professeur et le père de Jean, et invisibles, comme beaucoup d'autres qui travaillent en silence pour préserver la beauté culturelle et morale du pays. Tout un chacun a seulement à ouvrir les yeux pour s'apercevoir que le riz est encore abondant sur le marché et que l'eau claire coule toujours dans les rivières. Même du riz mélangé avec du gravier contient toujours du riz délicieux et pur en lui, assez pour nourrir ceux qui savent comment extraire le bon riz et vivre en Pleine Conscience sur leur magnifique terre natale.

Des livres comme *La Forêt de Mam, Le Parfum de la forêt de Cà Mau* et *Mémoires* sont facilement disponibles en Europe, mais les enfants vietnamiens élevés ici se soucient-ils de les chercher, d'en boire chaque ligne et de goûter à la beauté de chaque mot, au style de chaque phrase ? Je suis mal à l'aise quand je pense aux nombreux enfants de réfugiés qui se nourrissent des scènes de violence à la télévision dès qu'ils ont du temps libre. Ces jeunes gens n'auront jamais l'occasion de voir cet estimé professeur faire face à douze cadres violents avec un sourire tranquille. Ils n'auront jamais la chance d'entendre les mères campagnardes chanter de douces berceuses à leurs bébés par de chauds après-midi, ni d'entendre les histoires édifiantes de ceux qui, envoyés dans les « nouvelles zones économiques » ou détenus dans des « camps de rééducation », gardent néanmoins leur calme et leur courage en prison. Même si le professeur arrive à s'échapper et à écrire un livre sur ses épreuves, il est peu probable que ces jeunes d'outre-mer lisent son témoignage. Peu importe le temps que la mère de Poésie passe à enseigner l'écriture vietnamienne à ses enfants, il est impossible aux enfants d'être en relation avec les merveilles du Viêt-nam. Pour eux, ce n'est qu'une terre lointaine et indifférente.

Je pris une profonde inspiration. Au moins, je dispose de quelques photographies d'enfants affamés vivant dans les nouvelles zones économiques que je peux partager avec les enfants qui viennent au Village des Pruniers. Et il y a les mille deux cent cinquante pruniers pour contribuer à les relier aux enfants du même âge au Viêt-nam. En regardant ces photos, ils peuvent voir qu'ils ressemblent plus à ces enfants qu'à leurs petits camarades d'école, même si les enfants du Viêt-nam sont maigres et vivent dans des cabanes en feuilles de palmier. Chaque été, les enfants vietnamiens d'Europe, d'Amérique et d'Australie peuvent venir au Village des Pruniers pour découvrir la richesse et la profondeur de la langue, de la poésie, de la musique et de la culture de leurs parents.

Je souris en me rappelant l'étonnement du professeur suisse de Vu, un garçon de dix ans, à la lecture de sa composition : « Une rose odorante et un tas d'ordures sont deux aspects d'une même réalité. En regardant avec attention la rose, je peux voir les ordures. En regardant avec attention les ordures, je peux voir une rose. Elle fleurira très bientôt si je cultive l'art de transformer les ordures en compost puis de m'en servir pour planter un rosier. Où que je pose mon regard, je vois des fleurs et des ordures intimement entremêlées. C'est indispensable pour que la vie existe. » L'enseignant helvétique rendit visite à la famille de Vu pour comprendre comment un si jeune garçon pouvait avoir des pensées aussi profondes. Vu venait au Village des Pruniers chaque année. Bien que Poésie ne puisse pas être aussi totalement vietnamienne que Perle, elle sera capable d'assimiler des leçons dont ne pourront pas bénéficier une grande partie des enfants au Viêt-nam à cause de la pauvreté et du manque de liberté. Les enfants de réfugiés en Occident bénéficient d'une alimentation nourrissante, de liberté et d'ouverture. Ces enfants grandiront pour être de vigoureuses pousses de « l'arbre du Viêt-nam ». Surtout ceux et celles qui ont la chance d'apprendre de Thây Nhat Hanh, ou d'autres fleurs rares du pays vivant à l'étranger, la non-dualité et d'autres enseignements importants sur la vie.

Le professeur qui a été arrêté ne peut plus rien apprendre aux enfants sur les fleurs et des ordures. Il y a vingt ans, les cadres qui l'emprisonnèrent devaient être des fleurs, mais à cause de leur victoire sur les Américains, ils étaient devenus des immondices, remplis d'arrogance. Qu'adviendra-t-il des magnifiques fleurs comme le professeur ou le père de Perle ? Une fois qu'ils auront été libérés et auront émigré dans un pays libre, posséderont-ils toujours la même fraîcheur ? Continueront-ils à cultiver leurs qualités pour s'épanouir et apporter la joie, la paix et l'inspiration à des millions de jeunes fleurs vietnamiennes ? Ou bien la vie facile en Occident les amènera-t-elle lentement à tout oublier ? À l'heure actuelle, le professeur n'est plus là pour enseigner à Jean, aussi, lui et les jeunes de son âge n'ont souvent, face à eux, que des adultes arrogants et menteurs. Comment pourraient-ils savoir qu'il y a d'autres modèles à suivre ? Personne n'est là pour apprendre à Jean comment transformer des ordures à nouveau en fleurs.

Il est attristant de constater que trente années de guerre suivis par une période de dictature ont fait des esprits des Vietnamiens une autre zone de guerre. Dans le passé, le Viêt-nam en tant que nation possédait de nombreuses personnes incarnant de grandes vertus – des gens comme les rois Tran Thai Tong ou Tran Nhan Tong et leur entourage. Ces souverains vietnamiens avaient vaincu l'armée de Gengis Khan au XIIIe siècle et, pourtant, même après leur victoire, ils continuèrent à pratiquer l'art d'écouter, l'art d'être humble et l'art de regarder profondément en chaque événement et chaque personne pour voir que les côtés négatifs des autres étaient aussi en partie les leurs ; des gens qui savaient qu'en blessant les autres, c'est aussi à nous que nous faisons du mal. De telles personnes illuminées sont de plus en plus difficiles à trouver quand la guerre et la dictature se prolongent.

Une double culture pour tous les enfants du monde

Des graines venant de l'arbre Bodhi en Inde ont été plantées partout dans le monde. À cause de sols et d'arrosages différents, chaque arbre Bodhi pousse à sa manière. Certains sont grands, d'autres sont petits. Mais chacun contient l'essence de l'arbre Bodhi originel. Maintenant je me rends compte que si les enfants vietnamiens d'outre-mer ont la chance d'avoir des parents qui vivent en Pleine Conscience, ils pousseront, même si c'est en prenant une nouvelle forme. Ils seront d'adorables arbres vietnamiens, participants au jardin de l'humanité, prospérant en France avec son riche héritage de fraternité et de liberté, sur les basses terres de Hollande avec la compréhension d'une personne comme Hebe Kohlbrugge, dans les montagnes de Suisse avec la générosité de personnes telles que Margrit Witwer et Fritz Siegathalen, les terres enneigées du Danemark riches de gens comme Kirsten Roep ou Joergen Hannibal, de Suède avec des personnalités comme les Pasteurs Aglert et Karl Axel Emquist et des Suédois comme Olaf Palme ou Bo Wirmark, de Norvège comme Sven Meyrens, avec la richesse et le talent de l'Allemagne, et sur les terres opportunes d'Amérique et d'Australie. Pour la première fois, je réalise que le Viêt-nam n'est pas uniquement cette terre en forme de dragon dans la mer de Chine du Sud. Il est dorénavant le monde entier, des Amériques à l'Europe et jusqu'à l'Australie.

Notre défi consiste à encourager les parents vietnamiens à conserver la plus belle partie de la culture de leur terre natale et à la transmettre à leurs enfants. Comment puis-je les inciter à prendre assez de temps pour cultiver ces fleurs en eux-mêmes et chez leurs enfants, et à entretenir la profondeur spirituelle de notre culture avant qu'ils ne soient aspirés par des préoccupations égoïstes ? Les parents doivent montrer de l'intérêt à ce que leurs enfants apprennent à l'école et aussi partager avec eux les merveilleuses coutumes et traditions de leur terre d'accueil. En étudiant attentivement chaque nouvelle habitude et tradition avec leurs enfants, ils peuvent apprendre à intégrer le meilleur de l'Ouest et à les éloigner de ses aspects négatifs. En partageant ainsi, cela peut permettre à leurs enfants de recevoir et d'aimer la culture de leur terre natale et de la planter intelligemment dans le sol riche et nouveau de leur deuxième patrie.

Parents et enfants peuvent discuter ensemble des raisons pour lesquelles leurs ancêtres prenaient le temps de fêter la floraison d'une seule fleur ou de célébrer la pleine lune. Ils peuvent apprendre à ressentir en eux-mêmes l'héritage de leurs ancêtres. Ils peuvent trouver des moyens de rester en relation avec ceux qui n'ont ni nourriture ni liberté et de manifester leur gratitude à leurs enseignants, à leurs amis et à tous les êtres.

Vivant avec conscience, les parents ne doivent pas dire ou faire des choses qui pourraient entraîner les enfants à perdre la foi en leur propre peuple. Ainsi, l'espoir subsistera de voir des enfants vouloir perpétuer leur héritage et étudier le vietnamien comme ils apprennent le français, l'allemand ou l'anglais. De cette manière, les enfants connaîtront et comprendront les joies et les peines de l'histoire quadrimillénaire de leur peuple.

Quelle que soit l'importance des efforts de la mère de Poésie, celle-ci sera différente de Perle. Chaque fille a sa beauté propre. Il est vrai que Poésie ressemble à un élégant pin de Suisse mais ses yeux noirs, son sourire timide, et sa chevelure sombre et soyeuse sont pareils au riz doux et au lait de noix de coco du Viêt-nam de ses parents. Sa façon de parler, de marcher, d'accueillir des amis est le fruit de l'amour et de l'éducation qu'elle a reçus de ses parents, grands-parents, oncles et tantes, et de son héritage ancestral.

Soudainement, ma rêverie fut interrompue par la douce voix de la jeune Thanh Tuyen : « Qui veut des gâteaux aux haricots, qui veut des gâteaux à la noix de coco ? » Elle porte un plateau de gâteaux vietnamiens, hélant les gens comme un vendeur des rues. Avec sa blouse brune et son pantalon noir, juste réveillée de sa sieste de midi, Thanh Tuyen ressemble à une vendeuse du Nord-Viêt-nam vendant des gâteaux dans les rues de Saigon. Quoique ses parents soient du Sud et aient un accent sudiste, quand elle était une jeune enfant au Viêt-nam, Thanh Tuyen entendait souvent des vendeurs des rues originaires du Nord. Chaque été quand elle vient au Village des Pruniers, on lui demande d'utiliser sa voix pour vendre les gâteaux traditionnels. Grâce à l'existence du Village des Pruniers, elle a une chance de se rappeler et de préserver les images de sa terre natale. Espérons que partout où il y a des Vietnamiens, des endroits comme le Village des Pruniers soient édifiés pour que les enfants vietnamiens puissent y venir et redonner vie aux images évanescentes de leur terre natale. En gardant un pied solidement enraciné dans la vieille culture et un autre dans la nouvelle, les enfants vietnamiens peuvent contribuer à la création d'un magnifique jardin de l'humanité pour le siècle prochain.

CHAPITRE 21

Vraie Vacuité

Thây Nhat Hanh commence à enseigner le bouddhisme en Occident

En juin 1982, Thây Nhat Hanh et moi nous rendîmes à New York où Thây parla à la Conférence pour le respect de la vie. Pendant plus de cinq ans, Thây avait refusé toute conférence ou voyage de ce type car notre expérience avec le Mouvement américain pour la paix et puis avec la Conférence mondiale des religions pour la paix dans le golfe de Siam ne nous avait pas convaincus de l'utilité de ce genre de voyage. Mais Thây se sentait enclin à accepter cette invitation et, à la conférence, nous rencontrâmes beaucoup de jeunes Américains bouddhistes qui rappelaient à Thây les novices qu'il avait formés au Viêt-nam.

Thây accepta l'invitation de ces bouddhistes américains à venir en Californie l'année suivante et à diriger deux retraites au Centre zen de la montagne de Tassajara, la première sur les bases du bouddhisme, l'autre sur les moyens de travailler pour la paix, coorganisée par la Fédération bouddhique pour la paix. De même, durant ce voyage, Thây Nhat Hanh ranima son amitié avec Thây Tinh Tu, un jeune moine vietnamien qui admirait Thây. Inspiré par sa rencontre avec Thây, il fit le vœu de construire un centre de retraite pour les moines et nonnes vietnamiens aux États-Unis. Le monastère Kim Son, près de Watsonville, Californie, fut fondé six mois plus tard et Thây Nhat Hanh accepta d'en être le professeur principal. Depuis, Thây vient à Kim Son tous les ans ou tous les deux ans pour enseigner. Depuis la fondation de Kim Son, Thây Tinh Tu, un humble, talentueux et sage moine, a été capable de tisser des liens étroits entre plus de vingt temples en Californie septentrionale. Dans l'atmosphère de méfiance qui s'est installée parmi les réfugiés vietnamiens à la suite de presque cinquante ans de guerre et de dictature au Viêt-nam, le travail de réconciliation de Thây Tinh Tu est fondamental. Ces temples célèbrent ensemble Wesak, la fête de la nativité du Bouddha, récitent les préceptes et organisent des conférences publiques et des retraites pour les réfugiés, dirigées par Thây Nhat Hanh et bien d'autres. Thây Tinh Tu écrit aussi de nombreux poèmes et chansons destinés à la pratique et il est devenu un enseignant du Dharma réputé parmi les Vietnamiens d'Amérique du Nord. Pendant une retraite à Kim Son, Thây Tinh Tu m'invita à donner un enseignement sur le Dharma. Je ne m'étais pas encore rasé la tête ni n'étais devenue une nonne officiellement, aussi c'était une vraie révolution de sa part de me demander de tenir une causerie sur le Dharma à une large assemblée de moines, de nonnes et de laïcs.

Depuis 1983, Thây Nhat Hanh et moi avons parcouru plusieurs États des États-Unis et du Canada, l'Europe de l'Ouest et de l'Est, y compris la Russie et même l'Australie et le Brésil, pour diriger des retraites de pratique de la Pleine Conscience pour des Occidentaux mais aussi pour des réfugiés vietnamiens. Nous avons aussi animé des retraites pour des vétérans américains de la guerre du Viêt-nam, des artistes, des écologistes, des psychothérapeutes, des spécialistes de l'aide humanitaire, des familles et des enfants. De cette façon, notre communauté de pratique s'élargit.

En 1987 en Australie, j'ai commencé à enseigner le Dharma. Quand les gens souffrent de traumatismes mentaux, ils ne veulent en parler qu'à des gens en qui ils ont confiance, à quelqu'un comme Thây Nhat Hanh. Mais Thây ne peut pas recevoir tout le monde. Aussi, quand nous étions en Australie pour mener des retraites sur la Pleine Conscience à des Australiens et des réfugiés vietnamiens, je me proposai pour écouter les problèmes des gens, en parler à Thây et leur rapporter les conseils de Thây. Je vis tellement de personnes que mes comptes rendus devenaient de plus en plus longs si bien que, finalement, Thây me dit : « S'il te plaît, regarde profondément le problème de chaque personne et aide-la toi-même. Je suis certain que tu peux le faire. » En fait, j'étais capable de trouver les solutions à beaucoup de leurs problèmes et de les leur confier grâce à la méthode du regard profond enseignée par Thây. Je faisais de mon mieux pour me mettre dans la peau de chacun et pour l'aider à mieux se comprendre lui-même ainsi que les autres. Grâce à ce travail, un certain nombre de familles retrouvèrent la paix pour la première fois depuis des années et, depuis lors, découvrant progressivement ma capacité à leur venir en aide, des familles sont venues à moi durant les retraites aux États-Unis, en Europe et au Village des Pruniers pour ce genre de consultation.

Des jeunes gens me confient souvent que, sans la compréhension qu'ils ont cultivée au Village des Pruniers ou pendant une retraite, ils seraient partis de chez eux, auraient pris des drogues ou même rejoint les bandes des rues. Mais, après avoir pratiqué la méditation dans une communauté solidaire et écouté Thây, ils avaient pu mieux se comprendre ainsi que leurs parents et ils avaient connu la joie pour la première fois de leur vie. Les enseignements sur le Dharma de Thây en vietnamien traitent souvent du fossé culturel et du conflit des générations entre les réfugiés qui ont grandi en Occident et leurs parents vietnamiens. Pour les parents aussi bien que pour les jeunes, le temps de retraite est peut-être leur première occasion d'entendre parler de leurs souffrances refoulées avec autant d'adresse et en présence de ceux qui en sont la cause. Après les enseignements de Thây, parents et enfants voient mieux à quel point ils ne se comprennent pas et ils essayent d'en savoir plus. C'est aussi vrai pour les couples – Thây consacre beaucoup d'énergie à reconstruire la stabilité des relations humaines et des familles.

Pendant les retraites d'été dans le Hameau d'En Bas, où résident la plupart des Vietnamiens, mes frères et sœurs Tiep Hien, les jeunes moines et nonnes vietnamiens et moi-même, nous supervisons les méditations assises et marchées, les repas en Pleine Conscience, la cuisine, le partage du travail communautaire et les différentes manifestations culturelles. Nous prenons aussi le temps d'écouter les membres de chaque génération, en essayant de les aider à se réconcilier. Nous disposons d'une équipe de jeunes aides qui écoutent aussi ceux du même âge – car nous savons que beaucoup de jeunes gens ne se confient qu'à leurs amis et pas aux adultes – et leur donnent des conseils. Progressivement, sans nous en rendre compte, nous sommes devenus des enseignants du Dharma. La plus grande des récompenses consiste à voir ceux que nous avons guéris devenir à leur tour des sources de joie, de paix et de générosité pour les autres. Thây Nhat Hanh insiste sur le fait que tout enseignement doit être tiré de sa propre expérience et non pas simplement de la répétition des mots du Bouddha ou de ceux d'autres autorités. Thây partage avec nous uniquement son propre vécu et, parce qu'il est sincère, il émeut les gens en profondeur. Pour être authentique, notre enseignement doit être le fruit de notre propre compréhension profonde et non de celle d'un autre.

Le bouddhisme engagé

De 1983 à 1988, avant une retraite d'été au Village des Pruniers ou avant de partir pour un long voyage aux États-Unis, en Australie ou dans d'autres pays d'Europe, j'avais l'habitude de veiller tard durant plusieurs semaines pour finir d'empaqueter des centaines de colis pour les enfants affamés du Viêt-nam. Je culpabilisais un peu de laisser ces enfants sans secours pendant que je rejoignais Thây pour mener des retraites mais maintenant je me rends compte que faire des paquets ou diriger une retraite a la même valeur. Grâce aux retraites, nous sommes maintenant en relation avec des milliers de personnes en Occident – Vietnamiens et non-Vietnamiens – qui financent notre travail en faveur des enfants et ces deux types d'action ont fini par ne faire plus qu'un. Quand quelqu'un va au Viêt-nam pour des raisons familiales ou comme touriste, il offre toujours de nous aider et, suivant ses possibilités, nous lui demandons de mener tel ou tel projet en notre nom. Aussi, même si j'ai quitté le Viêt-nam en 1968, je n'ai jamais été vraiment loin de cette terre pendant longtemps. Au moment même où je rédige ces lignes, un de nos amis est à Kinh Te Moi, une zone de jungle très pauvre. En notre nom, il apporte de la nourriture et des fournitures médicales aux nécessiteux et mène des recherches sur l'environnement pour la purification de l'eau.

Un certain nombre d'amis m'ont exprimé leur admiration car ils savent que voyager autant est épuisant. En fait, après le travail d'empaquetage des colis et l'écriture de lettres à destination de chaque enfant du Viêt-nam, c'est l'activité que je préfère. En voyageant avec Thây et en l'aidant à mener des retraites de Pleine Conscience, j'apprends beaucoup. Je fais de mon mieux pour rester attentive à chaque moment et j'apprécie pleinement de rencontrer de nombreux nouveaux amis à chaque retraite. Thây et moi apprenons beaucoup de leurs souffrances et de leurs réflexions, et Thây a commencé à adapter ses enseignements en fonction de cela, en insistant sur la façon d'amener la paix en nous et dans la société par des moyens concrets et pratiques. En ce qui concerne les jeunes et les familles de réfugiés, Thây leur conseille toujours de retourner aux racines de la culture de leurs parents et, en même temps, d'être en harmonie avec la nouvelle culture du pays où la famille s'est installée. Pour les amis occidentaux, Thây insiste en permanence sur la nécessité de retrouver leurs racines juives, chrétiennes ou islamiques. Notre souhait n'est pas de « convertir » qui que ce soit au bouddhisme. Nous désirons simplement permettre à chacun de faire briller la lumière de la conscience (« *buddh* » veut dire « éveiller ») sur ses propres racines afin qu'il puisse mieux se comprendre et plus profondément. De cette façon, notre communauté de pratique s'agrandit chaque jour. Quatre mille personnes assistèrent à une conférence publique que Thây donna à Berkeley en avril 1991, et plus de mille en 1992, puis deux mille deux cents en 1993 participèrent à une journée de Pleine Conscience avec lui en Californie du Sud, au centre Spirit Rock. Des centaines de petites communautés, se conformant à la façon de pratiquer préconisée par Thây, fleurissent dans les villes du monde entier.

En Occident aussi, des petits souffrent et des grands sont affamés

En écoutant attentivement les pratiquants occidentaux pendant les retraites avec Thây, j'ai appris qu'ici les enfants, même si la plupart ne souffrent pas de la faim, subissent des traumatismes sexuels, physiques et psychologiques de la part de parents ou d'autres adultes alcooliques ou perturbés mentalement. Nous avons souvent été bouleversés par les récits que nous avons entendus. Des rapports sur des abus sexuels sur des enfants ou sur leur utilisation dans « l'industrie du sexe » m'ont beaucoup choquée et émue. Après avoir entendu de telles histoires, je dois pratiquer la méditation marchée pendant de longues heures avant de retrouver mon calme. Sans avoir souffert des bombardements, les cœurs de ces personnes sont comme des champs dévastés par les « bombes » de la cruauté et de l'ignorance. J'ai appris à soulager ces souffrances en écoutant attentivement ces amis et en discutant avec eux des moyens de transformer leur vie. Je réalise maintenant que ce genre de souffrance peut être plus grande parfois que celle causée par le manque de nourriture. Le Bouddha déclare que pour que ses enseignements soient authentiques, ils doivent être adaptés à ceux qui les reçoivent. Thây fait toujours le maximum pour suivre ce conseil du Bouddha et j'agis de même en permanence pour l'aider.

J'ai appris et pratiqué à la lumière des enseignements du Bouddha depuis cinquante ans. Quand j'ai rencontré Thây Thanh Tu en 1958, j'avais pensé me raser la tête pour devenir nonne mais Thây Thanh Tu pensait que j'étais trop « originale » pour faire une nonne classique ; et il avait accepté de m'aider à fonder une communauté d'un style nouveau pour des nonnes engagées dans le travail social. De 1964 à 1966, j'avais formé progressivement un groupe de pratiquantes qui se consacraient au service social et suivaient les enseignements du Bouddha. Nous partagions des responsabilités envers les pauvres et nous vivions toutes comme des nonnes. Une dizaine d'amies, par exemple, s'occupaient de trouver des fonds pour financer mes voyages à Quang Nam pour aider les victimes des inondations vivant dans les zones de combats. Elles installèrent des vieilles boîtes de conserve de lait servant de tirelires pour les dons dans les maisons et dans des boutiques d'amis et, chaque semaine, elles apportaient les dons au temple Truc Lam.

Là, nous étions le noyau qui organisa des Jours de Pleine Conscience hebdomadaires pour plus d'une centaine d'étudiants venant de différentes universités de Saigon, dans le jardin frais et ombragé de deux moines, Thây Dong Bon et Thây Chau Toan. Ils avaient beaucoup d'affection pour Thây Nhat Hanh et avaient préparé une cabane pour qu'il se reposât chaque fois qu'il était fatigué par son travail en ville. Les journées de Pleine Conscience dans le temple se déroulaient merveilleusement parmi les immenses et magnifiques fourrés de bambou, les jaquiers remplis de fruits, les chèvrefeuilles parfumés et les pruniers pleins de fleurs jaunes brillantes. Après un bref compte rendu, chaque pratiquant ouvrait la boîte à dons et comptait l'argent que nous utilisions pour nourrir les victimes des inondations. Après cela, nous chantions, nous nous asseyions ensemble et partagions un repas en Pleine Conscience, préparé par Thây Dong Bon. Je me rappelle très bien un plat très fameux, *mit kho*, composé du fruit du jaquier mijoté dans la sauce de soja et de l'huile de coco. Ensuite, nous chantions ensemble avant l'enseignement de

Thây sur le Dharma. Nous partagions ensuite nos expériences de travail de la semaine, écoutions les conseils de Thây, puis revenions à Saigon dans la soirée. Quoique le temple Truc Lam fût très éloigné, les journées de Pleine Conscience hebdomadaires étaient suivis au moins par cent participants.

Pourquoi je suis déterminée à me raser la tête

Quand je refusai de me marier avec Anh Tran Tan Tram et qu'il en souffrit, beaucoup de ses amis prétendirent que c'était ma faute parce que je ne m'étais pas rasé la tête. Si j'avais été une nonne traditionnelle, Tram n'aurait pas eu à endurer une telle souffrance inutile, me dirent-ils. Aussi, je prévins mes jeunes sœurs dans le Dharma que, tôt ou tard, je me couperais les cheveux. Je voulais demander à Thây Nhat Hanh de me raser les cheveux et inviter Thây Thanh Tu à assister à cette ordination. Je demandai à mes amies si l'une d'entre elles souhaitait aussi être ordonnée, mais toutes déclarèrent qu'elles préféraient une pratique informelle, en agissant d'une façon discrète pour les autres. Toutes se consacraient au travail social en pleine conscience et elles avaient de belles vies mais quand je leur confiai que je me raserais la tête, mes sœurs dans le Dharma se montrèrent choquées. « Ah non ! s'il te plaît ! Si tu te rases la tête et que tu deviens une nouvelle mère supérieure, nous en "mourrons" ! » Nous nous rappelions combien nous avions été mis dans une situation très difficile à cause d'une certaine mère supérieure bouddhique durant notre service à l'EJSS[1].

Au Viêt-nam, les gens font confiance aux moines et nonnes aux crânes rasés, parfois jusqu'au point de surestimer leur véritable valeur. Les moines et les nonnes doivent être conscients de cela et faire de leur mieux pour être dignes de cette confiance. Mais certains religieux inconscients deviennent trop sûrs d'eux et perdent leur faculté d'écoute. Mes sœurs dans le Dharma m'avaient taquinée mais si je regardais attentivement ma propre nature, j'y discernais certaines graines d'arrogance. Je n'étais pas issue d'une famille aristocratique comme cette mère supérieure mais le fait que je paraisse si jeune et possède cependant un diplôme universitaire et ma grande capacité à réaliser de nombreux projets difficiles de l'EJSS impression-

1. Il existait une célèbre mère supérieure qui était née dans une famille aristocratique et qui était très respectée avant de devenir nonne. Les gens la considéraient comme une sainte et soutenaient grandement ses projets, y compris la construction de plusieurs couvents et centres de soins de jour pour les enfants pauvres de Hué. Quelques membres du gouvernement étaient même ses disciples. Sa réputation grandit avec le temps, mais quand, nous, les étudiants avancés de Thây Nhat Hanh faisant partie de l'équipe de l'EJSS, travaillâmes avec elle pendant l'absence de Thây, nous ne fûmes pas le moins du monde impressionnés. Elle nous imposait un travail difficile et dangereux, comme l'impression illégale et la diffusion de son livre, dans lequel elle s'élevait contre le Premier ministre. Il était écrit d'une façon qui ne reflétait pas un point de vue non-duel de notre lutte. Si elle avait été plus réfléchie, elle aurait pu nous aider dans les moments difficiles en l'absence de Thây, mais elle était si sûre d'elle que mes sœurs dans le Dharma s'opposèrent à ce que je me rase la tête, craignant que je ne devienne comme elle.

naient les gens. Je savais que si je n'étais pas vigilante, je risquais de devenir arrogante. Avec la tête rasée, les gens pouvaient m'accorder plus de crédit que je n'en méritais et je pouvais devenir un « démon », comme celui que Thây décrit dans sa nouvelle, *La Porte de pin fermée*. J'imaginais déjà le jour où les membres de la jeune génération seraient même effrayés de me regarder. Aussi, je pris la décision de ne pas me raser la tête et de continuer mon travail comme une nonne « informelle ». Aux yeux des autres, je ne devais être qu'une apprentie novice nonne afin d'éviter d'être surestimée par des gens sans être vraiment digne de leur respect. Je voulais donner à mes graines d'arrogance une chance de se dessécher et de se transformer. Je promis à mes sœurs dans le Dharma que je ne me raserais pas la tête.

J'ai quitté le Viêt-nam en 1968. Thây Thanh Tu, après trois ans de retraite de 1968 à 1971, décida de fonder un couvent et un monastère d'un genre nouveau dans la région de Vung Tau au Viêt-nam. Là les moines et les nonnes ne vivaient pas de dons comme dans le passé. Ils cultivaient, faisaient de la sauce de soja et des haricots fermentés, et pratiquaient la méditation assise. Je fus très heureuse d'apprendre l'existence de cette communauté « nouvelle » et j'avais l'impression d'y être avec eux. Nous leur envoyions régulièrement des médicaments, des livres et des cassettes audio de Thây Nhat Hanh. J'ai appris récemment que les nonnes et les moines sous la direction de Thây Thanh Tu secourent les malades grâce à l'acupuncture et d'autres soins médicaux.

Mais celle qui eut l'influence la plus grande sur moi fut une nonne de haut rang, Su Ba The Thanh. En 1975, en même temps que les communistes arrivaient au pouvoir, mon amitié avec elle s'affermissait. Pendant la guerre, elle dirigea une maison d'accueil pour cinq cents orphelins et autres enfants dans la région de Cam Ranh. De Paris, nous lui faisions parvenir régulièrement de l'aide, ainsi qu'aux quarante-deux autres groupes de moines et de nonnes bouddhiques travaillant pour les comités provinciaux de l'EBU. Mais quand la guerre s'arrêta et que je n'eus plus la possibilité d'envoyer du secours directement aux enfants affamés, elle fut la seule nonne à oser correspondre avec moi. En 1976, elle nous transmit les noms et les adresses d'enfants sans ressources – des enfants de prisonniers, des orphelins et d'autres dans le besoin. Puis nous n'eûmes plus de ses nouvelles pendant quatre ans. J'appris plus tard que les nouvelles autorités, effrayées par sa popularité, avaient fermé son centre d'accueil pour les enfants et réquisitionné son temple. Les gens de la région lui offrirent l'hospitalité, les enfants qui avaient été dispersés par les autorités se rassemblèrent à nouveau autour d'elle, et elle s'arrangea pour avoir assez de nourriture pour eux. Elle fut à nouveau arrêtée par les cadres communistes et, cette fois, ils lui ordonnèrent de quitter Cam Ranh. Aussi elle vint à Hué dans un couvent retiré pour se régénérer.

Étant confinée dans ce lieu, Su Ba The Thanh lut et pratiqua les sutras, et elle écrivit un livre sur les règles de vie des nonnes, qui avait un parfum de lutte pour la libération de la femme. Alors, un jour, après avoir découvert où elle était, je lui envoyai un livre de Thây

Nhat Hanh intitulé *An Tru Trong Hien Tai (Demeurer dans le moment présent)* ; elle m'écrivit pour me remercier : « Après quarante ans de pratique, je ne m'étais jamais retrouvée devant une porte de pratique si simple et si profonde. Merci infiniment pour ce merveilleux cadeau. » Quelques semaines plus tard, je reçus une autre lettre d'elle : « Je sais que les gens au Viêt-nam aujourd'hui ont un besoin urgent des enseignements simples et profonds du Bouddha transmis par Thây Nhat Hanh. Je fais le vœu de pratiquer avec constance pendant les six prochains mois afin que de nouvelles portes du Dharma se révèlent d'elles-mêmes à moi, et puis je les enseignerai d'abord à mes élèves dans ce couvent puis aux laïcs, par la suite. »

Juste une semaine plus tard, une autre lettre d'elle arrivait : « J'ai la leucémie. Ils me disent que je peux mourir dans le mois. S'il vous plaît, attendez-moi. Je viendrai vous rendre visite, même sans passeport. Je suis libérée et continue à me libérer, alors même que je deviens un nuage. » Elle paraissait calme et confiante, se préparant à trépasser dans la simplicité et la joie. Elle demanda à une de ses étudiantes de photographier son cadavre après sa mort et de l'envoyer à Thây et à moi, afin que nous puissions encore profiter de son sourire, même après que son cœur se fut arrêté de battre. Cela se révéla vrai ! Sur la photo qui nous parvint après son décès, son visage semblait frais et souriant. Je compris qu'elle avait choisi d'enseigner la libération par son être même et non pas simplement à travers de belles paroles ! Motivée par sa libération, je décidai de me raser la tête et de continuer sa mission parce que je réalise maintenant qu'à chaque fois que les graines de l'arrogance et de la confusion apparaissent en moi, le simple fait de penser à Su Ba The Thanh les feront se dissoudre. En regardant en arrière, je peux dire que j'étais assez étroite d'esprit pour avoir nourri une rancune pendant si longtemps envers une certaine mère supérieure. Si je pratique le regard profond plus attentivement, je dois dire qu'il y a pas mal de merveilleuses mères supérieures si humbles comme Su Ba, Nhu Hue, Vien Minh, Dieu Tri et Cat Tuong, qui sont toutes des bodhisattvas vivants.

Je vis depuis quarante ans en Occident et, cependant, l'image de l'humble nonne vêtue d'une robe marron de paysanne, marchant paisiblement ou portant avec soin un bébé sous-alimenté dans ses bras m'est encore chère. Je suis toujours heureuse de me revoir ainsi, une nonne marchant parmi les pauvres villageois. Pour moi, devenir une nonne a été comme rentrer chez moi, même si mon corps est quand même ici, en Occident. Aussi, en 1988, je pris la décision de me raser la tête et de porter une modeste robe marron.

En novembre de cette année-là, trente-six d'entre nous participèrent à un pèlerinage avec Thây Nhat Hanh sur les lieux où le Bouddha avait vécu, au nord-est de l'Inde. Thây venait de finir l'écriture d'une biographie du Bouddha, *Sur les traces de Siddharta*, et ce voyage était un hommage à la vie du Bouddha. Dans le parc aux Gazelles, dans le bosquet de Jeta, près de la mare de Lumbini et dans bien d'autres endroits, nous passâmes quelques jours en pratiquant des méditations assises et marchées. Pendant notre séjour sur place, nous gravissions chaque jour la colline menant au pic du Vautour et nous y restions jusqu'au coucher du soleil. Le dernier jour, Thây ordonna trois nonnes, six frères et sœurs Tiep Hien ; plusieurs laïcs reçurent les Cinq Préceptes. Je fus une des nonnes ordonnées ce jour-là.

Mes sœurs Tiep Hien m'aidèrent à me préparer pour la cérémonie en coupant ma longue chevelure et en en rasant une grande partie. Thây Nhat Hanh me coupa symboliquement quelques cheveux et déclara : « En se rasant les cheveux, on coupe les liens avec ses attachements. » Ce jour-là, Thây me donna ce poème :

Ouvre large la route

Ses cheveux qui ont la couleur du bois précieux
sont maintenant offerts comme un encens.
Sa beauté devient éternité.
Combien est merveilleuse la conscience
de l'impermanence !

Puisque la vie est pleine de perceptions illusoires,
elle est déterminée à s'engager dans la Voie.
Après avoir écouté les appels répétés de la marée montante,
ses pas sont résolus, dans la direction
de la réalité ultime.

Les vents chantent ce matin sur le versant de la Gridhrakuta.
Elle n'est plus liée à quoi que ce soit.
Sa chanson irradie l'enseignement précieux ;
Sa Voie est immense et embaumée du parfum de libération.

Au temps passé, ce fut avec de l'eau et de fines herbes parfumées
que ses cheveux furent lavés,
puis séchés par la brise fragrante de la fin d'après-midi.
Ce matin, c'est le nectar de la Bodhi
qu'elle reçoit,
pour que l'esprit de Compassion et d'Éveil apparaisse
dans sa splendeur.

Pendant vingt-huit ans
elle a fait des offrandes quotidiennes
de bonté compatissante avec ses mains.
La compassion n'a jamais cessé de grandir
dans son cœur.

Ce matin elle se défait de ses cheveux,
et la Voie s'ouvre largement.
La souffrance et l'illusion, bien que sans limites,
ont entièrement disparu.

Un cœur peut toucher le monde dans toutes
les dix directions.

D'où vient le nom Chân Không ?

En février 1966, quand je reçus les Quatorze Préceptes de l'ordre de l'Interêtre de Thây Nhat Hanh, il ne nous donna pas de noms de Dharma tout de suite.

Mon nom de Dharma, *Diêu Không* (Merveilleuse Vacuité), qui me fut donné par Thây Thanh Tu en 1958, était aussi le nom d'une nonne de rang supérieur de Hué, aussi je l'employais rarement. Parmi les dirigeants de haut rang de l'EBU, il y avait un moine humble et gentil que je respectais beaucoup du nom de Thây Thien Hoà. Je le revois encore, debout devant la pagode An Quang, souriant sereinement quand il s'approchait d'un conducteur de pousse-pousse. En posant doucement sa main sur l'épaule de celui-ci, il approchait son visage du sien et disait à l'homme d'une voix très humble : « Pourriez-vous me conduire au temple Xa Loi. s'il vous plaît ? » À l'arrivée, il donnait toujours le double ou le triple du prix de la course au conducteur et s'inclinait respectueusement devant lui pour le remercier sincèrement.

Thây Thiên Hoà visita l'EJSS en 1968, après l'offensive du Têt. Il approuva nos idées pour aider les réfugiés et me nomma vice-présidente du Comité de secours aux victimes de guerre. En 1973, quand le Comité bouddhique de reconstruction et de développement fut créé pour travailler en collaboration étroite avec l'EJSS, Thây Thiên Hoà fut élu directeur de ce comité. J'étais très contente et je lui écrivis pour lui exprimer ma gratitude. Il me répondit en m'appelant « *Chù Chân Không* (jeune sœur Vraie Vacuité) ». La façon dont il s'adressait à moi montrait qu'il me considérait à l'égal d'un moine (un grand honneur) et qu'il avait du respect et de l'affection pour moi. Aussi, j'en vins à aimer le nom de Chân Không, Vraie Vacuité.

Dans le bouddhisme, le mot « vacuité » est la traduction du sanscrit *sunyata*. Il signifie « vide d'un soi séparé ». Ce n'est pas un terme négatif ou pessimiste. C'est une célébration de l'interdépendance, de Interêtre. Cela veut dire que rien n'existe par soi-même, que chaque chose est inextricablement interdépendante de toutes les autres. Je sais que je dois toujours être attentive à me souvenir que je suis vide d'un soi séparé et remplie des multiples splendeurs de l'univers, y compris de la générosité de mes grands-parents et de mes parents, de celle de mes nombreux amis et enseignants qui m'ont aidée et soutenue le long du chemin – et de la vôtre, chers lecteurs, sans qui ce livre n'existerait pas. Nous inter-sommes et, en conséquence, nous sommes vides d'une identité qui serait séparée de notre interdépendance. Suite à mon ordination sur le pic du Vautour, Thây me donna le même nom de Dharma, Chân Không, Vraie Vacuité[1].

En tant que nonne vivant en Occident, je ne porte pas de bébés sous-alimentés dans les bras, mais les adolescents et les adultes pleurent silencieusement en ma présence pendant qu'ils partagent les récits de leurs enfances de tristesse et de mauvais traitements. En écoutant attentivement leurs douleurs et en les aidant à dénouer leur peine et à se régénérer, je peux contribuer à la guérison de ces « enfants » blessés et, en cela, je suis très proche de mon idéal de tenir les enfants des campagnes dans mes bras. Je suis reconnaissante de pouvoir aider de cette façon.

1. Depuis ce jour, au lieu de m'appeler Chi Chân Không (Sœur Vraie Vacuité), dans des réunions officielles, des bouddhistes vietnamiens ont commencé à me donner le nom de Su Cô Chân Không (Tante Enseignante Vraie Vacuité) ou Bhikkhuni Chân Không (La Mendiante Satyasunya).

Mes nouvelles manifestations

Un jour en 1981, en voyant combien j'étais affairée à empaqueter des colis pour les enfants affamés du Viêt-nam, Thây Nhat Hanh me demanda : « Si tu venais à mourir cette nuit, es-tu prête ? » Thây dit souvent que nous devons vivre nos vies afin que, même si nous mourons soudainement, nous n'ayons rien à regretter. « Chân Không, tu dois apprendre à vivre aussi librement que les nuages ou la pluie. Si tu meurs cette nuit, tu ne devras avoir ni peur ni regret. Tu deviendras quelqu'un d'autre, aussi merveilleuse que tu l'es à présent. Mais si tu as peur de perdre ta forme présente, tu n'es pas libérée. Être libérée signifie réaliser que rien ne peut t'entraver, même pendant la traversée de l'océan de la naissance et de la mort. »

Ses mots me transpercèrent et je demeurai silencieuse pendant plusieurs jours. Non, je n'étais pas préparée à mourir. Mon travail était ma vie. J'avais trouvé les moyens d'aider les enfants affamés, en dépit des difficultés, et j'étais à nouveau heureuse sachant comment contourner les interdictions des autorités vietnamiennes. Je savais qu'à chaque fois que des gens recevaient un de mes paquets ou une autre forme d'aide, un nouvel espoir naissait en eux mais aussi chez leurs parrains en Europe et en Amérique. Si je disparaissais brutalement, qui continuerait ce travail ?

Je me mis à méditer sur de nombreuses questions comme celle-là, tout en suivant chaque inspiration et chaque expiration. Je n'essayais pas vraiment de découvrir une solution. Je savais que la capacité d'en trouver une était en moi et que, quand je serais assez calme, une réponse apparaîtrait d'elle-même. Aussi, je continuai à respirer et à sourire et, quelques jours plus tard, j'entrevis une solution. Je me rendis compte que la seule façon de mourir paisiblement serait de renaître dans d'autres personnes qui souhaitaient faire le même travail. Alors, mon action se poursuivrait, même si mon corps venait à disparaître. Je me mis à penser aux jeunes gens qui venaient pratiquer la Pleine Conscience avec Thây et je résolus de partager avec eux mes expériences et mes plus profonds désirs d'aider les gens qui souffrent. Je leur enseignerai comment choisir des médicaments, comment empaqueter des colis, comment écrire des lettres personnalisées aux pauvres et comment faire en sorte que les Occidentaux restent en relation avec la souffrance du peuple vietnamien. Sous ma conduite, quelques jeunes gens se mobilisèrent pour créer leurs propres associations et, aujourd'hui, il existe trente-huit associations d'aide aux enfants du Viêt-nam. Si je mourais cette nuit, d'un accident de voiture ou d'une crise cardiaque, ces trente-huit réincarnations me permettraient de mourir en paix.

Nguyen Anh Huong, qui arriva en Amérique du Nord en 1981, m'écouta attentivement et me demanda comment débuter un projet. En tant que boat people nouvellement arrivée, elle connaissait mieux que moi de nombreuses familles dans la détresse au Viêt-nam. Je la poussai à dresser une liste des familles qui avaient besoin d'aide et à leur trouver des parrains. Quand les enfants lui écrivaient pour la remercier, elle traduisait leurs lettres et les envoyait à leurs parrains. Progressivement, Anh Huong a été capable de prendre en charge presque cent familles. Bui Thanh Vu à Paris s'occupe de soixante-sept familles ; Bui Ngoc Thuy à Sceaux, en France, de quatre-vingt-six ; Annabel Laity au Village des Pruniers est responsable de quarante familles ; et Thérèse Fitzgerald en Californie de plus de deux cents. En outre, la plupart des sœurs vietnamiennes de l'ordre Tiep Hien en Suisse, en Australie, au Canada, en Allemagne et en France aident des groupes de familles démunies.

Si cette nuit, mon cœur s'arrête de battre, vous me verrez dans tous ces frères et sœurs. Il y en a certains qui poursuivent mon œuvre en faveur des enfants et d'autres qui apprécient plus mon travail d'écoute de la souffrance des gens et aident à leur guérison. Vous pouvez discerner mon sourire sur leur visage et ma voix dans leurs mots. Mais vous ne verrez pas mes défauts chez eux. Le *samsara* de mes imperfections finira le jour où ce corps se transformera en cendres et puis deviendra fleur à nouveau.

Chaque fois que je fais quelque chose, je vois les yeux de mes parents et de mes grands-parents en moi. Quand je travaillais avec les villageois, j'avais toujours l'impression que j'agissais avec eux à mes côtés et aussi avec les mains compatissantes de ces amis qui économisaient une poignée de riz ou quelques dôngs pour m'aider dans mon travail. Mes mains étaient les leurs. Mon amour était l'amour merveilleux du réseau de mes ancêtres, de mes parents proches et éloignés, et de mes amis, incarnés en moi. Le travail que j'ai effectué est celui de tous. Ce n'est pas simplement le mien. Tandis que vous lisez ces lignes et êtes conscient de cela, dans une région éloignée du Viêt-nam, des enfants souffrant gravement de malnutrition sont en train de recevoir des fonds du Village des Pruniers ; vous devez considérer cet acte d'amour comme le travail collectif de milliers de mains et de cœurs. Nous inter-sommes tous, c'est évident. Quand vous apprendrez que mon corps a fini son voyage terrestre, s'il vous plaît, ne soyez pas triste. Pratiquez le regard profond et voyez que mon œuvre et ma vie se poursuivent par l'intermédiaire de nombreux amis et de tant de jeunes gens, à leur façon et par leur travail. Je me perpétuerai à travers toute personne et toute chose que j'ai touchées. Je n'ai rien à craindre et rien à regretter.

En juillet 1992, un ami se rendit au Viêt-nam et s'arrêta au musée de la Guerre d'Hô Chi Minh-Ville et il y vit ma photographie parmi celles des criminels de guerre ! En janvier 1993, un autre ami vit la même photo au même endroit. Ils étaient choqués mais ils ne laissèrent pas paraître leur émotion, parce que si des fonctionnaires du régime apprenaient qu'ils étaient mes amis, ils les auraient accusés de comploter avec des criminels de guerre. Moi, une criminelle de guerre ? Quelle ironie ! J'avais été mise au courant de cette condamnation en 1988 quand Thich Tuê Sy, un jeune frère dans le Dharma, fut condamné à mort. Si Tuê Sy avait été puni aussi injustement et aussi sévèrement, il semblait logique que je sois désignée par l'appellation inique de « criminelle de guerre ». Je ne ressens ni colère ni haine envers les gouvernants de mon pays. Au lieu de cela, c'est une grande tristesse qui monte en moi. Leurs opinions sur les millions de Vietnamiens sont éloignées de la réalité. À cause de vues erronées, ils ont déjà tué, torturé et maltraité des millions de gens.

Aurai-je un jour l'occasion de partager avec eux les arts de l'écoute et du regard profonds que j'ai appris en étudiant avec Thây Nhat Hanh ? La tragédie de notre pays, comme de beaucoup d'autres, vient du fait que les dirigeants d'une nation ont une fausse conception de la réalité de leur peuple et pourtant ils sont sûrs de leur vision des choses et considèrent que celle-ci est l'unique vérité qui puisse apporter le bonheur au peuple. Il a fallu soixante-douze ans pour que la Russie réalise l'erreur de sa vision du marxisme-léninisme. Quand, donc, tous les enfants et les adultes du monde apprendront-ils à être plus humbles, à remettre en question leurs conceptions superficielles, à pratiquer le regard profond et, ainsi, à écouter l'avis du petit peuple afin de lui apporter le vrai bonheur ?

CHAPITRE 22

Le développement du Village des Pruniers et du monastère de Deer Park

La guerre au Viêt-nam a pris fin brusquement en 1975. Dans les années qui ont suivi, des millions de personnes ont souffert, certains dans des camps de rééducation, d'autres en tentant de quitter le Viêt-nam par voie de mer. La situation des boat people est devenue une tragédie à dimension internationale. Au cours des douze années qui ont suivi la guerre, je me suis efforcée d'aider à soulager la souffrance des autres, tout en essayant de trouver une certaine stabilité pour moi-même. Lorsque j'ai reçu l'ordination complète en 1988, je me suis rendu compte que j'avais cessé de lutter autant.

Depuis 1964, le rêve d'un monastère bouddhique rénové devenu une réalité dans les années 80

J'avais toujours pensé que je deviendrais nonne un jour et, très peu de temps après l'ordination, j'ai compris en quoi c'était une très bonne décision. J'ai pris conscience de toutes les conséquences que cela impliquait pour moi-même et pour les autres. Peu à peu, j'ai compris que mes possibilités d'engagement étaient beaucoup plus grandes et, en même temps, que mes manières habituelles de travailler, de marcher et de parler étaient plus raffinées. En fait, j'ai regretté d'avoir pris cette décision aussi tard ! J'ai vu les avantages que cela représentait à deux niveaux : d'une part, le fait d'être nonne me rappelait tout au long de la journée de pratiquer la relaxation, la paix, la pleine conscience et la compassion et, d'autre part, mon apparence extérieure de nonne inspirait également plus de confiance auprès des pratiquants et des amis.

Alors que nous accomplissions un travail social pendant la guerre du Viêt-nam, Thây nous rappelait toujours que notre action devait avoir une dimension spirituelle. Sans cela, les actions réalisées initialement avec la compassion et la vision profonde nées de l'esprit de débutant du bodhisattva finissent par ressembler aux projets d'une entreprise commerciale : les décisions sont prises par des dirigeants qui n'écoutent pas les autres, le pouvoir et l'argent sont les principales préoccupations et les difficultés sont réglées au moyen de la force. Dans un tel environnement, l'irritation, la colère et la jalousie déterminent nos jugements et nous ne pouvons pas développer notre compassion. Si notre travail est dépourvu de toute dimension spirituelle, nous risquons d'oublier peu à peu les objectifs véritables de nos actions au service d'autrui.

Avant de commencer le travail social avec Thây, j'avais pensé créer un monastère dans lequel nous pourrions, avec mes amis, nous occuper des enfants qui ont faim. Nous aurions eu un petit lycée privé pour assurer notre subsistance et nous aurions continué à avoir une pratique spirituelle, en méditant tôt le matin et dans la soirée. Avec d'autres pratiquants, c'est un peu ce que nous avons fait entre 1960 et 1964 au Viêt-nam, en prenant soin des plus démunis et des victimes de la guerre. Nous étions guidés par l'enseignement du Bouddha qui nous invite à « aider les gens, de même que la main droite aide la main gauche », c'est-à-dire sans faire de distinction entre celui qui donne et celui qui reçoit.

Après la fin de la guerre du Viêt-nam, de nombreuses personnes espéraient trouver refuge et un peu de paix dans un lieu de pratique avec Thich Nhat Hanh. Il est alors devenu évident que nous avions besoin de former une communauté, un monastère. Mais un monastère ne peut être créé à partir de rien. Comme nous pratiquions un bouddhisme engagé, nous n'espérions pas obtenir un soutien financier au même titre que d'autres groupes bouddhistes plus traditionnels. À l'époque, il était inhabituel d'imaginer de jeunes nonnes passer l'essentiel de leur temps dans les rues pour aider les enfants. Nous avons donc rassemblé toutes nos économies et des petites donations provenant de centaines de personnes. Notre rêve d'avoir une communauté de pratique où tous les pratiquants pourraient vivre ensemble sous un même toit, comme les membres d'une famille, et où toutes les idées pourraient trouver une expression, a finalement vu le jour en France en 1982, avec le Village des Pruniers.

Questions financières au Village des Pruniers

D'emblée, nous avons annoncé très clairement aux amis qui venaient à des retraites au Village des Pruniers que les enseignements du Bouddha et de Thây seraient gratuits. Si l'on veut s'entraîner à la pleine conscience, à la compréhension et à l'amour, il faut pratiquer continuellement pendant au moins un week-end, ou de préférence de deux à trois semaines, voire plus. Tous les pratiquants qui viennent faire une retraite sont invités à donner un peu de leur temps en participant à la méditation du travail (nettoyer les parties communes, préparer les repas ou jardiner), et c'est pour eux un bon moyen d'apprendre à pratiquer la pleine conscience dans leurs activités quotidiennes, à la maison. Mais afin de permettre au plus grand nombre de s'entraîner à ces pratiques, que ce soit au Village des Pruniers ou à l'occasion de retraites que nous organisons dans différents pays, nous demandons une participation financière aux retraitants afin de couvrir les nombreuses dépenses que nous devons engager pour proposer ces retraites (l'hébergement, les véhicules utilitaires, les repas, les billets d'avion, les frais de transport sur place, le matériel, les taxes d'habitation, etc.). C'est ce qui a permis au Village des Pruniers d'être autonome financièrement dès le début.

Il y a aussi des personnes qui viennent au Village des Pruniers sans rien payer. Nous avons souvent des jeunes qui souhaitent venir pratiquer au Village des Pruniers, mais qui sont sans argent. Une femme qui avait très peu de moyens voulait venir, mais le fait qu'elle n'ait aucun document permettant de justifier qu'elle avait besoin d'une bourse la préoccupait beaucoup. Nous lui avons accordé une bourse sans rien lui demander. Le Village des Pruniers n'est pas un organisme qui exige des justificatifs. C'est ce qu'il y a dans le cœur des gens qui aiment vraiment la pratique qui compte, et c'est la seule preuve dont nous ayons besoin. Il y a toujours des pratiquants qui ne disposent pas des moyens nécessaires pour payer leur séjour. Mais pour les moines et nonnes dont le travail consiste à recevoir des hôtes, trouver un équilibre entre la responsabilité vis-à-vis des besoins financiers du Village des Pruniers et la compréhension des besoins et de la situation d'une personne désireuse de participer à une retraite est une pratique profonde, dont j'ai beaucoup appris.

Nous avions déjà commencé à créer la structure très simple du Village des Pruniers avant que je ne prenne les vœux de nonne mais, une fois ordonnée, j'ai trouvé que le travail de création de cette communauté était plus facile. Avec ma robe de nonne, j'ai remarqué que mes manières raffinées s'amélioraient plus vite, grâce à la forme. Le Bouddha encourageait les moines et nonnes à se toucher la tête tous les jours pour se souvenir qu'ils avaient la tête rasée, afin de se défaire de toutes les préoccupations mondaines. J'ai moi-même besoin de porter ma robe de nonne tout au long de la journée pour me rappeler de m'asseoir et de marcher correctement !

Les trois premières années, au Village des Pruniers, j'étais responsable de nombreux détails. Je m'occupais de négocier avec les maçons, les menuisiers et les architectes et je considérais que ce travail, qui consistait à communiquer de manière honnête, joyeuse et juste avec les ouvriers, était aussi un travail pour le Dharma. J'ai su que parfois j'avais été assez ferme et que je devais parvenir à trouver un équilibre, c'est-à-dire être forte et aimante en même temps. Le Village des Pruniers était quelque chose de très nouveau et, au début, de nombreux entrepreneurs ne se sentaient pas très à l'aise avec tous ces Vietnamiens autour d'eux. Au cours de ces premières années, j'ai appris que la plupart des difficultés peuvent être surmontées en s'asseyant et en discutant dans le calme et la compassion. J'ai contribué à faire en sorte que le Village des Pruniers soit conscient de l'importance de soutenir les petites entreprises locales.

À partir du moment où le Village des Pruniers a commencé à recevoir des invités, nous avons su qu'il nous faudrait trouver une manière de nous servir de l'argent. C'est devenu une des responsabilités des moines et des nonnes, à tour de rôle. Nous n'avons pas besoin de garder cet argent pour nous-mêmes, tout l'argent va à la collectivité. Personne dans la Sangha ne possède d'argent, de voiture, de compte bancaire, d'ordinateur portable, de téléphone portable ou même d'adresse Internet. Cet arrangement fonctionne plutôt bien et cela semble convenir à tout le monde. Un jour, alors qu'elle faisait un exercice pour Thây, une nonne, sœur Thuc Nghiêm, a dressé la liste des choses qui la rendaient heureuse. Parmi toutes ces choses, elle a notamment cité le fait de ne pas avoir un centime en poche et de ne pas avoir à se préoccuper de quoi que ce soit en rapport avec l'argent.

Qui sont ces moines et nonnes du Village des Pruniers ?

À l'origine, le Village des Pruniers était principalement composé de moines et nonnes vietnamiens, mais, très vite, des pratiquants occidentaux de différentes origines ethniques ont naturellement voulu rejoindre la communauté. Au début, l'intégration a été difficile car nous arrivons tous avec des préjugés et des idées sur l'autre. Mais les préjugés ont disparu à mesure que nous passions du temps à méditer ensemble, à prendre nos repas ensemble et à vivre ensemble. Même si la majorité des moines et nonnes du Village des Pruniers sont encore des Vietnamiens, le nombre de non-Vietnamiens et d'Occidentaux continue d'augmenter rapidement. Je pense que la richesse de cette diversité a été l'un des facteurs de la réussite et du caractère unique du Village des Pruniers.

Les personnes qui aspirent à prendre les vœux de moine ou de nonne veulent savoir ce qui pourrait les aider. Je pense que le soutien de la famille est très utile. Les familles vietnamiennes ont tendance à se montrer plus compréhensives car le monachisme bouddhique fait partie de leur culture. Il y a des parents d'Occidentaux qui ne sont pas heureux de voir leur enfant se faire raser la tête et faire le vœu de vivre une vie monacale pour le reste de leurs jours. D'autres parents ne sont pas choqués que leur fils ou leur fille ait décidé de se faire moine ou nonne ; ils se disent que leur enfant est simplement en train de traverser une nouvelle phase. Une sœur occidentale m'a raconté qu'après avoir passé deux ans comme nonne, elle est allée rendre visite à ses parents. Ces derniers lui ont dit qu'ils étaient surpris et plutôt mécontents qu'elle soit toujours célibataire, végétarienne et nonne. Son père lui a dit : « Nous avons cru que devenir nonne était une nouvelle lubie de ta part. Nous avons attendu que cela passe, comme pour toutes tes autres lubies. À ton âge, tu devrais t'amuser comme tous les jeunes et ne pas gâcher ta jeunesse. Pourquoi te limiter à ce mode de vie austère ? – Mais je suis très heureuse, papa, lui a-t-elle répondu. Je n'ai jamais été aussi heureuse de ma vie. J'ai devant moi un merveilleux chemin et dans cette vie spirituelle, il y a beaucoup de fraternité que je n'avais jamais trouvée ailleurs. Maintenant, je sais où je vais et pourquoi. Ce n'est pas comme avant. »

J'ai aussi remarqué que les moines et nonnes les plus heureux dans la pratique sont ceux qui sont déjà allés à l'université et qui ont goûté à l'indépendance professionnelle et financière. Mais après avoir connu le succès dans leurs études ou leur profession, ils savent qu'il leur manque quelque chose de profond dans leur vie. En fait, ils aspirent à quelque chose de plus profond, de plus grand et de plus beau. La vie monastique au Village des Pruniers semble répondre à leurs attentes.

Pour les personnes très motivées dans leur quête de ce qui est bon, beau et vrai, il sera relativement facile de trouver une satisfaction dans leur décision de prendre les vœux de moine ou de nonne et de garder cet engagement toute leur vie. Ce mode de vie à la fois sain et simple leur apporte de la joie. Le fait de trouver du bonheur et de la paix après quelques semaines de pratique leur donne confiance dans la voie. Ils peuvent partager leur expérience avec d'autres et apporter du bonheur à de nombreuses personnes.

L'une de nos jeunes nonnes américano-vietnamiennes nous a parlé d'un de ses anciens camarades de classe qui avait été arrêté à l'âge de treize ans. Accusé de faire partie d'un gang de voleurs de voitures, il avait été envoyé dans un centre de détention pour mineurs. Lorsqu'il est rentré du centre de détention, la jeune fille avait voulu lui exprimer sa compassion et lui parler. Elle lui avait dit : « J'ai appris que tu viens de sortir de prison. – Et alors ? », avait-il répondu sur un ton très agressif. Elle savait qu'il souffrait, mais elle n'avait pas su comment l'aider.

Une autre de ses amies était tombée enceinte à l'âge de quatorze ans. Elle avait refusé de se faire avorter et disait détester tout le monde, y compris ses parents. Elle disait : « Il n'y a qu'une chose que j'aime : mon bébé. » Mais lorsqu'elle s'était retrouvée avec son bébé dans les bras, elle n'avait absolument pas su comment faire face à cette responsabilité et, depuis, elle se sentait déprimée. Face à cette situation, la jeune fille qui allait devenir nonne s'était également sentie impuissante. Mais plus tard dans sa vie, elle avait eu l'occasion d'écouter un discours de Thich Nhat Hanh et de participer à une retraite d'une semaine, de sorte que tout était devenu plus clair pour elle. Voici ce qu'elle en a dit : « Avec son enseignement, Thây a aidé les parents à comprendre que l'argent, la nourriture et les biens matériels ne sont pas suffisants pour apporter une nourriture suffisante à leurs enfants. Ce qui est nécessaire, c'est leur présence et leur capacité d'écouter en profondeur l'esprit troublé de leurs enfants. Lors de cette retraite, Thây a aussi aidé les jeunes à mieux comprendre leurs parents, à voir les belles qualités qui existent en eux, même si ces qualités ne se sont pas encore manifestées. Leurs parents avaient dû se battre pour survivre dans un nouveau pays. Il leur a conseillé de ne pas juger leurs parents sur la base des seuls aspects qui se manifestent actuellement, mais de les regarder plus profondément. Il est donc possible, après une retraite ou même pendant une retraite, de parvenir à la réconciliation, à la compréhension et à l'amour. C'est la raison pour laquelle j'ai décidé de devenir nonne. Même si, en définitive, je ne peux aider qu'une seule personne, je trouve que cela en vaut la peine. » Cette jeune fille avait décidé de devenir nonne alors quelle n'était âgée que de quatorze ans.

En même temps, un jeune Américain est venu rejoindre la communauté monastique au Village des Pruniers. Comme cette jeune fille, il venait d'une partie des États-Unis où il y avait beaucoup de violence. Il avait plein d'histoires à raconter sur des camarades de classe qui n'allaient pas bien et qu'il se sentait impuissant à aider. « Si j'étais resté un étudiant ordinaire, je n'aurais jamais pu m'asseoir à côté d'un camarade appartenant à un gang ou d'une camarade enceinte ou en conflit avec ses parents. Mais en suivant la voie de Thây, je sais que j'aurai plein d'occasions pour évoluer et aider les autres. » C'est ainsi que ce jeune homme est devenu moine novice à l'âge de seize ans. Tous deux ont pris les vœux et sont aujourd'hui des membres de la communauté monastique très doués et très capables. Ils ont beaucoup appris de leurs sœurs et frères dans la

Sangha monastique et sont aujourd'hui enseignants du Dharma à l'âge de vingt-deux et vingt-quatre ans.

Démocratie et ancienneté

En Asie et dans de nombreux pays occidentaux, les hommes et les moines ont traditionnellement le rôle dominant. Les femmes et les nonnes, même lorsqu'elles sont très intelligentes, ont un rôle secondaire. Ce n'est pas le cas au Village des Pruniers. Dès le départ, l'un des principes de base a été l'égalité totale entre sœurs et frères. Les deux premières personnes à avoir reçu la transmission d'enseignant du Dharma au Village des Pruniers étaient des nonnes. Thây prône également un fonctionnement qui associe à la fois la démocratie et l'ancienneté. Il nous a invités à nous interroger : « Pensez-vous qu'il soit juste que le vote d'une personne instable, totalement ignorante de la politique, soit égal au vote d'une personne qui a consacré toute sa vie au respect des grandes valeurs de l'humanité pour son pays ? La démocratie doit donc aller de pair avec la reconnaissance et le respect de la sagesse de la maturité. Dans notre Sangha monastique, ce n'est pas comme au Viêt-nam ou dans d'autres pays asiatiques, où seuls l'abbé ou l'abbesse décident de tout et les novices doivent se contenter d'obéir. Au Village des Pruniers, seul le conseil des bhikshus ou des bhikshunis (les moines ou nonnes pleinement ordonnés) prend des décisions, et non l'abbé ou l'abbesse. Chaque fois qu'il faut prendre une décision importante, les grands frères et les grandes sœurs doivent d'abord écouter les jeunes novices et leurs décisions doivent émaner de leur vision profonde collective. La démocratie est donc exprimée par la voix des novices, même s'ils viennent tout juste d'être ordonnés, et nous avons en même temps la maturité d'un groupe de moines ou de nonnes plus anciens, les bhikshus et bhikshunis, pour prendre la bonne décision pour toute la Sangha.

Avec la Sangha, on peut tout faire. Le monastère est une école polytechnique

Avec la Sangha, nos jeunes moines et nonnes ont créé un site Internet en vietnamien, en français et en anglais sur lequel ils peuvent poster des discours sur le Dharma de Thây et répondre à des questions[1]. Leurs parents et leurs frères et sœurs sont devenus de fidèles visiteurs de ce site Internet et ils en sont très fiers. Nos jeunes frères et sœurs apprennent beaucoup au monastère : ils améliorent leur anglais écrit, apprennent à parler français, perfectionnent leur vietnamien, s'initient au chinois et au sanscrit, travaillent avec les frères et les sœurs pour préparer de délicieux repas pour des centaines de personnes, apprennent à se servir d'un ordinateur, à conduire une voiture en pleine conscience, à jardiner bio, à faire fonctionner le matériel pour les discours publics et la traduction simultanée, et quantité d'autres choses. Ils s'initient à des compétences

1. http://www.plumvillage.org ; http://www.langmai.org ; http://www.villagedespruniers.org ; http://www.deerparkmonastery.org ; PVlistenin@plumvill.net

pratiques pour la vie moderne, étudient l'enseignement du Bouddha et apprennent le mode de vie monastique. Avec le temps, ils acquièrent une compréhension profonde des buts d'une communauté monastique. Ils apprennent à nourrir leur corps et leur esprit et à trouver de la joie dans l'observation des principes monastiques et des pratiques de méditation enseignées au Village des Pruniers, sans que cela soit pour eux une contrainte.

Lorsque ces jeunes moines et nonnes rendent visite à leur famille, c'est souvent une véritable surprise et une source de joie. Une mère a ainsi dit à son fils : « Avant, tu ne savais même pas faire une omelette et maintenant tu prépares de délicieux repas pour toute la famille. » Les moines et nonnes savent préparer des repas traditionnels vietnamiens végétariens et des recettes végétariennes occidentales. Au Village des Pruniers, ils doivent parfois préparer le repas pour trois cents personnes ou plus ! Parfois, seuls deux sœurs ou deux frères sont responsables de la préparation du repas pour trois cents personnes, mais il y a toujours des pratiquants invités pour aider à laver, éplucher et couper les légumes, laver les casseroles ou porter de l'eau pour faire la vaisselle. La préparation des repas en pleine conscience est extrêmement bénéfique pour leur pratique et la nourriture vraiment délicieuse.

Les membres de la Sangha s'occupent de la préparation de tous les voyages pour Thây et pour eux-mêmes. Ils décident qui va conduire, établir l'itinéraire, s'occuper des bagages, nettoyer la maison de notre hôte au moment du départ, etc. Tout le monde a une tâche. Pour répartir le travail, nous avons un système qui est particulier au Village des Pruniers. Dans d'autres centres, chacun se voit assigner une tâche spécifique dans laquelle il va se spécialiser pendant de nombreuses années. Au Village des Pruniers, nous assumons les tâches à tour de rôle. Tout le monde doit apprendre une nouvelle tâche tous les trois ou six mois, par exemple travailler au bureau des inscriptions, au jardinage, à l'entretien des locaux, à l'organisation des transports, à l'entretien des véhicules, à la comptabilité, faire les courses et ranger les provisions. En même temps, nous sommes aussi organisés en équipes pour les tâches courantes de la vie de tous les jours, qu'il s'agisse de préparer les repas, de faire la vaisselle ou d'être responsable de la cloche et du téléphone. Une personne qui fait à manger peut regretter de ne pas participer à la marche méditative, mais elle pourra toujours assister aux enseignements sur le Dharma ou à la méditation assise. Les personnes qui ont des tâches à accomplir ne manquent qu'une petite partie des activités prévues au programme, de telle sorte que tout le monde peut pratiquer régulièrement et vraiment aider les autres à pratiquer, sans être de simples employés.

L'une des tâches des moines et des nonnes est de recevoir les invités. Il existe des diplômes universitaires de communication. Les membres de la Sangha du Village des Pruniers apprennent et pratiquent eux aussi l'art de la communication. Par exemple, quand nous accordons une bourse à un étudiant ou à une famille de réfugiés vietnamiens, certaines sœurs ont suggéré qu'on leur demande de signer un document dans lequel ils s'engagent à accomplir une certaine quantité de travail en échange. Si ce n'est pas faux en principe, cela doit être fait avec tact et habileté. Les gens qui sont pauvres sont vulnérables. Alors, au lieu de leur faire signer un document, nous préférons demander à une jeune sœur de leur dire avec un grand sourire : « C'est merveilleux de vous recevoir au Village des Pruniers cet été, mais nous avons vraiment beaucoup de travail, pourriez-vous nous aider à faire telle et telle chose ? » Quand il y a du respect dans la communication, il est possible d'arriver à presque tout.

Et ce n'est pas seulement vrai au Village des Pruniers. Une fois, nous avions besoin de louer un campus universitaire pour mille retraitants et il nous fallait 100 000 dollars, juste pour les arrhes. Nous sommes allés voir directement la personne qui avait le pouvoir de modifier le prix et nous lui avons dit : « Votre université est merveilleuse ; les chambres et les équipements sont confortables et c'est exactement ce que nous recherchons. Or, il se trouve que la plupart des gens qui vont participer à cette retraite ont un budget modeste et ne reçoivent aucune aide de leur famille ou de leur employeur pour venir ici. Nous-mêmes, nous ne sommes pas en mesure d'offrir un grand nombre de bourses. Pourriez-vous faire un effort pour baisser le prix ? Il y a d'autres campus universitaires moins chers, mais le vôtre nous convient parfaitement et nous tenons vraiment à venir dans votre campus. » Avec de telles explications si enthousiastes, rares sont ceux qui refusent.

Comment ouvrir la porte du cœur des autorités d'un régime trop soupçonneux

L'une des tâches qui me tient le plus à cœur au Village des Pruniers, c'est d'aider les personnes démunies au Viêt-nam. Depuis la fin de la guerre, nous apportons un soutien aux enfants, aux personnes handicapées et aux victimes de bombes ou de mines non explosées qui finissent un jour par exploser, alors que ces personne jouaient ou travaillaient dans leur champ. Nous avons également un programme spécial pour les écrivains, les artistes et d'autres personnes dans le besoin. En 1992, le Viêt-nam a commencé à s'ouvrir à davantage de visiteurs. Certains de mes amis qui avaient quitté le Viêt-nam ont pu rentrer au pays et y envoyer de l'argent. Après les premières années qui ont suivi le changement de régime en 1975, lorsque j'ai appris que des amis se disant disciples de Thich Nhat Hanh avaient beaucoup de problèmes avec les autorités, j'ai cessé de contacter officiellement mes amis de l'École de la jeunesse pour le service social, sachant que si j'avais continué à correspondre avec eux, ils auraient eu beaucoup d'ennuis avec le nouveau régime. J'ai continué de leur écrire et de leur envoyer de l'aide sous un pseudonyme. Mais en 1992, pour la première fois, nos amis qui avaient fait ce travail de manière non officielle pendant des années ont pu officiellement mener à bien des actions sociales et être en contact avec les plus démunis.

Ces travailleurs sociaux n'étaient pas nécessairement moines ou nonnes, mais ils avaient appris aux gens à s'aider eux-mêmes et à ne pas compter uniquement sur l'aide extérieure. Ils sont devenus très populaires dans le pays. Avec leur cœur de bodhisattva, ils ont fait de très belles choses en aidant les gens qui vivent à la campagne. Au début, nous avions trente-sept personnes, puis cent, puis plusieurs centaines de personnes qui travaillaient dans l'ombre, dans plusieurs régions du Viêt-nam. Depuis 1992, nous avons pu travailler directement avec ces bodhisattvas silencieux qui sont des amis, d'anciens travailleurs sociaux ou des personnes qui soutenaient l'EJSS et vivaient non loin les unes des autres. Toutes ces personnes se connaissaient mais, avant l'ouverture du pays, chacune pensait être la seule à connaître mon adresse.

Aux moines et nonnes, nous envoyions deux paquets de la « famille » (les Vietnamiens étaient autorisés à recevoir de la part des membres de leur famille qui vivaient à l'étranger des petits paquets de médicaments ou d'autres produits qu'ils ne pouvaient se procurer chez eux) : un paquet pour le moine ou la nonne et son temple et un autre paquet pour ses œuvres humanitaires. Les cadeaux étaient relativement modestes afin de ne pas attirer les soupçons.

À l'époque, lorsqu'une personne distribuait du riz ou d'autres choses gratuitement, les autorités venaient l'interroger : « C'est la CIA qui vous a offert ça ? » Dans ce cas, j'envoyais juste un paquet de médicaments et ces médicaments étaient revendus pour acheter plusieurs sacs de 10 kilos de riz. Ils pouvaient alors dire au gouvernement : « J'ai réussi à me procurer cette petite quantité de riz ou de médicaments auprès d'amis à Saigon (ou dans toute autre ville). Puis-je la distribuer aux pauvres de la région ? » Après, le gouvernement allait vérifier si ces produits avaient été effectivement distribués aux pauvres où s'ils avaient été offerts à des guérilleros qui combattaient le régime. C'était au début des années 80, lorsqu'il y avait pas mal de rumeurs quant à l'existence de nombreux groupes de guérilleros.

En 1993, nous avons pu envoyer de petites sommes d'argent, environ 100 dollars, à une nonne, en faisant un virement à partir d'un compte bancaire français. En même temps, j'ai envoyé un fax précisant le montant de la somme virée, en sachant très bien que la police lisait mes courriers. Même dans les années 90, quand on disait que le pays commençait à s'ouvrir, aucun fax privé n'était autorisé. Les personnes qui voulaient envoyer un fax devaient passer par la poste du gouvernement et tous les fax entrants étaient d'abord envoyés à la police dans le cadre de la censure. Voici à peu près ce que j'ai écrit dans ce fax : « Je viens tout juste de vous envoyer 100 dollars par virement bancaire et je vous prie de bien vouloir distribuer cet argent à dix personnes âgées qui ne mangent pas à leur faim dans le village de Phu Vang. Il s'agit de telle et telle personne. Je voudrais que chacune de ces personnes reçoive 4 dollars. Je souhaite aussi que vous donniez 30 dollars à trois instituteurs qui travaillent à l'école maternelle de Phu Loc, de Vinh Thai et de Huong So, et 30 dollars à dix familles qui ont des enfants handicapés. » Un mois plus tard, j'ai envoyé 300 dollars avec une liste encore plus longue de choses à faire avec cet argent. Un an plus tard, j'ai pu envoyer 1 000 dollars, puis 3 000 dollars, puis 5 000 dollars, toujours par virement bancaire. Au fur et à mesure que le Village des Pruniers se développait, nous avons pu augmenter le montant des dons destinés aux écoles. À l'heure actuelle, nous aidons un millier d'écoles maternelles.

Un grand nombre de Sanghas locales du Village des Pruniers implantées en Occident travaillent étroitement pour des projets au Viêt-nam, en s'appuyant sur la coordination du Village des Pruniers. La Fondation Maitreya a été créée en 1992 par Karl Schmied et des amis de l'ordre de l'Interêtre en Allemagne. De toutes les Sanghas, la Fondation Maitreya est celle qui a soutenu le plus grand nombre de projets gérés par le Village des Pruniers : elle a offert de la nourriture et des couvertures aux lépreux, aidé à construire de nombreuses écoles maternelles et élémentaires, payé des dizaines d'instituteurs et de personnes pour s'occuper des enfants, aidé à payer les frais de chirurgie ou d'autres traitements pour des problèmes oculaires, aidé des personnes âgées et handicapées et aidé les gens à s'aider eux-mêmes en construisant leur propre système d'approvisionnement en eau et leurs propres ponts.

Aider les personnes affamées d'amour et de compréhension

Le Village des Pruniers ne se borne pas à aider la population vietnamienne. Je me suis rendu compte que même si la plupart des Occidentaux ont assez à manger, ils sont nombreux à avoir terriblement besoin de compréhension et d'amour. Beaucoup d'enfants sont exposés à des abus physiques et sexuels, par des parents qui sont alcooliques ou perturbés psychologiquement. Les histoires qui nous été racontées par des participants à des retraites tout au long de ces années nous ont beaucoup touchés. On ne leur a pas lancé de bombe, mais leur cœur est un champ de bataille, brisé par les bombes de la cruauté et de l'ignorance. Ce genre de souffrance peut être beaucoup plus douloureux que le manque de nourriture physique.

Un jour, un jeune garçon de treize ans a appelé une jeune sœur du Nouveau Hameau. Il était très mal et pleurait de désespoir : « Sœur ! Comment puis-je aider mes parents à ne plus se disputer ? Je n'ai plus envie de vivre. Ils n'arrêtent pas de s'insulter ; c'est violent et vraiment horrible. J'ai envie d'avaler une boîte de médicaments ou de me jeter sous une voiture sur l'autoroute. J'ai tout essayé pour qu'ils cessent de se disputer, mais ils continuent de se faire du mal mutuellement. Que puis-je faire ? » Des histoires comme celle-ci m'ont permis de comprendre beaucoup de choses, car lorsque j'avais rencontré ses parents dans une situation normale, ils étaient très polis, très chaleureux et ils se présentaient comme des bouddhistes matures et comme un couple très harmonieux ! Ce n'est qu'auprès des enfants que j'apprends ce qui se passe réellement dans les familles. J'ai essayé de faire de mon mieux. J'ai appelé le père et la mère, comme si je ne savais rien de leurs disputes, mais en les invitant à soutenir la jeune génération, perdue dans la confusion. Je leur ai dit : « En aidant la génération de votre fils, vous aiderez indirectement votre propre fils », tout en sachant que ma proposition les aiderait tous les trois directement. J'ai poursuivi : « Le plus beau cadeau que vous puissiez faire à la jeune génération, c'est de respecter et d'écouter tous les membres de votre famille. »

Une autre fois, une jeune étudiante qui venait passer chaque été un mois au Village des Pruniers m'a appelée à 2 heures du matin pour me demander de l'aide. « Cela fait maintenant vingt-quatre ans que mes parents vivent ensemble et voilà que ma mère a décidé de divorcer de mon père, parce qu'elle vient de retrouver son ex-petit ami ! Mon père est désespéré. Mes frères, mes sœurs et moi, nous sommes tous désespérés et nous ne savons plus que faire. Ma mère a déjà entrepris des démarches au tribunal pour divorcer. » J'ai demandé le numéro de téléphone de la famille et je me suis assise quelques minutes. Je ne pensais à aucune méthode pour les aider à se réconcilier, je souhaitais juste rester éveillée et en paix à 2 heures du matin. En moi-même, j'ai dit à Avalokiteshvara : « Si les mérites de ces jeunes gens sont encore grands, qu'Avalokiteshvara en leurs ancêtres vienne se joindre à l'énergie d'écoute profonde et de grande compassion d'Avalokiteshvara en moi pour les aider à surmonter cette difficulté. » J'ai appelé la famille ; il était 19 heures en Californie. La fille était encore sur le campus universitaire et c'est son frère qui lui avait parlé de la situation dans laquelle se trouvaient leurs parents. Je ne savais pas encore ce que j'allais leur dire et j'étais consciente que le fait d'appeler quelqu'un qui ne me connaissait pas et que je n'avais jamais rencontré était plutôt une intrusion. Mais avec Avalokiteshvara dans mon cœur, j'ai composé le numéro.

Une femme a répondu. « Êtes-vous la mère de la jeune fille qui vient passer ses vacances au Village des Pruniers, en France ? Je suis sœur Chân Không, la plus ancienne des sœurs et je voudrais vous remercier d'avoir une fille aussi merveilleuse. Je sais qu'elle est une reproduction de vous, une merveilleuse continuation de vous-même : elle est pleine d'amour et très responsable. Elle a fait preuve de la plus grande délicatesse dans toutes les tâches qui lui ont été confiées. Sans vous, elle ne pourrait pas être aussi spéciale, si différente des autres filles ! » J'ai ensuite évoqué d'autres qualités de sa fille. Soudain, un homme nous a interrompus brusquement : « Mais, ma sœur, une mère ne saurait produire à elle seule une jeune femme aussi aimante ! Je suis le père de cette jeune femme et je m'en suis occupé autant que sa mère ! » J'ai répondu : « Vous êtes là aussi ? Je ne savais pas. C'est vrai, votre fille m'a dit que vous étiez unique et que vous n'étiez pas comme les autres hommes de sa génération. Les autres hommes, quand ils sont en colère, crient et cassent des assiettes. Votre fille m'a dit que son père, contrairement à beaucoup de ses amis qui vont dans les bars après le travail pour boire de la bière et du vin et parler de politique, rentre à la maison pour être avec sa femme et ses enfants, réparer les fenêtres, nettoyer le garage, etc. » Puis j'ai parlé à la mère de toutes les qualités de son mari dont leur fille m'avait parlé. Les deux parents de cette jeune femme sont finalement devenus de grands amis et ils m'ont invitée à venir leur rendre visite quand j'aurais l'occasion d'aller sur la côte Ouest. J'ai accepté avec plaisir. Peu de temps après, leur fille m'a appelée pour me dire que sa mère avait décidé de jeter les papiers du divorce, parce qu'elle venait de redécouvrir à quel point son mari était merveilleux.

Comme il y a beaucoup d'Occidentaux qui viennent au Village des Pruniers, nous avons pensé que la meilleure façon de les aider était de faire du village un lieu où les gens pourraient écouter profondément les souffrances des autres. Avec le temps, j'ai appris comment m'y prendre avec les victimes de telles expériences. Nous les écoutons avec la plus grande attention et nous leur apprenons à respirer en Pleine Conscience et à s'établir dans le moment présent, en lâchant prise du passé et de l'avenir. Nous leur promettons que dès qu'ils auront pu restaurer un peu de paix avec cette pratique, ils pourront voir leur situation plus clairement et changer leur point de vue. Ils sauront comment résoudre leurs difficultés avec beauté et il leur sera beaucoup plus facile de pardonner. Ce travail est tout aussi important que celui que nous accomplissons au Viêt-nam, car il apporte une nourriture spirituelle et émotionnelle à des personnes qui en ont le plus grand besoin.

Apprendre à vivre ensemble dans la fraternité

Avec toutes ces activités, le Village des Pruniers pourrait être un lieu assez agité pour un monastère. Certes, nous nous développons et nous sommes très occupés, mais la tâche la plus importante pour nous tous au Village des Pruniers, c'est d'apprendre à vivre ensemble en Pleine Conscience et dans la paix. Apprendre à vivre ensemble en harmonie est un processus d'apprentissage permanent. Dans la vie laïque, lorsque deux personnes partagent leur vie, c'est déjà difficile. Nous avons entre trente et soixante personnes dans chaque hameau et notre pratique est de vivre ensemble en harmonie. Le Hameau d'En Haut, le temple du nuage du Dharma (Pháp Vân), est le principal monastère, où vivent de soixante à soixante-quinze moines. Juste en bas de la colline du Hameau d'En Haut, il y a le monastère Son Ha, également pour les moines. Les nonnes vivent au Hameau d'En Bas – le temple du nectar du Dharma (Cam Lô) – et au Nouveau Hameau, le temple de la bonté aimante (Tù Nghiêm), où je vis.

Renouvellement des relations

Dans chaque hameau, nous utilisons une pratique qui est essentielle pour travailler sur les relations entre nous. Cette pratique s'appelle le renouveau. La première semaine, nous prenons le temps de nous asseoir ensemble et de partager notre appréciation mutuelle et nos regrets et, la semaine suivante, nous chantons la cérémonie traditionnelle du renouveau, qui comporte un grand nombre de prosternations que nous appelons des touchers de la terre.

Lors des pratiques de renouveau destinées à l'ensemble de la communauté monastique, la Sangha s'assied en cercle autour d'un pot de fleurs. Les fleurs représentent la fleur de notre Pleine Conscience. Lorsqu'une sœur ou un frère souhaite exprimer quelque chose à la

Sangha, il va prendre le vase de fleurs et vient se rassoir à sa place pour parler. Personne ne peut interrompre la personne qui a posé les fleurs devant soi. Tout le monde écoute sans préjugé.

Lors de pratiques plus courtes, une personne commence par exprimer son appréciation envers tous ceux qui sont présents. C'est ensuite à une autre personne de parler, jusqu'à ce que tout le monde ait pris la parole. Dans la deuxième partie de la cérémonie, nous avons la possibilité d'exprimer des regrets si nous pensons que nous n'avons pas bien pratiqué ou que n'avons pas été assez respectueux envers un autre membre de la Sangha ou dans le cadre du travail en Sangha. Une sœur peut ainsi dire : « Ces derniers temps, je n'ai pas bien pratiqué la Pleine Conscience en mangeant. J'ai mangé vite, sans prendre conscience du temps passé par mes sœurs pour préparer ce repas, ni de mes sœurs à côté de moi. Si j'ai blessé qui que ce soit en n'étant pas dans la pratique, je prie cette personne de m'en excuser et de me dire comment je pourrais changer cette habitude négative. »

La troisième partie est réservée à l'expression de ce qui nous a blessé ou fait souffrir dans les paroles ou les actes d'un membre de la Sangha monastique. Même lorsque nous exprimons nos souffrances, nous devons commencer par reconnaître les bonnes qualités et l'énergie positive de l'autre. Ainsi, quand la personne A exprime son désaccord avec quelque chose qu'a fait une personne B, A essaiera de le faire sans juger, en demandant à B pourquoi il s'est conduit de la sorte, car cela lui a fait beaucoup de peine. A ne condamne pas B, mais exprime humblement son désir de connaître les raisons qui ont conduit B à dire ou faire telle ou telle chose. A donnera ainsi à B l'envie d'ouvrir son cœur et de révéler de nouvelles informations qui permettront à A de comprendre l'autre partie de l'histoire. Dès lors que A comprend toute l'histoire, A n'a plus besoin de faire des efforts pour accepter B et pourra même l'apprécier davantage et s'excuser pour son ignorance de la situation. Quand la compréhension est là, il n'y a plus besoin de faire d'effort pour que la compassion soit là aussi.

Normalement, lors des cérémonies de renouveau qui ont lieu tous les quinze jours entre les membres de la communauté monastique, nous ne pratiquons que les deux premières parties : exprimer notre appréciation et nos regrets. Pour la troisième partie, l'abbesse ou l'enseignant du Dharma va rencontrer en privé les deux sœurs qui ont du mal à s'entendre, et non devant les autres membres de la Sangha.

La pratique du renouveau pour les laïcs

Les laïcs qui viennent au Village des Pruniers apprécient beaucoup cette pratique, car cela les aide dans leurs relations au quotidien. Supposons par exemple qu'Angela et David aient des difficultés dans leur relation et que seule Angela soit venue pratiquer au Village des Pruniers, où elle a appris la pratique du renouveau. Elle rentre chez elle et même si David ne sait rien de la pratique, elle commence par lui dire avec sincérité et admiration qu'elle le remercie pour tout ce qu'il a fait pour elle et s'excuse de toutes ses maladresses. Peut-être que dans le passé, quand ils se sont rencontrés, elle lui a dit combien elle l'appréciait et l'admirait, mais cela fait déjà des mois qu'elle ne l'a pas fait. Elle continue avec d'autres qualités et, une semaine plus tard, grâce à sa pratique de la Pleine Conscience, elle découvre d'autres choses qu'elle apprécie chez lui et lui exprime sa gratitude avec enthousiasme. Grâce à sa Pleine Conscience, elle se rend compte qu'elle a fait certaines choses qui l'ont rendu malheureux et qu'elle pourrait faire d'autres choses pour le rendre plus heureux. Elle trouve aussi des manières d'exprimer ce qui l'a blessée de façon aimante sans lui faire de reproches. David ne connaît ni le nom ni la forme de cette pratique, mais son comportement ne pourra qu'évoluer et leur relation s'améliorer.

Au Village des Pruniers, nous nous sommes rendu compte qu'il est préférable d'exprimer ce qui nous a blessés non pas immédiatement, mais quelques jours plus tard, une fois que les choses se sont calmées en nous. Si l'on ne parle pas, cela peut être une inhibition ou une manière de refouler les choses. Petit à petit, la blessure qui est en nous va nous rendre de plus en plus amers, moins réfléchis et moins beaux. Nous deviendrons facilement irritables ou nous aurons des explosions de colère inattendues. C'est pourquoi, quand nous sommes blessés, nous devons apprendre à revenir à notre respiration, attendre quelques instants pour nous calmer et trouver ensuite une occasion appropriée pour dire les choses, sans condamner et en posant juste une question avec gentillesse : « J'essaie de regarder les choses en profondeur et de comprendre pourquoi tu t'es comporté ainsi, car cela m'a choquée et blessée. Je sais que, normalement, tu ne te comportes pas ainsi. Tu es si merveilleux, si poli. Je n'arrive pas à comprendre pourquoi tu m'as traitée de la sorte. Il y a certainement un tas de raisons à cela. S'il te plaît, aide-moi à mieux te comprendre ! »

Si la situation est très grave entre deux personnes, elles pourront recourir à un enseignant du Dharma que les deux parties respectent pour les aider à pratiquer un renouveau. Par exemple, Angela commence à parler la première et David doit l'écouter de tout son cœur sans répondre. Puis la personne qui sert de médiateur propose que les deux personnes laissent les choses reposer pendant une semaine ou quelques jours, afin que les émotions puissent se calmer et qu'elles aient le temps de regarder les choses plus profondément. La première réaction de la personne à qui des reproches ont été faits est de nier. Elle peut même penser que l'autre ment. Mais au bout de trois jours, comme elle s'est calmée et qu'elle a laissé les choses se décanter, elle commence à voir un peu de vérité dans ce que l'autre lui a dit. Puis, lors de la prochaine rencontre, David parle et Angela est invitée à ne pas répondre, mais seulement à ouvrir son cœur pour écouter. Pendant une semaine, ils ne se parleront plus, en tout cas de ce sujet, et ils essaieront de regarder les choses en profondeur, soit seuls, soit avec l'aide d'un enseignant du Dharma. L'enseignant du Dharma devra parfois écouter Angelina seule, regarder profondément les choses avec elle et relever certaines maladresses qu'elle a pu commettre, puis écouter David seul et discuter avec lui de ce qu'il a pu faire pour qu'Angela l'ait si mal compris. Puis l'enseignant du

Dharma regarde ce qui pourrait le mieux les réconcilier et commence à les rapprocher, en pratiquant le regard profond avec les deux.

Après des années de pratique du renouveau au Village des Pruniers, à la fois avec les membres de la communauté monastique et avec les laïcs, j'ai vu que cela marchait. Des Palestiniens et des Israéliens, des couples, des parents et des enfants, des frères et des sœurs, des moines et des nonnes, tous y ont pratiqué le renouveau. Cela fait partie du cœur de notre communauté et je pense que c'est l'une des pratiques clés qui nous a permis de faire en sorte que notre rêve du Village des Pruniers devienne une réalité vivante, qui respire et se développe.

CHAPITRE 23

Le lieu que les ancêtres ont choisi pour nous

Le Village des Pruniers existait déjà depuis une quinzaine d'années lorsqu'un nombre de plus en plus grand de familles vivant sur la côte Ouest des États-Unis nous ont demandé d'y créer aussi vite que possible un centre du Dharma. Dans de nombreuses familles d'immigrés, il y a à la fois un fossé générationnel et un fossé culturel : par exemple, les parents ont grandi au Viêt-nam et sont culturellement vietnamiens, mais les enfants ont grandi en Occident dans une culture occidentale. Ce sont les familles qui ont eu le plus besoin de notre soutien.

C'est la raison pour laquelle nous nous sommes mis en quête d'un terrain dans le sud de la Californie avec l'aide de quelques amis vietnamiens qui vivaient dans la région. Les amis qui nous ont guidés dans cette recherche nous ont demandé combien d'argent le Village des Pruniers pouvait investir dans un tel projet. Je leur ai dit qu'à ce jour, nous n'avions pas un dollar à mettre dans ce projet, mais que, dans la mesure où nous étions persuadés que c'était un bon projet, des soutiens viendraient et nous avions confiance.

En août 1999, j'ai invité sœur Trung Chinh, frère Giac Thanh, frère Pháp An et un membre laïc de notre communauté à se rendre dans le comté d'Orange pour m'y rejoindre avec quelques amis en vue de visiter plusieurs terrains dans la région. Mais très vite, nous nous sommes aperçus qu'un petit terrain de 1,2 hectare, avec une maison et quelques chambres serait beaucoup trop cher. Impossible de trouver un lieu, même petit, qui nous plaise et soit en même temps abordable.

J'ai dit de laisser tomber pour le reste de la journée et de laisser reposer les choses pendant la nuit, persuadée que le lendemain, nos ancêtres allaient nous conduire au bon endroit. Le lendemain, nous sommes allés visiter trois autres terrains qui ne nous ont pas plu davantage. Puis, un ami nous a proposé de le rejoindre pour aller visiter un terrain dont un agent immobilier lui avait parlé la veille. Nous nous sommes rendus dans la petite ville d'Escondido, à quarante-cinq minutes de route de San Diego et à deux heures de Los Angeles, une petite ville assez bruyante, comme toutes les autres villes de Californie. Puis, après avoir suivi une petite route qui nous a menés en haut d'une colline, nous nous sommes retrouvés en plein cœur de la montagne, avec des rochers, des cactus et de la sauge sauvage. Nous avons continué à rouler pendant près d'un kilomètre avant d'arriver dans une chênaie bien fraîche où se trouvaient quelques chalets en bois, puis nous avons poursuivi notre ascension jusqu'en haut de la colline. Il y avait là cinq bâtiments militaires, cinq baraquements, une cuisine suffisamment grande pour faire à manger pour des centaines de personnes et un immense réfectoire délabré. Tous les bâtiments étaient quasiment en ruine, le terrain était jonché de balles et il y avait des ordures partout. Mais il y avait suffisamment de terrain pour construire trois ou quatre autres groupes de maisons en plus si nous devions décider de nous porter acquéreur. Nous avons su tout de suite que c'était le lieu que nous recherchions.

Ce lieu s'appelait Deer Park (le « Parc aux Gazelles ») et nous y avons vu un autre signe auspicieux, car c'est le nom du lieu où le Bouddha avait donné son premier enseignement. Notre Parc aux Gazelles était un terrain vallonné d'environ 175 hectares. Il avait été auparavant un centre de désintoxication, un centre de vacances pour nudistes et un établissement pénitentiaire pouvant héberger jusqu'à trois cents détenus. Le dernier propriétaire des lieux était le comté de San Diego, qui en avait fait un centre de tir pour la police. Le terrain devait être mis aux enchères en novembre, le mois suivant, et six associations locales avaient manifesté leur intérêt.

C'était trop beau pour le croire ! Nous étions tous conquis par ce lieu qui allait nous protéger de l'agitation du monde. Les montagnes de Deer Park n'avaient rien d'écrasant et il y avait beaucoup d'espace et de forêts. On se sentait comme dans un berceau, entourés de vallées boisées et de coteaux de lilas, de sauge et de toutes sortes de plantes. Plus loin, on pouvait voir les sommets. Marcher sur cette terre, c'était comme de marcher dans un conte de fées, avec des arbres partout et des chemins envahis par la végétation. La seule chose qui nous préoccupait était de savoir que ce terrain allait être vendu aux enchères et qu'il y avait d'autres personnes intéressées. Thây, qui n'a pas souhaité venir voir le terrain, nous a dit de décider par nous-mêmes et c'est ainsi que nous avons décidé de nous lancer.

Je me suis alors retrouvée confrontée à la réalité. Comment allions-nous réunir la somme nécessaire pour acquérir ce terrain ? J'ai appris par la suite qu'il était possible de sacrifier l'entrée de la propriété (environ 5 hectares) pour la diviser en plusieurs lots de terrain que nous pourrions revendre. À ce moment-là, il n'était plus question pour moi de rechercher un autre lieu, parce que je savais que nous pouvions faire quelque chose de beau avec ces horribles baraquements, tout comme nous l'avions fait au Village des Pruniers avec cinq granges et étables. Nous savions aussi que de nombreuses familles vietnamiennes voudraient s'installer près de notre communauté et que nous pouvions acheter les sept terrains pour les revendre. Les autres associations nous ont contactés pour nous proposer de diviser les 175 hectares en six parcelles afin d'éviter les surenchères qui auraient fait monter les prix inutilement. Nous avons refusé.

J'ai dit à notre représentant de ne pas surenchérir si l'offre devait dépasser notre capacité d'achat qui était assez humble, même si les autres groupes risquaient de s'allier pour renchérir. Deux heures plus tard, une jeune femme qui avait participé à une retraite de Thây à Santa Barbara m'a téléphoné pour me dire qu'avec son mari, ils souhaitaient nous faire une donation de un ou 2 millions de dollars afin que nous puissions acheter le centre, car ils étaient convaincus que la région en avait vraiment besoin pour la génération future. Elle a dit qu'elle allait nous donner un million dans une semaine, puis qu'elle en reparlerait à son mari. S'ils pensaient que les moines et les nonnes étaient une bonne continuation de Thây, ils donneraient l'autre million.

Trois heures plus tard, notre ami qui avait participé aux enchères pour nous m'a appelée pour me dire que nous avions perdu ! Mais nous avons appris par la suite que la personne qui avait remporté les enchères était propriétaire d'un terrain qui jouxtait Deer Park, et qu'elle craignait que nous l'empêchions d'accéder à la partie de son terrain située en haut de la montagne, ainsi qu'à notre partie de Deer Park. J'ai demandé le numéro de téléphone de cet homme. J'ai respiré, je me suis détendue et j'ai souri avant de l'appeler une première fois. Il n'était pas chez lui, mais j'ai laissé un message sur son répondeur : « Bonjour, monsieur. Je suis la sœur aînée d'un groupe de moines et nonnes qui veulent acheter le terrain de Deer Park. Je voulais vous expliquer qui nous sommes. Nous sommes une communauté monastique qui compte un grand nombre de jeunes moines et jeunes nonnes qui pourraient avoir le même âge que vos enfants. Si nous achetons le terrain, vous y serez le bienvenu à tout moment. Vous pourrez aussi vous joindre à nous à n'importe quel moment de la journée ; si nous allons manger, vous serez invité à partager le repas de midi avec nous et à participer à notre marche méditative ou à d'autres activités. Si vous avez des suggestions à nous faire pour préserver les plantes rares ou planter plus d'arbres et de fleurs afin que ce lieu soit encore plus joli, n'hésitez pas à nous en faire part. Nous en serions vraiment très heureux. » Une heure plus tard, il m'a rappelée : « Ma sœur, quand j'ai entendu votre voix, j'ai eu l'impression que vous étiez l'une de mes plus proches amies depuis des siècles. Envoyez-moi votre représentant et je parlerai avec lui. Tout va bien se passer, ne vous en faites pas ! »

Lorsque mon ami Pritam a rappelé cet homme, celui qui était autrefois un adversaire avait totalement changé. Il nous a simplement demandé de lui laisser une petite parcelle de terrain de quelques hectares près de sa maison, ce qui n'était pas du tout un problème pour nous. Comment aurais-je pu croire que ce n'était pas l'œuvre des ancêtres ? En partant de rien, avec zéro dollar huit mois plus tôt, nous avions finalement pu acquérir ce terrain. Je me suis souvenue de que ce que Thây nous dit toujours : « Lorsque votre cœur est pur pour la bonne cause, les choses finissent toujours par s'arranger au mieux. »

La famille qui voulait initialement faire une donation de 2 millions de dollars n'a finalement pu en donner qu'un. Cette femme, son mari et leurs enfants aimaient vraiment beaucoup les frères et les sœurs de Deer Park, mais leurs affaires ne marchaient pas aussi bien qu'ils l'auraient souhaité et ils ne pouvaient tout simplement pas donner un autre million. Ils étaient vraiment désolés de ne pas pouvoir tenir la promesse qu'ils avaient faite, mais je leur ai dit que c'était la volonté des ancêtres. Les ancêtres avaient dû estimer que ce n'était pas une bonne chose que le centre soit financé par un seul donateur ; ils voulaient que tout le monde dans la région puisse apporter sa contribution, afin que ce soutien aux enseignements du Bouddha apporte des mérites à leurs descendants. C'est d'ailleurs ce qui s'est passé. Dès que nous avons eu le terrain, les membres de notre communauté ont voulu apporter leur soutien et nous avons reçu une multitude de dons, souvent de petites sommes, si bien que nous avons pu acheter le terrain sans contracter d'emprunt.

Ce lieu était vraiment très beau et préservé : il y avait des coyotes, des lapins, des serpents, des oiseaux, des pumas et des centaines d'espèces de plantes sauvages, d'arbres centenaires et de bosquets de sauge. Nous avons fait le vœu de préserver de notre mieux ce lieu magnifique que les Indiens d'Amérique nous ont légué.

Thây a appelé la section des moines à Deer Park le Hameau de la Solidité. On y trouve beaucoup d'eucalyptus et neuf bâtiments rectangulaires, avec la grande cuisine et le réfectoire. Thây Giac Thanh a été nommé premier abbé du Hameau de la Solidité. Quant au lieu réservé aux nonnes situé près de la chênaie à Deer Park, composé de quatre petites maisons et de cinq huttes en bois, Thây l'a appelé le Hameau de la Clarté. Thây a désigné sœur Trung Chinh comme abbesse, avec sœur Thoai Nghiêm comme assistante. Thây Giac Thanh avait frère Pháp Dung comme architecte assistant, pour superviser tous les travaux de rénovation et les réparations nécessaires. Frère Pháp Dung est « un fils de la région » : il a fait des études d'architecte à l'université de Californie de Los Angeles et a travaillé pendant deux ans dans un cabinet d'architecte en Californie du Sud. Mais après avoir rencontré Thây, il avait souhaité devenir moine comme Thây. Pour lui, Thây était le meilleur architecte qu'il eût jamais connu, car il aidait à construire des ponts de compréhension entre les gens et à créer de l'espace pour que les gens vivent heureux. Sœur Trung Chinh, qui avait été formée dans le cadre du bouddhisme traditionnel, était l'abbesse du Nouveau Hameau, au Village des Pruniers. Elle est venue accompagnée de sœur Thoai Nghiêm, une sœur de la nouvelle génération qui a tellement de talents qu'elle pourrait, si elle le voulait, diriger l'ensemble des Nations unies. Deux ans après avoir acheté le terrain de Deer Park, nous avions remis les locaux en état et c'était désormais un très beau centre de retraite. Les premiers visiteurs sont arrivés et ils ont vraiment apprécié leur séjour.

Différents stages à Deer Park

Pour ce qui est du partage de la pratique, le monastère de Deer Park est encore plus actif que le Village des Pruniers. Tous les week-ends, il y a des retraites et des cours pour toutes sortes de publics : les adolescents, les étudiants, l'université catholique qui se trouve à proximité, etc. Il y a aussi des retraites pour les gens de couleur et pour les acteurs et les personnes qui travaillent dans le milieu du cinéma – aussi bien des étudiants en cinéma que des PDG de grandes sociétés de production. De nombreux artistes viennent y séjourner régulièrement. Nous sommes aussi très heureux de pouvoir accueillir des immigrants pauvres. Nous savons que si les enseignements n'étaient offerts qu'en France ou dans le Vermont, toutes ces personnes n'auraient pas les moyens de venir les écouter. Il y a aussi des activités en fin de semaine destinées à des personnes d'autres cultures et nationalités, comme les Latinos et les Afro-Américains, ainsi que des retraites pour les immigrés coréens et leurs enfants nés en Amérique, avec une traduction en coréen pour que les parents comprennent le Dharma.

Thây Giac Thanh

L'énergie unique de Deer Park doit beaucoup à l'abbé Thây Giac Thanh. Il a été un vrai maître zen et un poète inspiré. Ordonné bhikshu en 1970, il avait suivi le maître zen Thây Thanh Tu au début de l'année 1974. En 1981, il avait fui le Viêt-nam dans une embarcation après avoir passé trois ans de retraite en solitaire dans un ermitage de la région du delta du Mékong, sa terre natale. Dès son arrivée aux États-Unis, en 1982, apparemment insatisfait de ce qu'il avait appris au Viêt-nam, il s'était mis en quête de grands maîtres zen avec qui il pourrait étudier. Dans un premier temps, il avait pris refuge au monastère zen de Mount Temper, dans l'État de New York, et il avait pratiqué sérieusement le zen japonais pendant quatre ans. N'ayant vu aucun progrès dans sa pratique, il avait rejoint le centre zen de la Providence auprès du maître zen coréen Seung Sahn Sunim. Ce centre est connu aux États-Unis pour sa pratique très stricte. Les pratiquants se lèvent très tôt et participent à un programme quotidien de neuf assises et de neuf séances de cent huit prosternations. Il pratiquait avec diligence, nourrissant l'espoir d'obtenir une réalisation spirituelle. Il connaissait Thây de nom et gardait avec nous des relations amicales, bien que distantes, mais jamais il n'avait pensé avoir quelque chose à apprendre de Thây Nhat Hanh. Pour des observateurs distants, notre Thây n'était connu que pour enseigner aux pratiquants à inspirer et à expirer – ce qui n'est certes pas grand-chose !

Finalement, Thây Giac Thanh a rencontré notre Thây Nhat Hanh un jour d'automne, en 1986. Il était venu nous voir au centre du Village des Érables situé au Québec, alors qu'il rendait visite à un cousin qui vivait non loin de Montréal. Thây Nhat Hanh a vu que Giac Thanh avait beaucoup pratiqué en vue d'obtenir une réalisation, et que sa santé s'était détériorée rapidement en raison de la pratique ardue qu'il s'était imposée. Il ressemblait à un moine ascétique. Thây Nhat Hanh lui a tapoté l'épaule avec douceur et lui a dit avec la plus grande tendresse : « Tu sais, ce n'est pas la peine de pratiquer aussi dur, même pour atteindre l'éveil. Viens faire une marche méditative avec moi et pratique le simple fait d'être heureux, là où tu es. Regarde ces feuilles qui changent de forme et de couleur, qui passent du jaune, au rouge et au brun, puis tombent en dansant, parce qu'elles savent qu'elles ne sont jamais nées et ne mourront jamais. C'est ainsi. C'est la vie. Accepte les choses telles qu'elles sont. Rien n'est plus important que d'être ici même, dans la joie et dans la paix. Cela suffit. Nous n'avons pas besoin d'être éveillés, tu ne crois pas ? »

Nous chantions alors la chanson française *Colchiques dans les prés*, en français et en vietnamien. Thây Giac Thanh a soudain eu très envie de se joindre à nous pour chanter avec joie et simplicité ces paroles pures qui décrivent les lumières et la beauté de l'automne. Beaucoup plus tard, il nous a dit qu'il avait été libéré par la remarque de Thây et qu'il avait commencé à se défaire de toutes ses attentes. Il avait enfin trouvé ce qu'il avait passé son temps à chercher les vingt dernières années de sa vie. Il venait simplement de comprendre qu'il n'est pas nécessaire de mener une vie d'ascète toute la journée. En 1990, il est venu pratiquer au Village des Pruniers avec Thây Nhat Hanh et il est devenu enseignant du Dharma en 1992. Lors de son arrivée à Deer Park, cinq ans plus tard, il avait déjà perdu une partie de sa vue à cause du diabète. Mais il était un excellent maître et un grand frère adorable et très spirituel. Il est décédé un an plus tard, le 15 octobre, alors qu'une délégation du Village des Pruniers conduite par Thây se trouvait en Chine pour y donner des enseignements.

Le plus jeune abbé du monde

Comme le monastère de Deer Park était un important centre de pratique, beaucoup d'amis dans le monde pensaient que Thây allait désigner l'un de ses plus anciens disciples pour succéder à Thây Giac Thanh. Au lieu de cela, Thây a saisi cette occasion pour mettre en place l'une de ses idées révolutionnaires au sujet du rôle véritable d'un abbé. Un disciple avancé de Thây était censé devenir l'abbé du monastère de Deer Park, mais Thây avait désigné Thây Giac Thanh et Sœur Trung Chinh en tant qu'abbé et abbesse, lesquels avaient eu d'autres maîtres avant de rencontrer

Thây. Thây avait nommé les plus sages, quel que soit le maître dont ils se réclamaient, à condition qu'ils pratiquent les enseignements du Village des Pruniers. À la mort de Thây Giac Thanh, les gens ont commencé à spéculer sur le moine expérimenté que Thây allait désigner pour succéder à Thây Giac Thanh.

Finalement, et ce fut une surprise pour tout le monde, Thây choisit un moine relativement jeune qui était devenu bhikshu seulement trois ans auparavant, et qui avait trente-sept frères et sœurs plus anciens dans la Sangha monastique. Mais au cours des six dernières années, nous avons pu constater à quel point Thây avait vu juste. Frère Pháp Dung s'est révélé être le meilleur choix. Depuis qu'il est devenu abbé, il a accompli sa tâche à merveille, de manière détendue, sans complexe d'infériorité ni de supériorité. Il prend beaucoup d'initiatives et fait preuve d'intelligence et d'humilité dans ses interactions avec les pratiquants laïcs plus âgés, ainsi qu'avec les moines qui sont ses aînés. De plus, il aime beaucoup jouer avec les jeunes qui viennent à Deer Park. Le monastère a attiré énormément de jeunes et un grand nombre de retraites destinées aux jeunes y sont organisées. Par ailleurs, tout fonctionne de manière exemplaire au monastère de Deer Park.

Il y a même moins de serpents et ces serpents sont devenus comme des amis. Dans la région de San Diego, on trouve toutes sortes de serpents très venimeux. Mais nous respectons toutes les formes de vie. Chaque fois que l'un des ouvriers qui travaillait pour nous s'apprêtait à tuer un serpent, les frères l'en empêchaient. « S'il vous plaît, ne le tuez pas », imploraientils. « Nous ne voulons pas tuer les animaux qui vivent ici. Nous leur demandons juste d'aller dans un endroit où ils seront plus en sécurité. » Au cours des premières semaines, nous avons eu notre lot de surprises. Une sœur s'apprêtait à coudre des rideaux. Lorsqu'elle a voulu sortir le tissu du panier, elle a vu un long serpent s'en échapper. Une autre sœur a trouvé un serpent dans la réserve et une autre sœur encore en a fait sortir un de la cuisine. Quelqu'un nous a suggéré de prendre une cinquantaine de chats pour qu'ils mangent les serpents, mais l'ancien propriétaire nous a dit que ce serait plutôt les serpents qui risquaient de manger les chats ! Nous avons donc décidé de vivre en paix avec les serpents et, au fil des années, ils ont presque tous disparu. Mais ils reviennent de temps en temps, surtout au printemps, et nos frères sont devenus des experts dans l'art d'attraper un serpent vivant. Un frère m'a dit qu'au cours de la première année, ils attrapaient environ vingt serpents par semaine dans les différents bâtiments et qu'ils allaient ensuite les libérer plus loin dans la montagne. Ils les attrapaient facilement en utilisant des tubes avec un couvercle fermé d'un côté et ouvert à l'autre extrémité. Les serpents rampent d'eux-mêmes dans le tube : il suffit pour cela de les pousser avec un bâton. Une fois le serpent rentré dans le tube, on referme simplement l'autre extrémité avec le deuxième couvercle. Les tubes sont ensuite transportés à l'arrière d'un camion pour être libérés loin dans la montagne. Personne n'a jamais été mordu et nous sommes heureux de vivre dans ce magnifique paysage de forêts et de broussailles, avec toute cette variété de plantes et d'arbres.

Nous avons eu aussi beaucoup de problèmes avec les lapins. Ils mangeaient tous les jeunes arbres et toutes les jeunes pousses et, bien sûr, tout ce qu'ils trouvaient dans notre potager ! Nous avons donc installé des « salles à manger » pour les lapins à plusieurs endroits, avec les légumes qu'il nous restait, les pelures de carottes, etc., et d'autres « salles à manger » pour les geais bleus, les colibris et d'autres oiseaux. Bien entendu, nous avons aussi mis du grillage autour de notre potager. Aujourd'hui, c'est un grand plaisir de voir que nous pouvons planter des fleurs, des pousses et de jeunes arbres que les lapins respectent. À Deer Park, les coyotes sont nos amis. Toutes les nuits, on peut les entendre chanter et s'appeler entre eux ; il est rare qu'on en voie dans la journée. Nous vivons tous ensemble dans la paix et l'harmonie, avec la sauge et le lilas, les coyotes, les serpents, les lapins et d'innombrables variétés rares de plantes et de fleurs sauvages.

La Montagne du lotus aux dix mille pierres

Mais la grande beauté du monastère de Deer Park, ce ne sont pas ses installations ni même les coyotes, les lapins et les fleurs des champs. La beauté la plus inattendue de Deer Park, ce sont tous ces immenses rochers situés sur les sommets qui l'entourent, sur le terrain du monastère. Nous y allons tôt le matin, en passant par de petits sentiers de montagne. Au bout d'une demi-heure, nous nous trouvons devant un ensemble d'immenses rochers plats posés les uns à côté des autres, que Thây a baptisés poétiquement Van

Thach Lien Son (la Montagne du lotus aux dix mille pierres). En septembre 2005, lors de la retraite intitulée « Liberté et Responsabilité » qui s'est tenue à Deer Park, toute la Sangha, soit huit cents personnes, s'est rendue sur ce lieu avec Thây pour y pratiquer la méditation assise. Le matin, à 5 h 30, c'est comme s'asseoir sur une île faite de rochers sortant d'un immense océan de brouillard. Puis, avec les rayons du soleil, le brouillard se dissipe, révélant une vue magnifique sur la vallée et les villes proches. Nous étions assis majestueusement tout en haut d'une énorme montagne, comme des princes et des princesses du ciel regardant le petit monde d'en bas ! Cette Montagne du lotus aux dix mille pierres est aussi un merveilleux endroit où la quadruple Sangha du monastère peut venir piqueniquer en fin d'après-midi et pratiquer la méditation assise jusqu'au coucher du soleil. Certains sortent une guitare, d'autres une flûte, pour jouer sous la pleine lune et composer de nouvelles chansons pour la pratique ou de nouveaux chants. C'est un vrai bonheur. Chaque semaine, les membres de la Sangha vont y pique-niquer et s'asseoir sur les immenses sièges en pierre situés à l'est et à l'ouest de Deer Park.

Chaque fois que je peux me joindre à eux, c'est toujours un vrai plaisir. En quittant le Viêt-nam, et même quand nous avons commencé à œuvrer pour les réfugiés en France, j'étais loin d'imaginer que nous aurions un jour le Village des Pruniers et Deer Park, ces lieux de solidité et de beauté pour continuer à offrir les précieux enseignements du Dharma.

CHAPITRE 24

Nous sommes arrivés : retour au Viêt-nam

Le 11 janvier 2005, avec Thây, j'ai à nouveau foulé le sol vietnamien pour la première fois depuis quarante ans. Accompagnés par de nombreux membres de la Sangha, nous allions passer trois mois dans notre patrie d'origine. Thây devait donner des conférences, ce qui, en raison de la situation politique, avait été impensable pendant longtemps.

En principe, j'avais renoncé depuis longtemps à l'idée de revenir un jour au Viêt-nam. Non pas dans un sens négatif, je ne suis pas en train de dire que cela me manquait. J'essaie de vivre dans le moment présent. Ma pratique était : « Même dans la situation la plus difficile, même si je désire quelque chose de très important, si je vis dans le moment présent, je toucherai cette chose dans la dimension ultime. » Je sais qu'en cet instant, même si je vis en France, je suis profondément reliée au peuple vietnamien. Lorsque je m'établis profondément dans l'instant présent, je peux me relier à la souffrance des enfants, des personnes démunies qui vivent dans des régions reculées, des personnes qui sont en prison, qui sont exploitées ou qui ont faim, et je sais que je peux toujours faire quelque chose pour les aider. Et lorsque je mets en place des projets humanitaires au Viêt-nam, j'ai l'impression d'être sur place, au Viêt-nam. C'est la raison pour laquelle je ne me considère pas comme une personne en exil et que je n'ai pas le mal du pays. J'ai aussi beaucoup d'amis ici et ailleurs. Partout où je vais, je me sens chez moi.

Thây ressentait la même chose. Il apprécie chaque pas qu'il fait, chaque jeune pousse, chaque bouton de fleur au printemps et il est heureux et empli de compassion partout où il va. Évidemment, ces quelques mois passés au Viêt-nam ont été extrêmement riches et maintenant, avec la maturité de la pratique, Thây souhaitait pouvoir partager sa pratique avec les jeunes pratiquants au Viêt-nam, en personne. Il se souvenait avec compassion du jeune moine qu'il avait été il y a soixante-cinq ans, ne sachant pas très bien comment pratiquer et progresser rapidement. Il se disait que les nouvelles méthodes qu'il avait découvertes en étudiant l'enseignement du Bouddha l'auraient bien aidé et qu'elles seraient extrêmement utiles pour les jeunes moines et les jeunes laïcs, la future génération. Et bien sûr, de nombreux Vietnamiens seraient extrêmement heureux de rencontrer Thây en personne. Il recevait quantité de lettres pour lui dire à quel point ils attendaient son retour.

Pendant des années, des amis et des journalistes avaient fait pression sur le Comité central du Parti communiste qui dirige le Viêt-nam pour qu'il autorise Thây à rentrer. Finalement, début 2004, ils ont fait savoir que Thây pouvait revenir au Viêt-nam y enseigner le bouddhisme.

Le Comité central a d'abord demandé à Thây Chon Thien, un ancien étudiant de Thây Nhat Hanh à l'université Van Hanh qui était devenu entre-temps membre du Parlement vietnamien, de venir en France pour rencontrer Thây et savoir s'il souhaitait revenir. Mais Thây Chon Thien n'a pas pu venir, parce que l'ensemble des deux cent quarante-sept moines et nonnes de tous les centres du Village des Pruniers se trouvaient au monastère de Deer Park pour la retraite des pluies de trois mois, de janvier à avril 2004.

Un jour, au mois de mars, deux représentants de l'ambassade vietnamienne sont venus à Deer Park pour remettre une invitation à Thây au nom du gouvernement vietnamien et parler des conditions de ce voyage. Avant qu'ils n'arrivent, j'avais dit à l'ami médiateur qui organisait la visite : « Nous sommes désolés, mais au cours de la retraite d'hiver, Thây ne reçoit pas de visiteurs. Les journalistes doivent pratiquer pendant une semaine avant de pouvoir l'interviewer. Si les délégués de l'ambassade souhaitent rencontrer Thây, ils sont invités à venir pratiquer pendant une semaine avant que Thây n'accepte de les rencontrer. »

Nous étions assez hésitants à les rencontrer. Les représentants se sont toutefois conduits humblement et ils ont révélé qu'ils étaient bouddhistes et admiraient Thây depuis longtemps. En fait, ils étaient heureux d'être autorisés à rester pour pratiquer. Les membres du Parti communiste n'étaient apparemment pas autorisés à se rendre dans un monastère de Thich Nhat Hanh, mais maintenant ils avaient une bonne excuse pour rester avec nous, afin d'accomplir une mission pour le gouvernement. Ils sont donc venus à Deer Park le 14 mars 2004 pour pratiquer avec nous pendant une semaine. Le quatrième jour, Thây les a reçus.

Depuis 1997, ces négociations pour retourner au Viêt-nam étaient devenues de plus en plus difficiles. Thây le savait. Le Viêt-nam voulait adhérer à l'Organisation mondiale du commerce (OMC) et les autorités ne pouvaient pas laisser Thây rester exilé *ad vitam aeternam*. C'était une bonne occasion pour les deux parties : Thây les laissait « utiliser » notre retour, en échange de la possibilité de transmettre l'enseignement à la jeune génération au Viêt-nam. En fait, Thây pensait que pour entrer dans l'OMC, le Viêt-nam devait devenir plus démocratique et que cela serait bénéfique pour les quatre-vingts millions de Vietnamiens. Nous savions que cette visite serait une occasion unique pour nous de transformer les perceptions erronées que le Parti pouvait avoir au sujet du bouddhisme, et que plus nous resterions, plus nous aurions de chances de parvenir à une compréhension mutuelle. Thây a dit aux délégués : « Je n'ai pas besoin de rentrer dans mon pays, à moins que dix de mes livres soient publiés légalement au préalable. Par ailleurs, je pourrais envisager de revenir si j'ai l'assurance de pouvoir être accompagné de mes "enfants spirituels" : cent moines et nonnes et cent pratiquants laïcs. Nous passerons un mois au Nord-Viêt-nam, un mois dans la région du centre et un mois dans le Sud. » Au départ, ils ne voulaient pas que nous restions trop longtemps et ils ont dit que nous pourrions revenir d'autres fois après ce premier voyage. Thây a dit qu'il regrettait, mais qu'il ne pouvait pas faire plus court. Nous avons donc décidé, après trente ans de non-communication, d'entamer le processus de négociation en envoyant un délégué discuter avec eux de ce que Thây souhaitait faire au Viêt-nam.

Après avoir reçu les instructions de Thây, un frère ainé du Village des Pruniers, Thây Pháp Ấn (Sceau du Dharma), a été envoyé pour négocier avec les deux délégués de l'ambassade du Viêt-nam à San Francisco. Puis, après beaucoup d'explications et un accord mutuel sur les grandes lignes de ce que Thây souhaitait, après de nombreuses discussions et d'allers et retours entre Hanoi et l'ambassade de San Francisco, les autorités ont accepté d'accueillir une délégation du Village des Pruniers pour entamer des discussions plus poussées. Thây Pháp Ấn a passé lors de sa visite au Viêt-nam des moments assez difficiles avec les nombreux cadres du régime vietnamien dans chaque ville où notre délégation devait se rendre : Hanoi, Hué, Binh Dinh et Saigon. Ce ne sont pas des diplomates comme ceux que l'on rencontre dans les ambassades en Occident – mais, grâce à la pratique, Thây Pháp Ấn a surmonté les difficultés et les « interrogatoires » avec beauté et fermeté. Thây Pháp Ấn est revenu assez satisfait, parce que partout où il était allé, il avait pu expliquer en détail les raisons pour lesquelles Thây Nhat Hanh souhaitait faire telle ou telle chose.

Les négociations rompues, le voyage annulé

Il y avait un point de désaccord important entre les autorités et nous – ils ne voulaient pas de conférences publiques en dehors des temples bouddhistes – mais ils ne l'ont pas dit clairement à Thây Pháp Ấn. Ils ont juste confirmé à Thây Pháp Ấn que tout était réglé et qu'en ce qui concerne les conférences publiques dans des lieux comme le Palais de la Culture, il fallait « encore vérifier ». Le fonctionnaire chargé des affaires religieuses a dit que nous aurions une réponse dans une semaine. Thây Pháp Ấn est un moine ancien très humble, mais très ferme dans les négociations. Au bout d'une, puis deux, puis trois semaines sans nouvelles, l'ambassade du Viêt-nam à Paris a fini par m'appeler sur ma ligne privée et m'a laissé le message suivant sur mon répondeur : « Le Premier ministre est honoré d'accueillir le maître zen Thich Nhat Hanh pour visiter le Viêt-nam avec sa délégation pendant quatre-vingt-dix jours. Pour discuter des détails, veuillez vous adresser à la congrégation bouddhique au Viêt-nam. » Thây Pháp Ấn devait se rendre à Paris pour accueillir une délégation monastique pro-gouvernementale venue du Viêt-nam pour séjourner au Village des Pruniers. Nous avons annoncé la bonne nouvelle sur notre site web et nous avons invité nos amis laïcs à se joindre à nous à l'occasion de ce voyage. Cinq heures plus tard, Thây Pháp Ấn s'est rendu en personne à l'ambassade et les deux représentants de l'ambassade lui ont fait savoir qu'il n'y aurait pas de conférence dans des lieux publics, excepté dans les temples, et que trois cents personnes, c'était beaucoup trop pour accompagner Thây. Ils n'étaient pas prêts à accepter un aussi grand nombre. Thây Pháp Ấn a appelé le Village des Pruniers pour faire part de ces nouvelles à Thây.

C'était inacceptable pour nous et nous pensions que les négociations étaient terminées. Nous avons donc annoncé sur notre site web que le voyage était annulé.

Des centaines de courriels arrivaient tous les jours au Village des Pruniers pour demander pourquoi nous avions annulé le voyage. Nos amis disaient : « Ce n'est pas grave si Thây ne peut donner des conférences que dans des temples. Pourquoi refusez-vous ces conditions ? » Des amis vietnamiens nous ont rappelé que dans le comté d'Orange, en 2001, Thây avait donné une conférence dans un temple qui avait attiré sept mille personnes, tandis que sa conférence à l'université de Californie à Irvine n'avait attiré que deux mille personnes. Alors pourquoi ne pas se contenter de donner des conférences dans les temples ?

Cette situation n'était pas facile à gérer, même si je pratiquais « Je suis chez moi, je suis arrivée. Le Viêt-nam ne me manque pas du tout. Partout sur la planète, je suis chez moi ». J'ai reçu un très grand nombre de lettres et de courriels, les plus émouvants étant les poèmes des pratiquants occidentaux qui regrettaient la « mort » du voyage d'une manière très belle et très innocente. J'ai envoyé la lettre la plus éloquente et la plus touchante à l'ambassade du Viêt-nam, pour montrer la beauté et la pureté de cœur des disciples occidentaux de Thây. Dans ma lettre, je demandais pourquoi ils ne les laissaient pas visiter le pays, ajoutant que dans la mesure où Thây avait des centaines de milliers de disciples, trois cents représentants, ce n'était finalement pas tant que cela. Pourquoi ne pourrait-il pas y avoir des conférences dans les lieux publics ?

Pourquoi limiter le nombre de personnes autorisées à accompagner Thây ?

Les autorités n'ont pas réagi tout de suite, mais j'ai appris par la suite que non seulement les disciples vietnamiens et occidentaux de Thây étaient tristes, mais que c'était aussi le cas des négociateurs des ambassades du Viêt-nam à San Francisco et à Paris. Les négociateurs à San Francisco, ainsi qu'un vieil ami du nom de Ton That Chieu (nous étions parmi les sept premiers disciples de Thây en 1960), m'ont implorée : « Ma sœur, je t'en prie, écris une lettre formelle, en ton nom, au Premier ministre, par l'entremise du vice-ministre des Affaires étrangères, Nguyen Phu Binh. Juste une lettre qui permettra de sauver la face pour les autorités. » Selon lui, M. Nguyen Phu Binh était une personne très ouverte d'esprit qui soutenait de tout son cœur le retour de Thây au Viêt-nam et était prêt à faire tout son possible pour obtenir le maximum de concessions de la part du gouvernement vietnamien. Ils ont dit que le gouvernement avait besoin d'un geste pour contribuer à détendre la situation. Il m'a suggéré de dire dans ma lettre au Premier ministre que Thây pourrait donner des conférences publiques dans des salles plus petites : au lieu du stade de My Dinh pouvant accueillir quarante-cinq mille personnes, nous pourrions aller dans un stade plus petit, comme celui de Thi Dau Quan Ngua, pour seulement cinq mille personnes. En ce qui concerne la délégation autorisée à accompagner Thây, nous pourrions la limiter à un nombre de cent quatre-vingt-dix personnes – quatre-vingt-dix laïcs et cent moines et nonnes.

Un acte audacieux mais réfléchi

J'ai donc écrit une lettre très courte au Premier ministre par l'entremise du vice-ministre des Affaires étrangères, Nguyen Phu Binh, pour le remercier d'accueillir notre délégation pendant quatre-vingt-dix jours et lui dire que nous acceptions une délégation de cent quatre-vingt-dix personnes et un stade plus petit de seulement cinq mille places. Quand le gouvernement s'était rendu compte que les négociations étaient suspendues, ils avaient trouvé que c'était dommage et souhaitaient entamer de nouvelles négociations. Ma lettre était donc comme une bouée de sauvetage qui leur permettait de sauver la face. Ils ont répondu immédiatement et très gentiment : « Ne vous en faites pas au sujet du nombre de personnes pouvant accompagner Thây et envoyez votre négociateur au Viêt-nam pour finaliser les derniers détails du voyage. » Thây a été le premier à recevoir et à lire cette lettre. Il était très content, car il pensait que le gouvernement vietnamien était revenu sur ses exigences. Mais je savais que ce n'était pas le cas ! Je me sentais assez mal et je me demandais quand j'allais m'incliner et offrir ma repentance à Thây, parce que j'avais omis de lui dire que j'avais écrit une lettre au Premier ministre et que la réponse de ce dernier ne précisait pas s'il y aurait cent quatre-vingt-dix personnes pour accompagner Thây ou trois cents. Tout joyeux de ces nouvelles, Thây a demandé à Pháp Ấn d'aller chercher un visa à Paris pour se rendre immédiatement au Viêt-nam. Thây Pháp Ấn a appelé le fonctionnaire de l'ambassade, qui lui a dit : « Mais vous devez aller au Viêt-nam sur la base de la lettre de Sœur Chân Không, et non sur la base des propositions précédentes ! » Thây Pháp Ấn, choqué, a raconté à Thây ce qui s'était passé. Thây m'a fait venir et je lui ai montré la lettre que j'avais envoyée au Premier ministre. C'était la première fois que je voyais Thây en colère contre moi.

D'une voix parfaitement calme mais extrêmement froide et dure, il a dit : « Comment as-tu osé écrire une lettre au Premier ministre de ta propre initiative, dans mon dos ? » Puis, me montrant la salle du Bouddha de son ermitage, il m'a dit d'une voix dure : « Va offrir ta repentance aux patriarches et exprimer tes remords au Bouddha. » C'est ce que j'ai fait. Je me suis agenouillée, j'ai posé ma tête sur le sol en face de l'autel et je suis restée dans cette position, à toucher la terre, en attendant que Thây décide de venir me pardonner pour cette trahison. Trois heures et demie s'étaient écoulées, pendant lesquelles Su Co Dinh Nghiêm, Thây Pháp Ấn et d'autres frères et sœurs du conseil des enseignants du Dharma discutaient du voyage au Viêt-nam. Thây leur avait offert du thé et les avait invités à venir le rejoindre dans sa véranda pour y admirer les gros chrysanthèmes colorés qu'il cultivait. Alors que tout le monde s'apprêtait à partir, Thây est allé dans la salle du Bouddha et c'est là qu'il m'a trouvée, à genoux, la tête posée au sol. Il ne savait pas que j'étais toujours face au sol devant l'autel, en train de sangloter. Cela l'a touché et il m'a dit : « Va te laver le visage. » Cela voulait dire qu'il m'avait pardonné. Ensuite, les discussions se sont poursuivies et tout a fini par s'arranger.

Des soupçons et de la peur partout

Alors que nous étions tous occupés avec les derniers préparatifs du voyage après toutes ces négociations, je me suis sentie très calme. Je me suis dit que quoi qu'il se passe, ce serait bien. Enfin, le 11 janvier 2005, nous étions à l'aéroport de Paris pour prendre un vol en direction du Viêt-nam. Je n'ai cependant pas pu assister à l'arrivée de Thây, parce qu'on ne retrouvait pas mes deux valises. J'ai dû rester dans le hall pour effectuer les formalités nécessaires. Environ quinze minutes plus tard, mes valises sont soudain apparues. Je n'avais pas fermé mes valises avec un cadenas pour le voyage. Elles ne contenaient que des médicaments pour la Sangha et plusieurs robes destinées aux nonnes, rien de particulier. Apparemment, la police secrète avait voulu s'assurer qu'elles ne contenaient pas de documents subversifs pour le régime, mais comme les valises n'avaient pas de cadenas, la fouille avait été facile et je les ai tout de suite récupérées. Lorsque l'abbé du temple de Tu Hieu était rentré au Viêt-nam avec deux valises fermées par un cadenas après un séjour de trois mois au Village des Pruniers, les autorités avaient prétendu que ses valises s'étaient perdues. En fait, ils les avaient gardées plusieurs jours pour les fouiller.

Lorsque j'ai quitté l'aéroport d'Hanoi, tout le monde était déjà dans le bus. Ce n'est que par la suite que j'ai appris toutes les difficultés auxquelles avaient dû faire face tous ceux qui avaient voulu accueillir et recevoir Thây à son arrivée. Au moins six communautés bouddhistes de Hanoi s'étaient préparées à accueillir Thây, avec huit ou dix autocars pour chaque temple dont l'abbé ou l'abbesse connaissait et admirait Thây. Mais, la veille de l'arrivée de Thây, l'ordre était tombé : vous n'êtes pas autorisés à venir accueillir Thây Nhat Hanh à l'aéroport, particulièrement si vous êtes membre du Parti. Comme pratiquement tout le monde dans cette société dirigée par le Parti communiste était membre du Parti, toutes ces personnes avaient dit à l'abbé ou à l'abbesse : « Nous sommes membres du Parti et nous devons obéir. Nous sommes vraiment désolés, mais nous n'osons pas venir. » Les sœurs avaient dû annuler sept autocars pour tel temple, cinq autres autocars pour tel autre temple. Finalement, chaque temple n'a pu faire venir qu'un seul autocar de cinquante personnes à l'aéroport. Il n'empêche, les milliers de personnes qui sont venues accueillir Thây avaient toutes le visage illuminé, particulièrement dans un pays écrasé par tant de violence. Il y avait de l'espoir ; il y avait de la confiance ; il y avait de la fierté – c'est quelque chose de difficile à détruire.

Le Parti communiste avait promis que pour l'arrivée de Thây, quinze badges spéciaux seraient remis à la communauté afin d'être distribués aux personnes qui allaient assister Thây ou souhaitaient le saluer officiellement. Sans ce badge spécial indiquant leur statut (pratiquant laïc, nonne, moine, équipe TV), personne ne serait autorisé à pénétrer dans la zone de sécurité à l'intérieur de l'aéroport. C'était aussi le cas pour les représentants monastiques venus du centre, du Sud et du Nord-Viêt-nam, qui, selon l'accord initial, devaient venir accueillir Thây. C'était important, car Thây venait sur la base d'une invitation non pas du gouvernement, mais des moines et des nonnes des différentes régions. La nuit précédant l'arrivée de Thây, on nous avait encore assuré que les badges seraient distribués. Mais, tôt dans la matinée, nos moines n'ont pas reçu ces badges spéciaux et ils ont dû attendre dans une foule de plusieurs milliers de personnes, sans pouvoir pénétrer à l'intérieur de la zone de sécurité dans l'aéroport. Thây Pháp Ấn s'est écrié : « Ce n'est pas juste ! Vraiment pas juste ! Je suis l'organisateur et je n'ai pas de badge pour entrer ! Comment le gouvernement peut-il agir de la sorte ? » Un badge lui a été remis aussitôt. Le gouvernement a certainement dû avoir peur d'une publicité négative, car il y avait beaucoup de journalistes présents. Thây Pháp Ấn a pu ensuite faire en sorte que les moines et les nonnes des différentes régions puissent venir saluer Thây.

Fouler la terre du Vietnam

L'autocar nous a conduits au temple Bo De de sœur Thich Dam Lan, une sœur qui était déjà venue au Village des Pruniers. Le lieu était très beau. Nous nous sommes reposés pendant une demi-heure, puis nous avons pratiqué la marche méditative dans l'enceinte du temple. Lorsque nous sommes passés devant le potager, Thây a pris de la terre dans ses mains pour la sentir. J'ai fait de même. Pour moi, c'était un moment de satisfaction et pas nécessairement de bonheur bouleversant. Je me suis dit que j'étais tout aussi heureuse quand je faisais la même chose en Europe au printemps. Chaque fois que je vois une belle plante ou une nouvelle feuille ou que je touche une nouvelle branche fraîche et fragile dans la forêt, je suis heureuse, que je sois en Europe, en Amérique ou désormais au Viêt-nam. J'avais toujours entendu parler de la très belle architecture du vieil Hanoi, et j'étais choquée et déçue de voir tous ses nouveaux immeubles pas très beaux. J'étais aussi choquée et blessée de voir tous ces restaurants servant toutes sortes de plats avec de la viande de chien ! Thây m'a fait revenir à un peu d'équanimité en me rappelant que ceux qui mangent de la viande de chien ne sont pas plus cruels que ceux qui mangent de la viande de bœuf. Ils tuent des animaux pour se nourrir.

Le jeudi suivant, le 20 janvier 2005, j'ai vécu une expérience importante qui a changé cette première impression que j'avais eue au cours de nos premiers jours de visite au Viêt-nam. Au Nord-Viêt-nam, le bouddhisme n'est populaire qu'auprès de l'ancienne génération. Les gens instruits évitent d'aller au temple et les jeunes trouvent que c'est démodé et superstitieux. Les membres du Parti communiste perdraient leur crédibilité au sein du Parti s'ils allaient au temple. C'est la raison pour laquelle, pendant les négociations, les autorités ne voulaient pas que Thây donne des conférences en dehors des temples. Au cours des trois premiers jours, nous avions visité trois temples célèbres et j'avais vu clairement qu'au Nord-Viêt-nam, le bouddhisme actuel était juste pour les grands-mères et pas même pour les grands-pères ! Mais le 20 janvier, nous avons visité le temple Bang A, où se trouve une école monastique bouddhiste dirigée par le grand moine

Thich Bao Nghiêm, qui fait partie de l'Église bouddhique du Viêt-nam. Il avait aussi invité des pratiquants laïcs, mais ce fut peut-être la rumeur sur l'enseignement profond que Thây Nhat Hanh avait donné au temple Dinh Quan le dimanche qui fit venir de nouveaux visages de tous les âges. Pour la première fois, il y avait une véritable assemblée bouddhiste – des hommes et des femmes, des jeunes et des personnes âgées –, et cela m'a beaucoup inspirée.

Cette terre de quatre mille ans d'histoire

Avant le discours sur le Dharma, Thây nous a demandé d'offrir un chant invoquant le nom d'Avalokiteshvara. Thây nous a invités à envoyer notre énergie de compassion aux souffrances dans notre corps et dans notre esprit, ainsi qu'à ceux que nous aimions et qui n'étaient pas présents. Nous pouvions aussi envoyer notre énergie d'amour aux malades ou aux personnes dans le besoin pendant que les moines et nonnes allaient chanter le nom d'Avalokiteshvara. En général, j'essaie d'envoyer mon énergie à une personne qui ne va pas très bien, par exemple une sœur malade. Mais ce jour-là, au temple Bang A, j'ai envoyé cette pensée en silence : « Il y a peut-être parmi nous des personnes qui souffrent, qui n'ont pas l'occasion de parler à quelqu'un qui puisse leur montrer comment pratiquer face aux difficultés. Je souhaite que toutes ces personnes puissent recevoir l'énergie de compassion de la Sangha réunie, pour transformer leur souffrance. » Et face à ce vaste auditoire, dans la concentration et la compassion, je me suis sentie peu à peu envahie par un sentiment très puissant : je suis maintenant sur la terre même qui est le berceau du Viêt-nam, avec ses quatre mille ans d'histoire. Sur cette terre sacrée, des millions de pères et de mères vietnamiens ont vécu et sont morts : tous ces pères qui aspiraient à faire quelque chose de grand, de beau et de sain pour les générations futures, toutes ces mères qui avaient consacré leur vie à aimer et à nourrir leurs enfants, qui les avaient élevés pour les offrir au pays.

Je sentais que je touchais profondément mes ancêtres génétiques et les ancêtres de la terre où j'étais née, ainsi que mes ancêtres spirituels. Moi, je suis du Sud. Contrairement au Nord-Viêt-nam, dont l'histoire remonte à plusieurs milliers d'années, l'histoire du Sud-Viêt-nam, pour autant que je sache, ne remonte qu'à quatre ou cinq cents ans.

Au cours de mon enfance, j'avais appris que le Viêt-nam avait été colonisé par les Chinois pendant mille ans, mais que nos ancêtres les avaient toujours chassés et tenté de préserver l'indépendance du Viêt-nam à l'égard de la Chine. D'après l'histoire du Viêt-nam, au cours de l'an 40 apr. J.-C., les dirigeants chinois s'étaient montrés si cruels que deux sœurs Trung, qui n'étaient alors âgées que de vingt et vingt-quatre ans, s'étaient révoltées, avaient mis en défaite l'armée chinoise et chassé les Chinois du pays. Les deux sœurs ont dirigé le pays au cours des trois années qui ont suivi, mais les Chinois sont revenus et les deux sœurs se sont noyées dans la rivière Hat. Pour moi, c'est ça, le Viêt-nam. Mais ces sœurs vivaient dans le Nord, et non dans le Sud. C'était le Nord-Viêt-nam qui avait combattu les Chinois. Par la suite, au XIIIe siècle, un roi merveilleux du nom de Tran Nhan Tong mit en défaite l'armée de Gengis Khan, puis il se fit moine et transmit le bouddhisme au peuple. Il légua le trône à son fils et ne resta à la cour qu'à titre de conseiller spirituel. Il se rendait pieds nus dans les régions pauvres et enseignait aux gens la pratique des Cinq Préceptes pour les laïcs et des dix vœux des bodhisattvas. Puis il prit la route pour le Sud du pays afin d'entamer des pourparlers avec les dirigeants locaux des pays voisins qui étaient en guerre avec le Viêt-nam.

Tout se passait dans le Nord du pays, jamais dans le Sud. Pourtant, alors même que je venais du Sud, je me suis soudain sentie très reliée à cette histoire du Viêt-nam qui remontait à plus de quatre mille ans. Je me suis dit : « C'est la terre pour laquelle les sœurs Trung ont combattu les Chinois, où Tran Nhan Tong a vécu, d'abord comme roi puis comme moine, où tous les héros que j'admire ont vécu. » Puis j'ai pris conscience que tous ces personnages historiques célèbres ne constituaient qu'une toute petite partie du vaste océan de mères et de pères vietnamiens qui avaient travaillé dur pour le pays : ces merveilleux parents qui s'étaient occupés de leurs parents et de leurs familles d'une manière exemplaire, qui avaient cultivé leur terre, mais aussi, quand le pays avait dû se défendre contre de cruels envahisseurs, qui avaient dû sacrifier leurs enfants. J'ai envoyé alors mon énergie aux millions de Vietnamiens qui étaient morts innocents sur cette terre : des milliers de mères et de pères inconnus dont le nom ne figure pas dans les livres d'histoire, mais sans qui le Viêt-nam n'existerait pas. Voyant tout cela, des larmes ont commencé à glisser sur mes joues. Je me suis dit que maintenant, j'étais vraiment reliée à tous ceux qui s'étaient consacrés d'une manière si belle et si courageuse à leur pays.

Au cours des dernières décennies, ce n'était pas forcément la compassion qui avait le plus influencé les gens au Viêt-nam. C'est pourquoi l'une des tâches de Thây lors de son retour au Viêt-nam avec la Sangha était de renforcer la compassion dans le pays. Les Vietnamiens ont montré qu'ils avaient beaucoup de courage, mais au cours des conflits et par la suite, il n'y avait plus eu autant de compassion. J'étais persuadée que le retour de ma Sangha pouvait contribuer à renforcer ce sentiment de compassion et aider le Viêt-nam à devenir un bon pays.

Depuis cette expérience, je vois chaque Vietnamien et chaque Vietnamienne que je rencontre avec des yeux différents. Lorsqu'il y avait un équilibre entre le courage et la compassion, il y avait des pères et des mères merveilleux. Notre tâche était par conséquent de ramener la compassion. J'ai compris alors l'importance de ce retour de Thây et de sa Sangha au Viêt-nam. Soudain, je me sentais reliée à tout sans discrimination – tout était aussi bien. Je ressentais la même empathie pour tous et j'ai décidé d'accepter chaque personne telle qu'elle était, de partager ce que je pouvais partager et de donner de mon mieux à autant de personnes que possible. Je n'allais pas me plaindre et dire : « Mais vous n'avez retenu que cinq pour cent de ce que j'ai enseigné ! » Mon cœur doit être suffisamment ouvert.

À compter de ce jour, j'ai commencé à travailler très tôt le matin pour ne m'arrêter que très tard le soir ; je n'étais jamais fatiguée. Après le repas de midi, les gens voulaient se reposer et je leur disais : « Que ceux qui veulent se reposer aillent se reposer, mais j'ai beaucoup d'énergie pour tous ceux d'entre vous qui souhaiteraient apprendre des chants pour la pratique avant la prochaine activité. » Jusqu'à 15 heures, après le repas, j'offrais la pratique de la relaxation profonde et du toucher de la terre.

Au cours des derniers jours à Saigon, nous avons commencé à proposer un CD avec la pratique du toucher de la terre. J'ai annoncé que le disque serait disponible à partir de 17 heures. À l'heure dite, une foule de gens se pressaient près d'un stand. Les personnes chargées de la vente étaient complètement débordées. Tout juste si elles parvenaient à dire : « Voici mes mains, déposez-y votre argent et prenez le CD. » En quinze minutes, tous les disques ont été vendus – plusieurs milliers d'exemplaires. Le lendemain, qui était notre dernier jour, un jeune homme en uniforme est venu me voir. Il était très agité et il m'a dit : « Sœur, je voulais acheter votre CD. Hier, je suis venu à 17 heures, mais je n'ai pas pu en avoir un. Aujourd'hui, je suis venu à 16 heures au lieu de 17 heures, mais ils étaient déjà tous vendus. Je sais que vous partez demain. Que puis-je faire ?

– Attendez, je vais essayer de vous en trouver un », lui ai-je répondu. En lui remettant le disque et en regardant d'un peu plus près son uniforme, j'ai remarqué que c'était l'uniforme de la police des affaires religieuses. On peut généralement voir ces policiers dans les temples et les églises, où ils peuvent surveiller que tout se passe « comme il faut ». Dans le cas contraire, ils transmettent l'information aux services concernés du gouvernement. Ces agents de police sont les plus détestés par les bouddhistes ! Cet agent qui m'avait approchée était apparemment très enthousiaste au sujet de l'enseignement, et très déçu de ne pas avoir pu se procurer le CD des touchers de la terre. Je lui ai donc donné. J'avais apprécié le fait que le cœur d'un policier travaillant pour les affaires religieuses ait été touché et qu'il s'intéresse vraiment à la pratique.

Thây et l'enseignement du bouddhisme engagé

Lorsque Thây s'était rendu en Chine pour la première fois, les moines avaient dit : « Nous sommes un grand pays. Nous avons apporté le bouddhisme au Viêt-nam. Et voilà qu'un moine vietnamien vient maintenant nous donner des enseignements ! » Au bout de quelques jours, comme Thây enseignait l'*Anapanasatti Sutta*, ils ont commencé à se dire : « Il est venu nous enseigner le bouddhisme Theravada, mais ses enseignements sont profonds, plus profonds que ceux des moines Theravada. » Le troisième jour, ils ont été très surpris de voir que Thây se référait aussi dans ses enseignements à des sutras du Mahayana, comme l'*Avatamsaka Sutra*, le *Sutra du Diamant* et le *Sutra du Lotus*, avec une profondeur qu'aucun maître ne leur avait encore jamais offerte. Beaucoup de moines de haut rang qui avaient refusé initialement de venir écouter les discours sur le Dharma de Thây sont venus écouter le quatrième, le cinquième, le sixième et le septième discours ! Le cinquième jour, ils sont venus se prosterner devant Thây en lui demandant de leur pardonner leur manque de discernement des premiers jours. Ils ont enregistré tous les discours sur le Dharma et promis de les envoyer à toutes les branches de leur école en Chine.

Au Sud-Viêt-nam, les gens connaissaient mieux la manière d'enseigner de Thây, mais cela restait inhabituel pour de nombreux Vietnamiens. Thây associe la beauté du bouddhisme Mahayana aux principaux enseignements des sutras sur la Pleine Conscience de la respiration et sur les quatre établissements de la Pleine Conscience. Aussi bien l'*Anapanasatti Sutta* que le *Satipathana Sutta* sont très importants. Au temps du Bouddha historique, tous les moines et les nonnes devaient les connaître par cœur. Certains bouddhistes connaissent l'existence de ces sutras dans le canon chinois, mais ils pensent que ces sutras sont importants uniquement dans la tradition du bouddhisme Theravada.

Il existe deux types de bouddhisme au Viêt-nam, à la suite de la division du pays pendant les vingt et un ans qui se sont écoulés entre 1954 et 1975. Au Nord-Viêt-nam, les communistes au pouvoir pensaient que le bouddhisme était l'opium des masses. Ceux qui le pratiquent encore ont souvent une foi inconditionnelle dans le Bouddha, comme s'il s'agissait d'une sorte de Dieu doté de pouvoirs surnaturels. Au Sud-Viêt-nam, la situation est assez différente. Ils connaissent tous les sutras par cœur, l'*Avatamsaka Sutra*, le *Sutra du Diamant*, le *Sutra du Lotus*, le *Sutra de Vimalakirti*, le *Sutra de la Prajñaparamita*, etc. Ils sont capables d'enseigner les sutras sur un plan intellectuel, mais ils ne savent pas les transmettre de manière à ce que tout un chacun puisse les appliquer dans la vie quotidienne. Lorsque les pratiquants laïcs rentrent chez eux après de tels enseignements, leur seule foi ne peut suffire à les aider à gérer leurs émotions ; ils sont toujours en colère contre leurs enfants et réagissent souvent de manière agressive. Ils continuent à se disputer les uns avec les autres, à faire des choses mesquines, etc.

Au Sud-Viêt-nam, beaucoup de moines et de nonnes mettent l'accent sur les études intellectuelles. Pour les laïcs, la pratique se limite souvent à faire des donations pour un beau temple. Ils aident à construire des temples de 5 ou 10 millions de dollars, mais ils ne donnent pas d'argent aux enfants qui ont faim, ou alors seulement après une grosse inondation. Une nonne qui était déjà venue au Village des Pruniers avait invité plusieurs fois nos moines et nonnes à venir enseigner la pratique du Village des Pruniers. Le temple de cette sœur était magnifique. Elle avait collecté assez facilement plusieurs milliers de dollars pour couvrir d'or ses statues du Bouddha et des bodhisattvas, mais pas pour bâtir une salle de méditation. « Une salle de méditation, mais pourquoi faire ? » disaient les gens. « Une salle pour le Bouddha, d'accord, mais à quoi nous servirait une salle de méditation ? » C'est ainsi que nous avons réuni des fonds, au Village des Pruniers, pour construire cette salle de méditation. Dans une salle du Bouddha vietnamienne, il y a tellement de statues qu'il n'y a pratiquement plus de place pour pratiquer la méditation assise. De plus, les bouddhistes au Viêt-nam n'acceptent pas la pratique de la relaxation totale, car il faut s'allonger dans la salle du Bouddha ce qui, à leurs yeux, est trop impoli à l'égard du Bouddha !

Dans la région de Hué et dans les villes des alentours, en pleine campagne, la situation est encore différente. C'est la région la plus pauvre du Viêt-nam et les nonnes sont familiarisées avec le travail humanitaire parce que les gens sont extrêmement démunis. Mais elles n'ont pas fait le lien entre leur engagement social et leur pratique. Ce n'est qu'avec la pratique que l'on peut atteindre la liberté intérieure et l'absence de peur, et que l'on peut toucher la non-dualité. On ne fait plus de distinction entre la personne qui aide et celle qui bénéficie de cette aide, tout comme la main droite aide la main gauche sans la regarder de haut ni attendre de remerciements. De par leur compassion, les nonnes au Viêt-nam aident la population, mais elles ne connaissent pas bien les sutras qui pourraient les aider et les soutenir dans leurs actions, comme l'*Anapanasatti Sutta*. De plus, aucun moine ne participe à ces actions, à l'exception d'un moine qui avait fait des études de médecine avant de se faire ordonner. Rares sont les moines qui s'engagent concrètement dans des actions humanitaires, parce qu'ils pensent qu'ils devraient vivre exclusivement pour les enseignements. Par conséquent, ce sont les nonnes qui font tout le travail.

Tout au long de notre séjour au Viêt-nam, j'ai été touchée par le fait que les gens étaient très réceptifs aux paroles de Thây, même les jeunes et les gens instruits qui avaient des réticences à l'égard du bouddhisme.

Une nouvelle porte du Dharma au Viêt-nam : les oracles de Kiêu

Au cours de nos voyages, la lecture des oracles a été un excellent moyen pour nous relier aux Vietnamiens. La lecture des oracles au cours des premier et deuxième jours du Nouvel An lunaire est une tradition typiquement vietnamienne. Thây utilise ce moyen pour enseigner le Dharma. Il se sert du *Kim Vân Kiêu*, un poème épique composé par le poète vietnamien Nguyen Du. C'est une très longue histoire d'amour au sujet d'une jeune femme qui s'appelle Kiêu. Elle est très belle et pleine de talents, si belle que la nature est jalouse d'elle. Mais un jour, sa famille connaît un revers de fortune et Kiêu doit épouser un homme issu d'une famille riche, parce que son père a été arrêté sans raison et que la famille doit verser des dessous-de-table pour le faire libérer. Elle accepte ainsi d'épouser cet homme riche qu'elle ne connaît pas, alors même qu'elle est amoureuse d'un autre jeune homme qui a dû rentrer précipitamment dans sa famille avant qu'ils ne puissent se marier. Mais Kiêu est trahie dans son mariage et envoyée dans une maison close, où pendant vingt-cinq ans elle devra endurer cette vie.

Le poète a fait le récit de la vie de Kiêu dans un très beau poème en vietnamien. Autrefois, les poètes vietnamiens utilisaient les caractères chinois et très rares étaient les Vietnamiens qui pouvaient les lire ou les comprendre. Ce poète a été le premier à composer un long poème de trois mille vers dans une langue vietnamienne simple. Son œuvre est aujourd'hui très connue et, chaque année, les gens lisent les oracles à partir de ce poème.

Le jour du Nouvel An, la lecture des oracles à partir du *Kim Vân Kiêu* est une tradition typiquement vietnamienne. Voici comment on procède : pour commencer, la personne qui veut savoir quelque chose sur son avenir vient devant l'autel et se concentre. Puis elle pose une question intérieurement à l'auteur du *Kim Vân Kiêu* – le poète Nguyen Du : « Respecté poète, pouvez-vous me dire si j'aurai une bonne santé l'année prochaine ? » Ou bien : « Dites-moi ce qui va se passer pour moi – pensez-vous que je pourrai épouser la femme que j'aime, car la situation semble assez délicate. Que me conseillez-vous ? »

Après avoir posé la question en silence, la personne dit qu'elle va chercher une réponse dans les deux premiers vers de la page de droite du *Kim Vân Kiêu*. Une autre personne peut poser une question et dire au poète : « Je vais choisir les deux derniers vers de la page de gauche. » Puis la personne ouvre le livre au hasard, lit les deux vers, contemple son avenir et se tourne ensuite vers les lettrés qui proposent une interprétation. Dans ce long poème, Thây a choisi des séries de deux vers, le premier vers indiquant la pratique et le deuxième vers révélant les fruits de la pratique. Par exemple, une personne demandant si elle aura du succès dans son travail pourra tirer un papier où seront inscrits les deux vers suivants : « Vos principales qualités sont la gentillesse, la justesse et l'amabilité » et « Le parfum de votre belle réalisation se répandra à des centaines de kilomètres à la ronde ». L'interprète doit expliquer : « Vous devez développer des qualités de gentillesse, de justesse et d'amabilité. Ce sont les conditions ; le fruit de cet entraînement sera le deuxième vers. »

Thây a préparé cent soixante-dix petits papiers pour les oracles et, chaque année, au Village des Pruniers, nous jouons à ce jeu lors du Nouvel An lunaire. Tous ceux qui viennent au Village des Pruniers à cette époque peuvent tirer un petit papier dans la cloche, qui comporte deux vers. Puis la personne remet ce papier à un moine ou à une nonne qui explique ensuite comment comprendre le conseil donné par l'oracle et le mettre en pratique. La lecture des oracles a toujours plus de succès qu'un discours sur le Dharma. De même, au cours de notre séjour au Viêt-nam, ce fut l'une des formes d'enseignement qui a rencontré le plus de succès.

Au cours des trois jours du Nouvel An vietnamien, j'ai interprété l'oracle pour les bouddhistes qui venaient au temple : de 9 heures à 11 heures avec ma Sangha monastique, puis seule de 11 heures à 16 heures, puis à nouveau avec la Sangha monastique du Village des Pruniers de 16 heures à 17 h 30, puis à nouveau seule de 17 h 30 à 23 heures. Trois jours de suite. Des hommes, des femmes, des vendeurs de rue, des intellectuels, etc., faisaient la queue pour avoir une interprétation de l'oracle. Plus tard, j'ai remarqué que les gens faisaient la queue pour entendre l'interprétation de nombreux frères et sœurs du Village des Pruniers, et pas seulement de moi et de Thây. C'est la raison pour laquelle je pense que la lecture des oracles à partir du *Kim Vân Kiêu* est une nouvelle porte du Dharma.

Lors de ma dernière journée au temple Pháp Vân à Saigon, j'ai pu enfin visiter le marché ouvert situé à près de 400 mètres du temple. Je regardais chaque fruit, chaque fleur, chaque vendeur avec mes nouveaux yeux et je leur souriais à tous. Une femme m'a apporté trois mangues, une autre un bouquet de fleurs de lotus, une autre quelques roses, une autre encore des bananes délicieuses. J'ai dit « Merci ! Mais je n'ai pas l'intention d'acheter ces fleurs ou ces fruits aujourd'hui. » Chaque vendeur répondait : « Non, ce bouquet de fleurs, je ne vous le vends pas, je vous l'offre », ou bien : « Ces bananes, ces mangues, c'est un cadeau pour vous ! » Surprise, je demandais pourquoi. Ils répondaient : « Parce que vous avez très bien interprété l'oracle, ça marche vraiment pour ma belle-sœur », ou bien : « Cela marche pour mon mari ! L'enseignement est si simple, mais ça marche ! » J'étais très touchée, non par les cadeaux qui m'étaient offerts, mais par leur bonne pratique et le fait que tous ces gens se soient réconciliés avec leurs êtres chers.

Un nouvel espoir, une nouvelle direction pour la jeune génération ?

Une jeune femme de vingt-six ans, diplômée de l'université et travaillant pour le gouvernement, a écrit une lettre à Thây, typique de l'une des réactions que nous avons expérimentées au Viêt-nam. Cette lettre disait : « Avant, je méprisais ceux qui se rasent la tête et prennent les vœux monastiques, car je n'y voyais que des paresseux. Nous vivons dans une société et chacun doit y apporter sa contribution. Mais les moines et les nonnes se contentent de rester dans leur temple. Les membres de ma famille sont bouddhistes et nous allons au temple à chaque Nouvel An. Cette année aussi, mes parents m'ont forcée à venir avec eux. Nous ne vivons pas trop loin du temple de Thây à Saigon. Nous y avons passé la journée du Nouvel An. En voyant tous ces moines et nonnes occidentaux et de jeunes moines et nonnes vietnamiens, j'ai été très surprise. Puis je me suis dit : "Les Occidentaux aussi sont paresseux ; eux aussi deviennent moines ou nonnes et se font nourrir par les autres sans rien faire. Ils ne travaillent pas pour le plus grand bien de la société." Mais j'étais curieuse. Un grand nombre de personnes s'étaient rassemblées autour du sanctuaire du Bouddha pour saluer Thây à l'occasion du Nouvel An. Il y avait tellement de monde qu'une grande partie des gens ont dû s'asseoir à l'extérieur du temple. J'ai pris quelques photos et lorsque mes parents ont finalement voulu rentrer à la maison, j'ai décidé de rester. »

Cette jeune femme poursuit sa lettre en disant que deux jours plus tard, elle est revenue au temple mais qu'elle était assez embarrassée. Pour beaucoup d'intellectuels vivant dans ce régime communiste, se rendre dans un temple était effectivement quelque chose de bizarre. Les cinq jours de retraite suivants, elle est venue directement de son travail au temple pour écouter les enseignements de Thây. Elle termine sa lettre à Thây en disant : « Votre enseignement m'a énormément aidée à surmonter ma dépression et mon insomnie. Je sais que dans quelques heures vous allez repartir en avion, peut-être pour toujours, et je vous écris pour vous dire que la jeune génération de notre pays a énormément besoin de vous. Les jeunes ont profondément besoin de vos enseignements. Il n'est pas nécessaire que je vous donne mon adresse ; je n'espère pas avoir le privilège de m'entretenir avec vous personnellement. Je veux vous parler comme une jeune personne représentant tout le pays. Nous avons ce qu'il faut d'un point de vue matériel, mais ce dont nous avons le plus besoin, ce sont de vos enseignements, pour développer la Pleine Conscience et offrir ce que nous avons de meilleur à notre pays. Comme vous allez bientôt quitter le Viêt-nam, j'aimerais savoir comment nous pourrions continuer à recevoir ces enseignements ? »

Avant ce retour au Viêt-nam et au cours de la première partie de notre séjour, nous étions concentrés sur le simple fait d'être là et sur la logistique. Jusqu'alors, nous n'avions pas encore parlé publiquement de notre intention de former de nouveaux moines et nonnes vietnamiens aux pratiques du Village des Pruniers. Cette jeune femme ne pouvait pas savoir qu'elle allait pouvoir continuer à suivre les enseignements de Thây au Viêt-nam. Ces moines et ces nonnes formés aux pratiques du Village des Pruniers seront un bon exemple pour les jeunes et pourront répondre à leurs questions.

Thây a dit qu'à l'heure actuelle il n'y a pas d'agresseur étranger menaçant le Viêt-nam, mais que nous avions à la place une invasion sous la forme du consumérisme. Pour contrer cette invasion, nous avons besoin d'une jeune génération qui soit bien éduquée, mais qui reste humble et sache traduire les aspects les plus importants des enseignements dans la vie quotidienne. De tels jeunes constituent une sorte d'armée contre le consumérisme au Viêt-nam, pour inspirer les gens à aller dans une autre direction. C'est la vision de Thây sur la manière dont les choses peuvent changer pour le mieux, et cette vision est déjà en train de se réaliser.

Depuis le retour de Thây, nous avons environ une centaine de moines et nonnes à Tu Hieu, le temple racine de Thây à Hué, et quarante nonnes à Dieu Nghiêm, le monastère situé juste à côté de Tu Hieu. Dans la province de Lam Dong, dans le district de Bao Loc, nous avons cent trente moines et deux cents nonnes au temple de Bát Nhã (Prajña). Leur emploi du temps quotidien est assez rigoureux : elles se lèvent à 4 heures ; de 4 h 20 à 4 h 40, elles font de l'exercice, par exemple de la gymnastique, du yoga ou des arts martiaux ; de 4 h 45 à 6 heures, elles pratiquent la méditation assise, les chants et la récitation de sutras. C'est ensuite le petit déjeuner, la marche méditative et la méditation du travail jusqu'au repas de midi. Le programme de l'après-midi est consacré à l'étude des manières raffinées. Il y a ensuite les pratiques pour les novices, l'étude des sutras et des discussions sur le Dharma portant sur la manière d'appliquer la pratique dans la vie quotidienne. Le soir, elles étudient le vietnamien, l'anglais et le chinois. Après le dîner, il y a une heure de méditation assise, de chants et de récitation de sutras. La journée se termine à 22 heures.

L'engagement social est un aspect très important de la formation des jeunes moines et nonnes vietnamiens. L'engagement social, ce n'est pas seulement s'occuper des enfants qui ont faim et vivent dans des régions reculées, ou manifester contre des guerres qui ont lieu dans d'autres pays. Cela signifie avant tout s'engager à transformer la souffrance là où vous êtes, puis œuvrer progressivement du mieux que vous le pouvez.

Désormais, tous les mois à Saigon, même si Thây est absent, plusieurs centaines de pratiquants laïcs viennent au temple Pháp Vân – qui est situé à l'endroit où Thây avait créé un temple pendant la guerre – pour participer à une retraite de Pleine Conscience d'une semaine offerte par un groupe de moines et nonnes du temple de Bát Nhã, à quatre heures de route de Saigon. À Pháp Vân, ces moines et nonnes (des enseignants du Dharma formés au Village des Pruniers par Thây et envoyés à Bát Nhã pour aider à former les jeunes novices) répondent à de nombreuses questions de société, comme la violence dans les familles, les drogues, le sexe facile, etc. Nous n'avons pas demandé d'autorisation au gouvernement pour mener à bien les centaines de projets que nous avons mis en place pour soutenir les enfants mal nourris qui vivent dans des régions reculées à la campagne, mais notre travail est si bénéfique et si utile que les employés du gouvernement local ont fini par le reconnaître. Ils nous ont même demandé de développer nos actions pour soutenir les enfants pauvres dans la région.

Notre projet de formation de jeunes novices montre déjà des premiers signes de succès. Après seulement cinq semaines de formation, nos jeunes aspirants deviennent un nouveau fils ou une nouvelle fille pour leurs parents. Ils écrivent des lettres attentionnées qui sont le fruit de leur pratique, dans lesquelles ils disent combien ils apprécient leurs parents tels qu'ils sont, s'excusent pour leur ingratitude passée et mettent en lumière les problèmes de communication dans la famille avec beaucoup d'humilité et de finesse. Tous les parents sont enchantés, ils écrivent à l'aspirant ou l'appellent en pleurant et en promettant d'assister à leur cérémonie d'ordination quand la Sangha aura recommandé à Thây de les ordonner. La pratique des aspirants est vraie et pure, et déjà à ce stade on peut reconnaître une profonde transformation qui leur apporte de la paix et de la joie.

J'ai confiance dans le fait que d'ici cinq ans ils auront suffisamment de compréhension et d'humilité pour nourrir la rivière de la sagesse, de l'amour et de la compassion dont le pays et la planète ont tant besoin. Je pense que nous pourrons envoyer ces enseignants du Dharma partout dans le monde. C'est la raison pour laquelle le temple Tu Hieu à Hué et le temple Bát Nhã à Bao Loc ne sont plus seulement des temples locaux. Ce sont désormais deux centres de pratique du Village des Pruniers et les jeunes moines et nonnes qui y résident sont déjà des exemples pour toute la jeune génération du Viêt-nam. Un exemple vivant aura souvent plus d'effet que des milliers d'enseignements et de règles théoriques.

Lorsque le représentant du gouvernement était venu nous voir à Deer Park, voyant que nous n'avions aucun bien personnel, ni voiture privée ni même téléphone privé, il avait plaisanté : « Tiens, on dirait que vous avez le communisme ici ? – Exactement, avions-nous répondu. Nous sommes de vrais communistes. » Tout le monde avait souri quand Thây avait prononcé ces paroles, y compris le représentant du gouvernement, parce que Thây était revenu à la racine du mot communauté – sans utiliser le mot « communiste » au sens où il est utilisé aujourd'hui. Il est vrai qu'un grand nombre de communistes au Viêt-nam ne sont plus de vrais communistes. Ils ont leur propre compte bancaire, leur maison, etc. Il y a même des moines et des nonnes au Viêt-nam qui ne sont pas nécessairement pauvres. Beaucoup d'entre eux, surtout en Chine, ont leur propre voiture. Il y a des cas de corruption. Thây en a parlé ouvertement devant un auditoire de trois mille personnes. « Je suis très triste, car dans notre pays il y a un virus qui porte le nom de virus AC, A comme avidité et C comme corruption. Malheureusement, les congrégations et les temples bouddhistes sont infectés par ce virus. Et au Parti comme au gouvernement, le virus est assez répandu. » Surpris, les gens qui écoutaient ont eu peur pour la sécurité de Thây. « Il ose dire que le gouvernement est corrompu devant des milliers de personnes et que le Parti aussi est corrompu ! » Mais comme il venait juste de faire remarquer habilement qu'il y avait aussi de la corruption dans la congrégation et dans les temples bouddhistes, il était difficile de le blâmer pour ces paroles pleines de compassion et de compréhension. Selon Thây, les temples devaient s'engager à changer les choses.

En fait, le gouvernement vietnamien a déjà mis en place un projet qui consiste à désigner comme « Région de grande culture » ou « Village de bonne culture » les villages ou les régions qui parviendraient à réduire la criminalité. Thây a dit : « Le gouvernement s'efforce de corriger et de transformer les problèmes qui se manifestent dans la société, mais les bouddhistes doivent aider à transformer les gens à la racine. Si les gens sont inspirés par quelque chose de grand, si la beauté, la bonté et l'esprit d'amour et de compréhension grandissent en eux, ils cessent de voler et d'agir avec violence, par compréhension et par amour, et non parce qu'ils ont peur d'être arrêtés. » Cette façon de faire est beaucoup plus efficace, et moins onéreuse. Les chrétiens qui, à ce jour, se sont surtout engagés dans des œuvres missionnaires, devraient aussi être encouragés à agir de la sorte. Tout cela nécessite bien entendu un changement global au niveau des pensées, y compris dans l'esprit des membres du Parti.

Les propositions de Thầy aux autorités

Au cours de ce voyage, Thầy a suggéré six points au gouvernement du Parti communiste vietnamien pour qu'il devienne plus vietnamien, et sept points pour accroître la popularité et l'ouverture du gouvernement – non seulement au Viêt-nam, mais aussi partout dans le monde. À noter, ce qui est assez étonnant, que les six points pour devenir plus vietnamien ont été mis en place juste après le départ du Viêt-nam de la délégation du Village des Pruniers. Selon l'un de ces points, les communistes ne devraient pas faire une distinction aussi nette entre matière et esprit – parce que, pour eux, seules les choses matérielles ont de l'importance. Ils pensent qu'à la mort des ancêtres, leur esprit n'est plus et qu'il n'y a plus rien à respecter. Ce qui ne les empêche pas d'honorer Hô Chi Minh. C'est pourquoi Thầy leur a dit : « Si vous honorez Hô Chi Minh, vous devriez aussi honorer vos autres ancêtres ; c'est la même chose. Hô Chi Minh est votre ancêtre spirituel et vos grands-parents décédés sont vos ancêtres génétiques. » Selon un autre des six points, les membres du Parti ne devraient pas se sentir gênés lorsqu'ils brûlent de l'encens et présentent leurs respects aux ancêtres. Ils devraient installer un autel chez eux pour honorer leurs ancêtres et ne pas avoir honte de leur pratique. Certains l'on déjà fait, mais comme ils avaient peur d'être jugés par le Parti, ils ont relégué leur autel dans un coin de leur chambre et non dans le salon, comme le veut la tradition.

Concernant les sept points proposés par le gouvernement, nous avons vu que le gouvernement a vraiment fait des efforts pour écouter Thây et j'apprécie réellement ces efforts. Par exemple, Thây a proposé que le gouvernement permette aux différentes congrégations religieuses de fonctionner normalement, comme c'est le cas en Occident. Ce qui signifie que l'Église bouddhique unifiée du Viêt-nam, représentée par Thich Huyen Quang et Thich Quang Do et déclarée illégale en 1981, devrait à nouveau être autorisée à fonctionner ouvertement et légalement. Auparavant, chaque fois qu'il y avait une inondation ou un typhon, si des groupes d'Églises bouddhiques non officielles apportaient de l'aide, ils étaient arrêtés ou on les empêchait de distribuer l'aide ; maintenant ils peuvent le faire officiellement. Enfin, il y a des intellectuels vietnamiens qui écrivent des articles critiquant vivement le régime, qu'ils publient ensuite sur des sites web étrangers connus pour leurs positions anticommunistes. Ces intellectuels ne sont plus arrêtés brutalement comme c'était le cas auparavant, mais ils sont toujours interrogés.

Il y avait toutefois un défi dans les sept points suggérés par Thây, pas seulement pour le gouvernement mais aussi pour certains bouddhistes. Il s'agit du premier point, qui affirme d'emblée que les moines et nonnes bouddhistes ne peuvent pas être élus membres du Parlement ou appartenir à un parti politique, car ils enfreignent ainsi les règles du *Praktimoksha* (le code des bhiksus et bhikshunis pleinement ordonnés). Selon Thây, ce n'est pas une bonne chose pour l'image du bouddhisme ni pour celle du gouvernement, car cela signifierait que le gouvernement peut se servir des moines et des nonnes bouddhistes comme instrument pour mieux contrôler les communautés bouddhiques.

Comme le bouddhisme a été réprimé au Viêt-nam pendant des années, particulièrement dans le Nord, les gens ont moins de notions préconçues sur le bouddhisme. Ils ont donc écouté les enseignements de Thây avec des oreilles neuves. Comme le Bouddha l'a dit, il y a un obstacle à la pratique de ses enseignements, quand les gens ont une connaissance incorrecte au sujet d'une chose, tout en étant persuadés qu'elle est correcte. Il leur est ensuite très difficile de se défaire d'une telle perception erronée dans leur esprit. Si les gens pensent que le Bouddha est une sorte de déité omnipotente dotée de pouvoirs surnaturels et capable de les aider à accomplir toutes sortes de choses dans leur intérêt, il ne leur sera pas facile de se défaire d'une telle croyance.

Au cours de notre visite, les autorités semblaient préoccupées par notre sécurité. Chaque fois que nous changions de lieu, les conditions d'hygiène étaient vérifiées avec le plus grand soin. Certains responsables craignaient peut-être qu'une personne tombe malade à cause de la nourriture qui nous était servie et que le gouvernement soit accusé d'avoir voulu nous empoisonner. Ils ont donné des ordres pour que les rues dans lesquelles nous allions passer soient nettoyées – elles sont habituellement pleines d'ordures – et ils ont aussi arrêté tous les pickpockets du coin. Lors de nos séjours dans les différents temples, on nous a dit qu'il y avait beaucoup de voleurs dans la région, mais je n'ai jamais fermé mes affaires à clé et aucun voleur ne s'est manifesté, de même pour les pratiquants laïcs. Ce n'est qu'à la fin des trois mois, le dernier jour à Hanoi, que la police a fini par relâcher un peu la pression. Un pratiquant laïc s'est fait voler ses affaires, mais un seul. Sinon, partout où nous sommes allés, il n'y a eu aucun problème de sécurité. À la fin du voyage, j'ai séjourné dans le temple de Hué et je n'y ai jamais mis mes affaires sous clé, ce qui n'a posé aucun problème.

Une sœur qui est restée un mois de plus après notre départ s'est toutefois fait voler sa valise. Quand le voleur a vu qu'elle était vide, il l'a ramenée en la lançant dans la cour du temple ! Le gouvernement avait créé une zone de sécurité artificielle pour nous. Visiblement, nous devions rentrer en France en ayant l'impression que voyager au Viêt-nam était parfaitement sûr et qu'il n'y avait pas de voleurs ni de délinquants, mais nous savions que ce n'était pas la réalité.

Quelques transformations visibles de la part des autorités

Quand je repense à ce voyage, il me semble que l'un des aspects les plus importants a été la transformation des perceptions erronées que le Parti communiste vietnamien pouvait avoir au sujet de Thây. Au début, les membres du Parti étaient très méfiants et très nerveux. Ce fut par exemple le cas lors de la première conférence publique donnée par Thây à l'Institut de recherche en sciences politiques et en religion (Vien Nghien Cuu Chinh Tri Ton Giao) de Hanoi, le 18 janvier. Thây avait finalement été autorisé à donner une conférence dans un lieu public à l'extérieur d'un temple. Au cours des négociations, les autorités avaient promis à Thây Pháp Ấn d'inviter trois cents personnes. Mais plus la date de la conférence approchait, plus ils évitaient de rencontrer Thây Pháp Ấn. Lorsque notre délégation est arrivée à Hanoi, le 11 janvier, les autorités ne savaient toujours pas si elles allaient envoyer les lettres d'invitation. Ce n'est que le 16 janvier, après la première conférence de Thây à Hanoi au temple Dinh Quan, le 15 janvier, qu'ils nous ont appelés pour nous donner quarante invitations et nous dire qu'ils allaient inviter quarante autres personnes. Mais ce jour-là, à 13 heures, le quartier était plein de policiers et d'agents secrets en civil – comme si nous allions organiser une grosse manifestation.

À 14 heures, les gens ont commencé à entrer dans la salle de conférence en présentant leur lettre d'invitation. Le policier chargé de vérifier les lettres d'invitation regardait sa liste et disait parfois : « Désolé, mais votre nom a été biffé de la liste, vous ne pouvez pas entrer ! » Finalement, les gardes n'ont laissé entrer que dix-huit personnes sur les quarante qui avaient présenté leur lettre d'invitation. Thây en avait été informé mais, plein de compassion pour leur peur, il a prononcé un très long discours, très profond, et il a répondu à un grand nombre de questions. Nous savions que le matériel d'enregistrement était plus important que le microphone de Thây et les haut-parleurs. Finalement, après avoir écouté en secret et examiné en détails chaque parole de Thây, il semblerait que les conservateurs du Parti aient bien aimé son discours. C'était peut-être la première fois que ces membres du Parti communiste étaient exposés aux enseignements simples et profonds du Bouddha. Thây a répondu avec le plus grand soin à toutes les questions qui venaient du public. Personne n'a rien dit contre lui. Après cette conférence, les autorités se sont senties mal et ont promis à Thây que, pour la prochaine conférence qui devait avoir lieu dans un Institut à Saigon, ils inviteraient trois cents personnes.

Lorsque nous sommes arrivés à Saigon, la situation était totalement différente de celle que nous avions connue à Hanoi. De par tous les efforts qu'il avait déployés pendant la guerre du Viêt-nam, Thây était connu d'un grand nombre de pers.onnes, y compris de fonctionnaires du gouvernement et d'autres membres du Parti communiste. Il y avait beaucoup plus d'ouverture et, vers la fin de notre séjour, plus de deux mille personnes ont été invitées à venir écouter Thây. Un membre du Parti, qui disait poser cette question en tant que bouddhiste, a demandé : « Après avoir pris refuge dans les Trois Joyaux et dans les Cinq Préceptes, peut-on continuer à aimer son pays et son Parti ? » Thây a répondu : « À quoi bon prendre refuge si vous ne pouvez plus aimer votre pays ? » Puis il a ajouté qu'en prenant les cinq entraînements à la Pleine Conscience, les gens sauraient comment aimer leur pays et leur nation de façon juste, dans l'intérêt du pays. Une réponse simple, mais qui a fait une forte impression. Les gens ont applaudi avec enthousiasme et ont rapporté les paroles de Thây à un grand nombre de personnes.

Après vingt-trois jours à Saigon et vingt-deux jours à Hué, nous sommes revenus à Hanoi. Au cours de notre deuxième visite à Hanoi, quarante-cinq jours après la première, lorsque Thây a demandé à un moine proche du gouvernement ce que le Parti pensait de ses activités à Saigon et à Hué, le moine a répondu : « Ils ont dit que cela n'avait pas été une erreur d'inviter Thây au Viêt-nam. » « Pas une erreur », cela signifiait un véritable succès.

Par rapport à la première conférence publique que Thây avait donnée à l'Institut de Hanoi le 18 janvier, la manière dont les autorités se comportaient désormais à l'égard de la délégation du Village des Pruniers était très différente. Thây a donné des conférences pendant deux jours, les 17 et 18 mars, à l'Institut national de politique Hô Chi Minh (Hoc Vien Quoc Gia Chinh Tri Ho Chi Minh), le centre de formation réservé aux plus hauts dirigeants du Parti. À la fin de la deuxième conférence, les organisateurs ont exprimé des regrets en disant que ces deux jours étaient trop courts pour un échange aussi intéressant. Le bouddhisme que Thây leur présentait était si neuf, si pertinent et si profond qu'ils ont tous adoré ses enseignements.

Au cours d'un autre discours sur le Dharma, organisé cette fois par le ministre des Affaires étrangères, nous avons eu une belle discussion avec des politiciens, des scientifiques et d'autres intellectuels. De nombreux diplomates avaient également été invités et, à la fin de l'enseignement, le vice-ministre des Affaires étrangères, qui présidait l'événement, est monté sur scène. Il a dit : « Avant, à chaque fois que j'entendais parler du bouddhisme, j'avais l'impression que l'accent était mis sur l'enseignement du Bouddha qui nous invite à supporter notre souffrance. Mais dans cet enseignement que le maître zen Thich Nhat Hanh nous a offert aujourd'hui, pendant les deux heures que nous avons passées ensemble, je ne l'ai entendu parler que de joie et de bonheur – une joie et un bonheur très sains dont nous avons le plus grand besoin actuellement. C'est finalement ce que j'ai retenu du bouddhisme après son discours et cette impression est restée gravée en moi. C'est très étrange. C'est certainement la raison pour laquelle vous avez convaincu tant de monde. Vous n'êtes pas seulement un grand homme, vous êtes aussi un immense poète et un homme de culture. »

Je pense que ce voyage a été pour les communistes vietnamiens la première occasion de rencontrer un vrai bouddhisme, et aussi des moines, des nonnes et des pratiquants laïcs d'origine occidentale pratiquant le bouddhisme de tout leur cœur. Le bouddhisme leur a semblé merveilleux et, apparemment, ils ne s'y attendaient pas, d'où leur enthousiasme.

Le 25 mars, Thây a donné son dernier discours à Hanoi. L'organisateur était un universitaire très influent. Des hommes politiques de haut rang étaient également présents. Lorsque tous les fauteuils ont été occupés dans la salle de conférence, une foule de gens se trouvait à l'extérieur, attendant patiemment qu'on les autorise à entrer. Finalement, les autorités ont accepté d'ouvrir une autre salle à côté pour tous ces gens. En tout, mille six cents personnes ont assisté au discours de Thây, parmi lesquelles mille invités officiels. Même ceux qui n'avaient pas de billet ont pu entrer dans la deuxième salle, serrés les uns contre les autres. Thây a donné un magnifique enseignement et il y a eu beaucoup de questions à la fin.

Le consul d'Égypte et plusieurs consuls de pays occidentaux étaient présents, ainsi qu'un intellectuel vietnamien qui était déjà venu au Village des Pruniers et qui admirait Thây. À la fin de la conférence, il s'est présenté pour dire à l'assemblée : « La plupart d'entre vous vénérez Thây, mais ses écrits sont jugés suspects et pratiquement personne ne connaît ses véritables accomplissements. Savez-vous ce qu'il a fait dans sa vie ? Il a sauvé des boat people qui étaient sur le point de mourir en haute mer, avec un bateau qu'il avait loué à cette fin. Les moines et nonnes du Village des Pruniers vendent des pruneaux et de la confiture de prunes aux retraitants. Avec les bénéfices de cette vente, ils ont nourri des milliers d'enfants au Viêtnam. Pourtant, son nom ne figure pas encore sur la liste des grands noms de ce pays. »

Il poursuivit : « Thây, je suis vraiment désolé. Je vous offre ce livre compilé par ma faculté, avec le nom des plus honorables personnalités du Viêt-nam, mais votre nom n'y figure pas. Vous savez pourquoi. Veuillez accepter mes excuses. » J'ai appris plus tard qu'il n'avait pas été inquiété pour avoir prononcé ces paroles. Au contraire. Un grand nombre de personnes sont venues le voir pour en savoir plus sur lui. Avec le recul, je pense que l'un des résultats merveilleux de ce voyage a été de pouvoir toucher le cœur de ceux qui s'étaient autrefois opposés à nous. Beaucoup de peurs, de suspicions et de perceptions erronées au sujet de Thây se sont dissipées.

Beaucoup de gens pensaient que si l'on veut faire quelque chose pour son pays, il ne faut pas devenir moine ou nonne, parce que l'on ne peut pas vraiment être dans l'action si l'on vit dans un monastère, et c'est justement l'une des perceptions erronées qui a été corrigée à l'occasion du retour de Thây. Le bouddhisme engagé est à l'opposé de cette approche. Les moines et les nonnes doivent équilibrer leur vie à deux niveaux. Ils doivent s'occuper de leur propres difficultés, pratiquer le regard profond pour voir les racines des habitudes négatives qui ont conduit à ces difficultés et s'entraîner à vivre d'une manière plus saine, plus simple et plus profonde. En même temps, ils doivent écouter profondément les pleurs du monde, les pleurs de la Terre, les difficultés de ceux qui souffrent, en les aidant à transformer leurs difficultés et en les conduisant vers une vie meilleure. Si un groupe de moines et de nonnes parvient à cet équilibre d'engagement, pour eux-mêmes et envers le monde, ils deviendront des torches pour éclairer le chemin, et contribuer à bâtir pour une société et un monde meilleurs.

Postface

Vous n'auriez jamais eu ce livre entre les mains sans l'insistance de deux amis merveilleux, Thérèse Fitzgerald et Arnold Kotler. Nous avons tous les trois accompagné Thây Nhat Hanh pendant ses retraites en Amérique du Nord depuis 1983. À chaque retraite, Thây me demande de partager avec les participants quelques-unes des actions que j'ai accomplies pendant la guerre. Le but est de faire en sorte que nos amis qui vivent en sécurité et qui ont néanmoins des problèmes quotidiens restent conscients d'une réalité beaucoup plus douloureuse. Même si la guerre du Viêt-nam est finie, les souffrances demeurent, en termes de privation de droits de l'homme, de pauvreté, etc. Si nos amis pouvaient comprendre cette souffrance à grande échelle, peut-être relativiseraient-ils leurs propres soucis quotidiens.

Pendant la première tournée de Thây en Amérique du Nord, nous n'enregistrâmes que ses enseignements sur le Dharma, pas les miens. Mais mes expériences arrosèrent de nombreuses graines de compassion chez Thérèse, qui commença à enregistrer mes exposés en

1985 pour son propre usage. Comme chaque retraite draine des participants différents, chacun de mes exposés varie pour s'adapter à l'auditoire. Devant cette abondante accumulation d'expériences très riches, Thérèse proposa de les transcrire, ainsi que des cassettes sur l'histoire de ma vie. Après quelques mois, elle vint me voir avec un gros paquet de notes et me déclara : « Voilà le récit de ta vie. » Je n'aurais jamais imaginé écrire un tel livre sur moi-même ! Cette idée ne m'était jamais venue à l'esprit, bien qu'un certain nombre de jeunes qui appréciaient mon travail m'aient déjà poussée à partager le fruit de mes expériences de cette façon. J'avais toujours trop de choses à faire et je ne me voyais pas m'asseoir et raconter ma vie. En lisant les transcriptions de mes cassettes, je réalisai combien mon anglais était insuffisant pour communiquer la réalité de ce que j'avais vécu. Plusieurs fois, je tentai de dissuader Thérèse de publier mes souvenirs. Je trouvais que j'étais plus moi-même en racontant mes expériences dans le cadre d'une retraite où je pouvais partager avec plus que des mots, mais Thérèse continua à m'encourager. Elle me dit : « Cela pourrait motiver de nombreux amis à continuer votre travail. Une jeune femme qui nous a aidés à transcrire vos cassettes a déjà fait le vœu de travailler pour ceux qui souffrent. »

Si une seule des expériences racontées dans ce livre vous a poussé à réfléchir, a arrosé vos propres graines merveilleuses, remerciez Thérèse car, sans elle, ce livre ne serait pas entre vos mains. Arnold et Thérèse ont passé plus de temps sur cet ouvrage que s'ils avaient écrit eux-mêmes un livre de mille pages. Grâce à leur amitié et à leur profond désir de laisser le lecteur arroser ses propres graines merveilleuses, ce livre a pu voir le jour.

J'ai fait de mon mieux pour les aider à rédiger ce livre. Arnie m'a aidée à mettre mes récits en ordre. Tous les deux m'ont posé maintes questions pour clarifier le contexte de mes expériences. Alors que je répondais à leurs questions, de nombreux autres souvenirs resurgissaient et il fallait remanier tout le livre.

Dans mes activités quotidiennes, je me suis toujours préoccupée d'apporter une aide d'urgence aux enfants victimes de la famine, aux victimes des inondations et des typhons, et aux réfugiés dans les camps en Asie, de révéler au monde les violations des droits de l'homme, de partager avec les travailleurs sociaux au Centre et au Sud-Viêt-nam l'art de vivre en paix au milieu de l'agitation. Respectant mes souhaits de continuer à m'impliquer dans ces réalités, Thérèse et Arnold ne m'ont jamais pressée pour éditer ce livre.

Qui est Chân Không, Sœur Vraie Vacuité ? Qui est Cao Ngoc Phuong ? Elle est faite de ses ancêtres, d'une terre appelée Viêt-nam, d'air, de souffrance, d'amitié, d'enseignements, de la cruelle ignorance des fauteurs de guerre, et de l'amour et de la compréhension de plusieurs amis et maîtres pendant ses trente premières années dans cette partie du monde et puis pendant vingt autres années passées parmi de nombreux bodhisattvas occidentaux. Les expériences de ce livre sont les épreuves collectives de tous ceux qui ont partagé ma vie.

Je voudrais vous faire connaître mieux ces deux amis merveilleux. En 1982, Arnold Kotler était un jeune moine timide quand Thây et moi le rencontrâmes pour la première fois à la Conférence pour le respect de la vie à New York, où nous participions à une marche pour le désarmement avec un million d'autres personnes. En voyant Arnold, Thây se souvint de ses propres débuts comme novice et il demanda à Arnold s'il avait assez de temps pour apprendre les sutras et s'il dormait suffisamment. Arnold répondit timidement par la négative, aussi Thây accepta l'invitation de l'abbé du monastère d'Arnold, Baker Roshi, pour se rendre à Tassajara afin de diriger une session de dix jours le printemps suivant. Thây voyait beaucoup de jeunes moines comme Arnold qui pourraient tirer bénéfice de sa façon de pratiquer le Dharma.

Nous devînmes peu à peu de grands amis, en particulier quand Arnold décida de fonder Parallax Press pour publier tous les livres de Thây Nhat Hanh. Je me rappelle que tout le monde essaya de dissuader Arnold de créer une maison d'édition, surtout parce que, ayant été moine pendant quinze ans, il n'avait pas de fonds pour démarrer son entreprise. Mais il décida néanmoins de prendre le risque de cette aventure merveilleuse. Les finances continuent à être un gros problème, mais Arnold est toujours capable d'apprécier la lumière du soleil, une tasse de thé et l'amitié, et il essaye de pratiquer le chemin de l'éveil dans les affaires. Il se concentre toujours sur sa respiration entre les appels téléphoniques pour se calmer et se régénérer. Il essaye de vivre avec les amis qui l'aident à Parallax Press comme avec des frères et des sœurs dans une communauté de pratique. Il se joint à toutes les retraites de Thây dès qu'il le peut, même si sa maison d'édition requiert toute son attention. Je comprends très bien Thérèse et lui dans ce domaine, parce que nous savons qu'être aux côtés de Thây pendant ces retraites est un vrai « cadeau » pour nous tous. Continuellement amenés par Thây à rester conscients des magnifiques enseignements de l'Éveillé, nous sommes frais et régénérés après une retraite et savons comment faire face aux difficultés – pour Arnold dans son entreprise éditoriale peu rentable et pour moi dans mes responsabilités croissantes, un peu partout.

Heureusement, Thérèse et une autre amie, Carole Melkonian, ont mis sur pied un comité en Californie en 1987 pour nous aider dans notre travail en faveur des enfants qui souffrent de la faim et, ensemble avec d'autres, elles ont prouvé leur capacité à poursuivre cette œuvre. Maintenant, Arnold, Thérèse et Carole participent à l'organisation des retraites de Thây Nhat Hanh aux États-Unis, en France et, récemment, en Europe de l'Est. Thérèse a été aussi la coordinatrice de plusieurs retraites au Village des Pruniers.

Si vous rendez visite à Thérèse et Arnold dans leur modeste appartement ou si vous venez me voir, moi et mes frères et sœurs dans le Dharma, au Village des Pruniers, vous pourrez vous rendre compte que nous n'avons pas besoin de grand-chose pour être heureux – une planche de bois sur quatre briques pour le lit, un mince matelas de mousse, un sac de couchage et une couverture peu épaisse, plusieurs boîtes pour nos fichiers, et beaucoup d'inspirations et d'expirations pour être pleinement conscients de notre chance d'avoir la paix et la liberté de travailler pour les démunis. Des lettres arrivent tous les jours, apportant de bonnes nouvelles. Mais parfois quelques lettres et appels téléphoniques nous apprennent que nos actions ont échoué dans certaines régions. La respiration consciente nous aide toujours à nous calmer et à nous régénérer afin d'être plus à même de surmonter les situations difficiles et de les transformer. Nous savons que vous pouvez faire encore mieux que nous ne l'avons fait. Aussi, mon souhait est que ce livre, ces actions en faveur des enfants victimes de la famine et l'organisation de retraites vous ont été utiles, en témoignage de notre pratique de l'Interêtre dans ce merveilleux voyage commun.

Petit glossaire des mots vietnamiens et des expressions bouddhistes

Ao dai : tenue traditionnelle des femmes vietnamiennes.

Avalokiteshvara Bodhisattva : personne éveillée attentive aux problèmes du monde et qui transmet le don de la non-peur.

Bodhisattva : littéralement « être éveillé » ; celui qui travaille à soulager les souffrances des autres et les aide à atteindre le Grand Éveil.

Le Sutra du Cœur (Prajna Paramita) : écrit bouddhique du Iᵉʳ siècle après J.-C. qui enseigne l'interdépendance entre tous les êtres.

Sutra : paroles du Bouddha.

Thây : enseignant en vietnamien. C'est une expression familière utilisée pour s'adresser à un moine, une nonne, ou à tout autre professeur. Beaucoup de moines, dans ce livre, sont désignés par ce terme.

Thich : nom donné à un moine bouddhiste une fois qu'il a été ordonné et accepté dans la famille du Bouddha. C'est la traduction vietnamienne du terme « shak(ya) », le nom du clan d'origine du Bouddha qui était un prince de lignée royale. Le nom complet de Sœur Chân Không est en fait Thich Nu Chân Không.

À propos de l'usage des noms au Viêt-nam

Le nom civil de Sœur Chân Không, Cao Ngoc Phuong, est souvent cité tout au long de *La Force de l'amour*. Cao est son nom patronymique et Phuong, son prénom. Chân Không (Vraie Vacuité) est son nom de nonne bouddhiste, comme elle l'explique dans cet ouvrage.

Sigles

AVBO : Association des Vietnamiens bouddhistes d'outre-mer.
BBC : British Broadcasting Corporation. Office de radio-télévision britannique.
CIA : Central Intelligence Agency. Services secrets américains.
CIRV : Comité international de réflexion sur le Viêt-nam.
CME : Conseil mondial des Églises.
CRDS : Comité pour la reconstruction et le développement social. Un comité de l'Église bouddhique unifiée du Viêt-nam créé en 1973 pour venir en aide aux villages vietnamiens.
EBU : Église bouddhique unifiée du Viêt-nam fondée en 1963 après la chute du gouvernement Ngô Dinh Diêm pour réunir toutes les congrégations boud-

dhistes existant au Viêt-nam dans un mouvement non violent pour faire cesser l'oppression antireligieuse.

EJSS : École de la jeunesse pour le service social.

FMB : Fédération mondiale des bouddhistes.

FNL : Front national de libération. Résistants sud-vietnamiens qui aidaient le gouvernement communiste d'Hanoi.

HCR : Haut-Commissariat aux réfugiés des Nations unies.

IRG : Internationale des résistants de guerre.

MCP : Mouvement chrétien pour la paix.

MIR : Mouvement international de réconciliation. Organisation internationale basée à Alkmaar, Pays-Bas, qui a beaucoup œuvré pour la paix pendant la guerre du Viêt-nam.

ONU : Organisation des Nations unies.

UPI : United Press International. Agence de presse américaine.

Table

L'escalade de la guerre, 1966-1968

Travailler pour la paix, 1969-1975

L'exil, 1976-1993

« *Espaces libres* »
au format de poche

DERNIERS TITRES PARUS

150. *Petite grammaire de l'érotisme divin*, d'O. VALLET.
151. *La Troisième Voie*, de D.E. HARDING.
152. *Le Rire du tigre*, de M. de SMEDT.
153. *L'Effort et la Grâce*, de Y. AMAR.
154. *Appel à l'amour*, d'A. DE MELLO.
155. *L'Homme intérieur et ses métamorphoses*, de M.-M. DAVY.
156. *Dictionnaire de la symbolique des rêves*, de G. ROMEY.
157. *Le Christianisme en accusation*, de R. RÉMOND et M. LEBOUCHER.
158. *Entre désir et renoncement*, M. de SOLEMNE avec J. KRISTEVA, R. MISRAHI, S. GERMAIN et DAGPO RIMPOCHE.
159. *Sadhana, un chemin vers Dieu*, d'A. de MELLO.
160. *L'Amour comme un défi*, de S. ROUGIER.
161. *Du bon usage de la vie*, de B. BESRET.
162. *La Grâce de solitude*, M. de SOLEMNE avec C. BOBIN, J.M. BESNIER, J.-Y. LELOUP et Th. MONOD.
163. *Le Meneur de lune*, de J. BOUSQUET.
164. *Vivre l'islam*, du Cheikh K. BENTOUNÈS.
165. *Méditation et psychothérapie*, ouvrage collectif.
166. *Les Échos du silence*, de S. GERMAIN.
167. *Aimer désespérément*, M. de SOLEMNE avec A. COMTE-SPONVILLE, É. KLEIN, J.-Y. LELOUP.
168. *Entre sagesse et passions*, ouvrage collectif dir. par Alain HOUZIAUX.
169. *Écologie et spiritualité*, ouvrage collectif.
170. *L'Évangile des païens, une lecture laïque de l'évangile de Luc*, d'O. VALLET.
171. *Simone Weil, le grand passage*, sous la dir. de F. L'YVONNET.
172. *Histoires d'humour et de sagesse*, d'A. DE MELLO.
173. *L'Avenir de l'homéopathie*, de C. BOIRON.
174. *Qu'Allah bénisse la France*, d'ABD AL MALIK.

175. *Soigner son âme*, de J. VIGNE.
176. *La Sagesse des contes*, d'A. JODOROWSKY.
177. *Innocence et culpabilité*, de M. de SOLEMNE avec P. RICŒUR, S. ROUGIER, PH. NAQUET et J.-Y. LELOUP.
178. *Petite méthode pour interpréter soi-même ses rêves*, d'H. RENARD.
179. *Cheminer, contempler*, de M. JOURDAN et J. VIGNE.
180. *Le Visage du vent d'est*, de K. WHITE.
181. *Petit lexique des mots essentiels*, d'O. VALLET.
182. *Lettres sur la méditation*, de L. FREEMAN.
183. *Dix questions simples sur Dieu et la religion*, d'A. HOUZIAUX.
184. *Dix questions simples sur la vie*, d'A. HOUZIAUX.
185. *Les Nouveaux Penseurs de l'islam*, de R. BENZINE.
186. *Au dernier survivant*, du rabbin D. FARHI.
187. *Schizophrénie culturelle*, de D. SHAYEGAN.
188. *Apprendre à être heureux*, d'A. HOUZIAUX.
189. *Inventaire vagabond du bonheur*, de J. KELEN.
190. *Le Secret de l'Aigle*, de L. ANSA et H. GOUGAUD.
191. *Le Retour de l'enfant prodigue*, de H. NOUWEN.
192. *Mu. Le maître et les magiciennes*, d'A. JODOROWSKY.
194. *La Conférence des oiseaux*, de J.-Cl. CARRIÈRE.
193. *Enquête au cœur de l'Être*, dir. par G.-E. HOURANT.
195. *Paroles d'Orient*, de M. de SMEDT.
196. *Les Mouvements du silence*, de G. MANZUR.
197. *Jésus, Marie Madeleine et l'Incarnation*, de J.-Y LELOUP.
198. *Juifs et chrétiens face au XXIe siècle*, coll. dir. par M. THIBAUD.
199. *La Force de l'amour*, de Sœur CHÂN KHÔNG.
200. *Simon le Mage*, de J.-Cl. CARRIÈRE.
201. *Œdipe intérieur. La présence du Verbe dans le mythe grec*, d'A. de SOUZENELLE.

Composition Nord Compo
Impression CPI Bussière, octobre 2008
à Saint-Amand-Montrond (Cher)
Éditions Albin Michel
22, rue Huyghens, 75014 Paris
www.albin-michel.fr
ISBN : 978-2-226-18308-8
ISSN : 1147-3762
N° d'édition : 25851 – N° d'impression : 083149/1
Dépôt légal : novembre 2008
Imprimé en France.